汽车类专业项目教学示范教材

汽车底盘原理与实用技术

（下　册）

组　编　湖南常德市东亚汽车服务有限公司
主　编　陈　旭
副主编　孙爱春　朱建军
参　编　陈　辉　蔡　强　肖　波
王典贵　李新安　陈　演
孙觅儒　陈　卓　孙　觅

机械工业出版社

本书以教、学、做、考的教学模式进行编写，由多个教学模块组成，涵盖汽车底盘结构、原理、功能、检测、维修以及常规故障诊断与排除，并包括理实一体的实训指南、考核标准与评分细则。

本书的主要内容有：车架和车桥、车轮与轮胎、悬架、转向系统、制动系统、车轮制动防抱死系统与驱动防滑系统六章。

本书广泛适用于汽车专业高、中职学生，企业专业人员与汽车专业职业技能培训人员。

图书在版编目(CIP)数据

汽车底盘原理与实用技术．下册/陈旭主编．—北京：机械工业出版社，2014.1(2017.7重印)
汽车类专业项目教学示范教材
ISBN 978-7-111-45150-1

Ⅰ.①汽…　Ⅱ.①陈…　Ⅲ.①汽车—底盘—职业教育—教材　Ⅳ.①U463.1

中国版本图书馆CIP数据核字(2013)第303034号

机械工业出版社(北京市百万庄大街22号　邮政编码100037)
策划编辑：徐　巍　责任编辑：徐　巍
版式设计：霍永明　责任校对：张晓蓉
封面设计：路恩中　责任印制：李　飞
北京铭成印刷有限公司印刷
2017年7月第1版第3次印刷
184mm×260mm·18印张·443千字
6001—8000册
标准书号：ISBN 978-7-111-45150-1
定价：38.00元

凡购本书，如有缺页、倒页、脱页，由本社发行部调换

电话服务	网络服务
社服务中心：(010)88361066	教材网：http://www.cmpedu.com
销售一部：(010)68326294	机工官网：http://www.cmpbook.com
销售二部：(010)88379649	机工官博：http://weibo.com/cmp1952
读者购书热线：(010)88379203	**封面无防伪标均为盗版**

目　　录

前　言

当前，我们正处于知识经济时代、国际经济一体化趋势正在升级，现代化、信息化、城镇化、新型工业化的进程迅速加快，职业教育规模不断扩大，且趋向集团化，职业教育为社会经济服务的能力持续增强。与此同时我国汽车工业和汽车专业的职业教育得到了快速发展。事实证明，科学技术是第一生产力，职业教育是科学技术进步的重要动力，更是新型汽车工业高度发展的强大内驱力。东亚汽车服务有限公司，是一支融汽车专业教育功能与服务功能于一体的校企合作团队，充分利用10多年来校企合作共办汽车教育、共建汽车企业的丰富经验与体会，组织职业教育和企业服务等相关专家共同编写了《汽车发动机原理与实用技术》、《汽车电器原理与实用技术》、《汽车底盘原理与实用技术》三种教材，这套教材涵盖了汽车结构、原理、功能、检测、维修、常规故障诊断与排除和理论实践一体的实训指南、考核标准与评分细则。本系列教材广泛适用于汽车专业高、中职学生，企业专业人员和汽车维修职业技能培训人员使用。

这套教材在立意、组编、成稿的过程中，得到了湖南省教育厅、常德市教育局、常德职业技术学院、常德汽车机电学校、汉寿县职业学校、东风汽车等相关企业给予的大力支持，在此表示衷心感谢。

本书由湖南常德市东亚汽车服务有限公司组编，陈旭任主编，孙爱春、朱建军任副主编，陈辉、蔡强、肖波、王典贵、李新安、陈演、孙觅儒、陈卓、孙觅参加编写。

由于编者水平有限，书中难免缺点和错误，恳请广大师生与读者批评指正，以便修订时改进。如读者在使用本书的过程中有其他意见或建议，恳请通过常德市东亚汽车服务有限公司网站踊跃提出宝贵意见(www. cddyjt. cn)。

湖南常德东亚汽车服务有限公司

汽车制动系统

汽车行驶系统

第 1 章

车架、车身和车桥

1.1 车架的功用和分类

想一想：什么是车架？车架有什么功用？车架有哪几种类型？

提示：车架的功用是支承并连接汽车的各零部件，并承受来自车内外的各种载荷。

学习目标	鉴定标准	教学建议
1. 掌握汽车车架的功用 2. 了解轿车及客车的承载式车身结构、特点及组成	应知： 1. 汽车车架的功用 2. 轿车及客车的承载式车身结构、特点及组成	建议： 采用教师启发式讲解、学生讨论相结合的方式，最后由教师总结

1. 车架功用

车架的功用是支承并连接汽车的各零部件，并承受来自车内外的各种载荷。

现代汽车绝大多数都有作为整车骨架的车架，车架是整个汽车的基体。汽车绝大多数部件和总成都是通过车架来固定其位置的，如发动机、传动系统、悬架、转向系统、驾驶室、货箱和有关操纵机构。

车架的结构形式首先应满足汽车总体布置的要求。汽车在复杂多变的行驶过程中，固定在车架上各总成和部件之间不应发生干涉。汽车在崎岖不平的道路上行驶时，车架在载荷作用下可产生扭转变形以及在纵向平面内的弯曲变形，一边车轮遇到障碍时，还可能使整个车架扭曲成菱形。这些变形将会改变安装在车架上的各部件之间的相对位置，影响其正常工作。因此，车架还应具有足够的强度和适当的刚度。为了使整车轻量化，要求车架质量尽可能小。此外，降低车架高度，以使汽车质心位置降低，有利于提高汽车的行驶稳定性。这一点对轿车和客车来说尤为重要。

现代许多轿车和大客车上没有车架，其车架的功能由轿车车身或大客车车身骨架承担，故称其为承载式车身。

2. 车架类型

近年来，车架和承载式车身的结构形式，特别是轿车车架的结构形式出现了多样化和复杂化。

目前，按车架纵梁、横梁结构特点，汽车车架的结构形式基本上有三种：边梁式车架、中梁式车架(或称脊梁式车架)和综合式车架。有时按纵梁形状和结构特点，又可分为周边式车架、X形车架和梯形车架。轿车车架几种结构形式见图1-1所示，图中1-1a为周边式

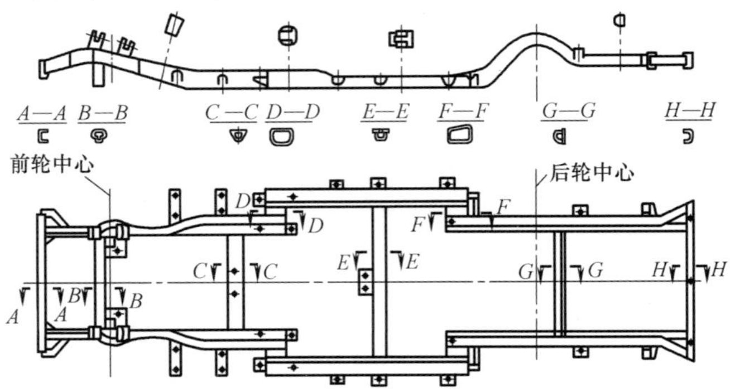

a)

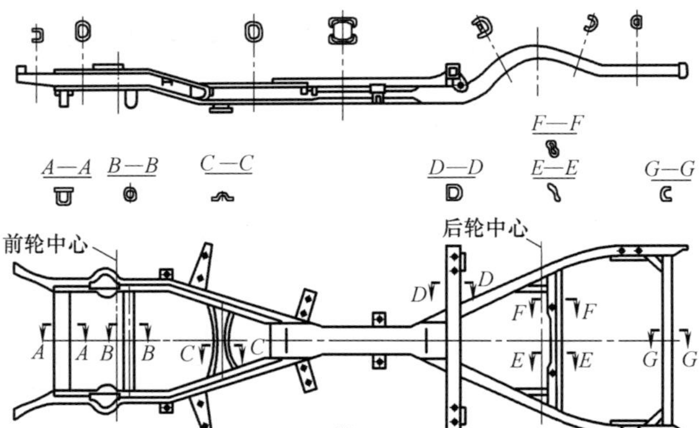

b)

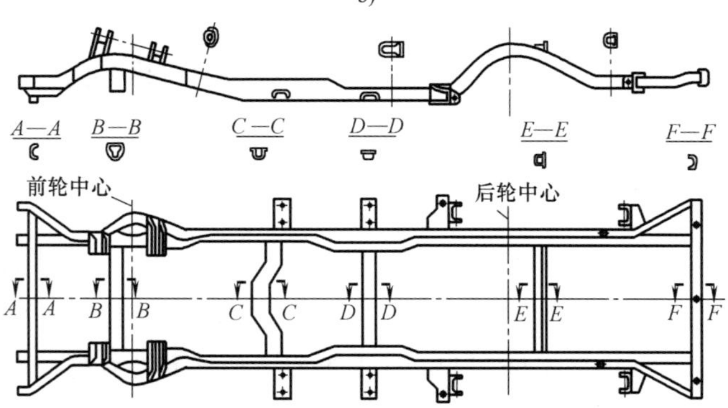

c)

图1-1 轿车车架

a) 周边式车架 b) X形车架 c) 梯形车架

车架；1-1b 为 X 形车架；1-1c 为梯形车架。实质上，周边式车架和梯形车架均为边梁式车架。

边梁式车架广泛应用于各种类型载货、载客汽车和少量轿车上，中梁式车架主要用于越野汽车和少量轿车上。轿车车架的结构形式复杂多样，其中主要以综合式车架和承载式车身为主。现代大型客车上越来越多地采用整体承载式车身骨架和桁架式车架结构。

1.2 边梁式车架

想一想：边梁式车架的组成以及它的类型有哪些？

学习目标	鉴定标准	教学建议
了解边梁式车架的组成	应知： 边梁式车架的组成	建议： 采用教师启发式讲解、学生讨论相结合的方式，最后由教师总结

边梁式车架由两根位于两边的纵梁和若干根横梁组成，用铆接法或焊接法将纵梁与横梁连接成坚固的刚性构架。

纵梁通常用低合金钢板冲压而成，断面形状一般为槽形，也有的做成 Z 字形或箱形断面。根据汽车形式不同和结构布置的要求，纵梁可以在水平面内或纵向平面内做成弯曲的，以及等断面或非等断面的。

横梁不仅用来保证车架的扭转刚度和承受纵向载荷，而且还可以支承汽车上的主要部件。通常载货汽车有 5 ~6 根横梁，有时会更多。

边梁式车架便于安装驾驶室、车厢及一些特种装备和布置其他总成，有利于改装变型车和发展多品种汽车，因此广泛应用在载货汽车和大多数的特种汽车上。图 1-2 所示为解放 CA1091K2 型汽车车架。

轿车为了保证良好的整车性能、尽量降低质心和有利于前后悬架的布置，把结构需要放在第一位，兼顾车架加工工艺性，所以车架形状设计得比较复杂而实用。图 1-3 所示为丰田皇冠(Crown)轿车车架和车身，图中车架 2 用阴影线画出。为了保证轿车高速行驶稳定性，汽车的质心应尽量低，为了改善乘员的舒适性，车身的底板也尽量低。但底板的降低不应妨碍转向轮的偏转和悬架变形时车桥的跳动。因此轿车车架通常前部做得较窄，前后桥处向上弯由，中间对应车身地板处比较平低的形状。

采用 X 形高断面的横梁，可以提高车架的扭转刚度，特别对于短而宽的车架，其效果尤为显著。故 X 形横梁一般只用于轿车车架，见图 1-4。

各种不同类型汽车车架的结构形式见图 1-5。轿车和大型客车的车架，在前后车桥上面有较大弯曲度(见图 1-5b、c)，因此保证了汽车质心和底板都较低，既提高了行驶稳定性又方便了乘客上下车。

车架纵梁通常为钢板冲压成形，也有采用槽钢制成的，大型货车的两根纵梁一般平行布置。中轻型货车、轿车和大客车的纵梁大多数如图 1-5 所示。车架纵梁剖面形状如图 1-6 所

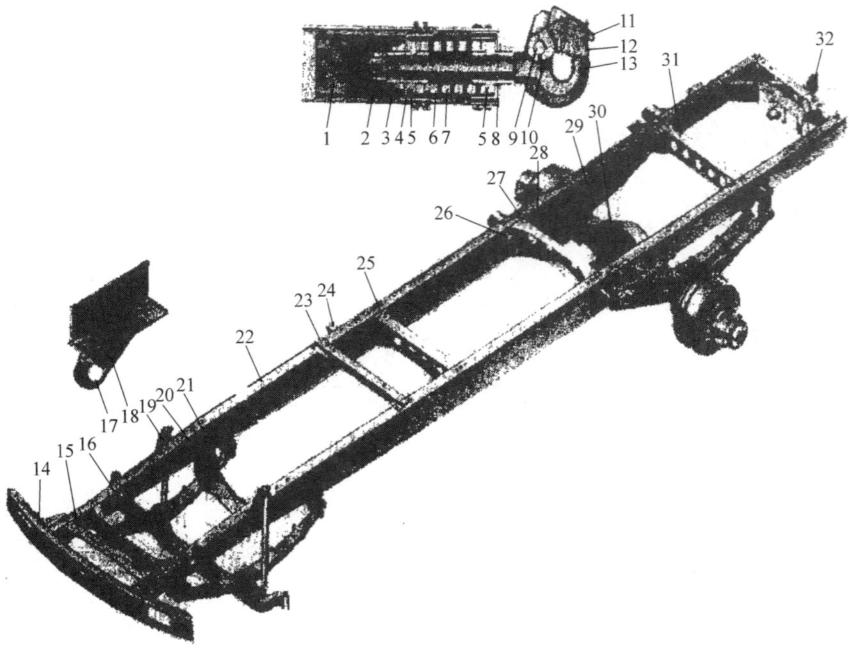

图 1-2　解放 CA1091K2 型汽车车架

1—角撑　2—拖曳钩螺母　3—后拖钩支承座　4—弹簧座片　5—衬套　6—角撑横梁　7—拖曳钩弹簧　8—后横梁　9—拖曳钩锁扣轴　10—链索总成　11—拖曳钩锁片　12—拖曳钩锁扣　13—拖曳钩　14—前保险杠　15—前横梁　16—发动机前悬置托架　17—拖钩　18—拖钩弹簧锁片　19—前减振器上支架　20—发动机后悬置横梁　21—发动机后悬置横梁支架　22—车架纵梁　23—驾驶室后悬置横梁　24—车箱前悬置下支架　25—中横梁　26—后簧前支架垫板　27—后簧前横梁　28—辅助钢板弹簧支架垫板　29—后簧软垫支架　30—后桥　31—后簧后横梁总成　32—拖曳钩总成

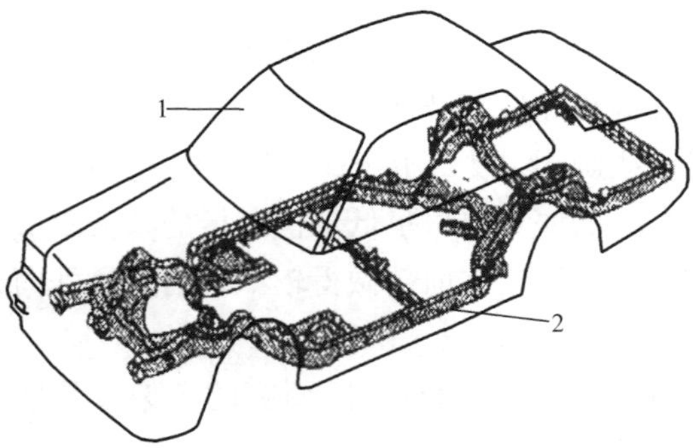

图 1-3　丰田皇冠(Crown)轿车车架和车身

1—车身　2—车架(阴影线部分)

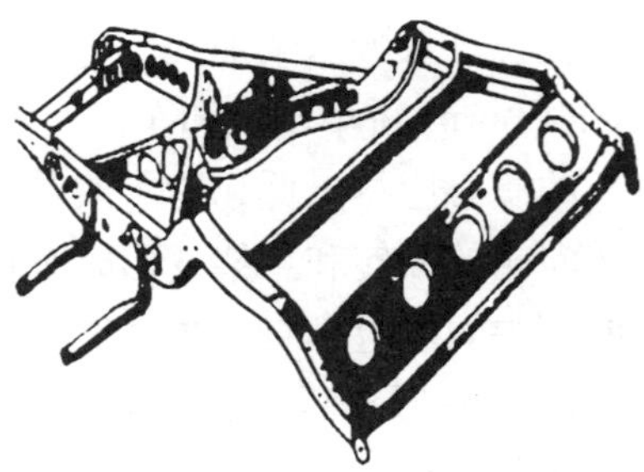

图 1-4　轿车(X 形高断面横梁)车架

示。在工作应力较大的地方常采用图 1-6b、c 所示剖面形状来加强。在有些汽车车架局部加强时，可装上加肋板，或在某处槽形断面内加嵌板加强件。

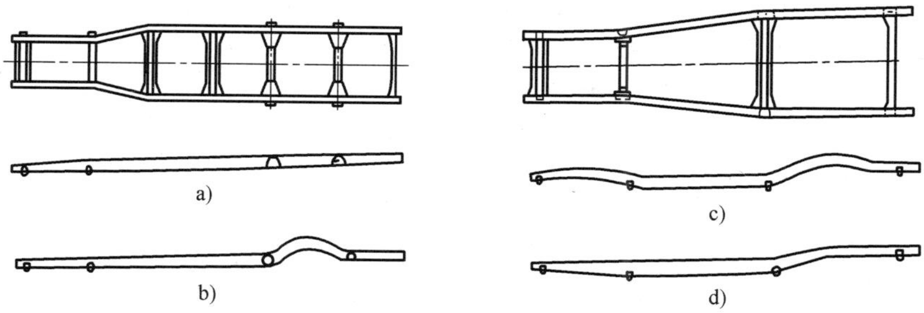

图 1-5　车架的结构类型

a）中型货车车架　b）大型客车车架　c）轿车车架　d）轻型货车车架

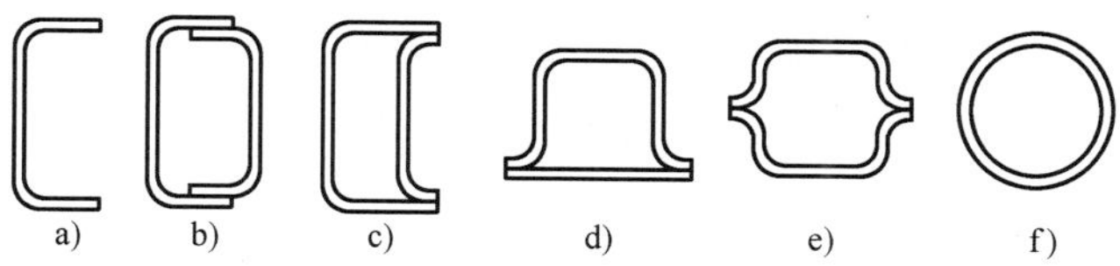

图 1-6　车架纵梁的剖面形状

a）槽形　b）叠槽形Ⅰ　c）叠槽形Ⅱ　d）礼帽箱形　e）对接箱形　f）管形

1.3　中梁式车架

想一想：中梁式车架的结构是什么样的？

学习目标	鉴定标准	教学建议
了解中梁式车架的结构	应知： 中梁式车架的结构	建议： 采用教师启发式讲解、学生讨论相结合的方式，最后由教师总结

中梁式车架只有一根位于中央贯穿前后的纵梁，因此亦称为脊梁式车架，如图 1-7 所示。中梁的断面可以做成管形或箱形。这种结构的车架有较大的扭转刚度，使车轮有较大的运动空间，因此被采用在某些轿车和货车上。

图 1-8 所示为具有中梁式车架的轿车底盘。中梁是管式的，传动轴装在管内。主减速器壳通常固定在中梁的尾端，形成断开式驱动桥。中梁前端做成伸出的支架，以固定发动机。

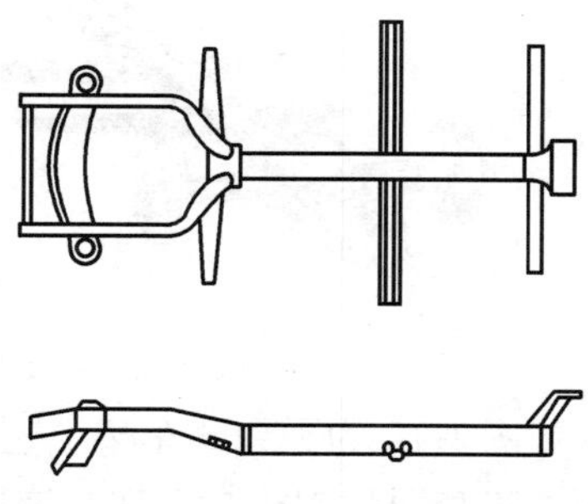

图 1-7　中梁式(脊梁型)车架结构

如图 1-9 所示，脊梁式车架由一根位于汽车左右对称中心的大断面管形梁和某些悬伸托架构成，犹如一根脊梁。管梁将动力-传动系连成一体，传动轴从其中间通过，采用这种结构时驱动桥必须是断开式的并与独立悬架相配用。与其他类型的车架比较，其扭转刚度最大，容许车轮有较大的跳动空间，使汽车有较好的行驶平顺性和通过性。但车架的制造工艺复杂，维修不便，仅用于某些对行驶平顺性、通过性要求较高的汽车上。

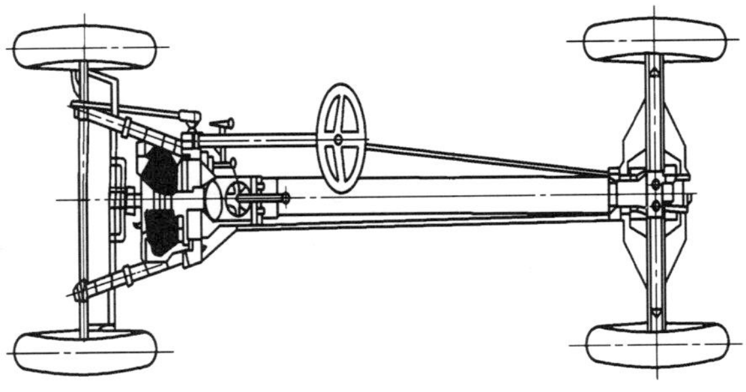

图 1-8　具有中梁式车架的轿车底盘

图 1-9　具有脊梁式车架的汽车底盘

1.4　综合式车架

想一想：什么是综合式车架？它的结构是怎么样的？

学习目标	鉴定标准	教学建议
了解综合式车架的结构	应知： 综合式车架的结构	建议： 采用教师启发式讲解、学生讨仑相结合的方式，最后由教师总结

图 1-10 所示的车架前部是边梁式，而后部是中梁式的，这种车架称为综合式车架(也称复合式车架)。它同时具有中梁式和边梁式车架的特点。该车架的边梁用以安装发动机，悬伸出来的支架可以固定车身。

图 1-11 所示为桁架式车架。这种立体结构式车架主要用于竞赛汽车及特种汽车。它由钢管组合焊接而成，这种车架兼有车架和车身的作用。

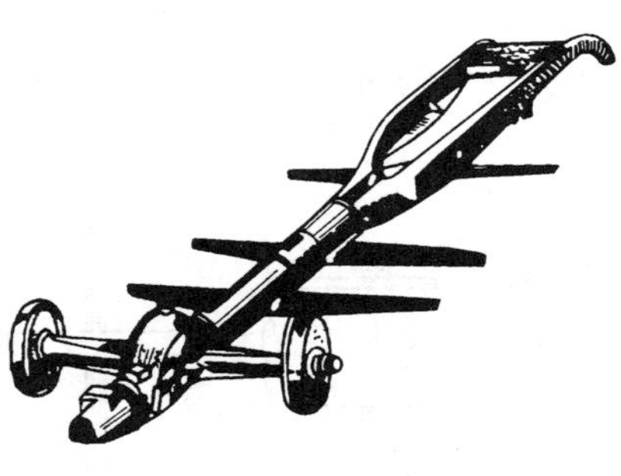

图 1-10　综合式车架

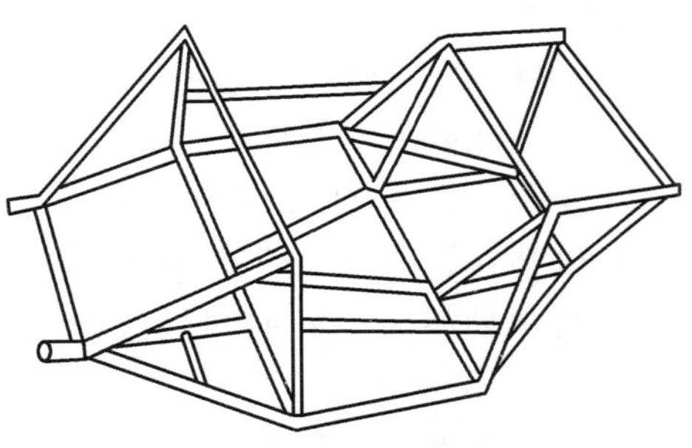

图 1-11　钢管焊接的桁架式车架结构

图 1-12 为平台式车架。它是一种将底板从车身中分出来，而与车架组成一个整体的结构，车身通过螺栓与车架相连接。它是以中梁式车架为基体，在脊柱车架两侧连接车身底板而成为一个平台式车架，也可以看做是中梁式车架的一种变形。座椅的金属骨架焊接在车架

图1-14所示为半车架。它为了减轻车架质量，尽量做到轻量化，采用了半车架，在车身前部有一部分车架称为半车架(或短车架)，而后部无车架，发动机和前悬架安装在车架上，这样使车身局部得到加强。

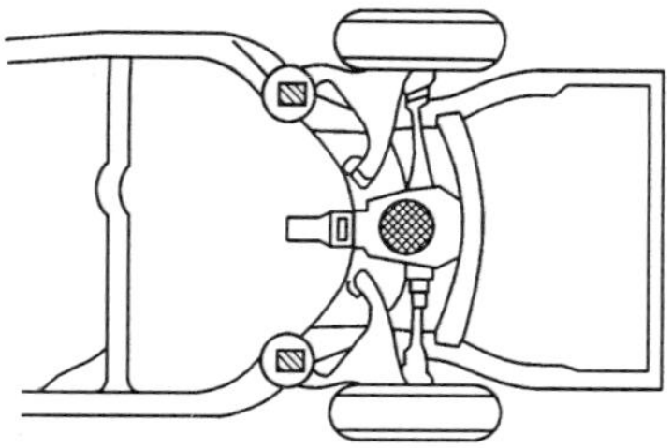

图1-13　IRS型车架

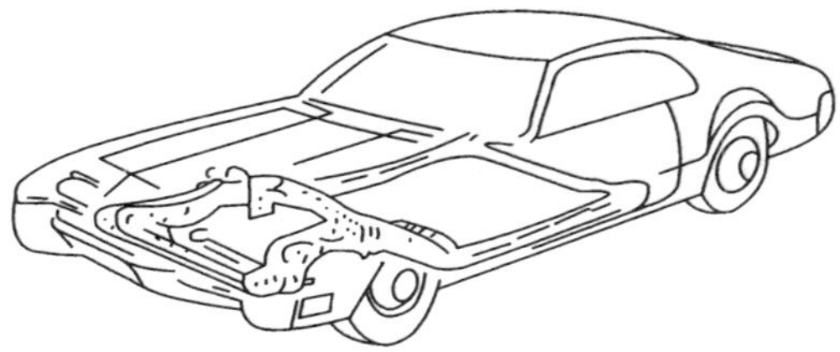

图1-14　半车架

1.5　承载式车身

想一想：什么是承载式车身？它的作用是什么？

学习目标	鉴定标准	教学建议
了解承载式车身的结构	应知： 承载式车身的结构	建议： 采用教师启发式讲解、学生讨论相结合的方式，最后由教师总结

部分轿车和大型客车取消了车架，而以车身兼代车架，即将所有部件固定在车身上，所有的力也由车身来承受，这种车身称为承载式车身。目前大多数轿车都是采用承载式车身。如上海桑塔纳轿车、一汽大众的捷达和奥迪100以及红旗CA7220型轿车等均为此种结构形式。图1-15为承载式轿车车身壳体零件分解图。

图1-16所示为桑塔纳2000型轿车的承载式车身。

此外，有些轿车和赛车车架，是由车身一部分分离出来再与部分车架复合成一种新型复合式车架，同时起到车架和承载式车身的作用。如前面述及的平台式车架(见图1-12)和钢管焊接的桁架式车架(见图1-11)。图1-17所示为大客车整体承载式车身骨架。承载式车身由于无车架，可以减轻整车质量；可以使地板高度降低，上、下车方便。但是传动系统和悬架的振动与噪声会直接传入车内，为此应采取隔声和防振措施。

7—底板前纵梁 ……
10—侧门框部件 11—后围板 12—后……

图 1-17 大客车整体承载式车身骨架

1.6 车桥

想一想：车桥的作用？有哪几种车桥？

学习目标	鉴定标准	教学建议
掌握汽车车桥的功用，熟悉转向桥、转向驱动桥和支持桥的结构、特点及应用	应知： 1. 汽车车桥的功用 2. 转向桥、转向驱动桥和支持桥的结构、特点及应用	建议： 采用教师启发式讲解、学生讨论相结合的方式，最后由教师总结

车桥（也称车轴）通过悬架和车架（或承载式车身）相连，它的两端安装车轮，其作用是传递车架（或承载式车身）与车轮之间各方向的作用力及其力矩。

根据悬架结构的不同，车桥分为整体式（见图 1-18a）和断开式（见图 1-18b）两种。当采用非独立悬架时，车桥中部是刚性的实心或空心梁，这种车桥即为整体式；断开式车桥为活动关节式结构，与独立悬架配用。

根据车桥上车轮的作用，车桥又可分为转向驱动桥，转向桥、驱动桥和支持桥四种类型。根据车桥的车轮是驱动车轮还是从动车轮，车桥又可以分为驱动桥和从动桥，转向桥和支持桥都属于从动桥。一般汽车多以前桥为转向桥，而以后桥或中、后两桥为驱动桥。越野汽车和大部分轿车的前桥为转向驱动桥。有些前桥为转向桥的单桥驱动的三轴汽车(6×2 汽车)，中桥(或后桥)为驱动桥，则后桥(或中桥)为支持桥。

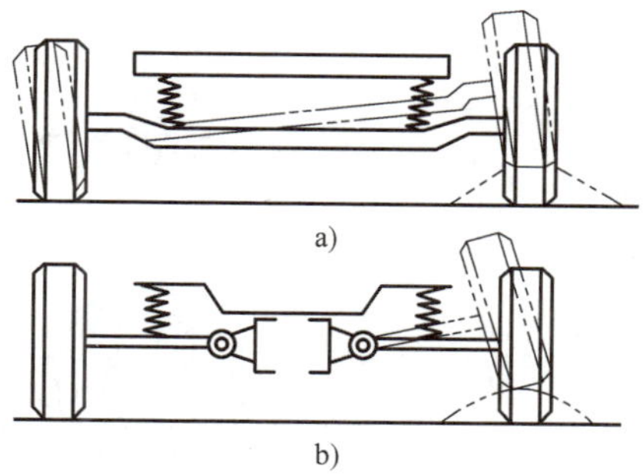

图1-18　整体式和断开式车桥

a）整体式车桥　b）断开式车桥

1. 转向驱动桥

越野汽车、前轮驱动汽车和全轮驱动(4WD)汽车的前桥，既起转向桥的作用，又兼起驱动桥的作用，故称为转向驱动桥。

转向驱动桥如图1-19所示，它同一般驱动桥一样，由主减速器、差速器、半轴和桥壳组成。但由于转向时转向车轮需要绕主销偏转一个角度，故与转向轮相连的半轴必须分成内外两段(内半轴和外半轴)，其间用万向节(一般多用等角速万向节)连接，同时主销也因此而分制成两段(或用球头销代替)。转向节轴颈部分做成中空的，以便外半轴在其中穿过。

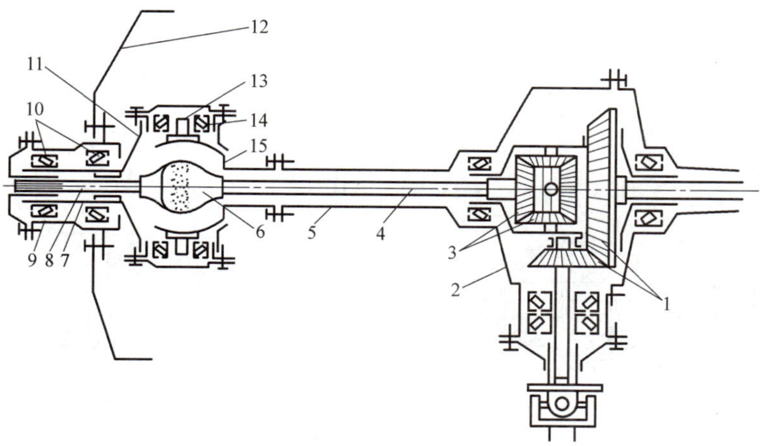

图1-19　转向驱动桥

1—主减速器　2—主减速器壳　3—差速器　4—内半轴　5—半轴套管　6—万向节　7—转向节轴颈　8—外半轴　9—轮毂　10—轮毂轴承　11—转向节壳体　12—车轮　13—主销　14—主销轴承　15—球形支座

图1-20所示为桑塔纳2000轿车转向驱动桥的前总成，它采用的是断开式、独立悬架转向驱动桥。

车桥上端通过左、右悬架与承载式车身相连接，下端通过左、右下摆臂与固定在车身上的副车架相连接。悬架车轮轴承壳与下摆臂之间通过可移动球形接头连接，从而使前轮固定。通过下摆臂上的长孔，可调整车轮外倾角，为了减小车辆转向时的车身倾斜，在副车架与下摆臂之间还装有横向稳定器。

桑塔纳轿车的动力由主减速器、差速器经传动半轴驱动车轮旋转。传动半轴总成如图1-21所示。

2. 转向桥

转向桥是利用车桥中的转向节使车轮可以偏转一定角度以实现汽车转向。它除承受垂直

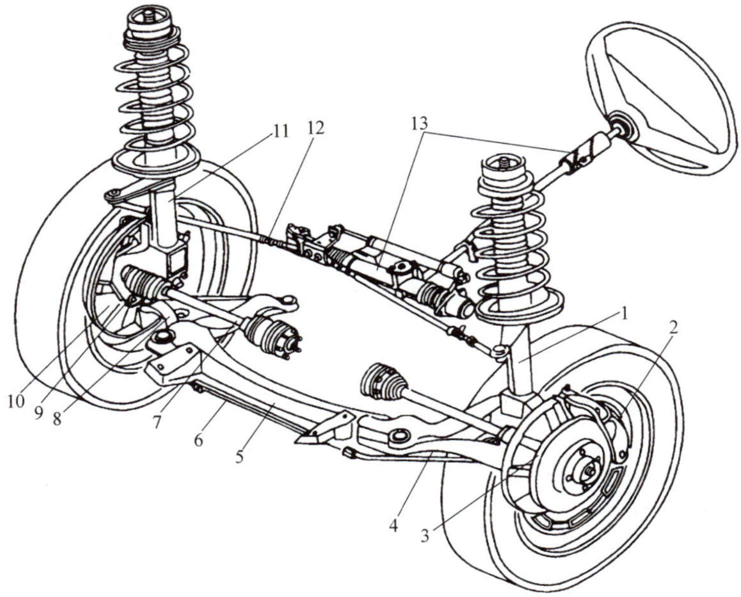

图 1-20　桑塔纳 2000 轿车的转向驱动桥(主减速器和差速器未画出)

1、11—悬架　2—前轮制动器总成　3—制动盘　4、8—下摆臂　5—副车架　6—横向稳定器　7—传动半轴总成　9—球形接头　10—车轮轴承壳　12—转向横拉杆　13—转向装置总成

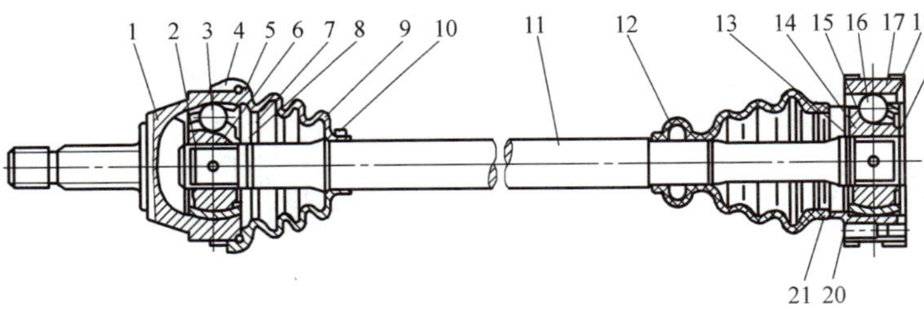

图 1-21　传动半轴总成

1—外万向节球形壳　2—卡簧　3、16—钢球　4、10、21—夹箍　5—外万向节球笼　6—外万向节星形套　7—中间挡圈　8、13—碟形弹簧　9、12—橡胶护套　11—花键轴　14—内万向节星形套　15—内万向节球笼　17—内万向节球形壳　18—密封垫片　19—卡簧　20—内万向节护盖

载荷外，还承受纵向力和侧向力及这些力造成的力矩。转向桥通常位于汽车前部，因此也常称为前桥。

各种车型的转向桥结构基本相同，主要由前轴、转向节组成。下面以东风 EQ1090E 型汽车前桥(见图 1-22)为例加以说明。

作为主体零件的前轴 12 是用钢材锻造的，其断面是工字形以提高抗弯强度。为提高抗扭强度，接近两端略成方形。中部加工出两处用以支承钢板弹簧的加宽面——弹簧座(图上未画)。中部向下弯曲，使发动机位置得以降低，从而降低汽车质心，扩展驾驶人视野，并减小传动轴与变速器输出轴之间的夹角。前轴两端各有一个加粗部分，呈拳形，其中有通孔，主销 10 即插入此孔内，用带有螺纹的楔形锁销将主销固定在拳部孔内，使之不能转动。转向节 5 上有销孔的两耳通过主销与前轴的拳部相连，使前轮可以绕主销偏转一定角度而使汽车转向。为了减小磨损，转向节销孔内压入青铜衬套7，衬套上的润滑油槽在上面端部是切通的，用装在转向节上的滑脂嘴注入润滑脂润滑。为使转向灵活轻便，在转向节下耳与前梁拳部之间装有滚子推力轴承11。在转向节上耳与拳部之间装有调整垫片8，用以调整其间的间隙。

在左转向节的上耳上装有与转向节臂9制成一体的凸缘，在下耳上则装着与转向梯形臂制成一体的凸缘，此二凸缘上均制有一矩形键，在左转向节的上下耳上都有与之配合的键槽。转向节通过矩形键及带有锥形套的双头螺柱与转向节臂及梯形臂相连。在键与键槽端面间装有条形的橡胶密封垫。

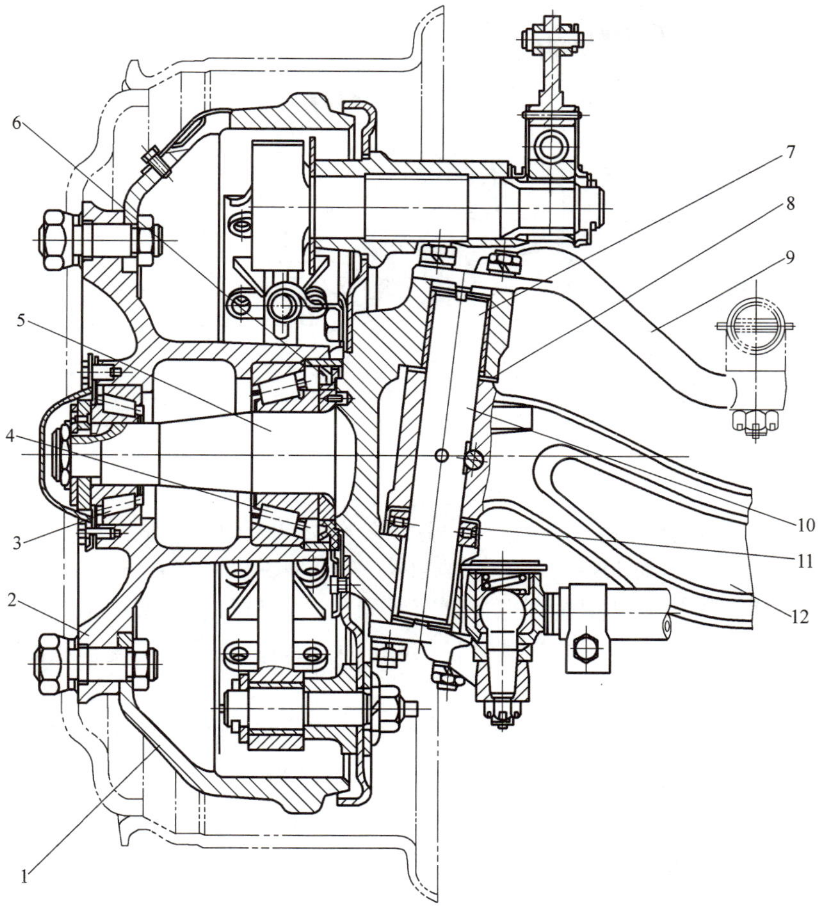

图1-22　东风EQ1090E型汽车转向桥(前桥)

1—制动鼓　2—轮毂　3、4—轮毂轴承　5—转向节　6—油封　7—衬套
8—调整垫片　9—转向节臂　10—主销　11—滚子推力轴承　12—前轴

车轮轮毂2通过两个圆锥滚子轴承3和4支承在转向节外端的轴颈上，轴承的松紧度可用调整螺母(装于轴承外端)加以调整，轮毂外端用冲压的金属罩盖住，轮毂内侧装有油封6，如果油封漏油，则外面的挡油盘仍足以防止润滑油进入制动器内。转向节上靠近主销孔的一端有方形的凸缘，用以固定制动底板。

图1-23所示为BJ1040型汽车转向桥。前轴2由两端拳形部分7与一根无缝钢管焊接而成的，这种结构不需用大型锻造设备来模锻前轴。

主销推力轴承 5 采用球轴承，可使转向操纵轻便。润滑脂可由转向节上耳注油嘴注入，经主销 8 内的轴向和径向油道进入主销与衬套之间的摩擦表面，使之得到润滑。

转向节臂 3 与梯形臂连在一起，固定在转向节下耳上，这样可以使转向节结构简化。车轮转角限位螺钉 6 用来限制车轮最大偏转角。

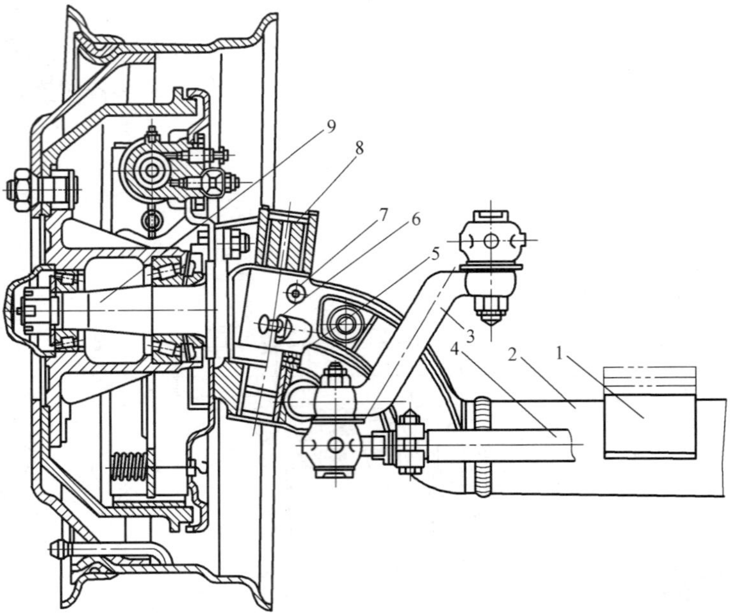

图 1-23　BJ1040 型汽车转向桥(前桥)

1—钢板弹簧座　2—前轴　3—转向节臂　4—转向横拉杆　5—推力轴承
6—车轮转角限位螺钉　7—前轴拳形部分　8—主销　9—转向节

断开式转向桥在轿车和微型客车上得到广泛采用，它与独立悬架相配置组成了性能优良的转向桥。由于它有效地减少了非簧载质量，降低了发动机的质心高度，从而提高了汽车的行驶平顺性和操纵稳定性。

图 1-24 所示为 JL6360 微型客车的断开式转向桥。该断开式转向桥(前桥)主要由车轮 1、减振器 2、上支点总成 3、缓冲弹簧 4、转向节 5、大球头销总成 6、横向稳定杆总成 7、左右梯形臂 8 和 13、主转向臂 11、中臂 15、左右横拉杆 10 和 12、悬臂总成 14 等组成。其中有些臂、悬臂均为薄钢板焊接结构，主转向臂与中臂是通过螺栓与橡胶衬套连接的，左右转向梯形用大球头销总成 6 与悬臂总成 14 连接。

该断开式转向桥和前述转向桥一样，在具有承载传力功能的同时，还应具有实现转向的功能，它与转向器配合，通过纵拉杆 16、主转向臂 11、中臂 15、左右横拉杆 10、12 和左右梯形臂 8、13、使车轮偏转以实现汽车转向。

3. 支持桥

从动桥相对于驱动桥而言，而从动桥又分为从动转向桥和从动支持桥。

现代轿车普遍采用发动机前置前轮驱动的布置形式。而后桥无驱动和转向功能的，称之为支持桥。图 1-25 所示为桑塔纳 2000 型轿车的后支持桥。

从图 1-25 中可以看出，支持桥的结构简单，它主要由若干零件组焊而成的后桥焊接总

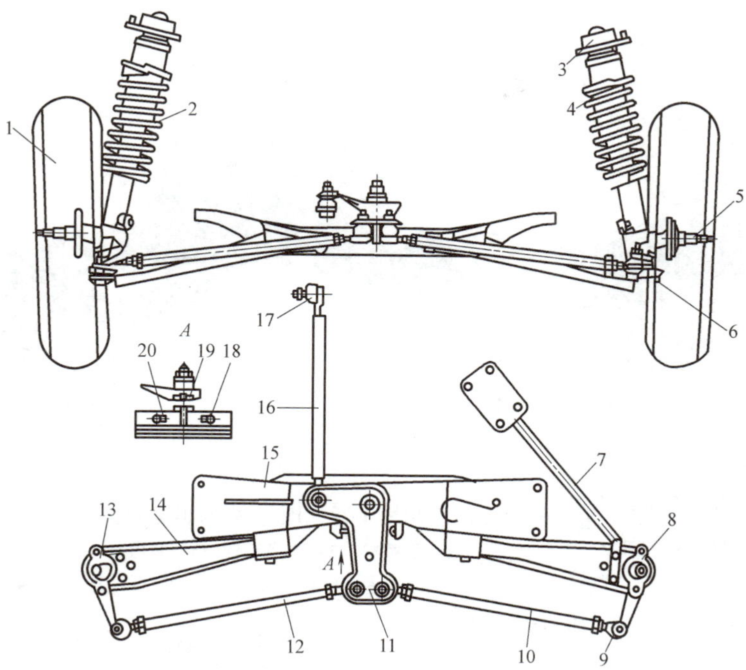

图 1-24 JL6360 微型客车断开式转向桥

1—车轮 2—减振器 3—上支点总成 4—缓冲弹簧 5—转向节 6—大球头销总成 7—横向稳定杆总成 8—左梯形臂 9—小球头销总成 10—左横拉杆 11—主转向臂 12—右横拉杆 13—右梯形臂 14—悬臂总成 15—中臂 16—纵拉杆 17—纵拉杆球头 18—转向限位螺钉座 19—转向限位杆 20—转向限位螺钉

成2、橡胶-金属支承座1、后车轮总成10等组成，它起到支承和固定悬架、制动、车身等总成的相关零部件，传递汽车纵向和横向力，推动车轮旋转。

轿车采用前置发动机前桥驱动的布置形式时，其后支持桥可分为非断开式和断开式的。图1-26所示为德国VW Golf汽车的后支持桥，它是非断开式支持桥的一种特殊结构，由一根用钢板制成V形断面的横梁和分别与其左、右端焊成一体并伸向左、右后车轮的左、右纵臂构成，称为复合纵臂式后支持桥。

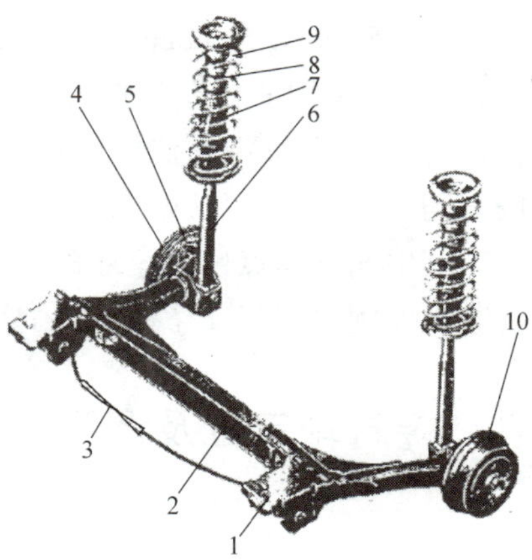

图 1-25 桑塔纳2000型轿车后支持桥

1—橡胶-金属支承座 2—后桥焊接总成 3—驻车制动拉索 4—制动鼓 5—后制动器 6—后减振器 7—橡胶护套 8—缓冲限位块 9—后螺旋弹簧 10—后轮总成

采用复合纵臂式后支持桥，可增大汽车后部的空间，在后行李箱下还可布置燃油箱及备胎。该型支持桥的特点还有：结构简单、质量小、制造方便，有利于提高汽车的行驶平顺性；具有抵抗由于车身侧倾而引起的轴转向效应。

图1-27所示为PQ35（BoraA5、GolfA5）型系列轿车的前轮驱动形式的后支持桥。

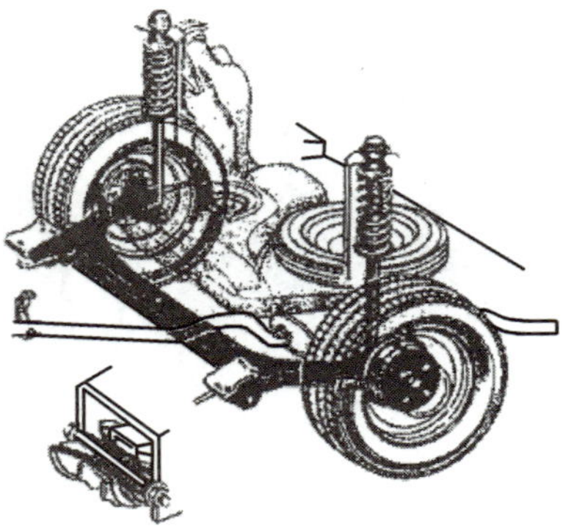

图 1-26　德国 VW Golf 轿车的后支持桥（复合纵臂式）

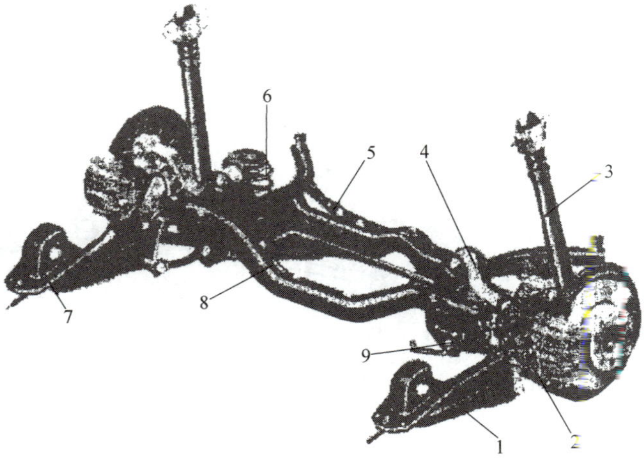

图 1-27　PQ35 系列车型的后支持桥（螺旋弹簧）
1—纵摆臂　2—下横摆臂　3—减振器　4—上横摆臂　5—稳定杆　6—螺旋弹簧　7—支架　8—副车架　9—横拉杆

从图 1-27 中可以看出，PQ35 系列轿车的后支持桥为紧凑型的四连杆机构，每一侧由三个横摆臂（下横摆臂 2、横拉杆 9 和上横摆臂 4）和一个纵摆臂 1 组成。弹性元件为螺旋弹簧 6。通过上述布置纵向力和横向力互相独立，由此获得最大限度的行驶稳定性和舒适性。

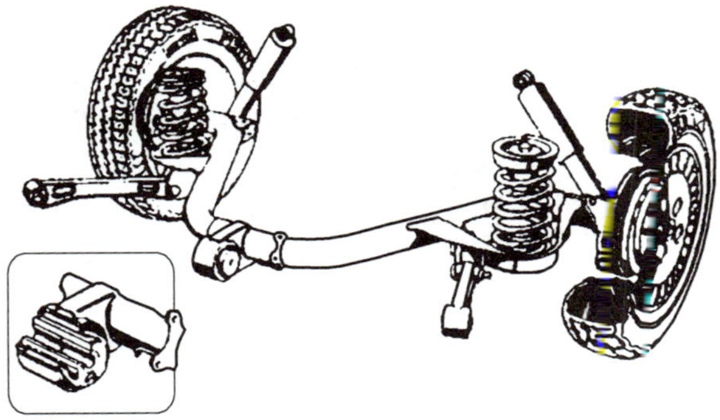

图 1-28　Lancia Y10 和 Fiat Panda 汽车采用的后支持桥（U 形管梁）

图 1-28 所示为 Lancia Y10 和 Fiat Panda 汽车所采用的具有 U 形管梁的后支持桥。管梁中间和两侧拉杆的前端均经橡胶套与车厢相连，以得到需要的纵向弹性。其中间支承点也是车厢的纵向角振动中心，而车厢的侧倾中心则位于支持桥宽的中间，其高度则决定于支持桥的三个与车厢连接点的高度。

1.7　转向轮定位及调整

想一想：车轮定位的参数有哪些？如何进行车轮定位参数的调整？

学习目标	鉴定标准	教学建议
1. 掌握车轮定位四大参数的定义 2. 掌握转向轮定位的定义、功用、原理 3. 掌握转向轮定位的调整方法	应知： 车轮定位四大参数的定义 应会： 转向轮定位的调整	建议： 采用教师启发式讲解、学生讨论相结合的方式，最后由教师总结

为了保证汽车直线行驶的稳定性和操纵的轻便性，减少轮胎和其他机件的磨损，转向轮、转向节和前轴三者与车架的安装应保持一定的相对位置关系，这种安装位置关系称为转向车轮定位，也称前轮定位。

对于两端装有主销的转向桥，汽车转向时，转向车轮会围绕主销轴线偏转，如图 1-29a 所示。但在大多数断开式转向桥中没有主销，采用上、下球头销代替主销，上、下球头销球头中心的连线相当于主销轴线，如图 1-29b 所示。

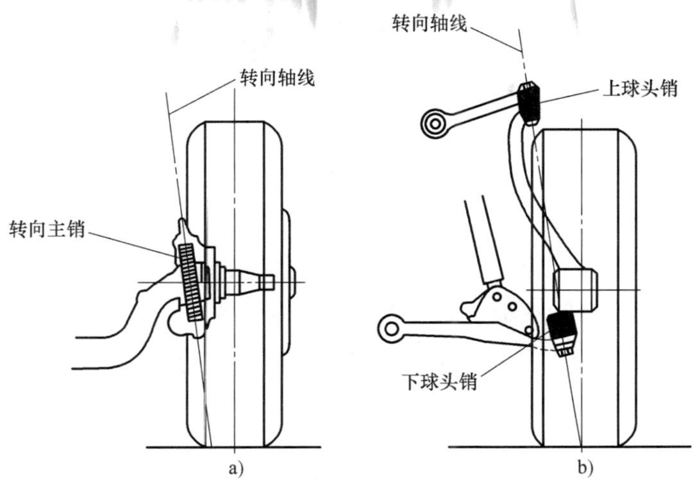

图 1-29 主销的不同形式

转向轮定位包括前轮外倾、主销后倾、主销内倾及前轮前束四个参数。现以有主销的转向桥为例说明转向车轮定位。

1. 主销后倾

（1）定义 主销安装在前轴上，其上端略向后倾斜，这种现象称为主销后倾。在垂直于汽车支承平面的纵向平面内，主销轴线与汽车支承平面垂线之间的夹角 γ 叫主销后倾角，如图 1-30 所示。

（2）功用 主销后倾的功用是形成回正力矩，保证汽车直线行驶的稳定性，并使汽车转向后回正操纵轻便。

（3）原理 主销后倾使主销轴线的延长线与地面的交点 a 位于车轮与路面的接触点 b 之前，a、b 两点之间的距离称为主销后倾移距。设 b 点到主销轴线延长线之间的垂直距离为 l，汽车直线行驶时，若转向轮偶然受到外力作用而偏转（图 1-30 中所示为向右偏转），汽车将偏离行驶方向而右转弯。由于汽车本身离心力的作用，在轮胎与路面接触点 b 处将产生一个路面对车轮的侧向反作用力 F，由于反作用力 F 没有通过主销轴线，因而形成了一个使车轮绕主销轴线旋转的力矩 Fl，其方向正好与车轮偏转方向相反。在力矩作用下，使车轮具有回复到原来中间位置的作用，从而保证了汽车直线行驶的稳定性。同理，在汽车转向后的回正过程中，此力矩具有帮

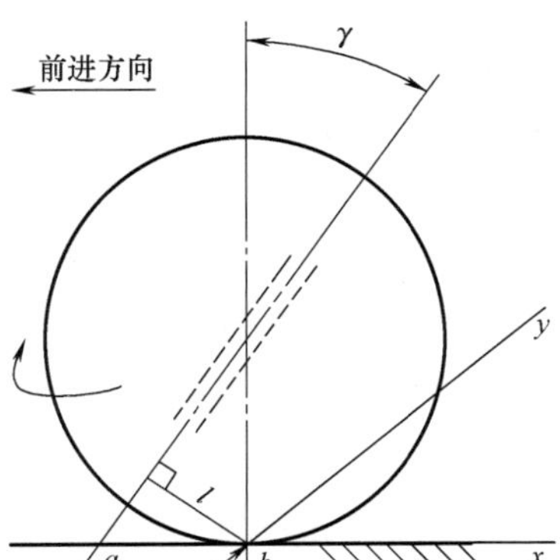

图 1-30 主销后倾

助驾驶人使转向车轮回正的作用，使汽车转向后回正操纵轻便。

主销后倾角越大、车速越高，回正力矩越大，转向轮偏转后自动回正的能力也越强。但主销后倾角也不宜过大，一般为2°~3°，否则在转向时为了克服此力矩，驾驶人需在转向盘上施加较大的力，使转向沉重。为了解决这个问题，现代轿车常采用 Vorlauf 几何结构，可使主销轴线偏移至车轮中心之后，如图1-31所示，从而可以在不增加后倾移距的情况下，增大后倾角，以提高汽车直线行驶的稳定性。这样可将主销后倾角增大。这种几何结构在 Lexus(雷克萨斯)LS 400 型(UCFIO 系列)和 Celica 型(STl84 系列)轿车上都有应用。

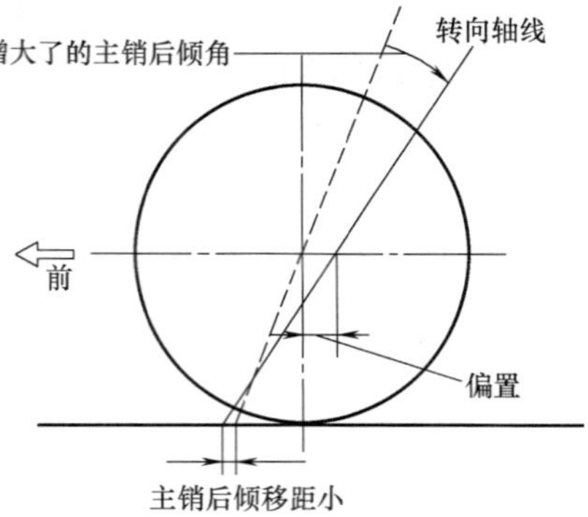

图1-31　Vorlauf 几何结构示意图

此外，有些汽车由于采用超低压轮胎，弹性增加，转向时因轮胎弹性变形而使轮胎与路面的接触点后移，使回正力矩增加，故主销后倾角可以减小，甚至为负值(即主销前倾)。

(4) 形成　主销后倾角一般是将前轴连同悬架安装在车架上时，使前轴向后倾斜而形成的。

2. 主销内倾

(1) 定义　主销安装在前轴上，其上端略向内侧倾斜，这种现象称为主销内倾。在垂直于汽车支承平面的横向平面内，主销轴线与汽车支承平面垂线之间的夹角β称为主销内倾角，如图1-32所示。

(2) 功用　主销内倾的功用是使转向轮自动回正，并使转向操纵轻便。

(3) 原理

1) 主销内倾具有使转向轮转向操纵轻便的作用，如图1-32a所示。由于主销内倾，使主销轴线的延长线与地面的交点至车轮中间平面与地面交点之间的距离c缩短(在有些维修资料中将距离c称为偏置或磨胎半径)，转向时，路面作用在转向轮上的阻力对主销轴线产生的力矩减小，从而可减少转向时驾驶人施加在转向盘上的力，使转向操纵轻便。同时还可以减小因路面不平而从转向轮传到转向盘上的冲击力。

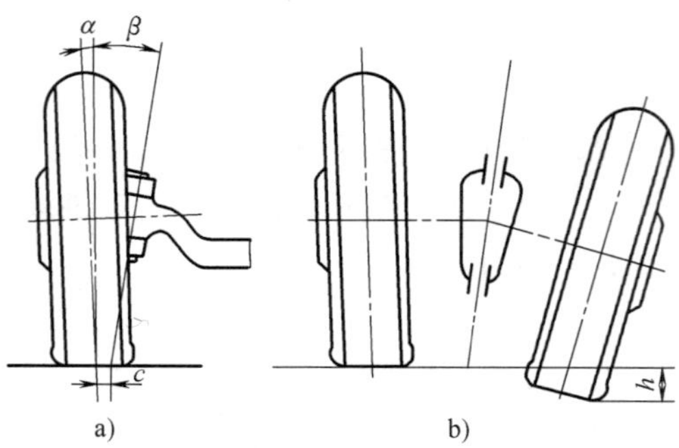

图1-32　主销内倾

2) 主销内倾具有使转向轮自动回正的作用，如图1-32b所示。当转向轮在外力作用下绕主销旋转(为了解释方便,假设旋转180°,即由图中左边位置转到右边位置)而偏离中间位置时，由于主销内倾，车轮的最低点将陷入路面以下h处，即车轮必须将路面压低距离h后才能旋转过来，但实际上路面不可能被压低，车轮下边缘不可能陷入路面之下，而是车轮连同整个汽车前部被向上抬起相应高度h。一旦外力消失，转向轮就会在汽车前部重力作用下力图自动回正到旋转前的中间位置。主销内倾角越大、转向轮偏转角越大，汽车前部就抬起得越高，转向轮自动回正的作用就越大。

主销内倾角既不宜过大，也不宜太小。主销内倾角过大(偏置c减小)，转向时，车轮在滚动的同时将与路面产生较大的滑动，增加轮胎与路面的摩擦阻力，这不仅使转向沉重，而且加速了轮胎的磨损，故主销内倾角一般不大于8°，偏置一般为 40 ~ 60mm；主销内倾角过小(偏置增大)，汽车行驶的稳定性和制动稳定性将变差。在一些发动机前置前轮驱动的轿车上，为了使汽车具有良好的行驶稳定性，特别是制动稳定性，其主销内倾角均较大，见表 1-1。

表 1-1　常见国产汽车的车轮定位参数

车　　型	主销后倾角	主 销 内 倾	前 轮 外 倾	前束值/mm
CA1091-1	1°30′	8°	1°	2 ~ 4
EQ1090-1	2°30′	6°	1°	1 ~ 5
奥迪 100	1. 16°	14. 2°	0°30′ ± 30′	0. 5 ~ 1
上海桑塔纳			− 0°30′ ± 20′	− 1 ~ − 3
南京依维柯	0°30′ ~ 1°	0°	1°	1. 5 ~ 2. 5
北京切诺基	7. 5°		0°	0
天津夏利	2°55′	12°	0°	1

(4) 形成　整体式转向桥的主销内倾角是在制造前轴时将销孔轴线上端向内倾斜而获得的。

总结：主销后倾和主销内倾都具有使车轮自动回正及保证汽车直线行驶稳定性的作用，但其区别在于：主销后倾角的回正作用随着车速的增高而增大，而主销内倾的回正作用几乎与车速无关。

3. 车轮外倾

(1) 定义　转向轮安装在转向节上时，其旋转平面上端向外倾斜，这种现象称为转向车轮外倾。车轮旋转平面与垂直于车辆支承面的纵向平面之间的夹角 α 称为车轮外倾角，如图 1-33 所示。

(2) 功用　车轮外倾角的功用是提高车轮工作的安全性和转向操纵的轻便性。

(3) 原理　由于主销与衬套之间、轮毂与轴承等处都存在着装配间隙，若空车时车轮的安装正好垂直于路面，则满载时上述间隙将发生变化，车桥也因承载而变形，从而引起车轮向内倾斜。车轮内倾将使路面对车轮的垂直反作用力的轴向分力压向轮毂外端的小轴承，使该轴承及其锁紧螺母等件承受的载荷增大，降低了它们的使用寿命，严重时会损坏锁紧螺母而使车轮脱落。为此，安装车轮时预先留有一定的外倾角，以防止上述不良影响。车轮外倾与主销内倾相配合可进一步缩短距离 c(见图 1-32a)，使汽车转向轻便。此外，车轮有一定的外倾角也可以与拱形路面相适应。但车轮外倾角不宜过大，否则会使轮胎产生偏磨损。一般前轮外倾角为 1°左右。

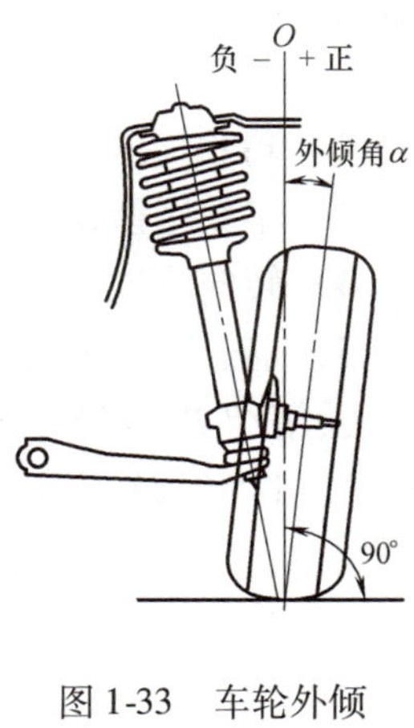

图 1-33　车轮外倾

有的汽车其前轮外倾角为负值(参见表 1-1)，这样在汽车转向时可避免车身过分倾斜。

4. 前轮前束

(1) 定义　车轮安装在车桥上，两前车轮的中间平面不平行，其前端略向内侧收束，这种现象称为前轮前束。两前轮后端距离 A 大于前端距离 B，其差值 $A—B$ 称为前轮前束值。如图 1-34 所示。

（2）功用　前轮前束的功用是消除因车轮外倾所造成的不良后果，保证车轮不向外滚动，防止车轮侧滑和减轻轮胎的磨损。

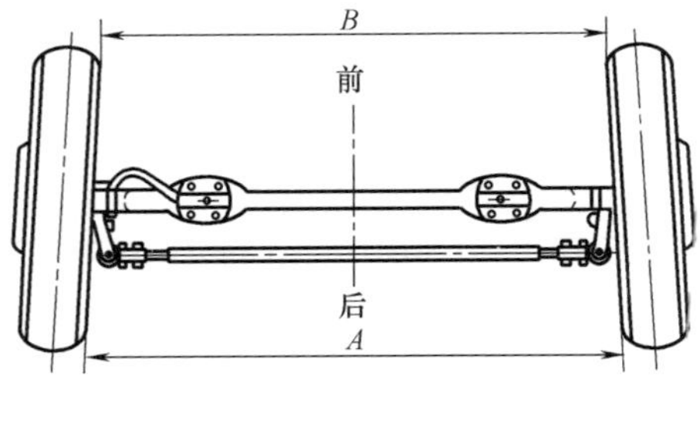

图 1-34　前轮前束

（3）原理　由于车轮外倾，汽车行驶时，两个车轮的滚动类似于两个锥体的滚动，其轨迹不再是直线而是逐渐向各自的外侧滚开，如图 1-35 所示。但受车桥和转向横拉杆的约束，两侧车轮不可能向外滚开，车轮在路面上滚动行驶的同时又被强制地拉向内侧，产生向内的侧滑，从而加剧轮胎的磨损。有了前束，车轮滚动的轨迹向内侧偏斜，只要前束值与车轮外倾角配合适当，车轮向内、外侧滚动的偏斜量就会相互抵消，使车轮每一瞬间的滚动方向都朝着正前方，从而消除了侧滑，减轻了轮胎的磨损。

前轮前束值可以通过改变转向横拉杆的长度来调整，一般前束值为 0 ~ 12mm。

5. 车轮定位的检查和调整

下面以桑塔纳 2000 轿车为例介绍其前轮定位的检查和调整。

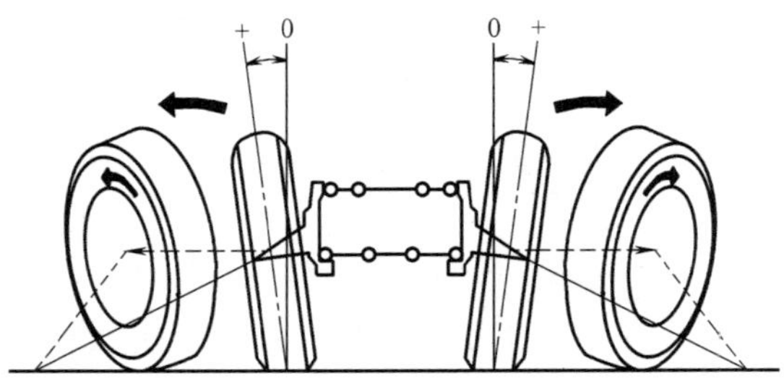

图 1-35　车轮外倾产生的车轮运动示意图

车轮定位不仅影响车轮的磨损程度，同时还对操纵稳定性和行车安全产生进一步的影响。因此，除了平时经常检查车轮定位外，在车桥拆装后和轮胎发生异常磨损、车辆的操纵稳定性变坏时，必须检查和调整车轮定位。

（1）检查准备　桑塔纳 2000 轿车只有前轮定位可以调整，因此检查前轮定位前，车辆应先满足以下条件，否则检查结果无效。

1）将汽车停放在水平场地上或专用检测台上，车轮在直线行驶位置且无负载。

2）轮胎气压符合规定。

3）车轮平衡，悬架活动自如。

4）转向系统调整正确。

5）前悬架弹簧无过大的间隙和损坏。

桑塔纳 2000 轿车前轮定位最好使用光学测量仪检查。如果没有光学测量仪，检查前轮外倾角可用 3021 量角器，检查前束可用机械轮距测试器。检查和调整应在车辆行走 1000 ~ 2000km 后，螺旋弹簧的长度基本定型的情况下进行最为适宜。

（2）前轮定位的调整　由于主销后倾角和前轮外倾角的改变会引起前束的改变，而前束的变化不会影响主销后倾角和前轮外倾角，所以前轮定位的检查和调整顺序是：首先检查和调整主销后倾角和左右轮的差值，然后检查和调整前轮外倾角和左右轮的差值，最后检查和调整前束。

1）前轮外倾角。前轮外倾角是指车轮旋转平面与垂直平面(纵向)之间的夹角，当前轮外倾角不正确时，轮胎会出现单边磨损(吃胎)。另外，外倾角过大，高速时车身晃动加剧，转向发“飘”，不易掌握；外倾角过小，转向太沉，回位不良，左右轮外倾角差值过大，会使汽车侧滑跑偏，轮胎磨损不均匀。

检查前轮外倾角可采用水准仪进行动态测量。水准仪如图1-36所示。

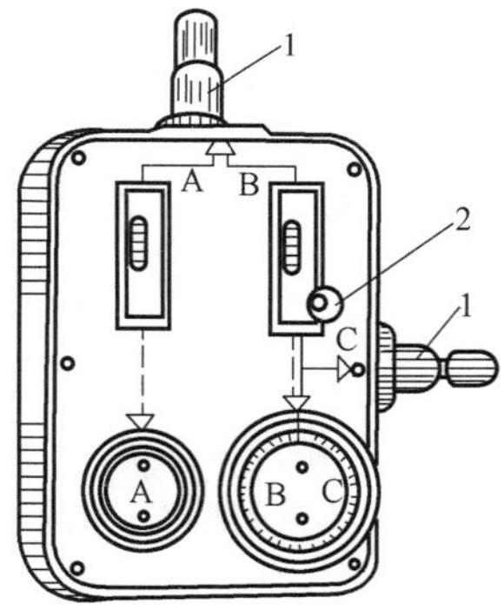

图1-36 水准仪

1—插销 2—调整螺钉

A—外倾角刻度及相应插销

B—后倾角刻度表及相应插销

C—内倾角刻度表及相应插销

将车轮对准正前方，利用装有轮辋或轮盘上的固定支架，如图1-37所示，将水准仪安装在与车轮平面垂直的平面内，如图1-38所示。此时水准仪的倾角读数即为车轮外倾角。当测量值与标准值不符时，应予以调整。

调整前轮外倾角时车轮应着地，通过球头销在下摇臂长孔中的位移来调整。其步骤如下：

① 松开下摇臂球头销的固定螺母。

② 把外倾调整杆40-200插入图1-39中箭头所示的孔中。调整左侧时，从后面插入调整杆；调整右侧时，应从前面插入调整杆。

③ 横向移动球头销，直至达到外倾角值。

④ 紧固螺母并再次检查外倾角值，必要时重新进行调整。

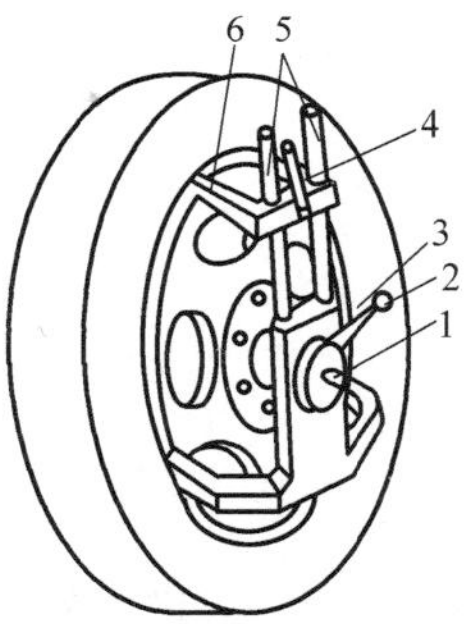

图1-37 车轮定位仪器固定支架

1—支承轴 2—固定手柄

3—调节手轮 4—高度调整手柄

5—立柱 6—偏心夹

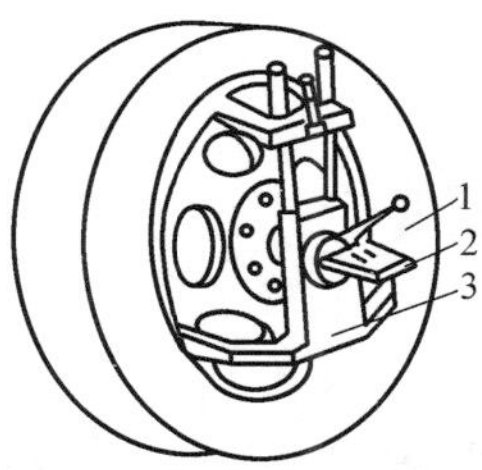

图1-38 测量车轮外倾角

1—被测车轮

2—水准仪

3—固定支架

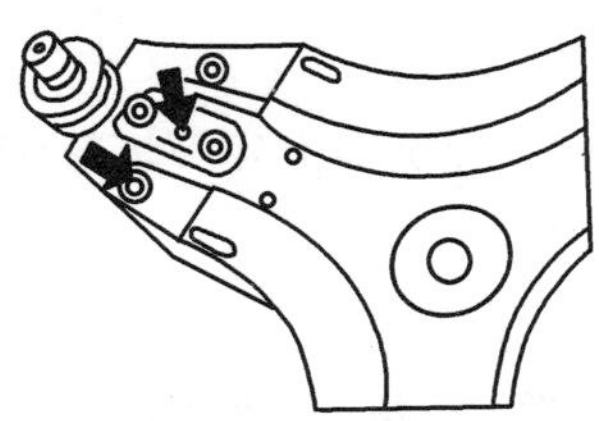

图1-39 插入外倾调整杆

⑤ 必要时调整前束。

2）前束。前束不当，会出现高速摆振和明显的单侧磨损。

检查前束，需将车轮停放在水平的硬实地面上，顶起前轮，使车轮能平稳回转，在轮胎周向花纹对称中心画线，然后拆下千斤顶，使车轮恢复稳定状态，并使车轮处于直行位置。

使用前束尺测量时，前束尺的指针高度与轮胎中心高度相同，如图1-40所示。在车轮的前侧，使前束尺的左右指针与轮胎中心的画线对准，测出宽度。然后将前束尺移到车轮后侧，以同样方法测出宽度。两次测量结果之差，即为车轮前束值。

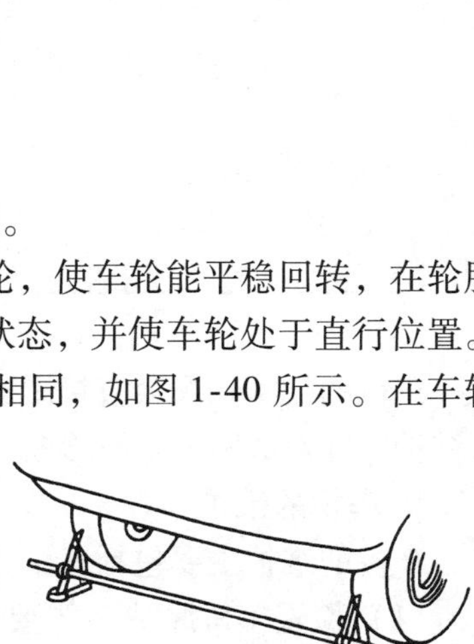

图1-40 检查前束

调整前束除使用光学测量仪外，还需要专用工具3075。调整前束是通过改变两侧转向横拉杆的长度来实现的。其步骤如下：

① 将转向器置于中间位置。

② 拧出转向中间轴盖上的螺栓。

③ 将带有挂钩“B”的专用工具安置在左转向横拉杆的紧固螺母上，如图 1-41 所示。

④ 用提供的螺钉将作衬垫的间隔件固定到标有“C”记号的转向器孔中。

注意：不得使用一般螺钉，因为一般螺钉太短，会碰坏转向盘的螺纹。

⑤ 总前束值分为两半，分别在左、右转向横拉杆上调整。

⑥ 固定转向横拉杆。

⑦ 必要时调整转向盘。

⑧ 拆下专用工具 3075。

⑨ 重新拧紧转向中间轴盖上的螺栓，拧紧力矩为 20N · m。

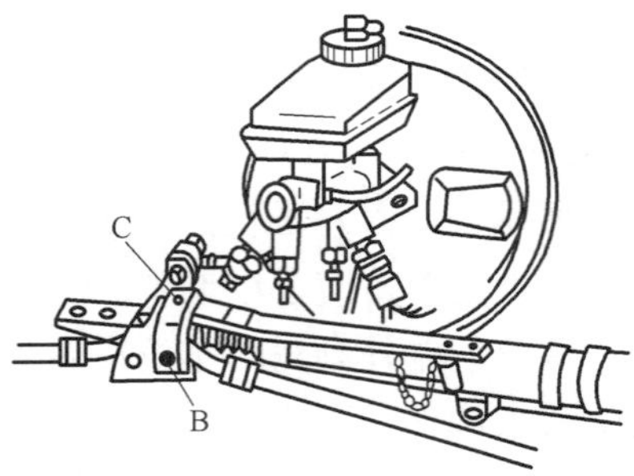

图 1-41　调整前束

3）主销后倾角和主销内倾角。桑塔纳 2000 轿车的主销后倾角是不能调整的。

桑塔纳 2000 轿车的主销内倾角也不可调整，它是靠前轮外倾角的正确性来保证的。

测试题：1. 车轮定位有哪些内容？各有什么功用？

2. 试分析车轮定位不准会导致哪些故障？

3. 实操并说明桑塔纳 2000 轿车的前轮定位如何检查和调整。

1.8　车桥的维护及故障诊断

想一想：车桥的维护有哪些内容？以及车桥的常见故障有哪些？

学习目标	鉴定标准	教学建议
1. 掌握车桥的维护内容和方法 2. 根据所学知识能够对车桥的常见故障进行诊断与排除	应知： 车桥的维护内容和方法 应会： 对车桥的常见故障进行诊断与排除	建议： 采用教师启发式讲解、学生讨论相结合的方式，最后由教师总结

车桥的技术状况会直接影响汽车的各项性能，因此对于汽车车桥要按规定的维护里程进行维护，并对故障要及时诊断、排除。

1. 车桥的维护

车桥的维护主要包括三个方面的内容：

（1）检查车桥漏油　主要是检查驱动桥、转向驱动桥的相关部位是否有漏油的地方，检查方法和内容同手动变速驱动桥的漏油检查。

（2）检查车桥部位的螺栓、螺母是否松动　用扭力扳手按规定力矩将螺栓、螺母重新紧固。

（3）前轮定位的检查和调整　一般是采用四轮定位仪检查车轮外倾角、主销内倾角、主销后倾角、前束，并调整使其符合标准值。

2. 车桥的故障诊断与排除程序

（1）转向沉重故障及诊断程序（见表 1-2 和图 1-42）

表 1-2　转向沉重故障现象、原因及故障排除方法

转向沉重		故障编码	DYZJ020
故障现象	故障原因	故障排除方法	
汽车转向时，转动转向盘感到沉重费力，并且没有回正感	1）转向节臂变形 2）转向节推力轴承缺油或损坏 3）转向节主销与衬套间隙过小或缺油 4）前轴或车架变形引起前轮定位失准 5）轮胎气压不足	诊断时先支起前桥，用手转动转向盘，若感到转向很容易，不再有转动困难的感觉，这说明故障部位在前桥与车轮。因为支起前桥后，转向时已不存在车轮与路面的摩擦阻力，而只取决于转向器等的工作状况。此时应仔细检查前轮胎气压是否过低，前轴有无变形；同时也要考虑检查前钢板弹簧是否良好，车架有无变形。必要时，检查车轮定位角度是否正确	

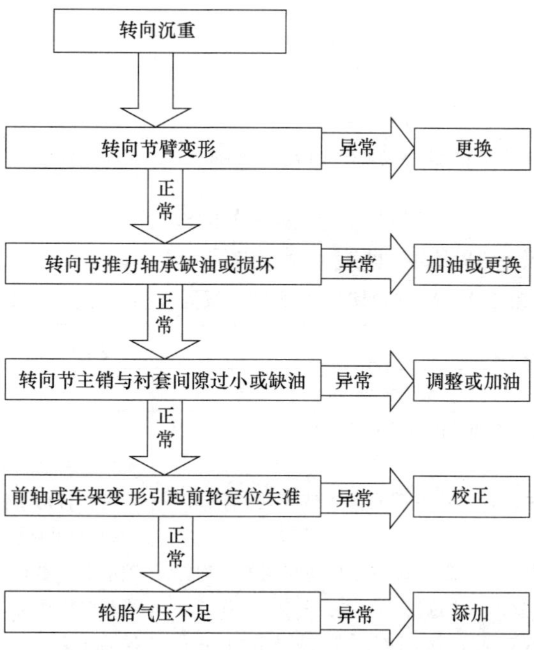

图 1-42　转向沉重故障诊断程序

（2）低速摆头故障及诊断程序（见表 1-3 和图 1-43）

表 1-3　低速摆头故障现象、原因及故障排除方法

低 速 摆 头		故 障 编 码	DYZJ021
故 障 现 象	故 障 原 因	故障排除方法	
汽车低速直线行驶时前轮摇摆，感到方向不稳。转弯时大幅度转动转向盘，才能控制汽车的行驶方向	1）转向节臂装置松动 2）转向节主销与衬套磨损松旷 3）轮毂轴承间隙过大 4）前束过大 5）轮毂螺栓松动或数量不全	前轮低速摆头和转向盘自由行程大，一般是各部分间隙过大或有连接松动现象，诊断时应采用分段区分的方法进行检查。可支起前桥，并用手沿转向节轴轴向推拉前轮，凭感觉判断是否松旷。若松旷，说明转向节主销与衬套的配合间隙过大或前轴主销孔与主销配合间隙过大。若此处不松旷，说明前轮毂轴承松旷，应重新调整轴承的预紧度。若非上述原因，应检查前轮定位是否正确，检查前轴是否变形。如果前轮轮胎异常磨损，则应检查前束是否正确	

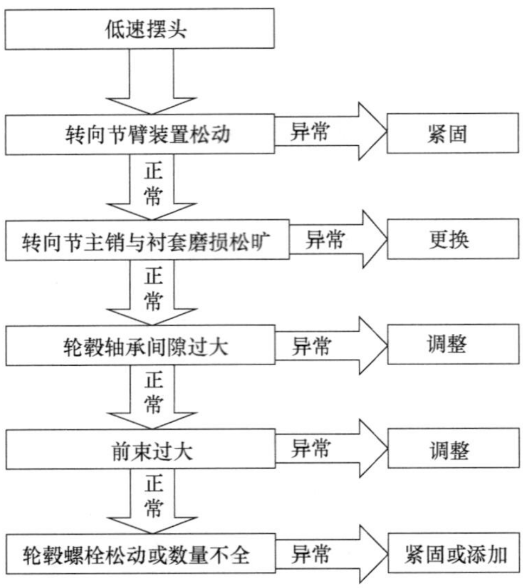

图 1-43　低速摆头故障诊断程序

（3）行驶跑偏故障及诊断程序（见表 1-4 和图 1-44）

表 1-4　行驶跑偏故障现象、原因及故障排除方法

行 驶 跑 偏		故 障 编 码	DYZJ022
故 障 现 象	故 障 原 因	故障排除方法	
汽车在直线行驶时必须紧握转向盘，方能保持直线行驶。若稍放松转向盘，汽车会自动偏向一边行驶	1）前轮定位值不正确，前束调整不当，过大或过小 2）左、右前轮主销后倾角或车轮外倾角不相等 3）制动鼓与制动蹄摩擦片间隙调整不均匀，一边过紧，一边过松 4）钢板弹簧一边折断，造成两边弹力不等 5）转向节或转向节臂弯曲变形 6）前轴或车架弯曲或扭转 7）左右轮胎气压不相等 8）前轮毂轴承调整不当，左、右轮毂轴承松紧度不一致	1）检查左、右前轮轮胎气压是否一致；如果是在换上新轮胎后出现跑偏现象，则应检查左、右轮胎规格以及轮胎花纹是否一致 2）用手触摸一下跑偏一侧的制动鼓和轮毂轴承部位是否发热。若发热，说明制动拖滞或车轮轮毂轴承调整过紧，造成一边紧一边松的现象 3）测量左右轴距是否相等 4）检查前钢板弹簧有无折断，前轴是否变形 5）若以上均属正常，应对前轮定位进行检查调整	

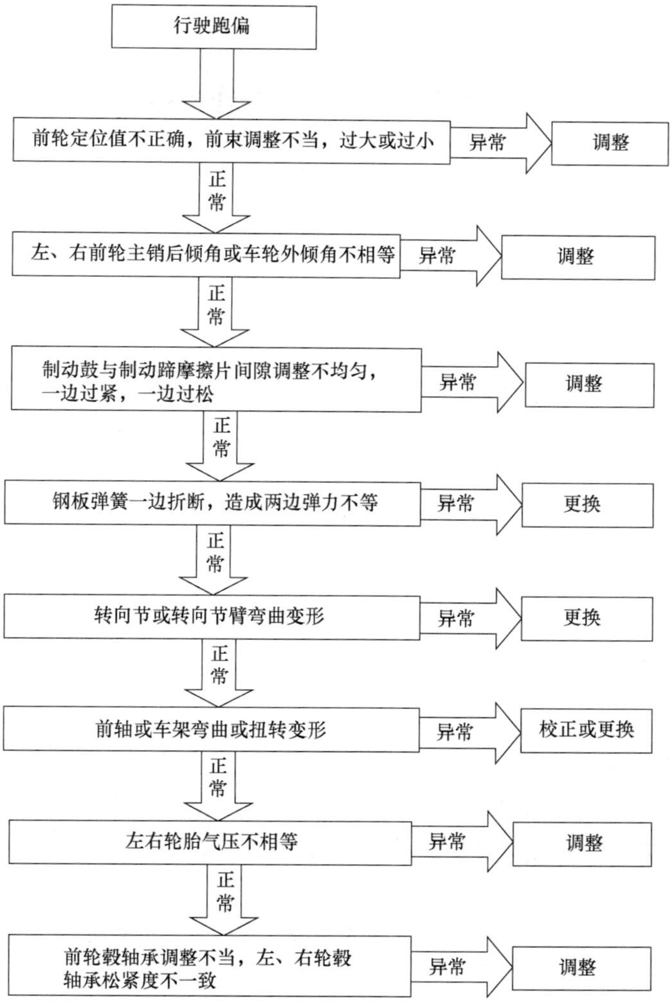

图1-44　行驶跑偏故障诊断程序

实训1　四轮定位仪的使用方法

1. 实训目的

掌握四轮定位仪的使用方法。

2. 实训内容

四轮定位仪的操作。

3. 实训设备

四轮定位仪一台。

4. 实训方法及注意事项

（1）实训方法　每班分成若干个小组，每次同时进行三个小组实训，其他小组在教室复习实训的内容，分几次完成。实训时以老师讲解、演示、学生操作、考核为主，学生完成实训报告及考核，完成实训内容。

（2）实训注意事项

1）听从安排，不要随意走动。

2）不要随意操作车上的各个系统。

3）操作所学的系统时必须在指导老师的指导下完成。

4）注意保持教学场地卫生。

5）操作所学系统时不能野蛮操作。

5. 实训步骤及要求

四轮定位仪的使用方法

1）上车前准备工作。

① 询问客户车辆在行驶中的症状。

② 车辆开上举升机，车前应当有人引导。前轮要停在转盘上，后轮停在滑板上(汽车在开上举升机前应把转盘装好锁销)

③ 升起举升机，观察轮胎有无啃胎、偏磨的情况，检查轮胎气压，不够则要加气，气压太高，则要放气(气压值按车型定)；检查轮胎花纹深浅。如轮胎磨损太严重，则先更换轮胎后再作定位；检查两侧车轮挡泥板上沿到台面的距离，如果不等，说明可能有两个问题：一是一侧弹簧疲劳，二是一侧减振器坏，需更换。

须先调整好两侧车高后才能做定位。

④ 用二次举升器举起汽车，检查横拉杆各球头是否松旷，上下摆臂胶套是否有裂纹、松旷，扳动轮胎，看看轴承是否松旷。这些部件如果有损坏，必须先更换后做定位。

⑤ 装机，按四轮定位仪要求做定位。

2）安装卡具。根据所测车辆的车轮尺寸对卡具进行调整。首先调整下方两个尼龙爪位置到合适的尺寸位置，然后调节两个卡臂的伸出长度。先将下方的两个尼龙爪顶在钢圈的凸起外沿，然后再松开上方尼龙爪的旋钮，调整它的位置，使之也顶在钢圈的凸起外沿，然后再拧紧旋钮。下一步是用两手同时推动卡具上的活动杆，使卡臂能够卡在轮纹内，然后挂上安全钩，检查卡具是否安装牢固。

3）安装定位仪。将四个传感器按照对应车轮的位置安装到卡具上。要注意在传感器的定位轴上要涂抹机油(不能涂润滑脂)，以防止长时间插拔后造成定位轴磨损，无法准确安装到位，影响测量精度。连接通信电缆和转角盘电缆。把电缆插头上的箭头和插座上的箭头标记对好之后，就可以直接插入。四根电缆的差别只是长度不同，两根 6.5m 的电缆是用来连接定位仪和两个前轮上的传感器，两个 4.5m 的电缆是在前后传感器之间互相连接。每个传感器上有 3 个插座，上面两个是完全一样的，最下面的一个是用来连接转角盘。电缆连接好之后，拔掉转角盘和后滑板上的固定销。将车辆举升后落到举升机最低一格的安全锁止位置，以保证举升平台处在水平状态。定位仪开机，传感器上的电源指示灯亮，按 R 键或相应的位置键激活各个传感器，把传感器调水平后拧紧固定旋钮，水平气泡处在大致中央的位置。

4）操作定位仪。开机之后，批处理程序会自动进入测量程序的初始状态，等待用户进行下一步的操作。按 F3 键可前进到下一步。屏幕上出现“TEST”，表示系统正在刷新所记忆的上次测量的信息。然后程序开始测量步骤。测量步骤主要分四步，首先是测量前的准备工作，包括输入登记表格，选择车型和偏位补偿。输入登记表格：包含了各项客户信息，可以任意选择要输入的项目，并且将来可以根据所输入的项目来调出此次测量结果数据。一般可按车辆牌照号或维修单编号来输入相应条目，以便将来调取。输入信息可以是英文字母或数字，没有汉字输入。填完表格之后，按 F3 键进入车型选择界面。选择出对应于所测车辆的车型之后，如果需要做偏位补偿，则按 F3 键前进，否则按 F4 键停止。偏位补偿：如果所使用的卡具是快速卡具，则只有在钢圈损坏程度较严重时，才需要做偏位补偿(对于 AudiA6 或 PassatB5,测量前必须做偏位补偿)；如果所使用的是自定心卡具，则对所有车辆必须做偏位补偿。做偏位补偿的要点：①轮胎转动方向应为车辆正常行驶时的转动方向。②调整前检测：安装好定位仪设备附带的制动锁。进入调整前检测步骤，屏幕上会出现转向盘对中提示图案。在绿色区域内，表示可以接受的范围，但是在绿色范围的左右两侧的测量结果，会相差 5′左右。因此，最好是将箭头对中绿色区域的中间黑线处。转动转向盘的顺序为：先对中，然后向右 20°，再向左 20°，接着对中。此时屏幕上出现测量得到的前轮前束时。按 F3 键进入到测量最大总转角的步骤，使用电子转角盘的定位仪可以通过这个步骤自动测量出最大总转角。先对中转向盘，然后按照屏幕提示，取下两个前部传感器。待屏幕上显示出测量等待画面后，连续向右转动转向盘直到转不动为止，然后稳定住不松手。等到测量结束后，再连续向右转动转向盘直到转不动为止，然后稳定住不松手。等到测量结束后，屏幕自动显示出所有的测量数据。再装上两个前部传感器，如果测量出的数据中，可调数据有超出允许范围的，则可进入到定位调整的步骤。

定位调整：做定位调整前，先用转向盘锁将转向盘固定成水平状，再升起举升机到合适调整的高度，将举升机锁止在水平安全位置。将四个传感器调整为水平状态，再操作定位仪进入定位调整操作。调整程序会先显示车辆后轴各参数的测量值，如果车辆后轴参数是可调的(多数车辆的后轴定位参数是不能调整的)，则可参照屏幕上显示的数据进行调整，屏幕显示的数据会随时显示当前调整后的参数数据。后轴定位参数调整完后，按 F3 键可进入前轴调整步骤。前轴外倾角的调整按照车辆底盘的结构可分为两种，一种是需要举升前轴使前轴车轮悬空才能调整外倾角；另一种是不需要举升前轴就可调整外倾角。

对于需要举升前轴调整外倾角的车辆，其定位调整的步骤如下：

① 按 F3 键直到屏幕上出现前轴调整画面。此时屏幕上同时显示出前轴的五个定位参数的数据值，它们分别是：左、右轮外倾角，左、右轮前束值，前轮总前束值。然后按 F7 键，屏幕上出现提示语句，提示您此时可以用二次举升器将车辆的前轴举起。在您用二次举升器将车辆前轴举起后，再按 F3 键前进，此时屏幕显示左右轮外倾角的数据。现在就可以按照屏幕显示的数据进行外倾角的调整了。

② 调整完左、右轮的外倾角后，按 F3 键前进，则屏幕上出现“现在可以将二次举升放下”的提示，此时可以放下二次举升，当车辆前轮在举升机平台上落稳之后，拽住车辆前轴的悬架部分，下拉几次，以使车辆前轴的悬架复位。车辆放好之后，再按 F3 键，此时屏幕显示又重新回到前轴调整画面。

③ 现在可以在前轴调整画面下，按照显示的左、右轮前束值调整左右轮前束。当左右轮前束和总前束都调整好后，按 F4 键结束定位调整过程。

④ 对于不需要举升前轴调整外倾角的车辆，则可在前轴调整画面下，按照先调外倾角，再调前束的顺序，参照屏幕上实时显示的各参数值，分别调整左右外倾角、左右前束值。调整好之后，按 F4 键结束定位调整过程。

调整后检测：将举升机降回到调整前测量时的高度，将举升机锁止在水平安全位置。进入调整后测量步骤，此时屏幕上显示出当前两前轮的单独前束值。按 F3 键前进，其余步骤与调整前检测的步骤相同。

如果在此步骤中显示的两前轮的单独前束值与定位调整过程中调整好的前束值有较大差别，原因可能是在调整结束后，将车辆落下来的过程中，转向盘位置发生了改变，导致两前轮的位置改变。因此每个车轮的单独前束值会与定位调整时的值不同，但前轮总前束不会改变。但由于进入调整后检测时所显示的前轮单独前束值会被记录，并在最后的测量结果中显示出来，从而使得调整结果报告中的前轮单独前束值有可能为不合格。而实际情况是前轮总前束是合格的，只是因为转向盘没有对中而导致单独前束值处在允许范围之外。为防止这种情况出现，在调整后测量步骤中，如果发现所显示的每个车轮的单独前束值与定位调整时的值有较大不同时，按 F3 键前进，直到屏幕上出现对中转向盘的图示后，依图示对中转向盘。然后按 F4 键退出调整后检测步骤，再重新进入调整后检测步骤。此时因为有了前一步的转向盘对中，所以屏幕上显示的应为转向盘对中情况下的前束值，正是我们所需要的值。如果这时候的前束值在允许范围之内，则表明定位调整合格，如果此时前束值仍不合格，则表明上一步的定位调整没有做好，还需要再回到定位调整步骤中再进行一遍调整。

最后所显示的测量调整结果报表给出了调整前测量值，标准值以及调整后测量值，以调整后测量值为最终结果。因此，如果在调整后测量值中，存在可以调整的参数的数据不合格，则还需要返回到定位调整步骤重新进行调整。将光标移动到测量调整结果报表中的打印机图标位置，按回车键确认，就可打印出完整的测量调整结果报表。经过打印，测量结果就被保存下来，以便日后可以调档查询。如果不打印，则测量结果数据就会丢失。如果希望保存测量数据，而又不想打印，则可在打印之前关闭打印机，再进行打印操作。系统会自动生成打印文档，然后调打印机，如果系统发现打印机处于关闭状态，屏幕上会出现错误提示，不用担心，此时测量结果已经被保存下来。

6. “四轮定位仪操作”的评分标准和操作工单

"四轮定位仪操作"评分标准

序号	考核项目	配分	扣分标准(每项累计扣分不能超过配分)
1	安全文明否决		造成人身、设备重大事故，或恶意顶撞考官，严重扰乱考场秩序，立即终止考试，此项目记零分
2	安全文明生产	20分	(1) 不穿工作服、工作鞋，不戴工作帽各扣1分 (2) 工零件乱放、混放每次扣2分 (3) 油、水落地或零部件表面未及时清理每次扣1分 (4) 考试完后不清理工零件或场地各扣5分 (5) 不服从考官、出言不逊，每次扣5分
3	工量具准备与检查	5分	(1) 工量具每少准备一件扣1分 (2) 工量具选择不当，每次扣2分 (3) 未校验量具每次扣2分
4	维修手册使用	10分	每查错一个数据或漏查一个数据扣3分，根据工单填写情况对照维修手册标准值评分
5	准备工作	10分	作业前不安装5件套一项扣2分
6	上车前准备工作	10分	口述不正确扣5分
7	定位的操作步骤	45分	每错一步扣5分

“四轮定位”操作工单

总分：__________

车型		发动机型号	

一、准备工作

(1) 工量具准备与检查	
(2) 维修手册准备	
(3) 固定发动机拆装台架	

二、操作过程

要求：会使用维修手册；能正确的使用四轮定位仪。

上车前准备	注意事项：
安装卡具	步骤：
安装定位仪	步骤：
操作定位仪	步骤：
调整步骤	前轮外倾 主销后倾 主销内倾 前束
维修结论	

习　题

1. 填空题

（1）汽车轮式行驶系统通常由________、________、________和________四大总成组成。

（2）按车架纵梁和横梁特点，汽车车架可分为________、________和________。

（3）部分轿车和大型客车取消了车架，而以车身兼代车架，此种车身称为________。

（4）转向轮定位参数有主销后倾角________、________和________。

2. 判断题

（1）转向驱动桥也是变速驱动桥。(　　)

（2）前轮前束是可以调整的，通常通过调整横拉杆长度实现。(　　)

（3）主销内倾角通常是由前轴主销轴孔加工保证的，在使用中也是可以调整的。(　　)

（4）车轮外倾角在使用中也是可以调整的。(　　)

3. 简答题

（1）汽车行驶系统功用是什么？轮式行驶系统由哪些总成组成？

（2）为什么说车架是整个汽车的基体？其功用和结构特点是什么？

（3）何谓边梁式车架？为什么此种结构的车架应用更广泛？

（4）丰田 Crown 轿车车架为什么更复杂？具有哪些结构特点？解放 CA1091K2 型汽车车架为什么布置为前窄后宽形式？

（5）转向驱动桥在结构上有什么特点？其转向和驱动两个功用主要是由哪些零部件实现的？

（6）车架纵梁剖面形状主要有哪些类型？为什么图 1-6b、c、a 断面得到较多的采用？

（7）中梁式车架和边梁式车架的主要区别在哪儿？脊梁式车架有什么优缺点？何谓综合式车架？钢管焊接的桁架式车架有什么结构上的特点？

（8）分析轿车采用的 IRS 车架、平台式车架和半车架的主要优点是什么？

（9）承载车身结构有什么特点？为什么轿车和大型客车广泛采用了承载式车身结构？

（10）整体式车桥和断开式车桥各有什么特点？为什么整体式车桥通常配用非独立悬架而断开式车桥与独立悬架相配用？

（11）转向轮定位参数有哪些？各起什么作用？主销后倾角为什么在某些轿车上出现负值？前束如何测量和调整？

第 2 章

车轮与轮胎

2.1 车轮

想一想：车轮有哪几种类型呢？它的基本组成有哪些？

学 习 目 标	鉴 定 标 准	教 学 建 议
掌握车轮的基本组成和功用	应知： 车轮的基本组成和功用	建议： 采用教师启发式讲解、学生讨论相结合的方式，最后由教师总结

车轮是介于轮胎和车桥之间承受负荷的旋转件，通常由轮辋和轮辐两个主要部件组成（GB/T2933—1995）。如图 2-1 所示，轮辋用于安装和支承轮胎，轮辐是介于车桥和轮辋之间的支承部件。轮辋和轮辐可以是整体的、永久连接的或可拆卸的。车轮有时还包含轮毂。

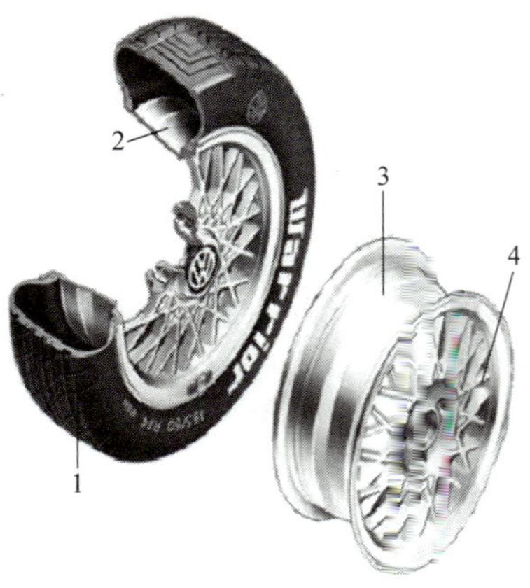

图 2-1 桑塔纳 2000 轿车车轮总成
1—轮胎 2—车轮 3—轮辋 4—轮辐

1. 车轮的类型

按照轮辐的结构，车轮可分为辐板式和辐条式等。现代汽车的轮辐多种多样，与汽车造型融为一个整体，对整车起到了很好的装饰作用，并采用少辐板的轮辐，更有利于制动器的散热。

根据轮辋形式不同，车轮可分为组装轮辋式、可调式、对开式、可反装式等。

根据车轮材质不同，又有铝合金、镁合金、钢制车轮之分。钢制车轮可以大批量生产，价格低廉，目前应用最广，但重量和散热方面不如铝制车轮，且很难实现新颖的造型；铝制车轮散热性较好、重量轻、造型上受限少；镁合金制车轮比铝制车轮轻，但由于价格昂贵且耐蚀性差，所以普及率很低。

按车桥一端安装的轮胎数目，车轮可分为单式车轮和双式车轮。

（1）辐板式车轮　辐板式车轮是轮辋和轮辐永久结合的车轮，由挡圈、轮辋、辐板、气门嘴孔等组成。多用于普通轿车，中、重型货车。

辐板为钢质圆板，它将轮毂和轮辋连接在一起，大多是冲压制成的，少数与轮毂铸成一体，后者多用于重型汽车上。

轿车的辐板采用材料较薄，常冲压成起伏各样形状，以提高刚度。辐板上开有若干孔，用以减轻质量，同时有利于制动器及轮胎散热，拆装时可作把手。辐板与轮辋焊接在一起的，提高了轮辋与无内胎轮胎间的气密性，如图 2-2 所示。

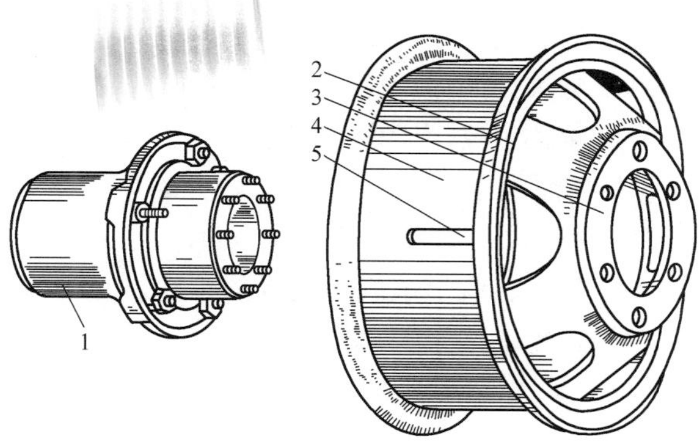

图 2-2　车轮的组成

1—轮毂　2—挡圈　3—轮辐（辐板式）　4—轮辋　5—气门嘴出口

（2）辐条式车轮　辐条式车轮是轮辋由若干辐条连接到轮毂上的车轮。

轮辐有钢丝辐条（见图 2-3a），类似自行车车轮用的钢丝，质量小，但价格昂贵，维修安装不便，一般用在赛车和某些高级轿车上。另一种是和轮毂铸成一体的铸造辐条（见图 2-3b），一般装在较大的重型汽车上，在这种结构的车轮上，轮辋用螺栓和特殊形状的衬块固定在辐条上，为使轮辋与辐条对中，在轮辋和辐条上都加工出配合锥面。

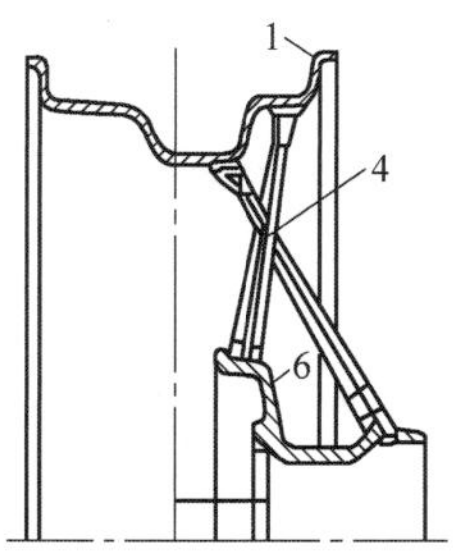

a)

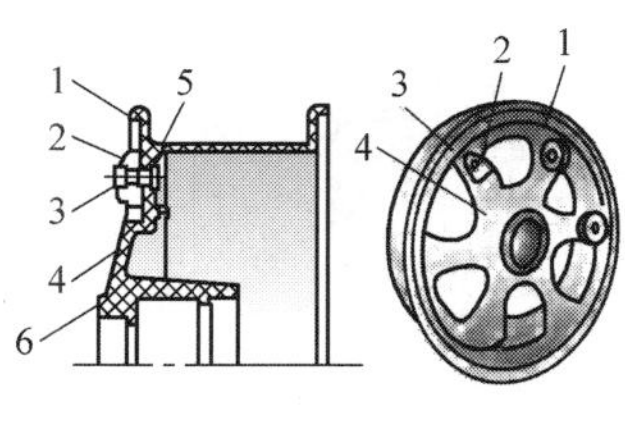

b)

图 2-3　辐条式车轮

a）钢丝辐条车轮　b）铸造辐条车轮

1—轮辋　2—衬块　3—螺栓　4—辐条　5—配合锥面　6—车轮

2. 轮辋类型

轮辋是轮胎的装配和固定基础，其尺寸及形式应符合有关标准规定，每种规格的轮胎应配用标准轮辋。如果轮辋选用不当，尤其使用过窄轮辋，会使轮胎早期损坏，影响汽车行驶性能。

（1）按轮辋断面形式分类　轮辋有多种形式，按其断面形式区分，常见的有深槽轮辋、平底轮辋和对开式轮辋，如图 2-4 所示。

1）深槽轮辋。如图 2-4a 所示，代号 DC。深槽轮辋一般都是采用钢板冲压成形的整体结构，是一种整体轮辋。深槽轮辋结构简单、刚度大、质量小，轮辋中部制成深凹槽，使小尺寸弹性较大的轮胎易于装卸。

深槽轮辋用于轿车、轻型车、微型车、轻型越野车，如红旗 CA7180 轿车、北京 BJ212 型越野汽车 。

2）平底轮辋。如图 2-4b 所示，代号 FB，轮辋中部平直，其一侧凸缘与轮辋制成一体，另一侧以可拆挡圈做凸缘，挡圈可拆，轮胎拆装方便。

平底轮辋主要用于中、重型载货汽车、自卸汽车和大客车，如解放 CA1091 型汽车、东风 EQ1040 型汽车。

3）对开式轮辋。如图 2-4c 所示，代号 DT，由内外可分的两个轮辋组成，当其可靠地紧固在一起时，就形成固定轮缘的车轮。这种轮辋在拆装轮胎时，只需拆下螺栓即可。

对开式轮辋用于大、中型越野汽车，如东风 EQ2080 型汽车。

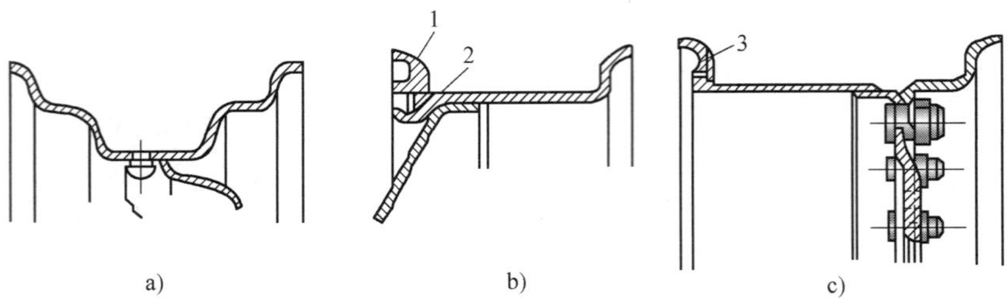

图 2-4　常见轮辋断面形式

a）深槽轮辋　b）平底轮辋　c）对开式轮辋

1、3—挡圈　2—锁圈

（2）按轮辋组成件数分类　轮辋形式按其组成件数可分为一件式和多件式，如图 2-5 所示。

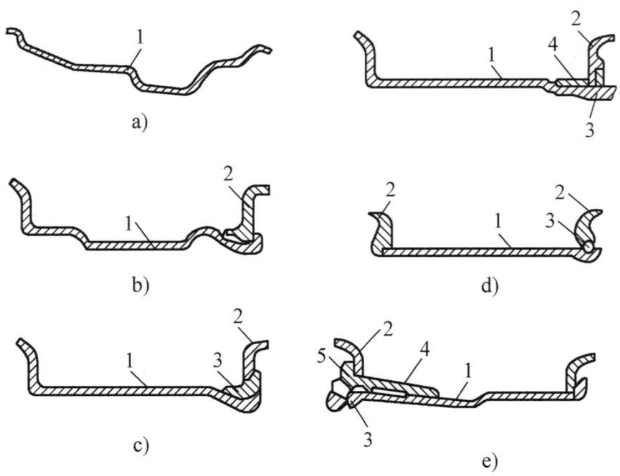

图 2-5　轮辋结构形式

a）一件式轮辋　b）二件式轮辋　c）三件式轮辋　d）四件式轮辋　e）五件式轮辋

1—轮辋体　2—挡圈　3—锁圈　4—座圈　5—密封环

3. 国产轮辋规格代号

轮辋规格用轮辋名义宽度代号、轮缘高度代号、轮辋结构形式代号、轮辋名义直径代号和轮辋轮廓类型代号来共同表示。

国产轮辋规格用一组数字、字母和符号组合表示，分为几部分，各部分的含义及具体内容如下：

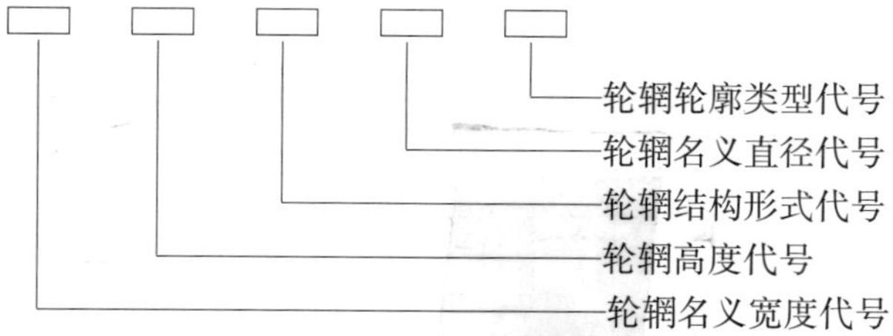

1）轮辋宽度代号：以数字表示，一般取小数点后两位，单位为英寸（当以 mm 表示时，要求轮胎与轮辋的单位一致）。

2）轮辋高度代号：用一个或几个拉丁字母表示，如 C、D、E、F、J、K、L、V 等。常用代号及相应高度值（mm）见表 2-1。

表 2-1　轮辋的高度代号及高度值　　（单位：mm）

C	D	E	F	G	H	J	K
15.88	17.45	19.81	22.23	27.94	33.73	17.27	19.26
L	P	R	S	T	V	W	
21.59	25.40	28.58	33.33	38.10	44.45	50.80	

3）轮辋结构形式代号：用符号“×”表示一件式轮辋；用“—”表示多件式轮辋。一件式轮辋是指轮辋为整体式的，只有一件，而多件式轮辋由轮辋体、挡圈、锁圈等多个部件组成。

4）轮辋直径代号：以数字表示，单位为英寸（当以 mm 表示时，要求轮胎与轮辋的单位一致）。

5）轮辋轮廓类型代号：用几个字母表示，每个代号所表示的轮辋轮廓类型如下：

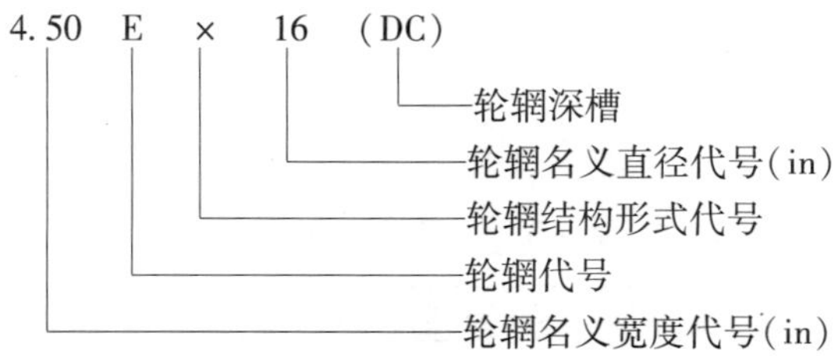

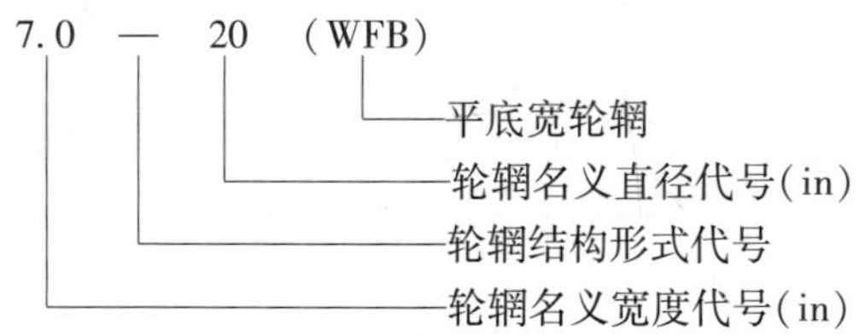

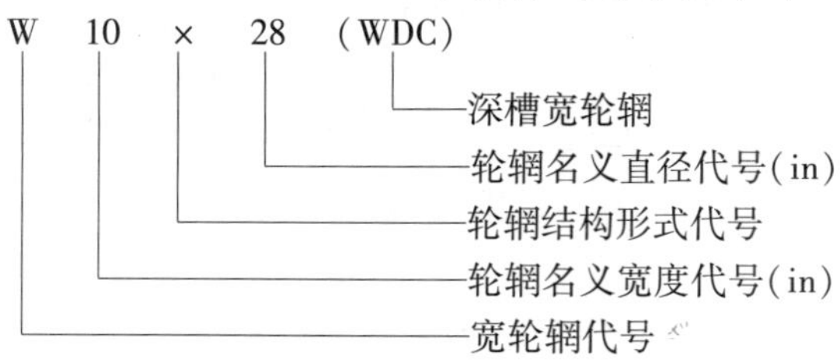

新设计的轮辋以下列方式表示：

轿车：10×3.50C；

15×6J；

轻型载货车：

$15 \times 5\frac{1}{2}$ J

J——轮缘代号

$5\frac{1}{2}$——轮缘宽度（in）

15——轮辋名义直径（in）

16.5×6.00；

15—5.50F　SDC（SDC 表示半深槽轮辋）

中型、重型客车货车：20—7.5、22—8.00V、22.5×8.25

4. 车轮常见故障诊断

车轮常见故障为轮毂轴承过松或过紧。轮毂轴承过松，会造成车轮摆振及行驶不稳，严重时还能使车轮甩出。轮毂轴承过紧，会造成汽车行驶跑偏。全部轮毂轴承过紧时，会使汽车滑行距离明显下降。轮毂轴承过紧会使汽车经过一段行驶后，轮毂处温度明显上升，有时甚至使润滑脂融化而容易甩入制动鼓内，造成制动性能下降。

轮毂轴承过松或过紧必须立即修理，即调整轮毂轴承的预紧度，方法为：

1）用千斤顶支起车轮，拧下轮毂盖螺钉，拆下轮毂衬垫。

2）拆下锁止销钉，旋下锁紧螺母，拆下锁止垫片。

3）旋转调整螺母改变轮毂轴承间隙。旋进轴承间隙变小，旋出轴承间隙变大。一般是将调整螺母旋紧到底，再退回 1/3 圈即可。

4）调整合适的轮毂轴承预紧度应使车轮能够自由转动，且轴向推动无明显间隙。

2.2　轮胎

想一想：轮胎的功用与结构是怎么样的？

学习目标	鉴定标准	教学建议
1. 了解轮胎的功用 2. 了解轮胎的结构 3. 掌握轮辋规格的表示方法	应知： 轮胎的功用与结构	建议： 采用教师启发式讲解、学生讨论相结合的方式，最后由教师总结

现代汽车绝大多数都采用充气轮胎，轮胎由橡胶制成，安装在车轮轮辋上，直接与路面接触。轮胎作为汽车与道路之间力和力矩的支承和传递部件，对汽车行驶性能和操纵稳定性等影响很大，同时，轮胎在整个汽车成本及使用维修费用中都占相当大的比例，对汽车经济性也有很大影响，因此，轮胎是汽车上最重要的部件之一。

1. 功用

1）支承汽车的质量，承受路面传来的各种载荷。

2）和汽车悬架共同来缓和汽车行驶中所受的冲击，并衰减由此而产生的振动，以保证汽车有良好的乘坐舒适性和行驶平顺性。

3）保证车轮和路面有良好的附着性，以提高汽车的动力性、制动性和通过性。

2. 分类

汽车轮胎按胎体结构不同可分为充气轮胎和实心轮胎。现代汽车绝大多数采用充气轮胎，充气轮胎又可按如下方式分类：

1）按组成结构不同，可分为有内胎轮胎和无内胎轮胎两种。

2）按轮胎断面形式，可分为窄基轮胎、普通断面轮胎、低断面轮胎和超低断面轮胎。

3）按帘线材料不同，可分为棉帘轮胎、人造线轮胎、尼龙轮胎、钢丝轮胎、聚酯轮胎、玻璃纤维轮胎、无帘布轮胎等，目前用钢丝和各种高强度人造材料制作帘线的轮胎得到广泛应用。

3. 轮胎的结构

（1）有内胎的充气轮胎　有内胎的充气轮胎主要由外胎、内胎、垫带组成，如图 2-6 所示。

1）外胎如图 2-7 所示。外胎用来保护内胎不受损伤且具有一定弹性，由胎面、帘布层、缓冲层(或带束层)、胎圈等组成。

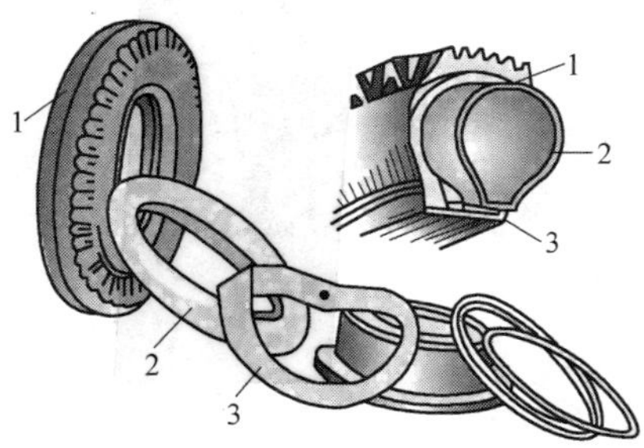

图 2-6　有内胎的充气轮胎组成

1—外胎　2—内胎　3—垫带

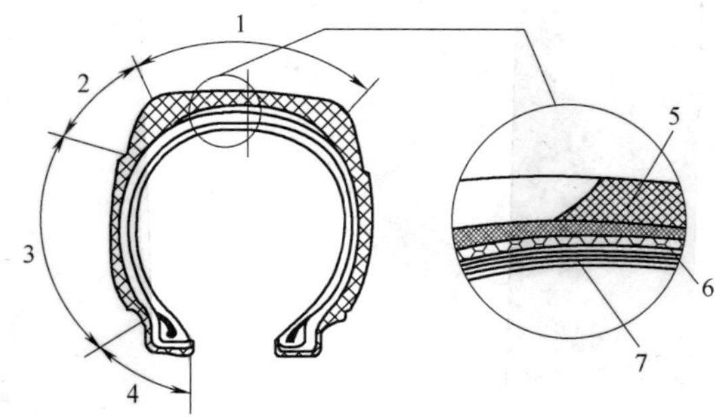

图 2-7　轮胎结构

1—胎冠　2—胎肩　3—胎侧　4—胎圈　5—胎面　6—缓冲层(带束层)　7—帘布层

① 胎面。胎面主要由胎冠、胎肩、胎侧等部分组成，如图 2-7 所示。

a. 胎冠。是指外胎两胎肩夹的中间部位，由耐磨橡胶制成。胎冠最外层与路面接触。带有花纹的外胎胶粘层称为胎面，它的作用是与路面直接接触，产生摩擦阻力、驱动力和制动力，保护胎体，防止其早期磨损和损伤。胎体是由帘布层与缓冲层(或带束层)组成的整体，是充气轮胎的受力结构。

b. 胎肩。是较厚的胎冠向较薄的胎侧过渡的部分，一般制有花纹，以提高散热能力。

c. 胎侧。是指胎肩到胎圈之间的胎体侧壁部位上的橡胶层，较薄，它的主要作用是保护胎体，承受侧向力。作为面积最大、弹性最强的轮胎部件，胎侧在行驶过程中，不断地在载荷作用下弯曲变形。

胎侧上标有厂家名称、轮胎规格尺寸及其他信息。

② 帘布层。是指胎体中由覆胶平行帘线组成的纤维层，它是外胎的骨架，承受负荷，支承外胎各部分，使胎体具有必要的强度，保持轮胎的外缘尺寸和形状。帘布层数越多强度

就越大，但弹性会下降，在外胎表面注有帘布层数。

帘布层帘线的材质可不同。棉线帘布价格低，但强度差，需要多层帘布，在受热后强度下降，不能很好承受轮胎工作时产生的交变载荷。采用人造丝做帘布可以减少层数，因为人造丝有较好的抗变形能力，耐久性比棉布层轮胎高60%～70%，但它不足之处是吸湿性较强，此时强度会下降，残余伸长变形而使其不能与橡胶更好地结合。采用尼龙线或钢丝帘线，在轮胎承载能力一样时，层数可减小，减轻轮胎重量。

按照胎体帘布层帘线的排列方式不同，外胎可分为普通斜交胎和子午线轮胎等。

a. 普通斜交轮胎。普通斜交轮胎如2-8所示，由胎面、帘布层、缓冲层和胎圈等组成。帘布层和缓冲层各相邻层帘线交叉排列，帘线与胎面中心线呈小于90°的交角排列。行驶中轮胎噪声小，外胎面较柔软，在低速行驶时乘坐舒适性好，价格也便宜，制造容易，价格也较子午线轮胎便宜。转向行驶时，接地面积小，胎冠滑移大，抗侧向力能力差，高速行驶时稳定性差，滚动阻力较大，油耗偏高，承载能力不如子午线轮胎，广泛用于国产中、重型载货汽车。

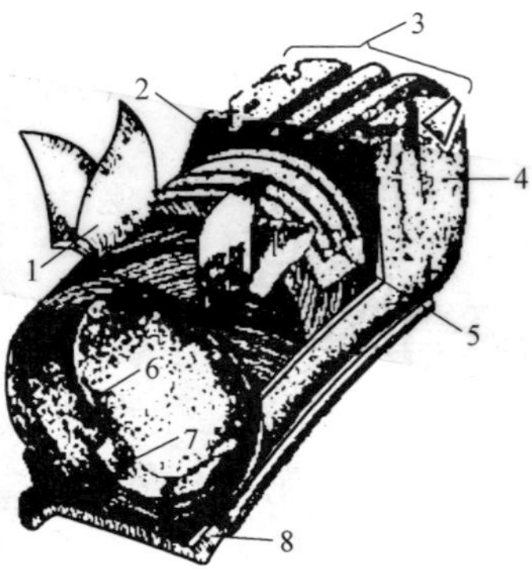

图2-8 普通斜交胎

1—帘布层 2—胎肩 3—胎冠 4—胎侧
5—缓冲层 6—内胎 7—垫带 8—胎圈

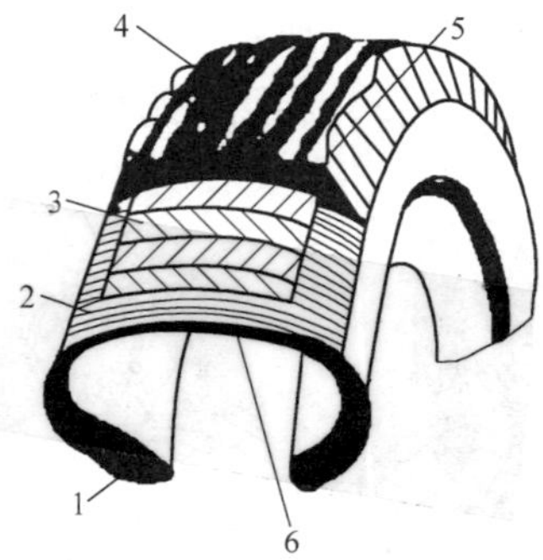

图2-9 子午线轮胎

1—胎圈 2—帘布层 3—带束层
4—胎冠 5—胎肩 6—子午断面

b. 子午线轮胎。如2-9所示，子午线轮胎由胎面、帘布层、带束层和胎圈等组成。帘布层帘线与胎面中心线呈90°或接近90°角排列，帘线分布如地球的子午线。子午线轮胎帘线强度得到充分利用，故其帘布层数小于普通斜交轮胎帘布层数，轮胎重量轻，胎体较柔软，弹性好，滚动阻力小，节省燃料，胎侧薄，径向弹性大，缓冲性能好，负荷能力较大，散热性能好，行驶温度低；有坚硬的带束层，不易刺穿，不易爆破，行驶时变形小，轮胎着地后胎冠切向变形及相对滑移小，在承受侧向力时，接地面积基本不变，故在转向行驶和高速行驶时稳定性好，使用寿命长。胎侧薄、柔软，变形大，胎侧与胎圈受力比普通斜交胎大很多，容易在胎侧和与轮辋接触处发生裂纹，胎冠较厚，在其与胎侧过渡区易产生裂口；因胎侧变形大，其侧向稳定性较差；制造要求和制造成本高。子午线轮胎在轿车上普遍采用，货车上也越来越多地采用了子午线轮胎。

③ 缓冲层(或带束层)。缓冲层是指斜交轮胎胎面和帘布层之间的纤维层。用胶片和数层挂上胶的稀帘布做成，具有较大的弹性，可缓和并吸收部分路面对轮胎的冲击，并防止汽车在紧急制动时胎面与帘布层脱离。

带束层是指在子午线轮胎胎面基部下沿胎面中心线圆周方向箍紧胎体的材料层。它的主要作用是增强轮胎的周向刚度和侧向刚度，并承受大部分胎面的应力。

④ 胎圈。是指轮胎安装在轮辋上的部分。在轮胎内的加压空气作用下胎缘胀紧在轮辋边缘，可防止轮胎在各种力的作用下脱离轮辋。

2）内胎。内胎是一个环形橡胶管，装在外胎内部，具有良好的弹性、耐热性及密封性。其上有气门嘴，以便充气。其直径尺寸应稍小于外胎的内壁尺寸，以防在充气状态下内胎产生皱褶。

3）垫带。垫带是一环形橡胶带，垫在内胎与轮辋之间，保护内胎不被轮辋和胎圈磨损。

（2）无内胎的充气轮胎。

无内胎轮胎在外观上与普通轮胎相似，但没有内胎和垫带，空气通过气门嘴直接压入外胎中，因此要求轮辋和外胎之间密封性要好，一般与深式轮辋配合使用。近年来轿车几乎均使用无内胎轮胎。

无内胎轮胎的外胎内壁上附加了一层厚 2～3mm 的专门用来封气的橡胶密封层，（见图 2-10），它是用硫化的方法粘附上去的，密封层正对着的胎面下面，贴着一层未硫化橡胶的特殊混合物制成的自粘层。当轮胎穿孔时，自粘层能自行将刺穿的孔粘合，因此又叫有自粘层的无内胎轮胎。

胎圈上有若干道同心环形槽纹，在轮胎内空气压力作用下，槽纹能使胎圈紧贴在轮辋边缘上，使之与轮辋保证良好气密性。但也有的胎圈外是光滑的，没有槽纹。

无内胎轮胎的优点是：轮胎穿孔时，漏气缓慢，压力不会急剧下降，能安全地继续行驶；无内胎轮胎中不存在因为外胎之间摩擦和卡住而引起损坏；气密性较好，可以直接通过轮辋散热，工作温度低，使用寿命长；结构简单，质量较小。其缺点是途中坏了修理困难；自粘层只有在穿孔小时才可粘合；天气炎热自粘层易软化而向下流动，从而破坏车轮平衡。故一般多采用无自粘层的无内胎轮胎，它的外胎内壁只有一层密封层，当轮胎穿孔时，由于其本身处于压缩状态而紧裹着穿刺物，能长期不漏气。即使穿刺物拔出，亦能暂时保持气压，这就部分取代了自粘层的作用。

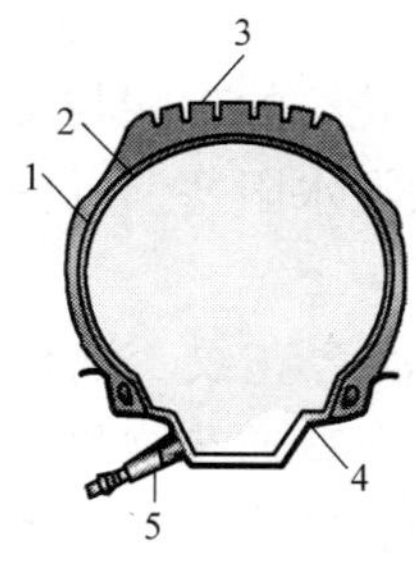

图 2-10 无内胎轮胎
1—橡胶密封层 2—自粘层
3—槽纹 4—轮辋 5—气门嘴

图 2-11 分别为有内胎或无内胎的斜交胎和子午线轮胎。

（3）轮胎的气压 充气轮胎按胎内空气压力大小可分为高压胎、低压胎和超低压胎三种。过去，高压胎气压在 0.5～0.7MPa，低压胎气压在 0.15～0.45MPa，超低压胎气压在 0.15MPa 以下。

由于轮胎制造技术的不断发展、原材料的改进，轮胎负荷能力大幅度提高，相应气压也提高了，而轮胎缓冲性仍在某种程度上保持原有同规格“低压胎”的性能。因此按过去标准已属于高压胎气压范围内的轮胎，现在国内、外还是将其划归于“低压胎”一类。比如国产 9.00—20 的 14 层级尼龙胎，负荷 22kN，气压 0.657MPa 和 11.00—20 的 18 层级尼龙胎，负荷 31kN，气压 0.687MPa，从气压上看已超出低压胎范围，但仍属于低压胎。

现今载货车、轿车大都采用低压胎或超低压胎。因为其弹性好，断面宽，接地面积大，胎壁薄散热性好，汽车行驶平顺性、稳定性好，轮胎寿命长。

（4）轮胎的花纹　为使轮胎与地面具有良好附着性能，防止纵向和横向滑移，在胎面上制有各种花纹。轮胎花纹主要有普通花纹、混合花纹和越野花纹等。

1）普通花纹。普通花纹细而浅，花纹接地面积大，耐磨性和附着性都较好，适用于比较好的硬路面。其中的纵向花纹见图2-12a，适用于良好路面，轿车、货车都可选用。横向花纹见图2-12b，适用于土石路面，仅用于货车。

2）越野花纹。越野花纹如图2-12d所示，花纹凹部深而且粗，在软路面上与地面附着性好，越野能力强，适用于矿山、建筑工地等坏路面或无路地带，适用于越野车轮胎。越野花纹不宜在好路上使用，否则会加大花纹磨损。

安装人字形越野花纹应注意花纹方向，驱动轮胎花纹的尖端与旋转方向一致，不致使花纹被泥水阻塞，以提高附着力。从动轮则相反。

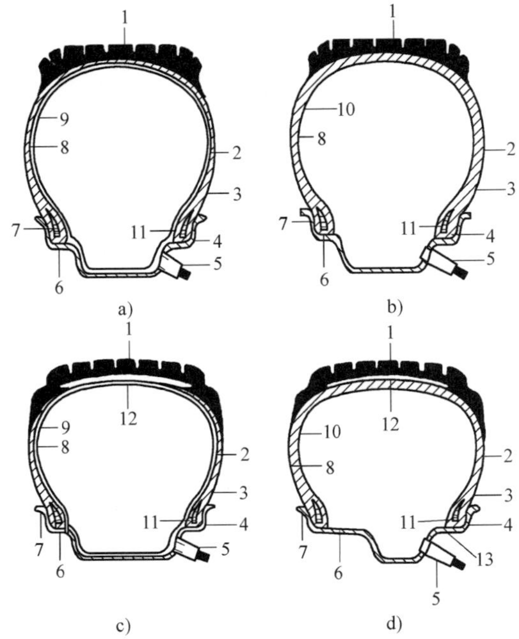

图2-11　有内胎或无内胎的斜交轮胎和子午线轮胎
a）有内胎的斜交轮胎　b）无内胎的斜交轮胎
c）有内胎的子午线轮胎　d）无内胎的子午线轮胎
1—胎面　2—胎侧耐磨壁　3—胎侧橡胶　4—胎圈
5—气门嘴　6—轮辋肩　7—轮缘　8—胎体
9—内胎　10—密封橡胶层　11—胎圈芯
12—帘线层　13—轮辋峰

3）混合花纹。混合花纹如图2-12c所示，它介于普通花纹和越野花纹之间，兼顾了两者的使用要求，中部为菱形，纵向为锯齿形或烟斗形花纹，两边为横向越野花纹，适用于城市、乡村之间等使用条件变化不定的路面上行驶的汽车。现代货车驱动轮也采用这种花纹。

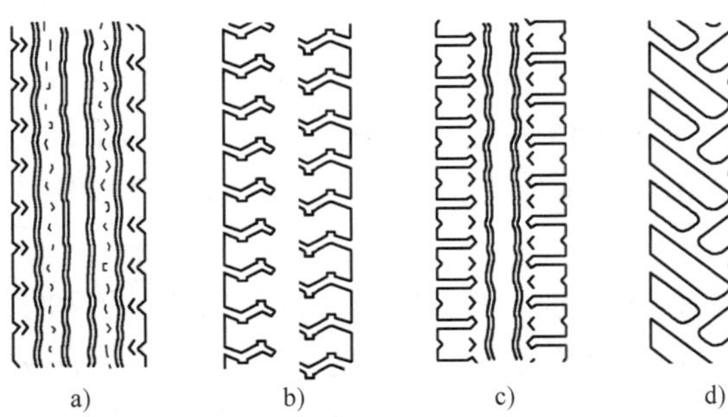

图2-12　轮胎花纹

（5）轮胎规格标记方法　轮胎是在专业化生产厂制造，并具有高度的标准化、系列化特点。轮胎的外直径 D、断面宽 B、配用轮辋名义直径 d 等轮胎尺寸符号如图2-13所示，轮辋轮廓形式及规格、胎面花纹形式及深度、额定负荷下半径等尺寸特性和负荷系数，可查GB2977、GB2978、GB516、GB1191、GB9743、GB9744等国家标准。

我国采用国际标准，斜交轮胎的规格用 $B—d$ 表示，尺寸 B 和 d 均用in为单位。

国产子午线轮胎规格用BRd表示，其中 R 代表子午线轮胎（即“Radial”的第一个字母）。国产轿车子午线轮胎断面宽 B 已全部改用公制单位mm；载货汽车轮胎断面宽 B 有英制单位in和公制单位mm两种，而轮辋直径 d 的单位仍用in。

扁平率：即高宽比 H/B 的百分比表示。目前国产轿车子午线轮胎扁平率有 80，75，70，65，60 等 5 个系列。显然，数字越小，胎越矮，即轮胎越扁平，断面尺寸越宽。宽断面轮胎接地面积大，接地比压小，磨损小，滚动阻力也小，侧向稳定性强，整车质心低，汽车行驶稳定性好。

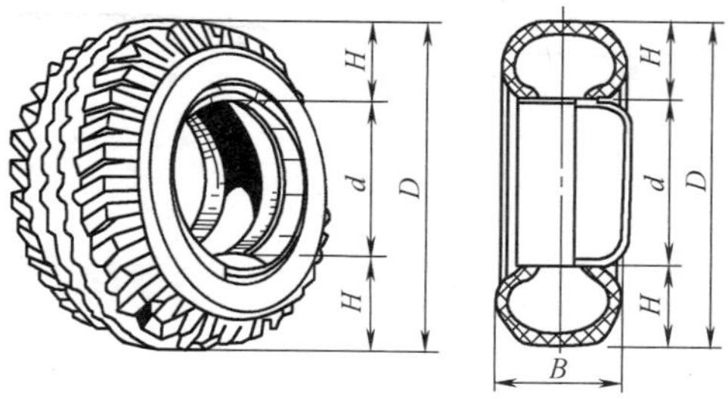

图 2-13　轮胎尺寸符号

负荷能力：我国国家标准规定以“层级”表示负荷能力。但子午线轮胎还同时标明“负荷指数”或“负荷级别”。在这三种表示方法中，因为“负荷指数”直接代表载质量，而且可以在轮胎上同时标明单胎和双胎的“负荷指数”，所以对使用者来讲是最方便的。而要知道每一个轮胎规格的“层数”和“负荷级别”所代表的载质量，则须查轮胎规格的标准规定。

速度级别：我国参照采用了国际标准化组织（ISO）规定的速度标志，对于轿车轮胎（P 到 S 级），是指不许超过的最高速度；对于货车轮胎（F 到 N 级），是指随负荷降低可以超过的参考速度，可查轮胎规格的标准规定。

普通桑塔纳轿车轮胎规格标记方法如图 2-14 所示。

（6）胎侧标志　根据国际的有关规定，也方便使用者维修与购置，所以每条外胎两侧上必须模刻上规格、制造厂商和厂名（或地点）、标准轮辋、生产编号、骨架材料及结构代号；轿车轮胎还须标有速度级别代号和胎面磨耗标志位置的符号；载货汽车轮胎还须标有层级；胎面花纹有行驶方向的，还须有行驶方向标志。

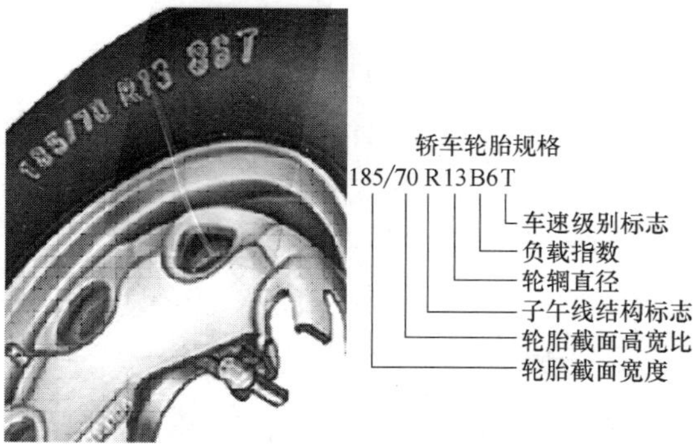

图 2-14　普通桑塔纳轿车轮胎规格标记方法

生产编号是用生产年、月和连续顺序号组成的一串数字来表示。

骨架材料指帘布材料，一般用字母表示。

胎面磨耗标志或称防滑标记，即是稍微高出轮胎花纹沟槽底部的凸台。随着轮胎行驶里程增加、轮胎磨损、花纹沟槽变浅，此时露出凸台。说明轮胎花纹即将磨尽，若不更换，可能造成行驶中轮胎打滑，引发交通事故。因此，为了便于检查轮胎的磨损，通常在磨耗标志对应的胎肩处标记出“△”或“TWI”等符号。

2.3　车轮与轮胎故障诊断及维护

想一想：怎么样对轮胎进行维护？轮胎的故障有哪些？

学习目标	鉴定标准	教学建议
1. 能够正确检查、调整轮毂轴承预紧度 2. 掌握轮胎的拆装、检查和故障诊断	应知: 轮胎的维护方法 应会: 1. 正确拆装轮胎、检查和故障诊断 2. 正确检查、调整轮毂轴承预紧度	建议: 采用教师启发式讲解、学生讨论相结合的方式,最后由教师总结

车轮和轮胎的维护应结合车辆的维护强制执行。因为车轮和轮胎的维护以轮胎的维护为主,所以我们将详述轮胎的维护。车辆分日常维护、一级维护和二级维护。轮胎维护的分级和周期与车辆维护相同。

1. 轮胎的拆装、检查及故障诊断

(1) 轮胎的拆装

1) 拆装轮胎要在清洁、干燥、无油污的地面上进行。

2) 拆装轮胎要用专用工具,不允许用大锤敲击或其他尖锐的用具拆装轮胎。

3) 外胎、内胎、垫带、轮辋必须符合规格要求,才能组装。要特别注意子午线轮胎胎圈部分的完好。

4) 内胎装入外胎前,须紧固气门嘴,以防漏气,并在外胎内部和垫带上涂上滑石粉。

5) 气门嘴的位置应装在轮辋气门嘴孔中。胎侧有平衡标记(彩色胶片)的,标记应在与气门嘴相对的位置上,以便于平衡。轮辋上有平衡块的,应用动平衡机进行平衡调整。

6) 安装有向花纹的轮胎,应注意滚动方向的标记。拆装子午线胎应做记号,使安装后的子午线胎滚动方向保持不变。

提示:目前轿车几乎都是采用无内胎的子午线轮胎,最常见的拆装轮胎的专用设备是轮胎拆装机。

(2) 轮胎的检查　轮胎的检查主要是检查轮胎的磨损程度和轮胎气压,轮胎磨损程度的检查包括胎面花纹深度检查和轮胎异常磨损检查。

轮胎磨损过甚,花纹过浅,是行车重要的不安全因素。过度磨损的轮胎,除容易爆破外,还会使汽车操纵稳定性变坏。汽车在雨中高速行驶时,由于不能把水全部从胎下排出,轮胎将会出现水滑现象,致使汽车失控。花纹越浅,水滑的倾向越严重。轮胎(包括备胎)气压的检查对于行车也是非常重要的。轮胎气压不足,会导致轮胎过热,并因轮胎的接地面积不均匀,而产生不均匀磨损或胎肩和胎侧快速磨损,缩短轮胎的使用寿命,同时会增加滚动阻力、加大耗油,而且影响车辆的操控,严重时甚至引发交通事故;轮胎气压过高则使车身重量集中在胎面中心上,导致胎面中心快速磨损,不但缩短轮胎的使用寿命,而且降低车辆的舒适性。所以日常维护和各级维护时,对于轮胎的检查是非常必要的。

1) 胎面花纹深度的检查。GB 7258—1997《机动车运行安全技术条件》规定,轿车轮胎胎冠上花纹磨损至花纹深度小于1.6mm(磨损标志),载货汽车转向轮胎冠上的花纹深度小于3.2mm,其余轮胎胎冠花纹深度小于1.6mm时,应停止使用。

轮胎花纹深度可用深度尺进行测量。

胎面磨耗标志位于胎面花纹沟槽底部，当胎面磨损到此处时，花纹沟槽断开，表明轮胎必须停止使用并送去翻新。为便于用户找到磨耗标志所在的位置，通常在磨耗标志对应的胎肩处标出“TWI”或者“△”等符号。

2）轮胎异常磨损的检查。检查轮胎的异常磨损，可以发现故障的早期征兆和原因，以便及时排除影响轮胎寿命的不良因素，防止早期磨损和损坏。具体内容见下面的轮胎常见故障诊断。

3）轮胎气压的检查。轮胎气压可用气压表进行检查。

注意：不同的车辆，轮胎的气压值也许不同，检查时应参看相应车辆的维修手册。一般桑塔纳 2000 轿车前轮的胎压为 0.18MPa，后轮的胎压为 0.22MPa，即平时我们所说的前轮 1.8 个大气压，后轮 2.2 个大气压。

（3）轮胎常见故障诊断　轮胎的常见故障是轮胎的异常磨损。

1）胎肩或胎面中间磨损

① 现象。如图 2-15 所示，轮胎的胎肩和胎面出现了磨损。

图 2-15　胎肩或胎面中间磨损

② 故障原因。集中在胎肩上或胎面中间的磨损，主要是由于未能正确保持充气压力所致。如果轮胎充气压力过低，轮胎的中间便会凹入，将载荷转移到胎肩上，使胎肩磨损快于胎面中间。另一方面，如果充气压力过高，轮胎中间便会凸出，承受了较大的载荷，使轮胎中间磨损快于胎肩。

③ 故障排除步骤

a. 检查是否超载。

b. 检查充气压力。如果充气过量或充气不足，应调整充气压力。

c. 调换轮胎位置。

2）内侧或外侧磨损

① 现象。图 2-16 所示为轮胎的内侧或外侧磨损。

② 原因

a. 在过高的车速下转弯会造成转弯磨损。转弯时轮胎滑动，便产生了斜形磨损。

这是较常见的轮胎磨损原因之一。驾驶人所能采取的唯一补救措施，就是在转弯时减低车速。

b. 悬架部件变形或间隙过大，会影响前轮定位，造成不正常的轮胎磨损。

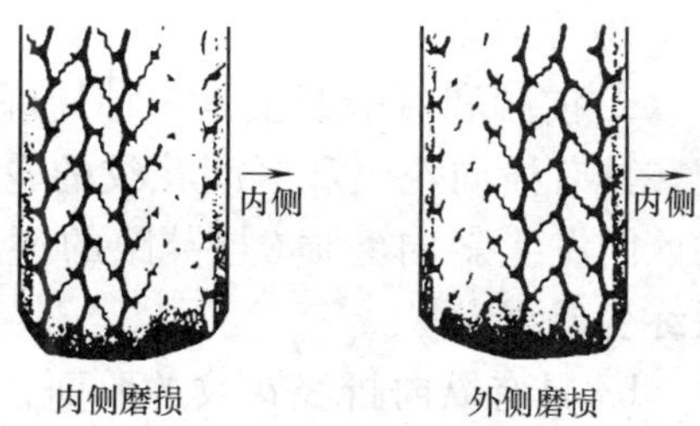

图 2-16　内侧或外侧磨损

c. 如果轮胎面某一侧的磨损，快于另一侧的磨损，其主要原因可能是外倾角不正确。由于轮胎与路面接触面积大小因载荷而异，对具有正外倾角的轮胎而言，其外侧直径要小于其内侧直径，因此胎面必须在路面上滑动，以便其转动距离与胎面的内侧相等，这种滑动便造成了外侧胎面的过量磨损。反之，具有负外倾角的轮胎，其内侧胎面磨损较快。

③ 故障排除步骤

a. 询问驾驶人是否高速转弯，如果是则要避免。

b. 检查悬架部件。如松动则将其紧固；如变形和磨损，应修理或更换。

c. 检查外倾角。如不正常，应校正。

d. 调换轮胎位置。

3）前束和后束磨损（羽状磨损）

① 现象。如图 2-17 所示，车轮出现了前束和后束磨损。

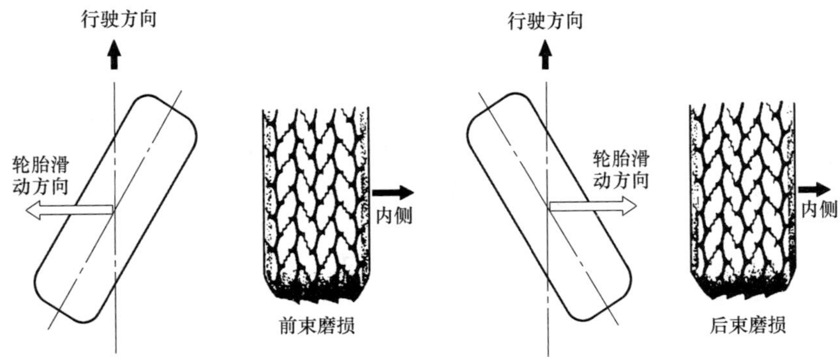

图 2-17　前束和后束磨损

② 故障原因。胎面的羽状磨损，主要是由于前束调整不当所致，过量的前束，会迫使轮胎向外滑动，并使胎面的接触面在路面上朝内拖动，造成前束磨损。如图 8-17 所示，胎面呈明显的羽毛形。用手指从轮胎的内侧至外侧划过胎面，便可加以辨别。另一方面，过量的后束，会将轮胎向内拉动，并使胎面的接触面在路面上朝外拖动，造成如图 8-17 所示的后束磨损。

③ 故障排除步骤：

a. 检查前束和后束。如果前束过量或后束过量，应该加以调整。

b. 调换轮胎位置。

4）前端和后端磨损

① 现象。图 2-18 所示为前端和后端磨损。

② 故障原因

a. 前端和后端磨损是一种局部磨损，常常出现在具有横向花纹和区间花纹的轮胎上，胎面上的区间发生斜向磨损（与鞋跟的磨损方式相同），最终变成锯齿状。

b. 具有纵向折线花纹的胎面，磨损时会产生波状花纹。

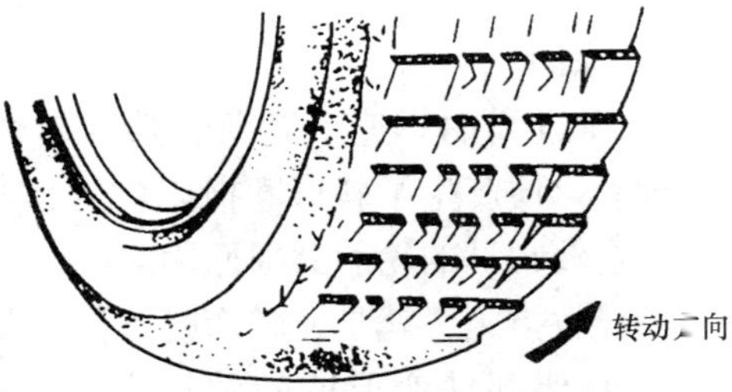

图 2-18　前端和后端磨损

c. 非驱动轮的轮胎只受制动力的影响，而不受驱动力的影响，因此往往会有前后端形式的磨损，如反复使用和放开制动器，便会使轮胎每次发生短距离滑动而磨损，前后端磨损的形式便与这种磨损相似。

d. 另一方面，如果是驱动轮的轮胎，则驱动力所造成的磨损，会在制动力所造成的磨损相反方向上出现，所以驱动轮轮胎极少出现前后端磨损。客车和大货车由于制动时产生了大得多的摩擦力，故具有横向花纹的轮胎，便会出现与非驱动轮相似的前后端磨损。

③ 故障排除步骤

a. 检查充气压力。如果充气不足，就将其充至规定值。

b. 检查车轮轴承。如果磨损或松动，应更换或调整。

c. 检查外倾角和前束。如果不正确，应加以调整。

d. 检查轴颈或悬架部件。如果损坏，应修理或更换。

e. 调换轮胎位置。

测试题： 1. 轮胎的功用是什么？

2. 对照实物或图片说出轮胎胎面各部分的名称。

3. 说明轮胎规格 P215/60R16 95H 中各字母、数字的含义。

4. 轮胎的检查项目包括哪些？如何检查？

5. 叙述轮胎的常见故障的现象、原因及排除方法。

2. 一级维护轮胎作业项目

1）紧固轮胎螺母，检查气门嘴是否漏气、气门帽是否齐全，如发现损坏或缺少应立即修理或补齐。

2）挖出轮胎夹石和花纹中的石子、杂物，如有较深伤洞应用生胶填塞。特别是子午线胎，刺伤后若不及时修补，水气进入胎体锈蚀钢丝帘线，造成早期损坏。

3）检查轮胎磨损情况，如有不正常磨损或起鼓、变形等现象，应查找原因，予以排除。

4）如需检查外胎内部，应拆卸解体，如有损伤应及时修补。

5）检查轮胎搭配和轮辋、挡圈、锁圈是否正常。

6）检查轮胎(包括备胎)气压，并按标准补足。

注意： 备胎气压应高于使用中轮胎的气压。

提示：厂家一般推荐至少每月或每次长途旅行前检查一次胎压，包括备胎。

7）检查轮胎有无与其他机件刮碰现象，备胎架是否完好、紧固，如不符合要求，应予排除。

8）必要时(如单边偏磨严重)应进行一次轮胎换位，以保持胎面花纹磨损均匀。

完成上述作业后应填写维护记录。

3. 二级维护轮胎作业项目

除执行一级维护的各项作业外，还应进行下列项目：

1）拆卸轮胎，按轮胎标准测量胎面花纹磨损、周长及断面宽的变化，作为换位和搭配的依据。

2）轮胎解体检查：

① 胎冠、胎肩、胎侧及胎内有无内伤、脱层、起鼓和变形等现象。

② 内胎、垫带有无咬伤、折皱现象，气门嘴、气门芯是否完好。

③ 轮辋、挡圈和锁圈有无变形、锈蚀，并视情涂漆。

④ 轮辋螺栓承孔有无过度磨损或损裂现象。

3）排除解体检查所发现的故障后，进行装合和充气。

4）高速汽车应进行轮胎的动平衡试验。

5）按规定进行轮胎换位。

6）发现轮胎有不正常的磨损或损坏，应查明原因，予以排除。

完成上述作业后应填写维护记录。

4. 轮胎维护操作要点

（1）充气

1）轮胎充气应按照该型汽车使用说明书上规定的标准气压执行，并在冷态时用气压表测量，若在热态时测量，应略高于标准气压，取适当的修正值。气压表应定期校准，以保证读数准确。

2）轮胎装好后，先充入少量空气，待内胎充气伸展后再继续充至要求气压。

3）充气前应检查气门芯与气门嘴是否配合平整，并擦净灰尘。充气后应检查是否漏气，并将气门帽装紧。

4）充入的空气不得含有水分和油雾。

5）充气时应注意安全防护，充气开始时用锤子轻击锁圈，使其平稳嵌入轮辋圈槽内，以防锁圈跳出。

（2）轮胎换位

1）按时换位可使轮胎磨损均匀，约可延长20%的使用寿命，应结合车辆二级维护定期换位。在路面拱度较大的地区或夏季，轮胎磨损差别较大，可适当增加换位次数。

提示：厂家一般推荐8000～10000km应将轮胎换位一次。

2）轮胎换位方法常用的有交叉换位法、循环换位法和单边换位法，如图2-19和图2-20所示。

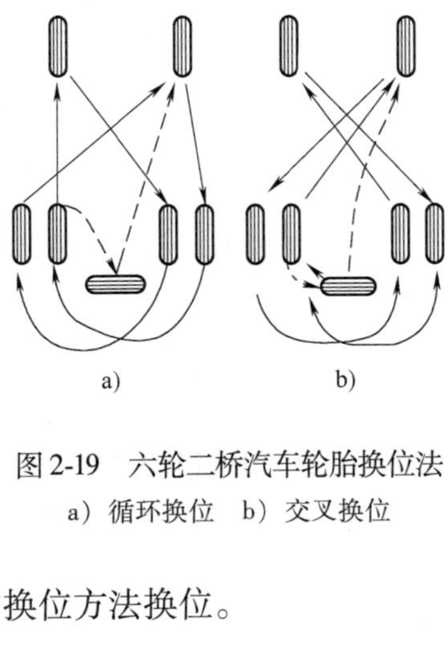

图2-19　六轮二桥汽车轮胎换位法

a）循环换位　b）交叉换位

装用普通斜交轮胎的六轮二桥汽车，常用图2-19中所示的交叉换位法，具体做法是：左右两交叉，主胎（后内）换前胎，前胎换帮胎（后外）、帮胎换主胎。这样，通过三次换位每只轮胎就可轮到一次担负内档（主力）胎。

四轮二桥汽车，斜交胎也可采用交叉换位法，如图2-20a所示。子午线轮胎宜用单边换位法，如图2-20b所示。

子午线轮胎的旋转方向应始终不变。若反向旋转，会因钢丝帘线反向变形产生振动，汽车行驶平顺性变差。所以一些轿车使用手册推荐单边换位法。

3）轮胎换位后，应按所换的胎位要求，重新调整气压。

4）轮胎换位后须做好记录，下次换位仍要按上次选定的换位方法换位。

5. 轮胎的正确选用

轮胎是汽车主要部件之一，它的正确选用对汽车性能有直接影响，因而应按如下原则选择轮胎以提高汽车行驶性能和延长其寿命。

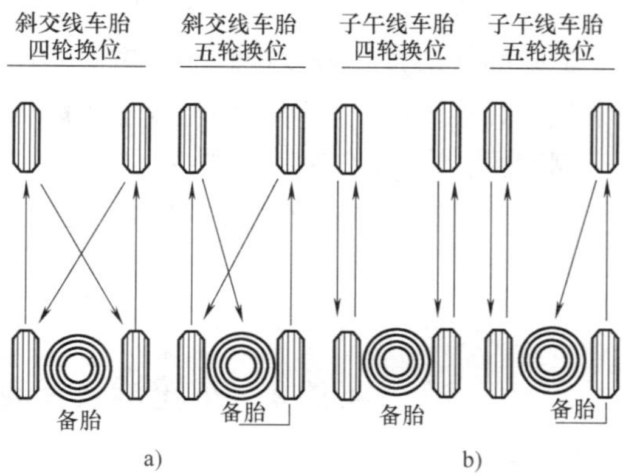

图 2-20　四轮二桥汽车轮胎换位法

a）交叉换位　b）单边换位

1）轮胎类型的选择。轮胎类型主要依据汽车类型和行驶条件来选择，货车普遍采用高强度尼龙帘布轮胎，使轮胎承载能力提高，越野车选用胎面宽、直径较大的超低压胎，轿车宜采用直径较小的宽轮辋低压胎，以提高行驶稳定性，由于子午线轮胎的结构特点使其有很多优点，应优先选择。

2）轮胎花纹的选择。轮胎花纹主要是根据道路条件、行车速度、道路远近来进行选择。高速行驶汽车不宜采用加深花纹和横向花纹的轮胎，不然会因过分生热引起早期损坏。低速行驶汽车使用轮胎应采用加深花纹或超深花纹，可提高轮胎使用寿命。

3）轮胎尺寸和气压的选择。轮胎尺寸和气压主要是根据汽车承受载荷情况和行驶速度来选择，所选轮胎承受的静负荷值应等于或接近于轮胎的额定负荷。值得注意的是在设定轮胎的实际使用气压时，应综合考虑汽车的运动性能，燃油经济性能，振动和噪声等，才能延长轮胎的使用寿命。

低断面轮胎高速行驶稳定性好，无内胎轮胎高速行驶安全性好。这两种结构能适应现代汽车运行条件逐步改善、行驶速度日益提高的要求。多数汽车特别是轿车、轻型客车的轮胎，选用既是子午线轮胎结构，又是低断面的无内胎轮胎。

6. 轮胎的正确使用

（1）保持轮胎气压正常　如图 2-21 所示，轮胎气压过高或过低，都会造成轮胎接地面积异常、轮胎非正常磨损。

（2）防止轮胎超载

1）按规定装载，不可超载。

2）货物要安放均匀，并扎牢。

3）汽车转弯时要减速。

4）选择好路面行驶，遇有凹凸不平的道路不要硬冲，应避障行驶。

5）尽量不要使用紧急制动。

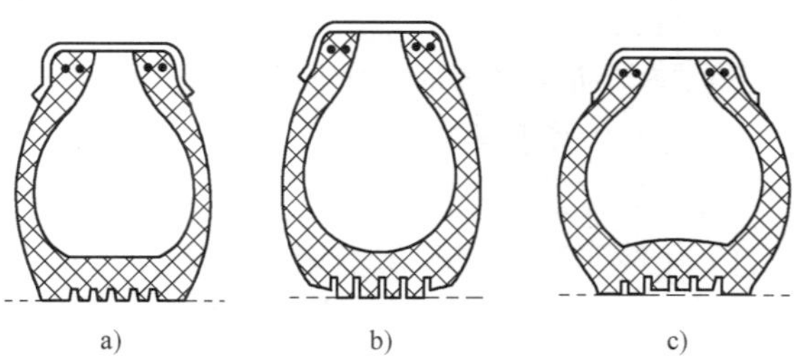

图 2-21　轮胎气压与轮胎接地面积的关系

a）标准气压　b）气压过高　c）气压过低

（3）合理搭配轮胎　同一车轴不能混装不同结构的轮胎，子午线胎与斜交胎不能混装于一辆车上。

（4）精心驾驶车辆　起步平稳，加速均匀，选择好路面，避免紧急制动，转弯减速。

（5）保持良好的底盘技术状况　保持正确的前轮定位、制动器间隙等。

（6）忌轮胎温度过高时泼凉水降温　胎温过高可能是轮胎安装不精确、车速过快，也可能是炎热的自然气候造成的。如果在胎温很高时泼凉水，势必造成轮胎内部结构由于骤冷而变化，造成胎体内部各层帘布之间的变形不一，使轮胎早期损坏，甚至帘布剥离。

正确的做法是，若发现轮胎温度、胎压过高，应选择荫凉处停车，使轮胎温度、压力自然下降。如涉水时，应待轮胎温度适当降低后再涉水，以防轮胎早期损坏。

测试题： 1. 多长时间检查一次轮胎气压？多长时间进行一次轮胎换位？

2. 目前轿车多采用发动机前置前轮驱动的布置形式，对于这样的车辆如果购买两只新胎，应装在前轮还是后轮？

3. 轮胎换位有哪些方法，如何进行？

实训2　车轮拆装及轮毂轴承预紧度调整与养护

1. 实训目的

1）掌握汽车车轮的拆装方法。

2）掌握车轮轮毂轴承预紧度调整与养护方法。

2. 实训内容

1）桑塔纳轿车车轮拆装。

2）桑塔纳车轮轮毂轴承预紧度调整与养护。

3. 实训设备

桑塔纳轿车一台、常用工具、专用工具、工具车、零件车等。

4. 实训方法及注意事项

（1）实训方法　每班分成若干个小组，每次同时进行三个小组实训，其他小组在教室复习实训的内容，分几次完成。实训时以老师讲解、演示、学生操作、考核为主，学生完成实训报告及考核，完成实训内容。

（2）实训注意事项

1）听从安排，不要随意走动。

2）不要随意操作车上的各个系统。

3）操作所学的系统时必须在指导老师的指导下完成。

4）注意保持教学场地卫生。

5）操作所学系统时不能野蛮操作。

5. 实训步骤及要求

（1）车轮总成的拆卸

1）停稳车辆，用三角木掩住各车轮。

2）取下车轮上的装饰罩，弄清汽车左右侧车轮与轮毂连接螺栓的拧紧方向，使用车轮螺母拆装机或用套筒扳手初步拧松各连接螺母，如图2-22所示。

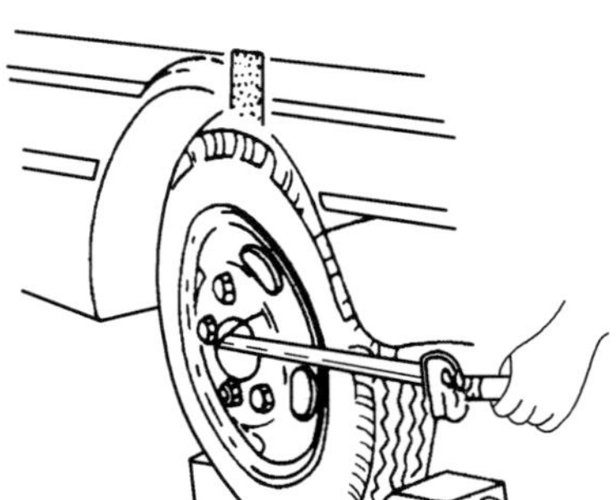

图2-22　拆卸车轮

3）用千斤顶顶在指定的位置，使被拆车轮稍离地面。也可将车辆停在举升架上，升起车辆，使车轮稍离开地面。

4）拧下车轮与轮毂连接的全部螺母，取下垫圈，并摆放整齐。

5）边向外拉边左右晃动车轮，从车轴上取下车轮总成。

（2）车轮总成的安装

1）顶起车桥，套上车轮，将螺母初步拧在螺柱上。

2）放下车轮并在车轮前后用三角木掩住，用扭力扳手或车轮螺母拆装机，按对角线顺序分 2～3 次拧紧车轮螺母，最后一次要按规定力矩拧紧，如图 2-23 所示。

3）安装后轮双胎时，要先拧紧内侧车轮的内螺母，再装外侧轮胎。在安装过程中，应用千斤顶分两次顶起车桥，分别安装内、外两个车轮。双轮胎高低搭配要合适，一般较低的轮胎装于里侧，较高的轮胎装于外侧。应注意内侧轮胎和外侧轮胎的气门嘴应互成 180°位置。

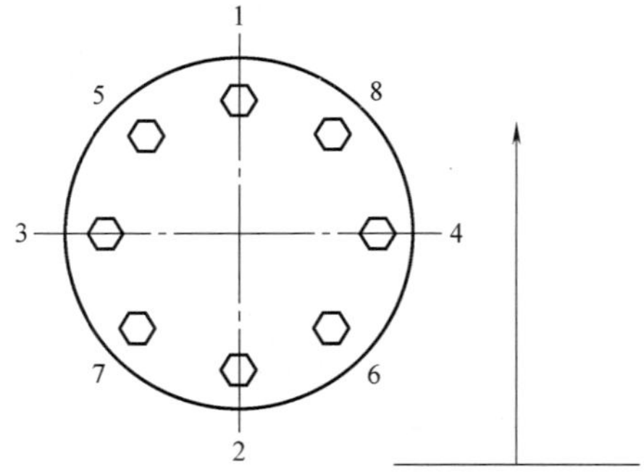

图 2-23　车轮螺母紧固顺序

（3）上海桑塔纳 2000GSi 后轮毂轴承预紧度的调整　上海桑塔纳 2000GSi 后轮毂轴承预紧度的调整方法为：

1）用千斤顶支起车轮，拆下后轮毂盖，如图2-24 所示。

2）取下开口销及开槽垫圈。

3）旋转螺母，同时转动轮毂，用一字螺钉旋具在手指的压力下刚好能够拨动止推垫圈即可，如图 2-25 所示。

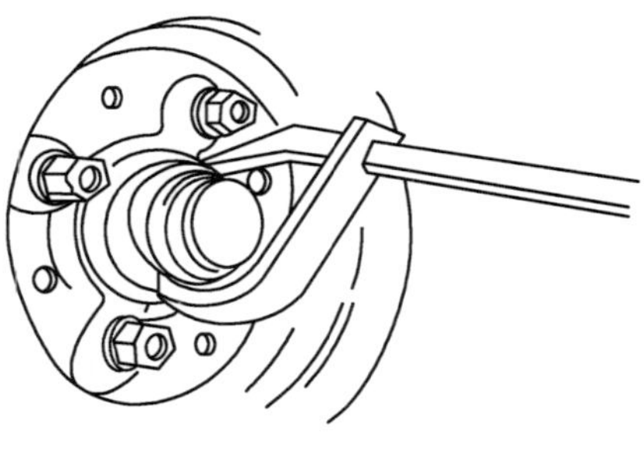
图 2-24　拆下后轮毂盖

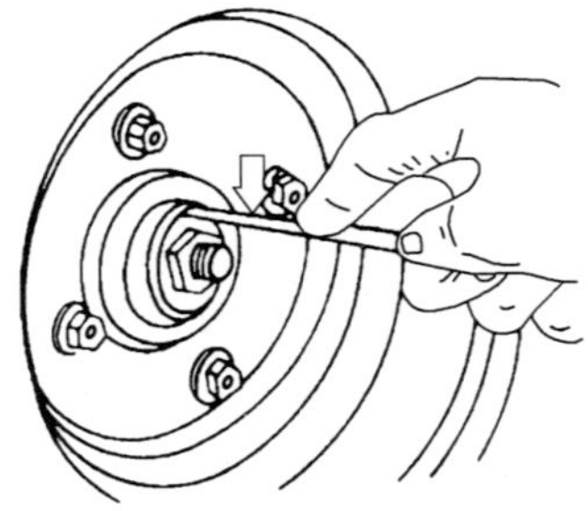
图 2-25　调整后轮毂轴承预紧度

4）装回开槽垫圈，换上新的开口销，装上轮毂盖。

5）放下车轮。

（4）汽车轮毂轴承的拆卸养护　汽车轮毂轴承的拆卸养护方法如下所述：

1）拆下轮毂轴承的装饰盖、防尘罩。

2）拆下轮胎螺母和轮胎，注意不要碰伤轮胎螺栓的螺纹。如果是盘式制动器，应拆下制动器，再用于钳子拆下锁圈或锁销。

3）用专用工具拆下轮毂。

4）刮去轴承、轴颈及轮毂腔内的旧润滑脂，用清洗剂清洗轮毂轴承和轴颈并用布擦干，最后用布擦净轮毂内腔。

5）检查轮毂轴承与轴承座圈，发现有裂纹、疲劳剥落和轴承滚子松散等现象，应更换轴承。如果发现轴承座圈上有麻点，也应更换轴承。

6）检查轴承内径与轴颈的配合情况，配合间隙应不大于 0.10 mm。测量轴颈时，应在垂直地面的上下两个部位（该处为最大的磨损部位）测量。如果配合间隙超过规定的使用限度，应更换轴承，使之恢复正常的配合间隙。不允许在轴颈上打飞边、麻点来缩小间隙。

7）在轴承内腔涂抹润滑脂时应注意，应将润滑脂挤进轴承内直至润滑脂从轴承的另一侧冒出来为止。在轮毂腔内和轴承盖内涂抹薄薄一层润滑脂，使之起到防锈的作用。注意轮毂腔内的润滑脂不要涂抹得太多，否则会影响散热和制动。

8）将轮毂及外轴承装回到轴颈上，用手将轴承调整螺母拧上，然后用轴承扳手按规定力矩拧紧调整螺母。拧紧螺母后，应左右转动轮毂几圈，看看轴承安装情况；另一方面，通过转动使轴承与座圈正确配合。此时轴承紧度应适当，车轮自由转动而感觉不出轴向间隙。

9）最后依次安装锁片、固定螺母、轮胎、防尘罩和装饰盖等零件。

10）轮毂轴承调整好后，行驶一段里程（10km 左右），停车检查，用手拭摸轮毂的温度，如果发热，为轴承调整过紧所致，应重新调整，适当放松轴承紧度。

轮毂轴承是汽车重要的行走机件。轮毂轴承担负着降低底盘运转时的摩擦阻力，维持汽车正常行驶的重任。如果轮毂轴承出了故障，可能会引起噪声、轴承发热等的现象，特别是前轮更为明显，容易导致方向失控等危险。因此，轮毂轴承必须按期进行维护。

6. “车轮拆装及轮毂轴承预紧度检查与调整”的评分标准和操作工单

“车轮拆装及轮毂轴承预紧度检查与调整”评分标准

序号	考核项目	配分	扣分标准(每项累计扣分不能超过配分)
1	安全文明否决		造成人身、设备重大事故，或恶意顶撞考官严重扰乱考场秩序，立即终止考试，此项目记0分
2	安全文明生产	20分	(1) 不穿工作服、工作鞋、工作帽各扣1分 (2) 工零件乱放混放每次扣2分 (3) 油、水落地或零部件表面未及时清理每次扣1分 (4) 考试完后不清理工零件或场地各扣3分 (5) 不服从考官、出言不逊，每次扣3分
3	工量具准备与检查	5分	(1) 工量具每少准备一件扣1分 (2) 工量具选择不当，每次扣2分 (3) 未校验量具每次扣2分
4	口述轴承预紧度检查方法	5分	将需检查的车轮支起，并将车轮处于直线行驶位置。用磁力座百分表测量轮毂轴承间隙，即用百分表指针靠在轮胎下方的中部。用手扳动轮胎，读取毂轴承间隙值(也可以把轮胎拆下,把百分表抵在制动盘的侧面进行检查) 语言表达不清晰扣2分
5	拆卸轮毂轴承	10分	(1) 拆下轮毂轴头的装饰盖、防尘罩 (2) 拆下轮胎螺母和轮胎，注意不要碰伤轮胎螺栓的螺纹。如果是盘式制动器，应拆下制动器，再用于钳子拆下锁圈或锁销 (3) 用专用工具拆下轮毂 (4) 刮去轴承、轴颈及轮毂腔内的旧润滑脂，用清洗剂清洗轮毂轴承和轴颈并用布擦干，最后用布擦净轮毂内腔
6	检查轮毂轴承	10分	目测检查轮毂轴承表面状况：是否有严重磨损、损伤等
7	安装轮毂轴承	10分	(1) 未清洁轴承及轮毂、未润滑轴承扣2分 (2) 将轴承装入轮毂。用手拧紧轮毂轴承的调整螺栓不规范扣5分

(续)

序号	考核项目	配分	扣分标准(每项累计扣分不能超过配分)
8	调整轴承预紧度	10分	(1) 用千斤顶支起车轮,拧下轮毂盖螺钉,拆下轮毂衬垫 (2) 拆下锁止销钉,旋下锁紧螺母,拆下锁止垫片 (3) 旋转调整螺母改变轮毂轴承间隙。旋进轴承间隙变小,旋出轴承间隙变大。一般是将调整螺母旋紧到底,再退回1/3圈即可 (4) 调整合适的轮毂轴承预紧度应使车轮能够自由转动,且轴向推动无明显间隙
9	预检清洁轮胎	5分	(1) 未检查设备气源、电源是否接好,扣2分 (2) 未检查轮胎钢圈是否变形扣2分 (3) 未清洁轮胎扣2分
10	拆卸	15分	(1) 停稳车辆,用三角木掩住各车轮。扣3分 (2) 取下车轮上的装饰罩,弄清汽车左右侧车轮与轮毂连接螺栓的螺旋方向,使用车轮螺母拆装机或用套筒扳手初步拧松各连接螺母未做扣3分 (3) 用千斤顶顶在指定的位置,使被拆车轮稍离地面。也可将车辆停在举升架上,升起车辆,使车轮稍离开地面。未做扣3分 (4) 拧下车轮与轮毂连接的全部螺母,取下垫圈,并摆放整齐。未做扣3分 (5) 边向外拉边左右晃动车轮,从车轴上取下车轮总成。未做扣3分
11	安装	10分	(1) 顶起车桥,套上车轮,将螺母初步拧在螺柱上。未做扣5分 (2) 放下车轮并在车轮前后用三角木掩住,用扭力扳手或车轮螺母拆装机,按对角线顺序分2~3次拧紧车轮螺母,最后一次要按规定力矩拧紧。未做扣5分

“车轮拆装及轮毂轴承预紧度检查与调整”操作工单

总分：________

车型		发动机型号	

一、准备工作

(1) 工量具准备与检查	
(2) 维修手册准备	
(3) 固定发动机拆装台架	

二、操作过程

<table>
<tr><td>轮毂轴承预紧度检查</td><td>口述：</td></tr>
<tr><td>拆装并检查轮毂轴承</td><td>(　　) 拆卸轮毂轴承
(　　) 检查轮毂轴承，并将检查结果填入表
(　　) 安装轮毂轴承
<table>
<tr><td colspan="2">目测检查结果</td></tr>
<tr><td>被检零件</td><td>被检零件表面状况</td></tr>
<tr><td>轮毂轴承</td><td></td></tr>
</table></td></tr>
<tr><td>轮毂轴承预紧度调整</td><td>用扭力扳手把轮毂轴承调整螺母按规定的力矩拧紧。规定力矩值为：________N·m
(　　) 反方向旋松调整螺母到规定位置
(　　) 调整好后转动车轮应能灵活转动，用手扳动车轮应无松动
(　　) 安装紧固锁紧螺母
(　　) 装合轮毂盖</td></tr>
<tr><td>预检清洁轮胎</td><td></td></tr>
<tr><td>轮胎拆卸</td><td>(　　) 取下车轮上的装饰罩，弄清汽车左右侧车轮与轮毂连接螺栓的螺旋方向，使用车轮螺母拆装机或用套筒扳手初步拧松各连接螺母
(　　) 用千斤顶顶在指定的位置，使被拆车轮稍离地面。也可将车辆停在举升架上，升起车辆，使车轮稍离开地面
(　　) 拧下车轮与轮毂连接的全部螺母，取下垫圈，并摆放整齐
(　　) 边向外拉边左右晃动车轮，从车轴上取下车轮总成</td></tr>
<tr><td>轮胎安装</td><td>(　　) 顶起车桥，套上车轮，将螺母初步拧在螺柱上
(　　) 放下车轮并在车轮前后用三角木掩住，用扭力扳手或车轮螺母拆装机，按对角线顺序分2~3次拧紧车轮螺母，最后一次要按规定力矩拧紧</td></tr>
</table>

实训3　车轮的拆装与动平衡

1. 实训目的

1）掌握车轮动平衡机使用方法。

2）掌握轮胎拆装机使用方法。

2. 实训内容

1）车轮的拆装。

2）车轮动平衡。

3. 实训设备

轿车车轮总成2个、电脑车轮动平衡机1台、轮胎拆装机1台、平衡块若干、平衡块拆装钳1个。

4. 实训方法及注意事项

（1）实训方法　每班分成若干个小组，每次同时进行三个小组实训，其他小组在教室复习实训的内容，分几次完成。实训时以老师讲解、演示、学生操作、考核为主，学生完成实训报告及考核，完成实训内容。

（2）实训注意事项

1）听从安排，不要随意走动。

2）不要随意操作车上的各个系统。

3）操作所学的系统时必须在指导老师的指导下完成。

4）注意保持教学场地卫生。

5）操作所学系统时不能野蛮操作。

5. 实训步骤

（1）轮胎的拆装　轮胎拆装有手工拆装和用轮胎拆装机拆装两种方法。轮胎拆装机拆装方法如下：

1）轮胎的拆卸（如图2-26a所示）

① 放尽轮胎中余气。

② 将轮胎平放在压板与机座之间，然后把压板靠向轮胎，踩踏脚板，使外胎与轮毂松动。转动轮胎后挤压几次，再翻转轮胎松动另一侧。

③ 拆除轮毂边缘的平衡块。

④ 向下转动手柄，使升降杆松开。踩踏脚板，使卡爪缩回，使之处于内夹紧位置。把轮胎放在工作盘上，使车轮的凸面向上，并稍加按压，使之放平。踩踏脚板，夹紧轮圈。

⑤ 在轮毂边缘涂少许润滑剂（如肥皂水）。压下升降杆，直至拆装器接触轮毂边缘。再向上转动手柄，锁住升降杆。此时升降杆会略微升高，使拆装器与轮毂之间形成约3mm的间隙。

⑥ 以拆卸器的一端为支点，用杠杆撬起外胎外缘，使之搭在拆装器的一端上，踩踏板，起动工作盘直至轮胎上边缘完全拆出。移开立臂。

⑦ 同样方法，将外胎的下边缘拆出。

2）轮胎的安装（如图2-26b所示）

① 往轮边上涂少许润滑剂。

② 将立臂转到工作位置，再完成放上轮胎和轮辋工序，将轮胎套在轮毂上，并使它的左侧和近身侧(约占整个圆周的 1/3)进入轮毂中部的凹槽处。

③ 压下并锁止升降杆，使右侧未套入轮毂的一段轮边置于拆装器之上，一段轮边置于拆装器之下。

④ 用手压住轮胎，确保近身侧的轮边进入轮毂凹槽。

⑤ 再踩踏脚板，起动工作台，装入一条轮边。特别在装轮胎的上边缘时，更要边转边压。

⑥ 抬起升降杆。把轮胎转到使气门嘴离开立柱约 90°处。重复前面的工序，装入另一条轮边。

⑦ 松开手柄，使升降杆抬高。踩踏脚板，放松卡爪，取下车轮。

⑧ 最后给轮胎充气。

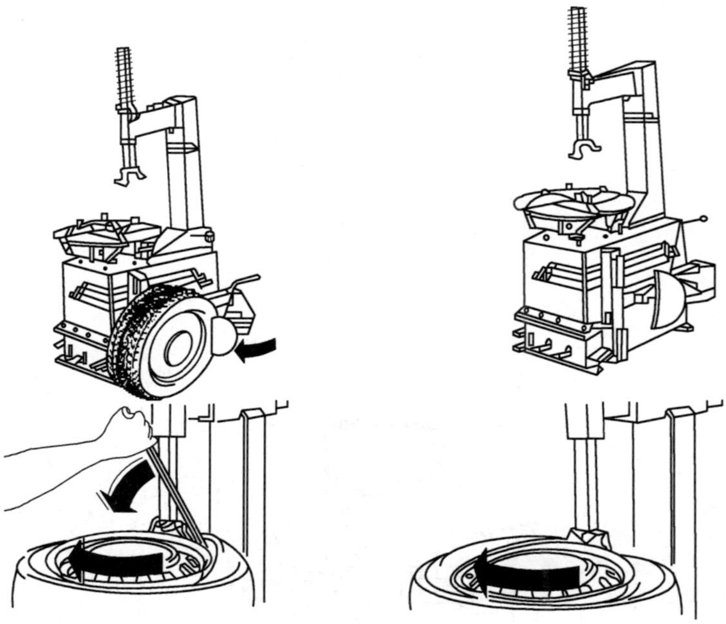

a)　　　　b)

图 2-26　用轮胎拆装机拆装轮胎

a）拆卸轮胎　b）安装轮胎

(2) 车轮的动平衡　车轮的动平衡有离车式检测和就车式检测两种，离车式检测方法(见图 2-27)如下：

1) 准备工作

① 清除被测车轮上的杂物和平衡块。

② 轮胎气压达到规定值。

③ 把被测车轮装到动平衡机的转轴上，靠近法兰盘，选择一个合适的锥套，用快锁螺母锁紧车轮。

2) 检测步骤

① 测量轮辋边缘至机箱距离 a，用宽度测量卡尺量出轮辋宽度 b，在轮胎上找到轮辋名义直径 d，如图 2-28 所示，并输入平衡机控制装置中。

② 放下车轮防护罩，按开始键车轮旋转，动平衡测试开始。

③ 转轴停转后，显示器显示的数值为轮胎的不平衡值。

④ 抬起轮罩，用手转动车轮，面板上定位灯不停地闪动。当其中一组指示灯全亮时，表示轮辋最高点位置为不平衡点的位置。

⑤ 在轮辋不平衡点处用平衡块拆装钳安装显示器测得数值的相应平衡块。

⑥ 重复之前操作步骤，直至显示器显示为“00”或“OK”。

⑦ 从平衡旋转轴上卸下车轮，关闭电源，取下车轮，操作程序结束。

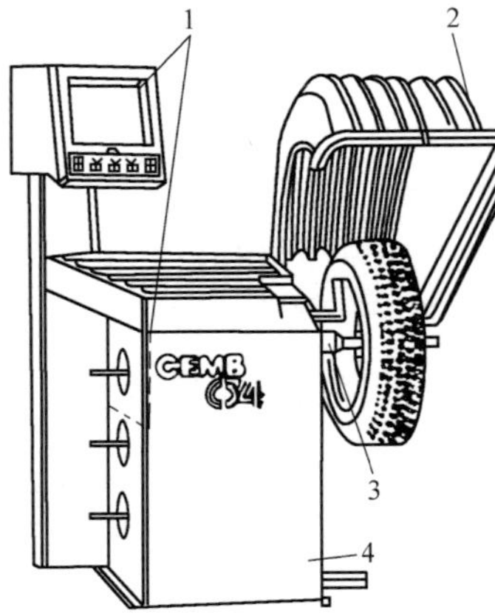

图 2-27　离车式车轮动平衡机

1—显示与控制装置　2—防护罩　3—转轴　4—机箱

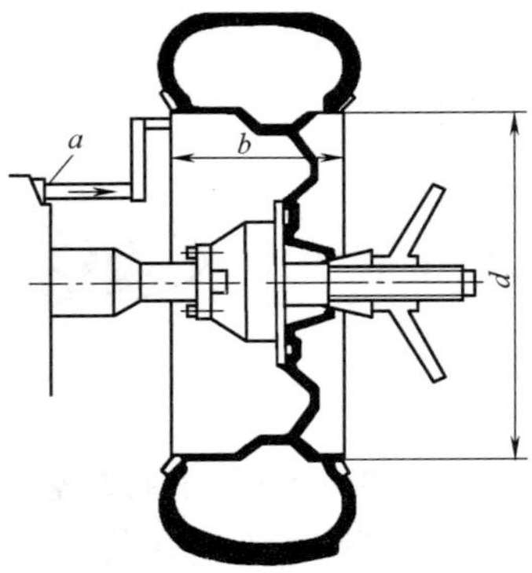

图 2-28　车轮在动平衡上的测量

a—轮辋边缘至机箱距离　b—轮辋宽度　d—轮辋直径

6. “车轮动平衡检测”评分标准和操作工单

“车轮动平衡检测”评分标准

序号	考核项目	配分	扣分标准(每项累计扣分不能超过配分)
1	安全文明否决		造成人身、设备重大事故，或恶意顶撞考官严重扰乱考场秩序，立即终止考试，此项目记0分
2	安全文明生产	20分	(1) 不穿工作服、工作鞋、工作帽各扣1分 (2) 工零件乱放、混放每次扣2分 (3) 油、水落地或零部件表面未及时清理每次扣1分 (4) 考试完后不清理工零件或场地各扣3分 (5) 不服从考官、出言不逊，每次扣3分
3	工量具准备与检查	10分	(1) 作业前未对设备电源是否正常检查扣2分 (2) 未检查随机配套工具扣2分
4	测试前工作	30分	(1) 测试前拆卸所有的平衡块，未做扣10分 (2) 清除轮胎上所有异物，未做扣10分 (3) 把被测车轮装到动平衡机的转轴上，靠近法兰盘，选择一个合适的锥套，用快锁螺母锁紧车轮，未做扣10分
5	车轮平衡测试	40分	(1) 测量轮辋边缘至机箱距离 a，用宽度测量卡尺量出轮辋宽度 b，在轮胎上找到轮辋名义直径 d，并输入平衡机控制装置中。数据读数不正确5分，数据输入不正确扣5分 (2) 放下车轮防护罩，按开始键车轮旋转，动平衡测试开始。没放下车轮防护罩扣10分 (3) 在轮辋不平衡点处用平衡块拆装钳安装显示器测得数值的相应平衡块。平衡位置不正确扣10分 (4) 重复之前操作步骤，直至显示器显示为“00”或“OK”。没有重复操作扣5分 (5) 从平衡旋转轴上卸下车轮，关闭电源，取下车轮，操作程序结束。未关电源扣5分

“车轮动平衡检测”操作工单

总分：________

车型		发动机型号	

一、准备工作

（1）工量具准备与检查	
（2）维修手册准备	
（3）固定发动机拆装台架	

二、操作过程

清理检查被测轮胎	检查轮胎花纹深度为________mm，轮胎标准气压为________kg/cm²。

步骤

（　　）轮胎安装。
（　　）选择正确测试方式。
（　　）采集、输入数据并将数据镇写在下面。
（　　）轮辋边缘到测试机的距离________mm，轮辋的高度为________mm，轮胎断面宽度为________mm。
（　　）不平衡质量读取，并将测量值填写到1表中。
（　　）车轮平衡的调整，并将配重情况填入表2中动平衡复查，测试结束。

表1

车轮内侧不平衡质量	车轮外侧不平衡质量

表2

车轮内侧平衡配重质量	车轮外侧平衡配重质量

维修结论	

实训 4　车轮换位

1. 实训目的

掌握车轮的换位方法。

2. 实训内容

桑塔纳轿车的车轮换位。

3. 实训设备

桑塔纳轿车一台、常用工具、工具车、零件车等。

4. 实训方法及注意事项

（1）实训方法　每班分成若干个小组，每次同时进行三个小组实训，其他小组在教室复习实训的内容，分几次完成。实训时以老师讲解、演示、学生操作、考核为主，学生完成实训报告及考核，完成实训内容。

（2）实训注意事项

1）听从安排，不要随意走动。

2）不要随意操作车上的各个系统。

3）操作所学的系统时必须在指导老师的指导下完成。

4）注意保持教学场地卫生。

5）操作所学系统时不能野蛮操作。

5. 实训步骤及要求

轮胎换位不是随便换的，这也是一门学问，例如轮胎只能前后换，不能左右换。

最科学合理的方法就是交叉换位，连备胎一起换，这样换，一辆车行驶 50000～100000km 后 5 个轮胎（包括备胎）磨损程度很均匀，可以直接一起换掉，不会浪费备胎。

因为轮胎也是有保质期的，一般都在出厂 5 年左右，如果备胎放久了不用就会浪费掉备胎。

假设全新的轮胎厚度为 10mm，每行驶 10000km 会磨损点 1mm，那么我们每 10000km 进行一次轮胎交叉换位，就可以科学合理地将轮胎的整个生命周期全部利用起来。

这种换位方式仅限备胎与正常胎完全一样的车型。如果车辆的轮毂是铝合金的，而备胎是普通钢圈，那么这个方法不适合。具体换位方法如下：

① 备胎-左后。

② 左后-右前。

③ 右前-右后。

④ 右后-左前。

⑤ 左前-备胎。

假设轮胎从 10mm 磨到 2mm 就需要更换的话，如果备胎不参加交叉换位，那么仅靠 4 个胎只能行驶 80000km 就必须更换，而且假设每年行驶 20000km，行驶 80000km 需 4 年，算是备胎的出厂日期，就说明：备胎一次没用就需要扔掉。如果备胎也参与交叉换位，那么行驶 100000km 后，5 个轮胎厚度全部都是 2mm，刚好都需要更换。这样不但对车辆行驶的平稳性有帮助，而且不会使某一个轮胎过早的磨损，也不会无端地浪费掉备胎。

车轮换位方法如图 2-29 所示。

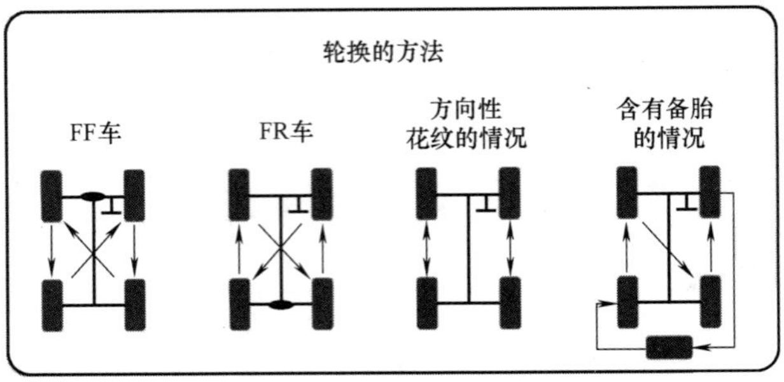

图 2-29　车轮换位方法

6.“轮胎换位”的评分标准和操作工单

“轮胎换位”评分标准

序号	考核项目	配分	扣分标准(每项累计扣分不能超过配分)
1	安全文明否决		造成人身、设备重大事故，或恶意顶撞考官严重扰乱考场秩序，立即终止考试，此项目记0分
2	安全文明生产	20分	(1) 不穿工作服、工作鞋、工作帽各扣1分 (2) 工零件乱放、混放，每次扣2分 (3) 油、水落地或零部件表面未及时清理，每次扣1分 (4) 考试完后不清理工零件或场地，各扣3分 (5) 不服从考官、出言不逊，每次扣3分
3	轮胎拆卸	20分	轮胎拆卸方法不正确，每个车轮扣2分，未采用对角操作，每个车轮扣3分
4	轮胎装配	20分	轮胎装配方法不正确，每个车轮扣2分，未采用对角操作，每个车轮扣3分
5	举升机使用	20分	(1) 举升机前支点确认不正确，扣5分 (2) 举升高度合适不正确，扣5分 (3) 升降时安全提示语言，未说扣10分
6	5S方面	20分	(1) 工具、量具、零件摆放合理不正确扣5分 (2) 工具零件落地，不正确扣5分

“轮胎换位”操作工单

总分：__________

车型		发动机型号	

一、准备工作

(1) 工量具准备与检查	
(2) 维修手册准备	
(3) 固定发动机拆装台架	

二、操作过程

操作记录：	
轮胎拆卸装配	
“5S”管理	
不正常现象	
维修结论	

习　　题

1. 填空题

(1) 车轮由________和________组成。按轮辐结构不同，车轮可分为________和________两种形式。

(2) 无内胎轮胎是没有________和________的轮胎，空气通过气门嘴直接压入________中，因此要求________和外胎之间密封性要好，一般与________式轮辋配合使用。

(3) 车轮的动平衡检测可分为________和________两种。

2. 选择题

(1) 轮胎上采用各种花纹的目的是(　　)。

A. 提高散热能力　　B. 增加附着能力　　C. 美观

(2) 外胎结构中起承受负荷作用的是(　　)。

A. 胎面　　B. 胎圈　　C. 帘布层　　D. 缓冲层

3. 简答题

(1) 轮辋有哪几种常见的结构形式？适用于哪些车型？

(2) 车轮由哪些部分组成？

(3) 子午线轮胎与斜交轮胎相比有哪些优点？

(4) 富康轿车轮胎代号 165/70 R 14 表示什么意思？

(5) 外胎由哪几部分组成？

(6) 画出轮胎交叉换位法和单边换位法示意图。

第3章

悬　　架

3.1　悬架的组成、功用和分类

想一想：什么是悬架？它由哪几部分组成？

提示：悬架是车架（或车身）与车桥（或车轮）之间一切传力连接装置的总称。现代汽车的悬架虽有不同的结构形式，但一般都由弹性元件、减振器、导向机构等组成，轿车一般还有横向稳定器。

学 习 目 标	鉴 定 标 准	教 学 建 议
1. 掌握悬架的组成与功用 2. 了解汽车悬架的分类	应知： 1. 悬架的组成与功用 2. 汽车悬架的分类	建议： 采用教师启发式讲解、学生讨论相结合的方式，最后由教师总结

1. 悬架的组成及功用

（1）悬架的组成　悬架是车架（或车身）与车桥（或车轮）之间一切传力连接装置的总称。现代汽车的悬架虽有不同的结构形式，但一般都由弹性元件、减振器、导向机构等组成，轿车一般还有横向稳定器。悬架的组成如图3-1所示。

弹性元件使车架（或车身）与车桥（或车轮）之间为弹性连接，可以缓和由于不平路面带来的冲击，并承受和传递垂直载荷。

减振器可以衰减由于路面冲击产生的振动，使振动的振幅迅速减小。

导向机构包括纵向推力杆和横向推力杆，用于传递纵向载荷和横向载荷，并保证车轮相对于车架（或车身）的运动关系。

横向稳定器可以防止车身在转向等情况下发生过大的横向倾斜。

（2）悬架的功用

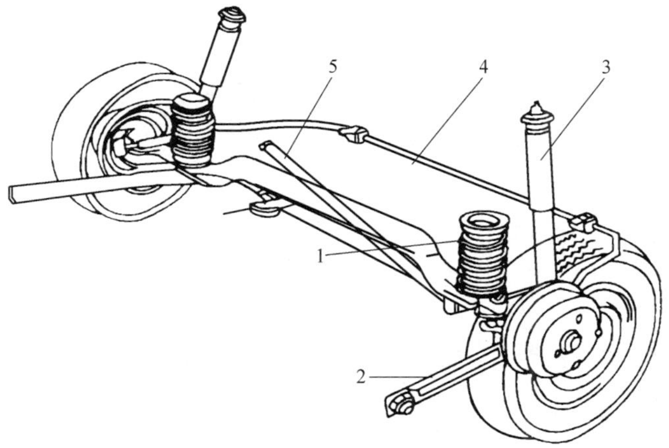

图 3-1 悬架的组成

1—弹性元件(螺旋弹簧) 2—纵向推力杆 3—减振器 4—横向稳定器 5—横向推力杆

1）连接车架（或车身）和车轮，把路面作用到车轮的各种力传给车架（或车身）。

2）缓和冲击、衰减振动，使乘坐舒适，具有良好的行驶平顺性。

3）保证汽车具有良好的操纵稳定性。

第二、三项功用与弹性元件和减振器的性能有关，具体来说是与弹性元件的刚度和减振器的阻尼力有关。只有悬架系统的软、硬合适才能使车辆乘坐舒适、操纵稳定。

2. 汽车悬架的分类

按照控制形式不同，悬架可分为被动式悬架和主动式悬架两大类。

目前多数汽车上采用被动式悬架。被动式悬架的含义是，汽车姿态（状态）只能被动地取决于路面，行驶状况和汽车的弹性元件、导向装置以及减振器等机械零件。主动悬架可以根据路面和行驶工况自动调整悬架刚度和阻尼，从而使车辆能主动地控制垂直振动及其车身或车架的姿态。该系统通常由传感器、控制阀、执行机构和悬架系统组成。

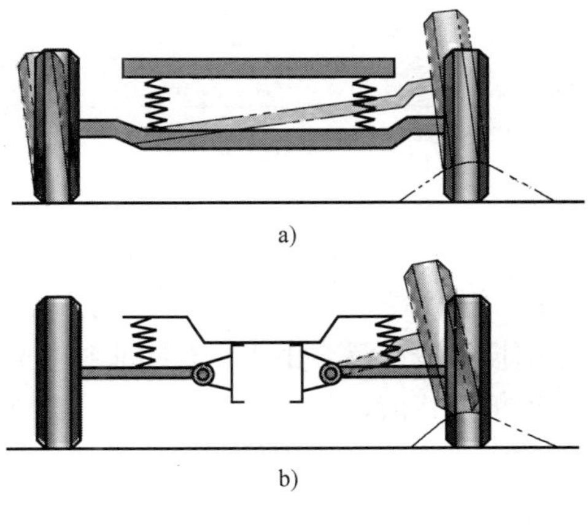

图 3-2 非独立悬架与独立悬架示意图

a）非独立悬架 b）独立悬架

根据汽车导向装置的不同，悬架又可分为独立悬架和非独立悬架，如图 3-2 所示。

独立悬架采用断开式车桥，两侧车轮分别通过独立悬架与车架或车身相连，每侧车轮可单独运动，互不干扰。采用独立悬架可使发动机降低安装位置，有利于降低汽车质心，并使结构紧凑。独立悬架允许前轮有较大的跳动空间，这样便于选择较软的弹性元件使行驶平顺性得到改善。同时，独立悬架簧载质量小，可提高汽车车轮的附着性能。轿车和装载量大的货车的转向轮广泛采用独立悬架，这样可以满足行驶平顺性、操纵稳定性等方面的要求。但是独立悬架结构复杂，制造成本高，维修不方便。

非独立悬架的特点是两侧车轮安装于一整体式车桥上，车轮连同车桥一起通过弹性元件悬挂在车架或车身上。当一侧车轮受到冲击时会直接影响到另一侧车轮。非独立悬架由于簧载质量比较大，特别是汽车高速行驶、悬架受到较大的冲击载荷时，汽车行驶平顺性较差。但非独立悬架由于结构简单、工作可靠，被广泛应用于一般货车和客车的悬架上，而在轿车上往往只用作后悬架。钢板弹簧被用作非独立悬架的弹性元件，由于它起导向装置的作用，并有一定的减振作用，使得悬架系统大为简化。

3.2 弹性元件

想一想：为什么汽车要装有弹性元件？常见的弹性元件有哪些？

提示：为了缓和冲击，在悬架中装有弹性元件。目前常见的弹性元件主要有钢板弹簧、螺旋弹簧、扭杆弹簧和气体弹簧等。

学习目标	鉴定标准	教学建议
1. 掌握钢板弹簧的功用及工作原理 2. 掌握螺旋弹簧的功用及工作原理 3. 掌握扭杆弹簧的功用及工作原理 4. 掌握气体弹簧的功用及工作原理	应知： 1. 钢板弹簧的功用及工作原理 2. 螺旋弹簧的功用及工作原理 3. 扭杆弹簧的功用及工作原理 4. 气体弹簧的功用及工作原理	建议： 采用教师启发式讲解、学生讨论相结合的方式，最后由教师总结

为了缓和冲击，在悬架中装有弹性元件。汽车上常用的弹性元件包括钢板弹簧、螺旋弹簧、扭杆弹簧和气体弹簧等。

1. 钢板弹簧

钢板弹簧广泛应用于汽车的非独立悬架中，其构造如图 3-3 所示。

钢板弹簧由若干片长度不等的合金弹簧钢片叠加而成，构成一根近似等强度的弹性梁。最长的一片称为主片，其两端卷成卷耳，内装衬套，以便用弹簧销与固定在车架上的支架或吊耳作铰链连接。

各弹簧片用中心螺栓连接，并保证各片的相对位置。中心螺栓距两端卷耳中心的距离可以是相等的，称为对称式钢板弹簧，如图 3-3a 所示；也可以是不相等的，称为非对称式钢板弹簧，如图 3-3b 所示。

为了防止汽车在行驶过程中各弹簧片分开，在钢板弹簧上装有若干弹簧夹，以免主片独自承载。弹簧夹通过铆钉与最下片弹簧片相连，弹簧夹两边通过螺栓相连，螺栓上有套管，装配时要求螺母朝向轮胎，以免螺栓脱落时刮伤轮胎，甚至飞崩伤人。

钢板弹簧在载荷作用下变形时，各片之间会相对滑动而产生摩擦，这可以衰减车架的振动。但摩擦会加速弹簧片的磨损，所以在装配钢板弹簧时，各片之间要涂抹石墨润滑脂或装

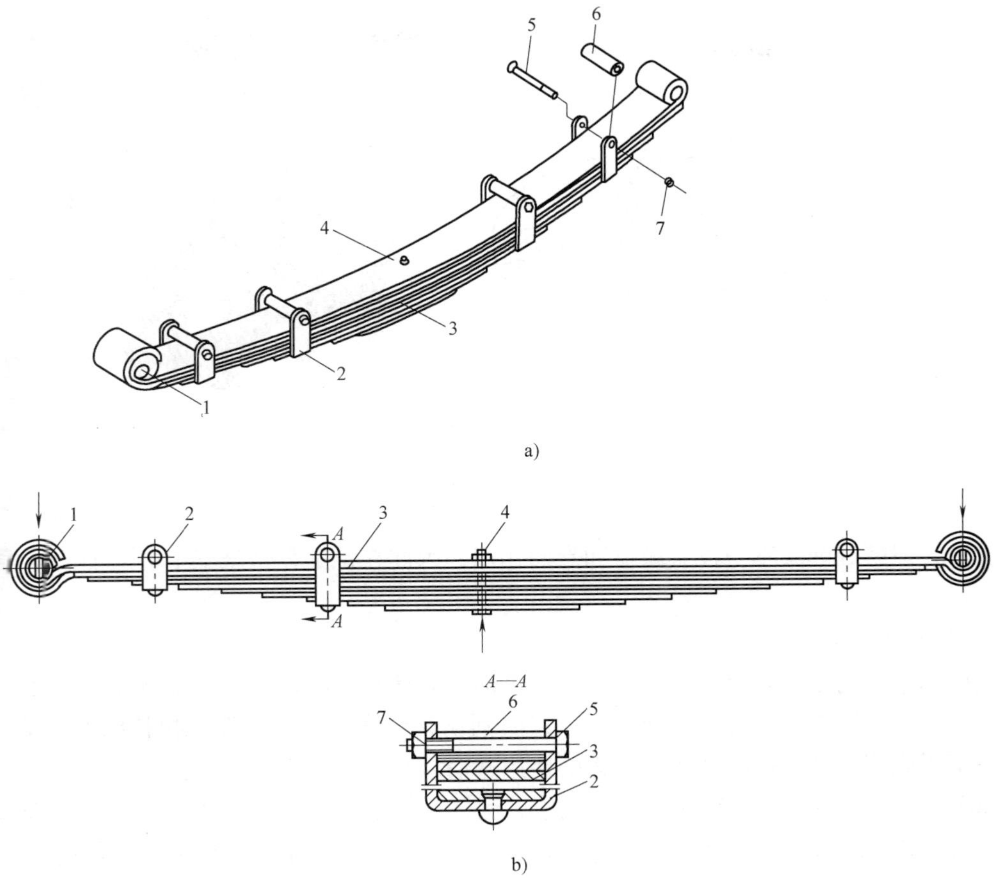

a)

b)

图3-3 钢板弹簧

a）对称式钢板弹簧 b）非对称式钢板弹簧

1—卷耳 2—弹簧夹 3—钢板弹簧 4—中心螺栓 5—螺栓 6—套管 7—螺母

有塑料垫片以减少磨损。

想一想：钢板弹簧的功用是什么？

总结：如果仅是简单地回答，钢板弹簧是悬架中的弹性元件，它的功用是缓和冲击、承受垂直载荷，说明还没有完全掌握钢板弹簧。钢板弹簧除了起到弹性元件的功用，它还起到了减振器和导向机构的功用。上面已经提到，钢板弹簧各片之间的相对滑动、产生摩擦，可以衰减车架的振动，即起到减振器的功用。另外，钢板弹簧还可以承受纵向、横向载荷，所以又起到了导向机构的功用。在轻、中型货车中，后悬架只有钢板弹簧，而没有减振器和导向机构，其道理即在于此。

2. 螺旋弹簧

螺旋弹簧大多应用在独立悬架上(见图3-4)，尤其是前轮独立悬架中。在有些轿车上，后轮非独立悬架中也使用螺旋弹簧作为弹性元件。螺旋弹簧用弹簧钢料卷制而成，可做成等螺距的圆柱形螺旋弹簧和不等螺距的圆锥形螺旋弹簧两种，前者刚度不变，后者刚度是可变的。

螺旋弹簧与钢板弹簧相比，具有不需润滑、防污性强、占用纵向空间小、弹簧本身质量

a)　　b)

图 3-4　螺旋弹簧

a）等螺距螺旋弹簧　b）不等螺距螺旋弹簧

小等优点，但螺旋弹簧本身没有减振和导向作用，因此在螺旋弹簧悬架中必须加装减振器和导向装置。

3. 扭杆弹簧

扭杆弹簧是用铬钒合金弹簧钢制成。其表面涂有环氧树脂，并包一层玻璃纤维，再涂一层环氧树脂，最后涂上沥青和防锈油漆，以防刮伤、腐蚀和损坏表面。扭杆断面常为圆形，少数是矩形或管状。从而提高扭杆弹簧的使用寿命。

如图 3-5 所示，扭杆一端固定于车架上，另一端与悬架控制臂连接。车轮上下运动时，扭杆便发生扭曲，起弹簧作用，从而保证车轮与车架的弹性联系。扭杆弹簧在制造时要经热处理，并使它有一个永久的扭转变形，使其具有一定的预应力，安装时扭转的方向应与所预加的应力方向相一致。因此在左右扭杆上做有标记，安装时不能互换。否则将使扭杆弹簧的使用寿命缩短。

采用扭杆弹簧时，若将扭杆的固定端转一个角度，则摆臂的初始位置将改变，借此可调节车身高度。

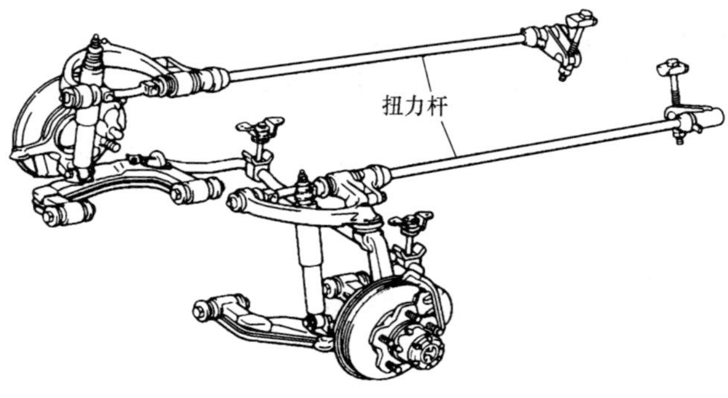

图 3-5　扭杆弹簧

扭杆弹簧与钢板弹簧相比，质量较轻，不需润滑，节省纵向空间。适用于小型车及厢式车的悬架系统。扭杆弹簧悬架与螺旋弹簧悬架一样，要设导向装置和减振器。

注意：由于扭杆弹簧在制造时使之具有一定的预应力，且左、右扭杆弹簧预应力方向是不同的，所以左、右扭杆弹簧不能互换或装错。为此，左、右扭杆上标有不同的标记。

4. 气体弹簧

气体弹簧是利用气体的可压缩性来实现弹簧的作用。主要有空气弹簧和油气弹簧两种。

空气弹簧以空气作为弹性介质，在一个密闭的容器内装入压缩空气（气压为0.5～1MPa），随着载荷的增加，容器内压缩空气压力升高，其刚度也随之增加；载荷减少，刚度也随空气压力降低而下降，因而这种弹簧具有理想的变刚度特性。

空气弹簧又可分为囊式和膜式两种，如图3-6所示。

囊式空气弹簧由夹有帘线的橡胶制成的气囊和密闭在其中的压缩空气构成。气囊外层由耐油橡胶制成单节或多节，节数越多弹簧越软，节与节之间围有钢质腰环，防止两节之间摩擦。气囊上下盖板将空气封于囊内。

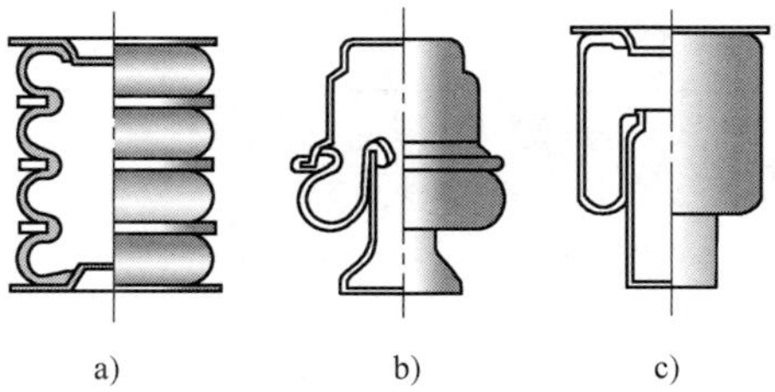

图3-6 空气弹簧
a）囊式空气弹簧 b）、c）膜式空气弹簧

膜式空气弹簧由橡胶片和金属压制件组成。它的弹性曲线比囊式空气弹簧的弹性曲线更为理想，其固有频率也较囊式空气弹簧的更低些，且尺寸小，便于布置，因而多用于小轿车上。但膜式空气弹簧造价较高，寿命较短。

由于空气只能承受垂直载荷，因此采用这种弹簧的悬架也必须加设导向装置和减振器。

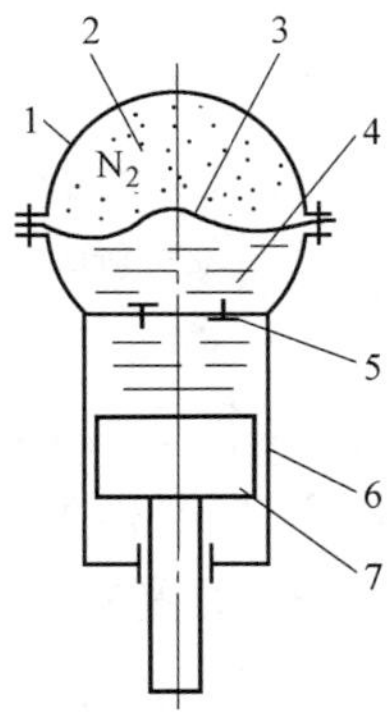

图3-7 油气弹簧
1—球形室 2—气体
3—隔膜 4—油膜
5—阻尼阀
6—工作缸
7—活塞

油气弹簧以气体（如氮等惰性气体）作为弹性介质，用油液作为传力介质，利用气体的可压缩性实现弹簧作用，其结构原理如图3-7所示。球形室1固定在工作缸6之上，室内用橡胶隔膜3将油与气隔开，充入高压氮气的一侧为气室，与工作缸相同而充满油液4的一侧为油室。工作缸6内装有活塞7和阻尼阀5及阀座。

当汽车所受载荷增加时，活塞7向上移动，使工作缸内油压升高，打开阻尼阀5进入球形室1下部，推动隔膜3向气室方向移动。气室受到压缩压力升高，使油气弹簧刚度增加。当载荷减小时，气室内的高压氮气膨胀，使隔膜向下方（油室）移动，油液通过阻尼阀流回工作缸，活塞下移使油压降低，同时气室容积变大而压力下降，使油气弹簧刚度降低。随着汽车行驶状态的变化，工作缸内的油压与气室内的氮气压力也随之变化，此时活塞处于工作缸中的不同位置。因此，油气弹簧具有可变刚度的特性。

油气弹簧体积小，质量轻，具有良好的行驶平顺性，而且由于油液流经阻尼阀时会产生阻尼力，因此油气弹簧还能起减振器的作用。但是油气弹簧密封性要求很高，维护相对麻烦。目前这种弹簧多用于重型汽车和部分小客车上。由于油气弹簧只能承受垂直载荷，因此采用这种弹簧的悬架也必须加设导向装置。

3.3 减振器

想一想：减振器有什么功用？

提示：汽车在行驶中，车轮在垂直方向上会受到不同力的作用，悬架系统中的弹性元件受到冲击会相应产生振动。减振器是产生阻尼力的主要元件，它的作用就是迅速衰减汽车的振动，改善汽车行驶的平顺性。

学习目标	鉴定标准	教学建议
1. 掌握减振器的功用与类型 2. 掌握减振器的工作原理	应知： 1. 减振器的功用与类型 2. 减振器的工作原理	建议： 采用教师启发式讲解、学生讨论相结合的方式，最后由教师总结

1. 减振器的功用

汽车在行驶中，车轮在垂直方向上会受到不同力的作用，悬架系统中的弹性元件受到冲击会相应产生振动。减振器是产生阻尼力的主要元件，它的作用就是迅速衰减汽车的振动，改善汽车行驶的平顺性。

2. 减振器的类型

1）按结构不同，减振器可分为双筒式减振器和单筒式减振器。

2）按工作介质不同，减振器可分为液压式减振器和充气式减振器。

3）按工作原理不同，减振器可分为单向作用式减振器和双向作用式减振器。在压缩和伸张两个行程中均能起减振作用的减振器称为双向作用式减振器，只在伸张行程中起减振作用的减振器称为单向作用式减振器。

3. 振器的工作原理

当车架与车桥作往复相对运动，使活塞在缸筒内往复移动时，减振器壳体内的油液便反复地从一个内腔通过一些窄小的孔隙流入另一内腔。此时，孔壁与油液间的摩擦及液体分子内摩擦消耗了振动能量，形成对振动的阻尼力，使车身和车架的振动能量转化为热能，再由减振器所吸收散到大气中。减振器的阻尼力大小和车架与车桥（或车轮）的相对速度成正比，并且与油液黏度有关。

减振器的阻尼力愈大，振动消除得愈快。但阻尼力过大将导致弹性元件的作用不能充分发挥，甚至过大的阻尼力还可能导致一些连接零件及车架损坏。为了协调弹性元件与减振器工作，对减振器提出如下要求：

1）在悬架伸张行程（车桥与车架相对远离的行程）内，减振器的阻尼力应大，以求迅速减振。此时减振器起主要作用。

2）在悬架压缩行程（车桥与车架相互移近的行程）内，减振器阻尼力应较小，以便充分利用弹性元件的弹性作用，缓和冲击。这时，弹性元件起主要作用。

3）当车桥(或车轮)与车架的相对速度过大时，减振器应当能自动加大液流通道截面积，使阻尼力始终保持在一定限度之内，以避免承受过大的冲击载荷。

4. 双向作用筒式减振器

双向作用筒式减振器具有四个阀(见图3-8)，即压缩阀1、伸张阀3、流通阀10和补偿阀11。流通阀和补偿阀是一般的单向阀，其弹簧很弱，当阀上的油压作用力与弹簧力同向时，阀处于关闭状态，完全不通液流；而当油压作用力与弹簧力反向时，只要有很小的油压，阀便能开启。压缩阀和伸张阀是卸载阀，其弹簧较强，预紧力较大，只有当油压增高到一定程度时，阀才能开启；而当油压减低到一定程度时，阀即自行关闭。

1）压缩行程时，减振器被压缩，汽车车轮移近车身。减振器受压缩，下腔的容积减小，油压升高。油液冲开流通阀流入上腔。由于上腔被活塞杆占去了一部分空间，上腔增加的容积小于下腔减小的容积，故还有一部分油液推开压缩阀，流回到储油缸内。这些油液通过阀孔时，受到一定的节流阻力。为克服这种节流阻力而消耗振动能量，使振动减轻。

2）伸张行程时，减振器受拉伸，减振器活塞向上移动，上腔油压升高，流通阀被关闭，上腔内的油液压开伸张阀流入下腔。同样，由于活塞杆的存在，自上腔流来的油液不足以充满下腔增加的容积，下腔产生一定的真空度，储油缸中的油液便推开补偿阀流进下腔进行补充。此时，这些阀的节流作用对悬架的伸张运动起到阻尼作用。

由于伸张阀弹簧的刚度和预紧力大于压缩阀弹簧的刚度和预紧力，在同样的油压作用下，伸张阀及相应的常通缝隙通道的面积总和小于压缩阀及相应常通缝隙通道的面积总和。这使得减振器伸张行程产生的阻尼力大于压缩行程时产生的阻尼力。

5. 充气式减振器

如图3-9所示，充气式减振器的结构特点是在缸筒的下部装有一个浮动活塞2，在浮动

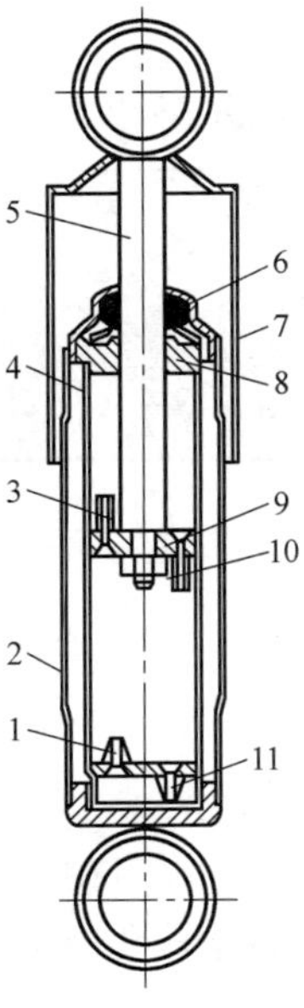

图3-8 双向作用筒式减振器

1—压缩阀 2—储油缸筒 3—伸张阀 4—工作缸筒 5—活塞杆 6—油封 7—防尘罩 8—导向座 9—活塞 10—流通阀 11—补偿阀

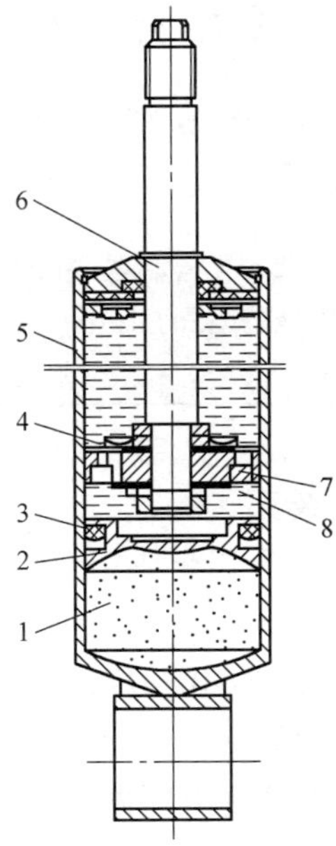

图3-9 充气式减振器

1—密封气室 2—浮动活塞 3—O形密封圈 4—压缩阀 5—工作缸 6—活塞杆 7—工作活塞 8—伸张阀

活塞与缸筒一端形成的密闭气室1中，充有高压(2～3 MPa)的氮气。在浮动活塞的上面是减振器油液。浮动活塞上装有大断面的O形密封圈，它把油和气完全分开。工作活塞7上装有压缩阀4和伸张阀8，其通道截面积可随运动速度大小而改变。此二阀均由一组厚度相同，直径不等，由大到小而排列的弹簧钢片组成。

当车轮上下跳动时，减振器的工作活塞在油液中作往复运动。使工作活塞的上腔和下腔之间产生油压差，液压油便推开压缩阀或伸张阀而来回流动。由于阀对液压油产生较大的阻尼力，从而使振动衰减。

充气式减振器与双向作用筒式减振器相比较，具有以下优点：

1）充气式减振器减少了一套阀门系统，使结构大为简化。

2）减振器内充有高压气体，能有效地减少车轮受到突然冲击时产生的高频振动，并有助于消除噪声。

3）在防尘罩直径相同的情况下，充气式减振器的工作缸和活塞直径比双向作用筒式减振器大，所以在单位行程中流经阀的流量较双筒式减振器大，故它比双向作用筒式减振器能更可靠地产生足够的阻尼力。

4）充气式减振器由于内部高压气体和油液被浮动活塞隔开，消除了油的乳化现象。

充气式减振器的缺点是对油封要求高；充气工艺复杂，不能修理；当缸筒受到外界物体的冲击而产生变形时，减振器就不能工作。

3.4 典型悬架系统

想一想：悬架系统分为哪几种？

提示：悬架系统分为独立悬架和非独立悬架两种。

学习目标	鉴定标准	教学建议
1. 掌握独立悬架的工作原理 2. 掌握非独立悬架的工作原理	应知： 1. 独立悬架的工作原理 2. 非独立悬架的工作原理	建议： 采用教师启发式讲解、学生讨论相结合的方式，最后由教师总结

1. 非独立悬架

(1) 纵置板簧式非独立悬架　图3-10所示为解放CA109型汽车前悬架。钢板弹簧中部用两个U形螺栓3将其固定在车桥上。弹簧前端卷耳用钢板弹簧销15与钢板弹簧前支架1连接在一起(见图3-10*B-B*)，形成固定铰链，后端卷耳通过钢板弹簧销14与吊耳9相连(见图3-10*A-A*)，吊耳9通过吊耳销14与吊耳支架10相连，吊耳9可以自由摆动，形成活动吊耳，从而保证弹簧变形时两卷耳中心线间的距离可变化。在两端卷耳孔内压入减摩衬套，使其与钢板弹簧销转动配合。销上钻有径向和轴向油道，通过油嘴将润滑脂注入衬套进行润滑，减小磨损。减振器8的上下两个吊环通过橡胶衬套和连接销13分别与固定在车架和车桥的减振器上、下支架7、12相连接。在盖板4上装有橡胶缓冲块5，以限制弹簧的最大变形并防止弹簧直接接触车架。

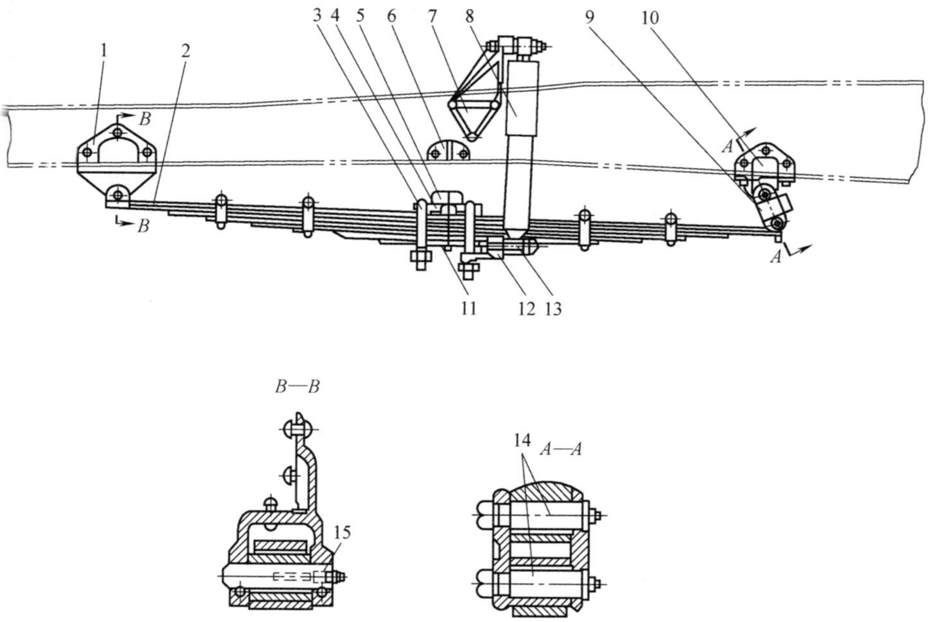

图 3-10 解放 CA1091 型汽车的前悬架

1—钢板弹簧前支架 2—前钢板弹簧 3—U 形螺栓 4—盖板 5—缓冲块 6—限位块 7—减振器上支架 8—减振器 9—吊耳 10—吊耳支架 11—中心螺栓 12—减振器下支架 13—减振器连接销 14—前板簧吊耳销 15—钢板弹簧销

图 3-11 所示为东风 EQ1090E 型汽车后悬架。下弹簧为主簧，前端用螺栓和 U 形螺栓将吊耳与钢板弹簧连成为一体，再通过钢板弹簧销与车架上的钢板弹簧支架相连接。为了防止滑脱，将第三片钢板做成直角弯边。以这种结构代替钢板弹簧传力端的卷耳，可以有效地防止主片在卷耳处的断裂，且拆装维修也较方便。

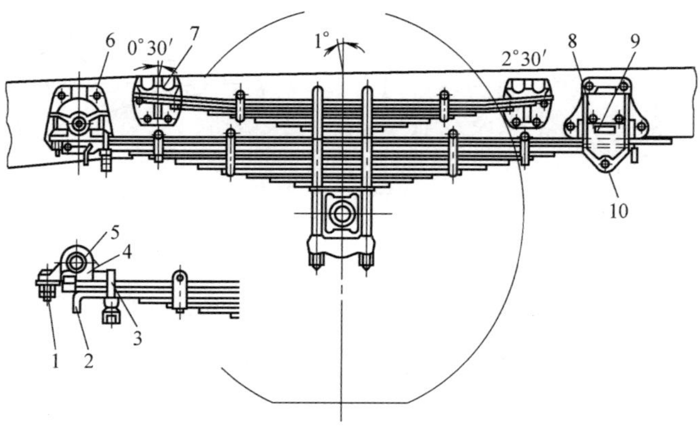

图 3-11 东风 EQ1090E 型汽车后悬架

1—紧固螺栓 2—钢板弹簧 3—U 形螺栓 4—吊耳 5—钢板弹簧销 6—钢板弹簧前支架 7—副钢板弹簧托架 8—后支架 9—滑块 10—限位螺栓

在主簧上面，叠加安装了副簧。主、副簧用 U 形螺栓紧固在后桥上，构成后悬架总成。当汽车载荷不大时，车架相对于车桥的下移量较小，副簧不起作用，只有主簧单独工作。而在重载或满载的情况下，车架相对车桥的下移量较大，主簧与副簧共同发挥作用，悬架刚度得到提高。这类悬架的特点是副簧在载荷增加到一定程度时才参加工作，由于悬架刚度变化较突然，对汽车行驶平顺性不利。

为改善汽车行驶平顺性，有的货车上采用将副簧置于主簧下面，成为渐变刚度的钢板弹簧。主簧由几片较薄的钢板弹簧片组成，副簧由几片较厚的钢板弹簧片组成，用中心螺栓将它们固定在一起。在小载荷的情况下，仅由主簧起作用，而当载荷增加到一定值时，副簧开始与主簧接触，悬架刚度得到提高，弹簧特性为非线性。当副簧全部参加工作后，弹簧特性又变为线性。由于副簧逐渐随载荷增加而参与工作，悬架刚度逐渐变化，从而提高了汽车的行驶平顺性。

（2）螺旋弹簧非独立悬架　螺旋弹簧非独立悬架常用于轿车的后悬架。用螺旋弹簧作为弹性元件时，必须设置导向装置来承受并传递纵向力和横向力。

导向装置包括纵向推力杆和横向导向杆。如图3-12所示，两根纵向下推力杆2和两根纵向上推力杆4的一端均与车身相铰接，另一端则均与后桥相铰接。纵向下推力杆和纵向上推力杆用以传递纵向力及其力矩。当车轮因路面不平而上下跳动时，纵向下推力杆和纵向上推力杆可绕其与车身的铰接点做上下纵向摆动，以控制后桥的运动规律。横向导杆5的一端与车身铰接，另一端与后桥铰接，用以传递悬架系统的横向力。两个减振器6的上端铰接在车身支架上，下端铰接在车桥的支架上。

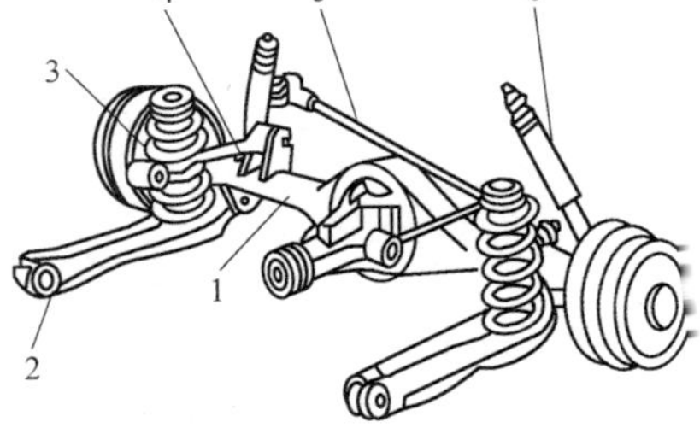

图3-12　螺旋弹簧非独立悬架

1—后桥　2—纵向下推力杆　3—螺旋弹簧　4—纵向上推力杆　5—横向导杆　6—减振器

2. 独立悬架

独立悬架中多采用螺旋弹簧和扭杆弹簧作为弹性元件。

独立悬架的结构类型很多，按车轮运动形式可分成以下三类（见图3-13）。

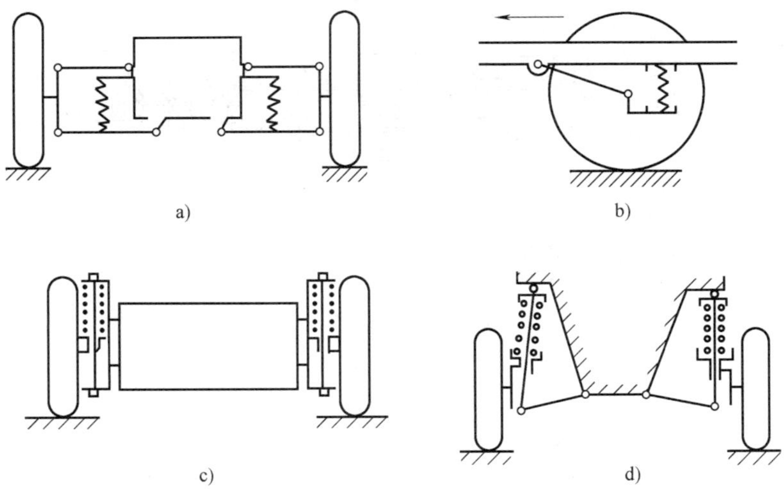

图3-13　三种基本类型的独立悬架示意图

a）双横臂式独立悬架　b）双纵臂式独立悬架

c）烛式独立悬架　d）麦弗逊式悬架

1）车轮在汽车横向平面内摆动的悬架（双横臂式独立悬架，见图3-13a）。

2）车轮在汽车纵向平面内摆动的悬架（双纵臂式独立悬架，见图3-13b）。

3）车轮沿主销移动的悬架，其中包括：烛式悬架（见图3-13c）和麦弗逊式悬架（滑柱连杆摆臂式悬架，见图3-13d）。

（1）双横臂式独立悬架　双横臂是用上下摆臂分别将左、右车轮和车架（或车身）连接起来的悬架形式。如图3-14所示，该悬架两摆臂长度不相等，为不等长双横臂式独立悬架。车轮所受的纵向力、侧向力及其力矩由上、下横臂和上、下支撑杆承受并传递给车架。

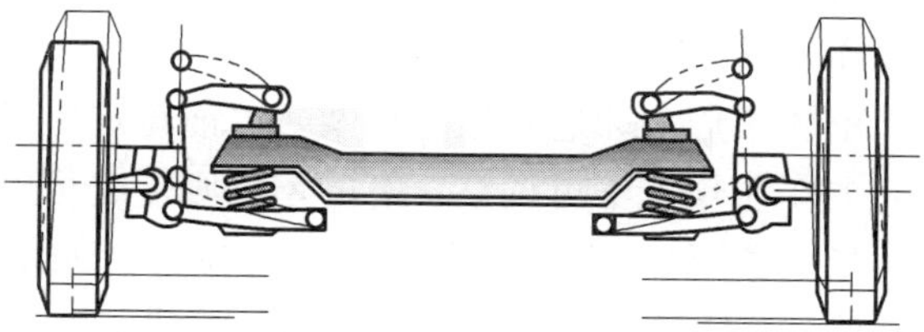

图3-14　双横臂式独立悬架

这种悬架的优点是可设定前轮定位参数的变化，同时侧倾中心位置的自由度大，可以得到最佳的操纵性和平顺性；发动机罩高度低、干摩擦小。但其结构复杂、造价高。

（2）双纵臂式独立悬架　图3-15所示为双纵臂式扭杆弹簧独立悬架。转向节和两个等长的纵臂1作铰链式连接。在车架和两根管式横梁2内都装有若干层矩形断面的薄弹簧钢片叠成的扭杆弹簧3。两根扭杆弹簧的内端用螺钉6固定在横梁2的中部，而外端则插入摆臂轴4的矩形孔内。纵臂轴用衬套5支承在管式横梁内。轴4和纵臂刚性地相连。另一侧车轮的悬架与之完全相同而且对称。

这种悬架的两个纵摆臂一般长度相等，形成平行四连杆机构。当车轮上下跳动时，车轮外倾角、主销后倾角和轮距保持不变，故这种形式的悬架适用于转向轮。

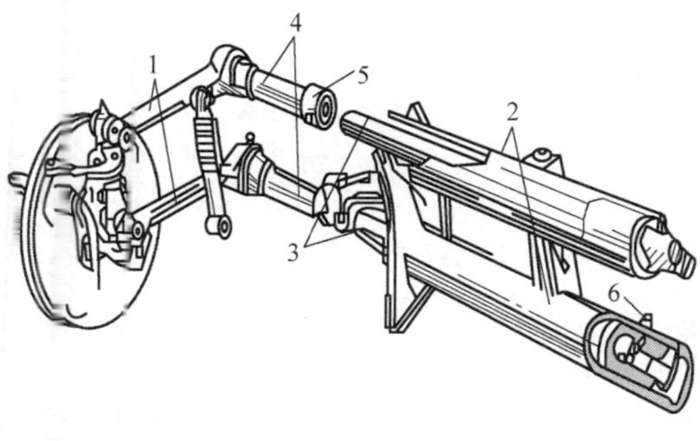

图3-15　双纵臂式独立悬架

1—纵臂　2—横梁　3—扭杆弹簧

4—摆臂轴　5—衬套　6—螺钉

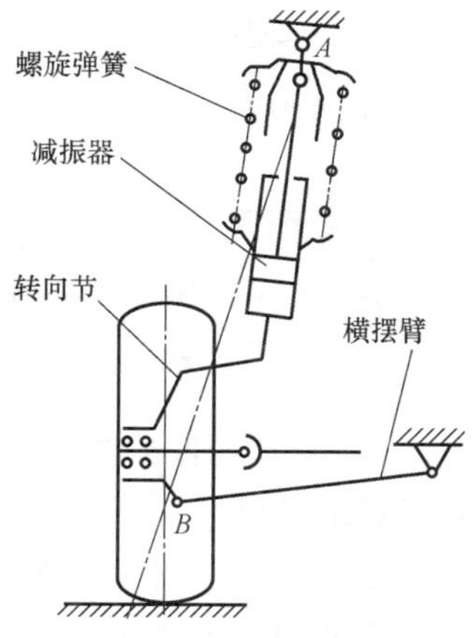

图3-16　麦弗逊式独立悬架的结构示意图

（3）麦弗逊式独立悬架　麦弗逊式独立悬架目前在轿车中应用很广泛，其结构如图3-16所示，由减振器、螺旋弹簧、横摆臂、横向稳定杆（图3-16中未画出）等组成。减振器与套在它外面的螺旋弹簧合为一体，构成悬架的弹性支柱，支柱上端与车身挠性连接，支柱的下端与转向节刚性连接。横摆臂的外端通过球头销B与转向节的下部连接，内端与车身铰接。

麦弗逊式独立悬架没有传统的主销实体，转向轴线为上下铰接中心的连线 *AB*（一般与弹性支柱的轴线重合）。当车轮上下跳动时，*B* 点随横摆臂摆动，因而主销轴线 *AB* 随之摆动（弹性支柱也摆动）。这说明车轮沿着摆动的主销轴线而运动。

麦弗逊式独立悬架结构较简单，布置紧凑，用于前悬架时能增大两前轮内侧的空间，故多用于发动机前置前轮驱动的轿车上。

前轮采用麦弗逊式独立悬架时，前轮定位各参数的变化较小，除前束可调整外，其他参数有的车型规定不可调整，有的车型则规定可以调整。常见的调整部位及调整方法如下：

1）改变转向节与横摆臂外端的位置。如图 3-17a 所示，松开转向节球头销与横摆臂的连接螺栓，左右横向移动球头销及转向节，可以改变车轮外倾角。上海桑塔纳轿车即采用这种结构形式。

2）改变弹性支柱上支座的位置。如图 3-17a 所示，悬架的弹性支柱上支座用螺栓固定在车身上，松开螺栓，左右横向移动上支座，可以调整车轮外倾角。一汽奥迪 100 型轿车即采用这种结构形式。

3）改变转向节上端的位置。如图 3-17b 所示，由减振器和螺旋弹簧组成的弹性支柱下端通过上、下两个螺栓与转向节上端固定，其中上螺栓经偏心凸轮将两者连接在一起。转动上螺栓可使偏心凸轮转动，从而带动转向节上端左右横向（*A* 向）移动，进而改变车轮外倾角。丰田花冠轿车即采用这种结构形式。

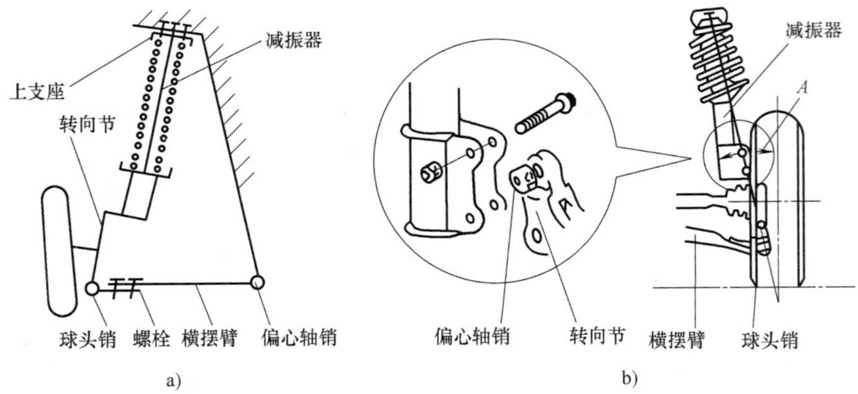

图 3-17　麦弗逊式独立悬架前轮定位调整示意图

3. 独立悬架的检修

下面以上海桑塔纳 2000 的前悬架为例介绍麦弗逊式独立悬架的组成、检修。

（1）桑塔纳 2000 前悬架的组成　桑塔纳 2000 前悬架如图 3-18 所示，由双向作用筒式减振器、螺旋弹簧、悬架柱焊接件、缓冲垫、橡胶防尘罩等组成。其特点是筒式减振器作为悬架杆系的一部分兼起主销作用，滑柱在作为主销的圆筒内上下移动，减振器支柱座与车身相连。

（2）桑塔纳 2000 前悬架的检修

1）减振器的检查。在车辆行驶过程中，如减振器发出异常的响声，则说明该减振器已损坏，必须更换。一般减振器是不进行修理的，如有很小的渗油现象不必调换，如漏油较多可通过拉伸和压缩减振器来检查渗油现象。漏出的减振器油不能再加入减振器内重新使用，漏油的减振器不能再使用。

2）前悬架支柱总成的检修。在零件全部解体后，应进行清洗、检查，必要时测量。如有下列情况，必须更换新件：

① 制动盘工作面严重磨损，超出规定，或表面出现裂纹。

② 挡泥板严重扭曲变形。

③ 轮毂花键松旷，磨损严重。

④ 弹簧挡圈失效。

⑤ 车轮轴承损坏(注意:需要更换整套轴承)。

⑥ 前悬架支柱件任何一条焊缝出现裂纹或严重变形。

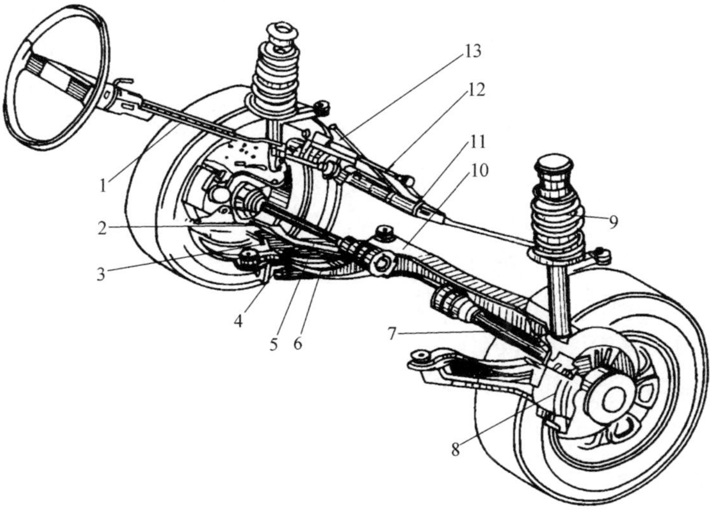

图3-18 桑塔纳2000前悬架

1—安全转向柱 2—车轮与下摆臂的连接螺栓 3—下摆臂 4—下摆臂橡胶轴承 5—横向稳定器 6—副车架 7—传动轴 8—前轮制动钳 9—减振器支柱 10—副车架前橡胶支承 11—动力转向装置 12—转向减振器 13—转向横拉杆

3.5 横向稳定器

想一想：为什么汽车上要设置横向稳定杆？

提示：汽车高速行驶中转向时，在离心力的作用下，车身会产生很大的横向倾斜和横向角振动。为减少这种现象，在悬架中必须加设横向稳定器。目前应用得较多的是杆式横向稳定器。

学习目标	鉴定标准	教学建议
1. 掌握横向稳定器的功用及组成 2. 掌握横向稳定器的工作原理	应知： 1. 横向稳定器的功用及组成 2. 横向稳定器的工作原理	建议： 采用教师启发式讲解、学生讨论相结合的方式，最后由教师总结

1. 横向稳定器的功用及组成

汽车高速行驶中转向时，在离心力的作用下，车身会产生很大的横向倾斜和横向角振动。为减少这种现象，在悬架中必须加设横向稳定器。目前应用得较多的是杆式横向稳定器。如图3-19所示，横向稳定杆3由弹簧钢制成，呈扁平的U形，安装在汽车的前端或后端(也有的轿车前后均有)，其中部的两端自由地支承在两个橡胶套筒2内，而套筒2则固定在车架上。横向稳定杆的两侧纵向部分的末端通过支杆1与悬架下摆臂上的弹簧支座4相连。

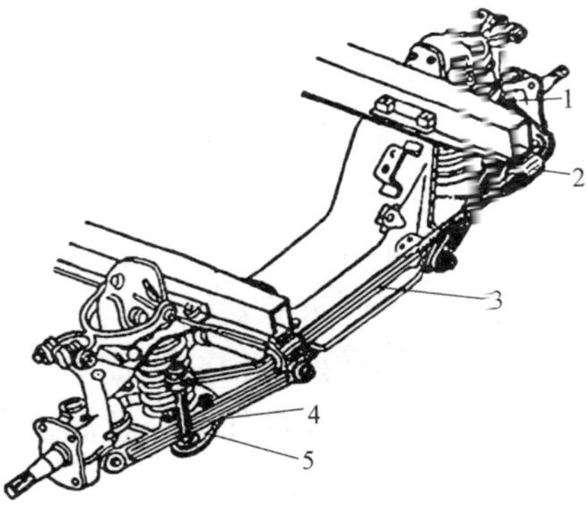

图3-19 横向稳定器的安装

1—支杆 2—套筒 3—横向稳定杆 4—支杆 5—弹簧支座

2. 横向稳定器的工作原理

当车身只作垂直移动而两侧悬架变形相等时，横向稳定杆在套筒内自由转动，横向稳定杆不起作用。当两侧悬架变形不等而车身相对于路面横向倾斜时，车架的一侧移近弹簧支座，稳定杆的该侧末端就相对于车架向上移，而车架的另一侧远离弹簧支座，相应的稳定杆的末端则相对于车架向下移，然而在车身和车架倾斜时，横向稳定杆的中部对于车架并无相对运动。这样在车身倾斜时，稳定杆两边的纵向部分向不同方向偏转，于是稳定杆便被扭转。弹性的稳定杆所产生的扭转的内力矩就妨碍了悬架弹簧的变形，因而减小了车身的横向倾斜和横向角振动。

3.6 电子控制悬架系统

想一想：汽车上为什么要配有电子控制悬架系统？

提示：传统的悬架系统一般具有固定的弹簧刚度和减振器阻尼，不能同时满足汽车行驶平顺性和操纵稳定性的要求。例如：降低弹簧刚度，平顺性会变好，使乘坐舒适，但由于悬架偏软会使操纵稳定性变差；而增加弹簧刚度会提高操纵稳定性，但较硬的弹簧又使车辆对路面的不平度很敏感，使平顺性降低。因此，理想的悬架系统应在不同的使用条件下具有不同的弹簧刚度和减振器阻尼力，这样既能满足平顺性的要求又能满足操纵稳定性的要求。电子控制悬架系统就是这种理想的悬架系统。

学习目标	鉴定标准	教学建议
1. 掌握电子控制悬架系统的功用与组成 2. 掌握电子控制悬架系统的构造与工作原理	应知： 1. 电子控制悬架系统的功用与组成 2. 电子控制悬架系统的构造与工作原理	建议： 采用教师启发式讲解、学生讨论相结合的方式，最后由教师总结

传统的悬架系统一般具有固定的弹簧刚度和减振器阻尼，不能同时满足汽车行驶平顺性和操纵稳定性的要求。例如：降低弹簧刚度，平顺性会变好，使乘坐舒适，但由于悬架偏软会使操纵稳定性变差；而增加弹簧刚度会提高操纵稳定性，但较硬的弹簧又使车辆对路面的不平度很敏感，使平顺性降低。因此，理想的悬架系统应在不同的使用条件下具有不同的弹簧刚度和减振器阻尼力，这样既能满足平顺性的要求又能满足操纵稳定性的要求。电子控制悬架系统就是这种理想的悬架系统。

电子控制悬架系统主要有半主动悬架和主动悬架两种。半主动悬架是指悬架元件中的弹簧刚度和减振器阻尼力之一可以根据需要进行调节。而主动悬架能根据需要自动调节弹簧刚度和减振器的阻尼力，从而能够同时满足汽车行驶平顺性和操纵稳定性等各方面的要求。主动悬架按照弹簧的类型，又可以分为空气弹簧主动悬架和油气弹簧主动悬架。

本部分以丰田凌志 LS400 为例介绍电控悬架系统。

1. 概述

丰田凌志 LS400 的电控悬架系统为空气弹簧主动悬架，可以根据行驶条件自动控制弹簧刚度、减振器阻尼力及车身高度，以抑制加速时后坐、制动时点头、转向时侧倾等汽车行驶状态的变化，明显改善乘坐舒适性和操纵稳定性。

（1）系统控制功能　丰田凌志 LS400 的电控悬架系统主要对车速及路面感应、车身姿态、车身高度三个方面进行控制。

1）车速与路面感应控制

① 当车速高时，提高弹簧刚度和减振器阻尼力，以提高汽车高速行驶时的操纵稳定性。

② 当前轮遇到突起时，减小后轮悬架弹簧刚度和减振器阻尼力，以减小车身的振动和冲击。

③ 当路面差时，提高弹簧刚度和减振器阻尼力，以抑制车身的振动。

2）车身姿态控制

① 转向时侧倾控制：急转向时，提高弹簧刚度和减振器阻尼力，以抑制车身的侧倾。

② 制动时点头控制：紧急制动时，提高弹簧刚度和减振器阻尼力，以抑制车身的点头。

③ 加速时后坐控制：急加速时，提高弹簧刚度和减振器阻尼力，以抑制车身的后坐。

3）车身高度控制

① 高速感应控制：车速超过 90km/h，降低车身高度，以减少空气阻力，提高汽车行驶的稳定性。

② 连续差路面行驶控制：车速在 40～90km/h，提高车身高度，以提高汽车的通过性；车速在 90km/h 以上，降低车身高度，以满足汽车行驶的稳定性。

③ 点火开关 OFF 控制：驻车时，当点火开关关闭后，降低车身高度，便于乘客的乘降。

④ 自动高度控制：当乘客和载质量变化时，保持车身高度恒定。

（2）系统操作　丰田凌志 LS400 的电控悬架系统有三个操作选择开关：高度控制 ON/OFF 开关、高度控制开关和 LRC（模式控制）开关。

高度控制 ON/OFF 开关安装在汽车尾部行李箱的左边。当高度控制 ON/OFF 开关处于 ON 位置时，系统可按选择方式进行车身高度自动控制；当该开关处于 OFF 位置时，系统不执行车身高度控制。

高度控制开关和 LRC（模式控制）开关安装在驾驶室内变速操纵杆的旁边。

高度控制开关用于选择控制车身高度，当高度控制开关处于“HIGH（高）”位置时，系统对车身高度进行“高值自动控制”；当高度控制开关处于“NORM”位置时，车身高度则进入“常规值自动控制”状态。

LRC(模式控制)开关用于选择控制悬架的刚度、阻尼力参数。当LRC(模式控制)开关处于“SPORT”位置时，系统进入“高速行驶自动控制”；当LRC(模式控制)开关处于“NORM”位置时，系统对悬架刚度、阻尼力进行“常规值自动控制”。此时，悬架ECU根据车速传感器等信号，使悬架的刚度、阻尼力自动地处于软、中或硬三种状态。

2. 电子控制悬架系统的组成

为了使汽车行驶更加平顺，乘坐更加舒适，要求悬架的结构参数能主动地适应行驶中不断变化的路面要求。这种悬架，我们称之为主动悬架。随着电子控制技术的发展，产生了电子控制悬架系统。电子控制悬架系统可以对悬架系统参数，包括弹簧刚度、减振器阻尼力、车身高度等实行控制。

电子控制悬架系统一般由传感器、电子控制单元和执行机构三部分组成。传感器用来感受汽车的运动状态(路况、车速及起动、加速、转向、制动等工况)，并将各种状态转换为电信号输送给电控单元(ECU)。

电子控制单元对传感器输入的电信号进行处理，并向执行机构发出控制指令。执行机构及时地做出动作反应，实现对弹簧刚度、减振器阻尼和车身高度的调节。

3. 电子控制悬架系统的结构与工作原理

电子控制悬架系统的结构包括车身高度传感器、转向传感器、车速传感器、节气门位置传感器等，执行器包括高度控制阀、排气阀、悬架控制执行器等。图3-20所示为凌志LS400的电控悬架系统。

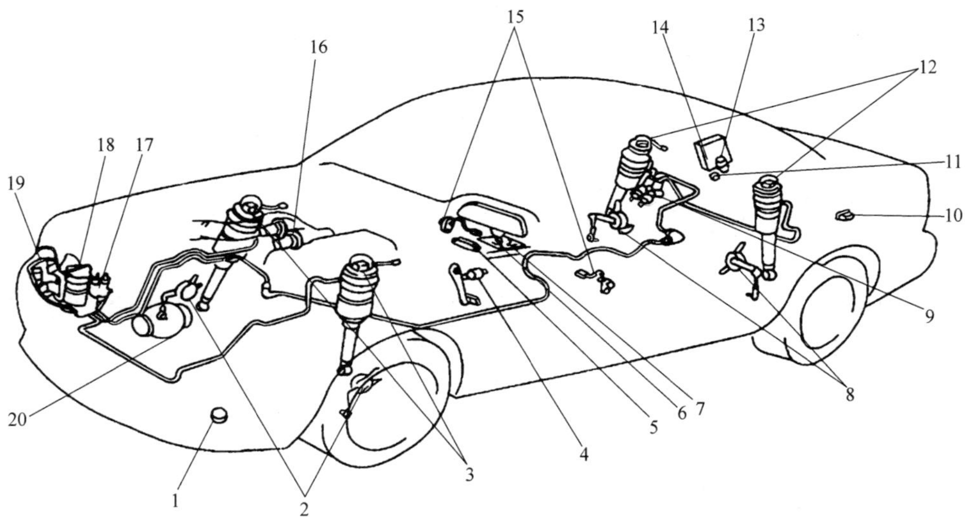

图3-20 凌志LS400的电控悬架系统元件在车上的位置

1—1号高度控制继电器 2—前车身高度传感器 3—前悬架控制执行器 4—制动灯开关 5—转向传感器 6—高度控制开关 7—LRC开关 8—后车身高度传感器 9—2号高度控制阀和溢流阀 10—高度控制ON/OFF开关 11—高度控制插接器 12—后悬架控制执行器 13—2号高度控制继电器 14—悬架ECU 15—门控灯开关 16—主节气门位置传感器 17—1号高度控制阀 18—高度控制压缩机 19—干燥器和排气阀 20—IC调节器

1) 车身高度控制。车身高度控制系统由压缩机、干燥器、排气阀、1号高度控制继电器、2号高度控制继电器、1号高度控制阀、2号高度控制阀、前后左右4个空气弹簧、4个车身高度传感器及悬架ECU等组成。图3-21所示为车身高度控制系统，图3-22所示为1号、2号高度控制阀控制电路，图3-23所示为空气压缩机控制电路。

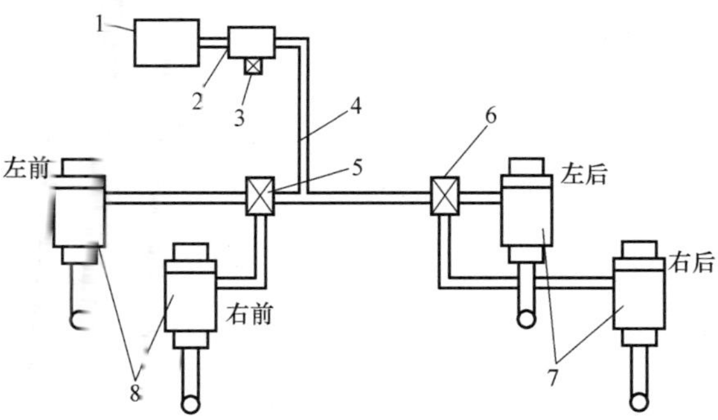

图3-21　车身高度控制系统

1—压缩机　2—干燥器　3—排气阀

4—空气管　5—1号高度控制阀

6—2号高度控制阀　7、8—空气弹簧

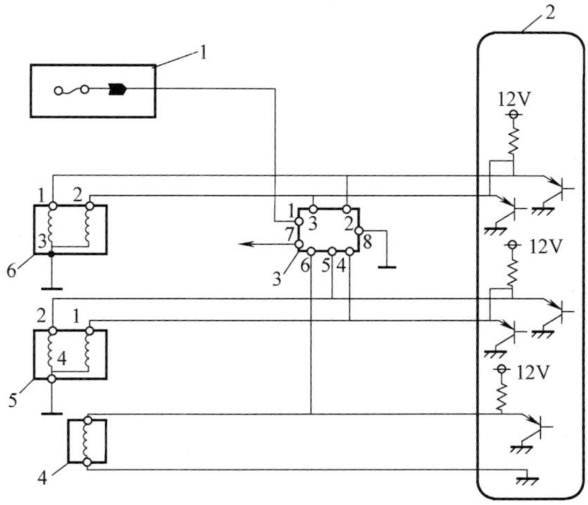

图3-22　高度控制阀控制电路

1—AIR SUS熔丝　2—悬架ECU

3—1号高度控制继电器　4—排气阀

5—2号高度控制器　6—1号高度控制阀

当点火开关接通时，ECU使2号高度控制继电器线圈通电，2号高度控制继电器触点闭合，使前、后、左、右4个高度传感器接通蓄电池电源。当车身高度需要上升时，从ECU的RCMP端子送出一个信号，使1号高度控制继电器接通，1号高度控制继电器触点闭合，压缩机控制电路接通产生压缩空气。ECU使高度控制电磁阀线圈通电后，电磁线圈将高度控制阀打开，并将压缩空气引向空气弹簧，从而使车身高度上升。

当车身高度需要下降时，ECU不仅使高度控制阀电磁线圈通电，而且还使排气阀电磁线圈通电，排气阀电磁线圈使排气阀打开，将空气弹簧中的压缩空气排到大气中。

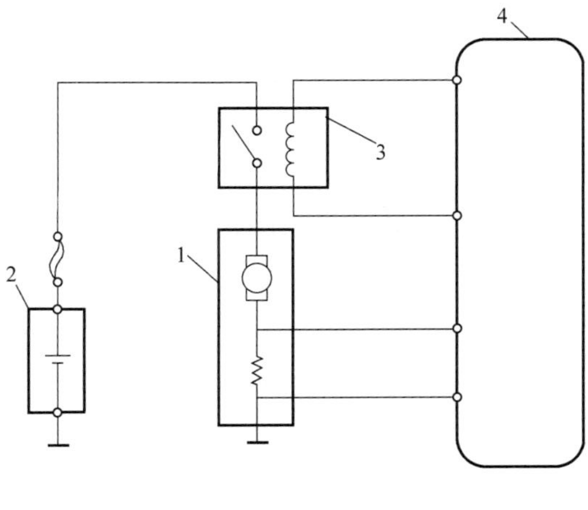

图3-23　空气压缩机控制电路

1—压缩机电动机　2—蓄电池

3—1号高度控制继电器　4—悬架ECU

1号高度控制阀用于前悬架控制，它有两个电磁阀分别控制左右两个空气弹簧。2号高度控制阀用于后悬架控制，它与1号高度控制阀一样，也采用两个电磁阀。为了防止空气管路中产生不正常的压力，2号高度控制阀中采用了一个溢流阀。

悬架系统的车身高度传感器采用光电式传感器，为了检测汽车高度和因道路不平而引起的悬架位移量，在每个悬架上都装有一只车身高度传感器，用于连续监测车身与悬架下臂之间的距离。图3-24所示为车身高度传感器与ECU之间的连接电路。

2）弹簧刚度和减振器阻尼力控制。电子控制空气悬架系统空气弹簧的结构如图3-25所示。悬架系统弹簧刚度和减振器阻尼力控制执行器安装在空气弹簧的上部，悬架控制执行器电路如图3-26所示，ECU将信号送至悬架控制执行器以同时驱动减振器的阻尼调节杆和空气弹簧的气阀控制杆，从而改变减振器的阻尼力和悬架弹簧刚度。

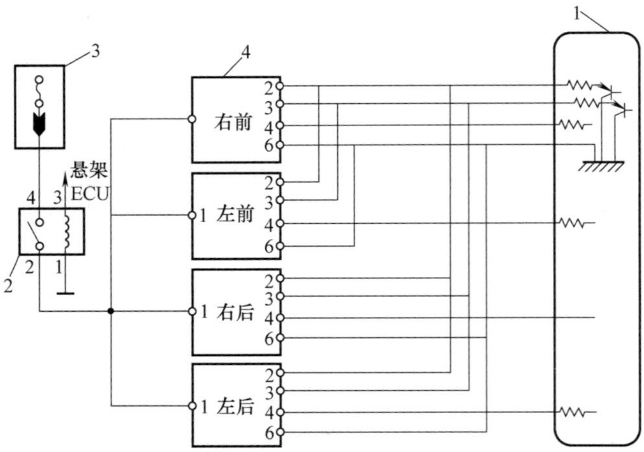

图3-24　车身高度传感器与ECU之间的连接电路

1—悬架ECU　2—2号高度控制继电器

3—ECU-B熔丝　4—高度控制传感器

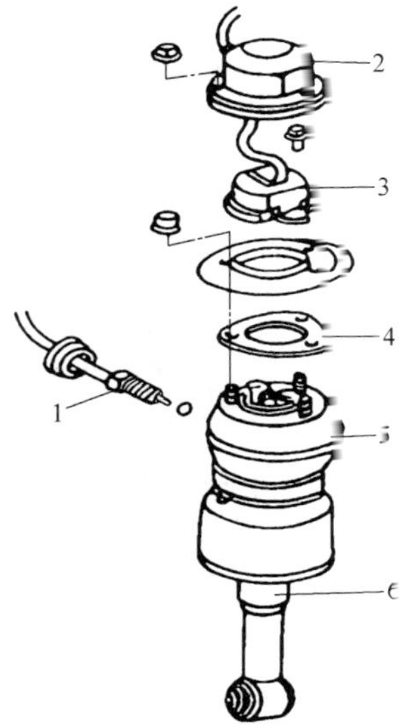

图3-25　空气弹簧的结构

1—空气管　2—执行器盖

3—执行器　4—悬架支座

5—气室　6—减振器

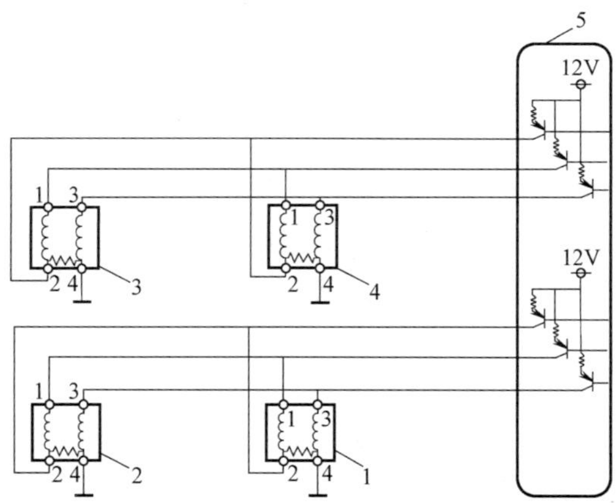

图3-26　悬架控制执行器电路

1—右前悬架控制执行器　2—左前悬架控制执行器　3—左后悬架控制执行器

4—右后悬架控制执行器　5—悬架ECU

3）系统电路图。图3-27所示为悬架系统ECU插接器，表3-1为插接器各接线端子与ECU连接对象的对应关系。

图3-28为LS400电子控制空气悬架系统的线路连接图。

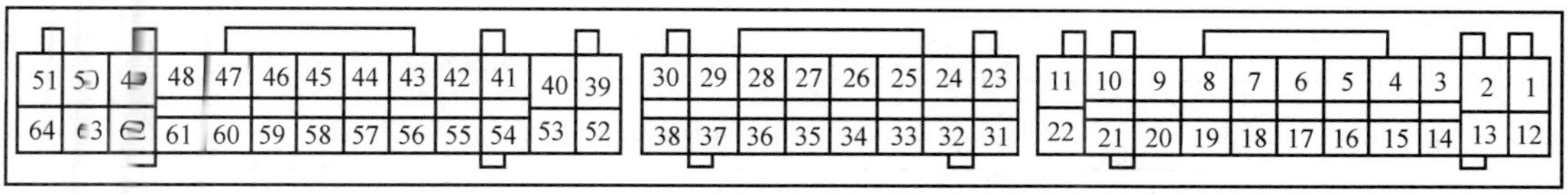

图 3-27 悬架系统 ECU 插接器

表 3-1 插接器各接线端子与 ECU 连接对象的对应关系

序号	代号	连接对象	序号	代号	连接对象
1	SLFR	1 号右高度控制阀	33		
2	SLFR	2 号右高度控制阀	34	CLE	高度控制插接器
3	RCMP	1 号高度控制继电器	35		
4	SHRL	左后高度控制传感器	36		
5	SHRR	右后高度控制传感器	37		
6	SHFL	左前高度控制传感器	38	RM-	压缩机电动机(马达)
7	SHFR	右前高度控制传感器	39	+B	悬架控制执行器电源
8	NSW	高度控制 ON/OFF 开关	40	IGB	高度控制电源
9			41	BATT	备用电源
10	TSW	LRC 开关	42		
11	STP	停车灯开关	43	SHLOAD	高度控制传感器
12	SLFL	1 号左高度控制阀	44	SHCLK	高度控制传感器
13	SLRL	2 号左高度控制阀	45	MRLY	2 号高度控制继电器
14			46	VM	高度控制 “High” 指示灯
15			47	VN	高度控制 “Normal” 指示灯
16			48		
17			49	FS +	前悬架控制执行器
18			50	FS –	前悬架控制执行器
19			51	FCH	前悬架控制执行器
20	DOOR	门控灯开关	52	IG	点火开关
21	HSW	高度控制开关	53	GND	ECU 接地
22	SLEX	排气阀	54	– RC	1 号高度控制继电器
23	L_1	发动机和 ECT ECU	55	SHG	高度控制传感器
24	L_3	发动机和 ECT ECU	56		
25	T_c	TDCL 和检查插接器	57		
26	T_s	检查插接器	58		
27	SPD	汽车车速传感器	59	VS	LRC 指示灯
28	SS_2	转向传感器	60		
29	SS_1	转向传感器	61		
30	RM +	压缩机传感器	62	RS +	后悬架控制执行器
31	L_2	发动机和 ECT ECU	63	RS –	后悬架控制执行器
32	REG	IC 调节器	64	RCH	后悬架控制执行器

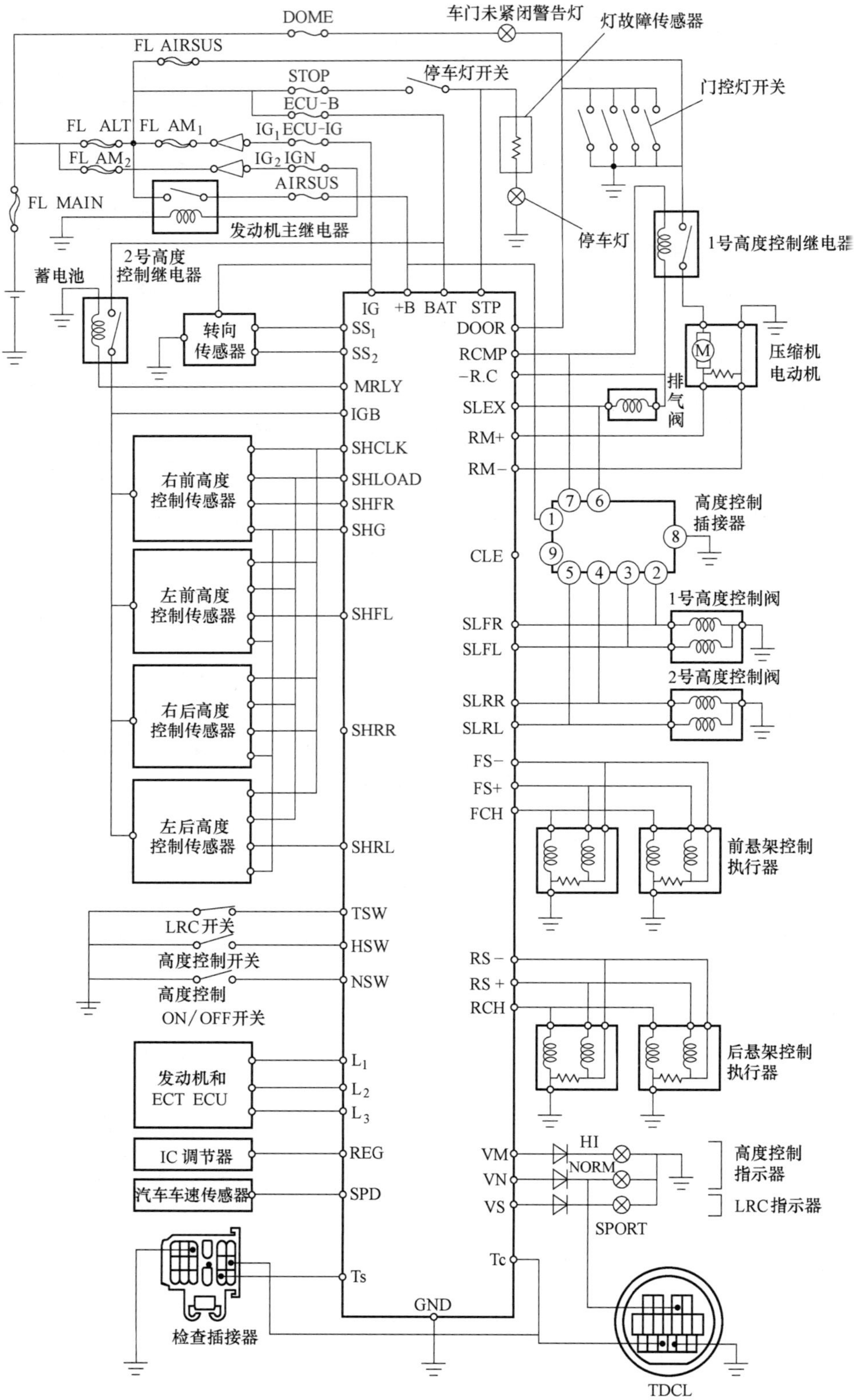

图 3-28 LS400 电子控制空气悬架系统的线路连接图

3.7 悬架系统常见故障诊断

想一想：悬架系统有哪些常见故障现象？

提示：悬架系统常见故障一般有悬架异响和减振器异响两种。

学习目标	鉴定标准	教学建议
1. 掌握悬架异响故障现象、原因及诊断程序 2. 掌握减振器异响故障现象、原因及诊断程序	应知： 1. 悬架异响故障现象、原因及诊断程序 2. 减振器异响故障现象、原因及诊断程序	建议： 采用教师启发式讲解、学生讨论相结合的方式，最后由教师总结

悬架系统常见故障一般有悬架异响和减振器异响两种。

1. 悬架异响故障现象、原因及诊断程序（见表3-2和图3-29）

表3-2 悬架异响故障现象、原因及排除方法

异 响	故障编码	DYZJ023
故障现象	故障原因	
在行驶过程中，特别是道路颠簸、突然制动、转弯时从悬架部位发出噪声	1）钢板弹簧断裂 2）钢板弹簧中心螺栓断裂或弹簧夹铆钉断裂，导致钢板弹簧片松散 3）钢板弹簧片间缺少润滑油 4）减振器漏油，油量不足 5）活塞与缸筒磨损，配合松旷 6）铰链点磨损、老化或损坏	

2. 减振器异响故障现象、原因及诊断程序（见表3-3和图3-30）

表3-3 减振器异响故障现象、原因及排除方法

减振器异响		故障编码	DYZJ024
故障现象	故障原因	故障排除方法	
车辆行驶在颠簸路面有异响	（1）减振器连接固定螺栓松动或损坏	检查减振器连接固定螺栓松动或损坏，如有紧固或更换	
	（2）减振器上下胶套损坏	检查减振器上下胶套是否损坏，如有更换	
	（3）减振器缓冲块损坏	检查减振器缓冲块是否损坏，如有更换	
	（4）减振器漏油	检查减振器是否漏油，如有更换	
	（5）减振器弹簧过软或折断	检查减振器弹簧是否过软或折断，如有更换	
	（6）减振器内部磨损松旷	检查减振器内部是否磨损松旷，如有更换	

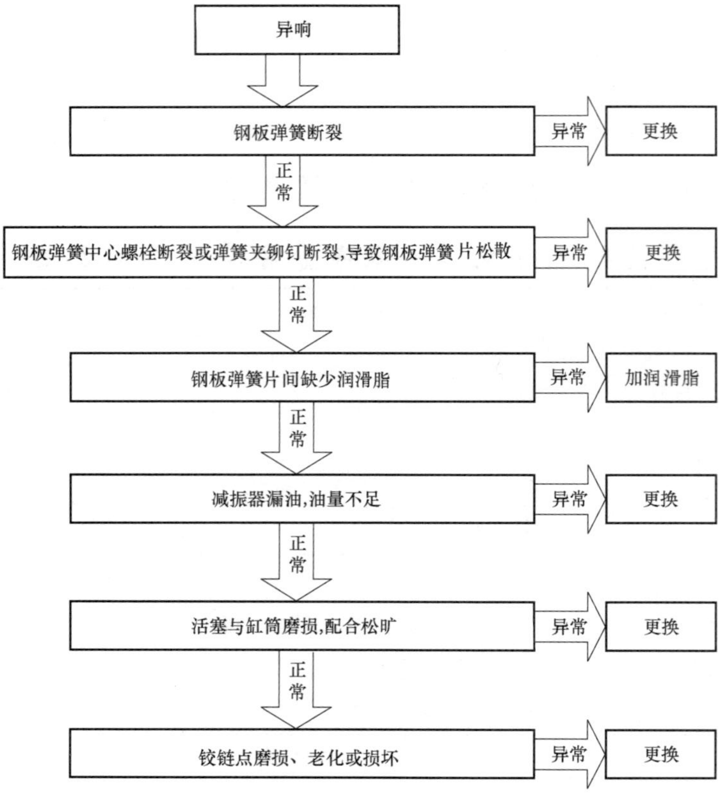

图 3-29　悬架异响故障诊断程序

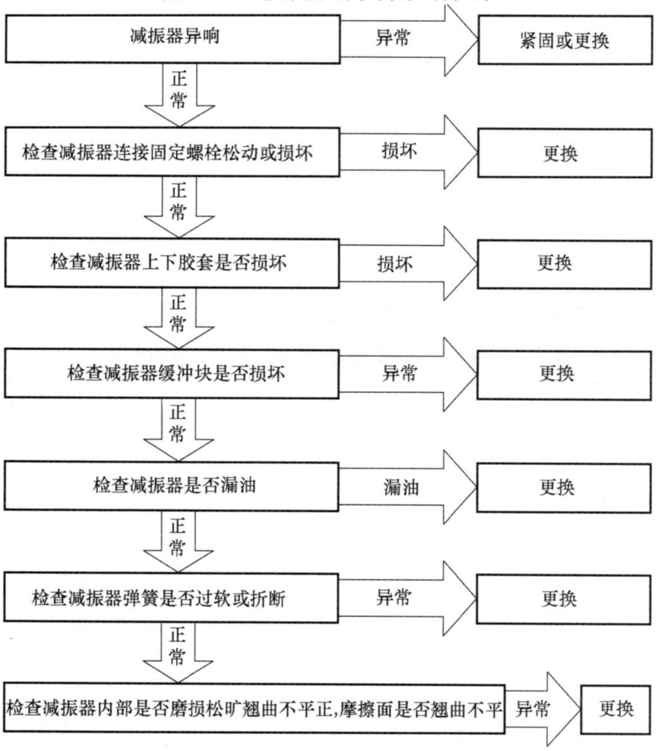

图 3-30　减振器异响故障诊断程序

实训5 独立悬架的拆装

1. 实训目的

1）熟悉悬架系统的构造及工作原理。

2）掌握悬架系统的拆装程序及要领。

3）掌握悬架系统各调整部位的调整方法

2. 实训内容

桑塔纳悬架的拆装。

3. 实训设备

1）桑塔纳轿车2辆。

2）扭力扳手、套筒、螺钉旋具、游标卡尺、弹簧秤等常用工具及相关专用工具多套、工具车、零件车。

4. 实训方法及注意事项

（1）实训方法 每班分成若干个小组，每次同时进行三个小组实训，其他小组在教室复习实训的内容，分几次完成。实训时以老师讲解、演示、学生操作、考核为主，学生完成实训报告及考核，完成实训内容。

（2）实训注意事项

1）听从安排，不要随意走动。

2）不要随意操作车上的各个系统。

3）操作所学的系统时必须在指导老师的指导下完成。

4）注意保持教学场地卫生。

5）操作所学系统时不能野蛮操作。

5. 实训步骤及要求

桑塔纳轿车前悬架构造如图3-31所示，前轮毂的构造如图3-32所示。

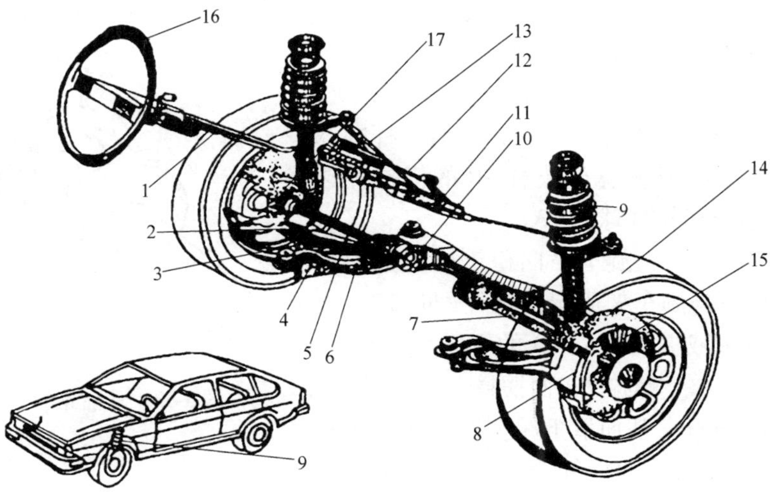

图3-31 桑塔纳轿车前悬架的构造

1—安全型转向柱 2—车轮与下悬臂的连接螺栓 3—下摆臂 4—下摆臂橡胶轴承 5—稳定杆 6—副车架 7—传动轴 8—前轮制动钳 9—减振支柱 10—副车架前橡胶轴承 11—齿条式转向装置 12—转向减振器 13—横拉杆(可调整) 14—前车轮 15—轮毂 16—转向盘 17—车轮轴承壳(转向节)

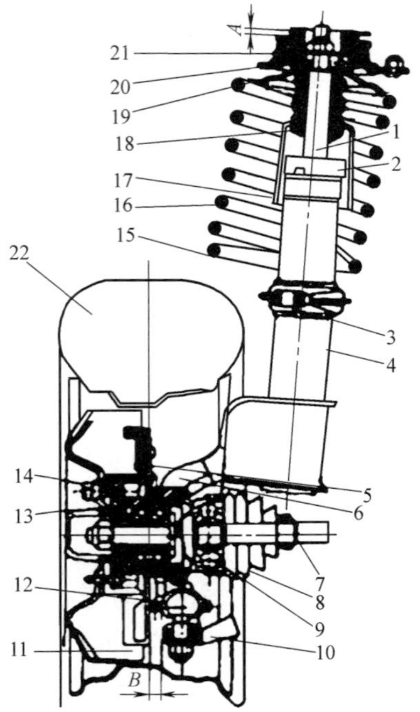

图 3-32　桑塔纳轿车前轮毂的构造

1—减振器活塞杆（滑柱）　2—减振器固定螺母　3—转向拉杆球头固定座　4—减振器支柱　5—制动盘　6—支柱下端（起转向节作用）　7—传动轴　8—防尘罩　9—外万向节　10—下摆臂球接头　11—挡泥板　12—球头销　13—轮毂　14—钢圈螺栓　15—弹簧座　16—前悬架螺旋弹簧　17—防尘罩　18—压缩行程缓冲块　19—上弹簧座　20—支承轴承　21—支承套　22—车轮　*A*—间隙　*B*—球接头与挡泥板距离

（1）桑塔纳轿车前轮前悬架的拆装

1）前车轮与传动轴的拆卸。从前轮毂上拆下前车轮。拆下前制动钳。从前轮毂上拆下传动轴，如图 3-33 所示，用工具 1 利用钢圈螺栓孔从前轮毂 2 上顶下传动轴外万向节。

2）减振器支柱组件的拆卸与分解

① 下摆臂与减振器支柱的分开，如图 3-34 所示。从左、右减振器支柱 10 上旋下左右转向横拉杆的球头销螺母，在用工具 14 从减振器支柱 10 的横拉杆球接头固定座 12 上顶出横拉杆球头 13。

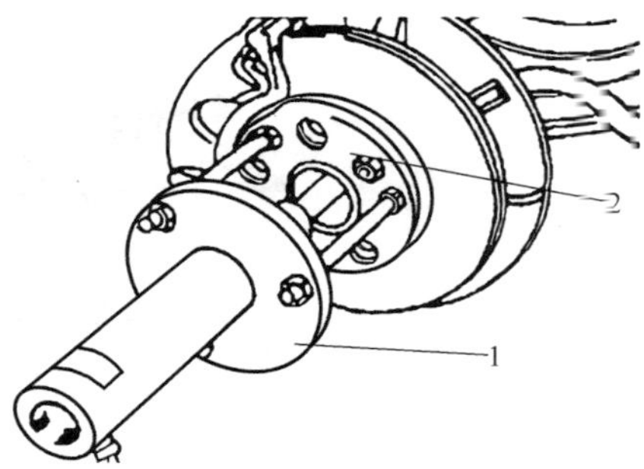

图 3-33　从前轮毂上拆下传动轴

1—工具　2—前轮毂

从左、右下摆臂 1 上旋下横向稳定杆的紧固螺栓及螺母 15，再旋下与副车架固定的螺栓（母）17，取下横向稳定杆 16，从减振器支柱 10 的下端（转向节）上旋下自锁螺母 11，取下螺栓 7，使摆臂 1 上的球接头 9 与减振器支柱 10 分开，从而取下减振器支柱组件 10。

② 减振器支柱组件的拆卸与分解，如图 3-35 所示。先用内六角扳手 11 顶住活塞杆 22 并从下方向固定住转向节 6。用专用扳手 7 旋下活塞杆螺母 5，从车身上取下减振器支柱组件。再用工具 14 压缩减振器螺旋弹簧 16，以便拆卸减振器。然后用内六角扳手 11 固定住减振器活塞杆 22，在用扳手 23 旋下活塞杆锁紧螺母

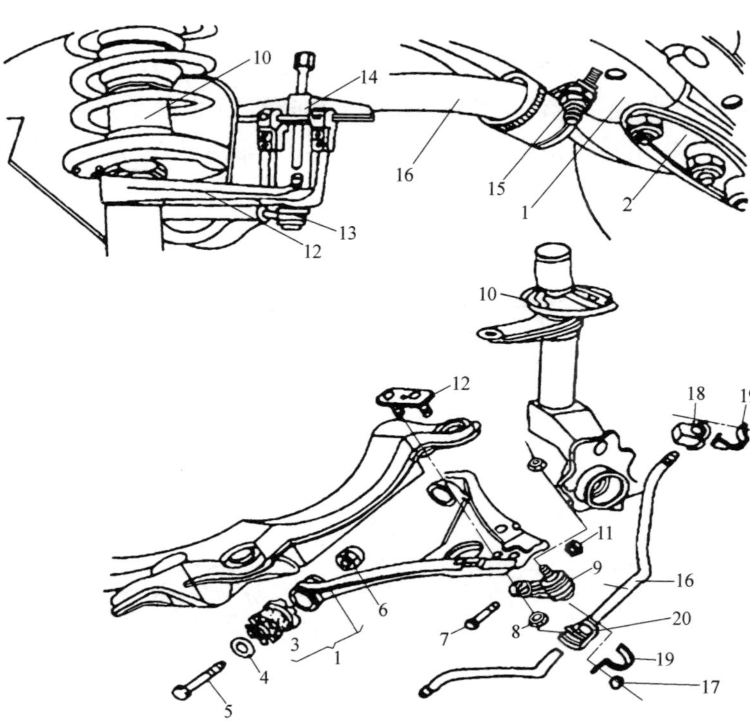

图 3-34 下摆臂与减振器支柱的分开

1—下摆臂 2—球接头锁紧板 3—支承套 4—垫圈 5—螺栓 6—锁紧螺母 7—螺栓 8—自锁螺母 9—球接头 10—减振器支柱 11—自锁螺母 12—球接头固定座 13—横拉杆球接头 14—工具 15—横向稳定杆固定螺栓及螺母 16—横向稳定杆 17—螺母 18—橡胶套 19—固定夹 20—横向稳定杆中间缓冲橡胶套

拆下压缩弹簧工具14，取下上弹簧座19及螺旋弹簧16。最后将减振器支柱4夹在台虎钳10上，用扳手8旋下螺母盖1，从减振器支柱4内取出减振器2。

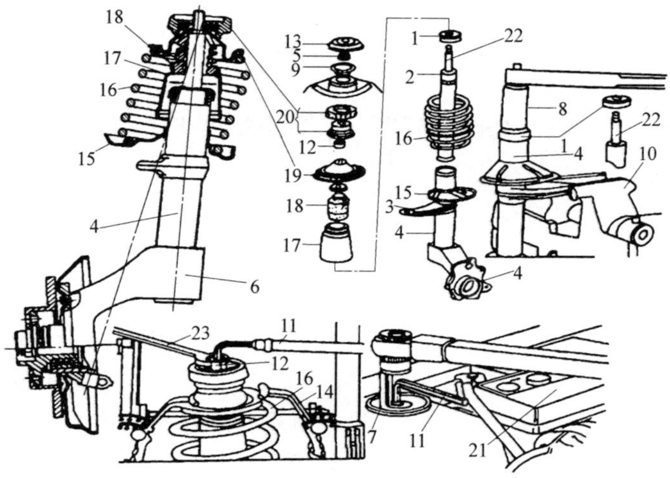

图 3-35 减振器支柱组件的分解

1—螺母盖 2—减振器 3—转向横拉杆球接头固定座 4—减振器支柱 5—螺母 6—转向节 7—专用扳手 8—扳手 9—垫圈 10—台虎钳 11—内六角扳手 12—活塞杆锁紧螺母 13—罩盖 14—螺旋弹簧压缩工具 15—弹簧座 16—螺旋弹簧 17—防尘套 18—反冲块 19—上弹簧座 20—支承轴承座 21—蓄电池 22—活塞杆 23—扳手

3）前轮毂的拆卸与分解。如图 3-36 所示，旋下螺母 3，从轮毂 10 取下制动盘 12。旋下螺母 7，从减振器支柱 5 下端（转向节）上取下挡泥板 4。再用工具 14 将轮毂 10 从减振器支柱 5 下端（转向节）上压出，然后从减振器支柱（转向节）5 上摘下挡圈 6、9。从减振器支柱 5 下端，用工具 15 压出轴承 8（包括外圈半个内圈），最后从轮毂 10 上用工具 16 拉出轴承 8 另一个内圈。

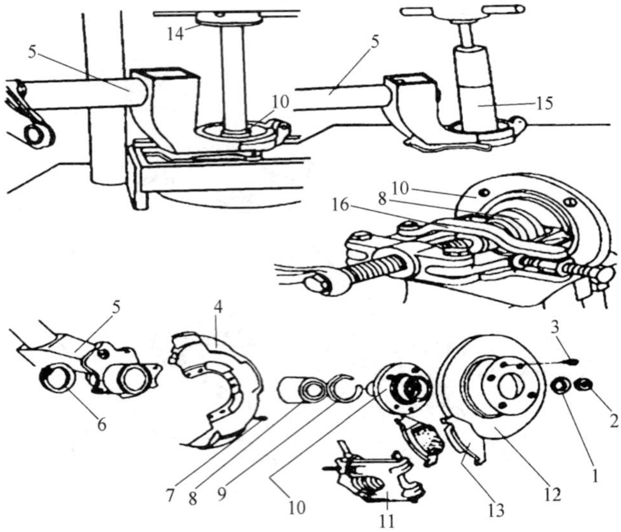

图 3-36　前轮毂的拆卸与分解

1—垫圈　2—螺母　3—螺母　4—挡泥板　5—减振器支柱（下端为转向节）
6—挡圈　7—螺母　8—轴承　9—挡圈　10—轮毂　11—制动钳　12—制动盘
13—制动钳衬片　14—工具　15—工具　16—工具

4）副车架与下摆臂的拆卸与分解。如图 3-37 所示，旋下螺栓 30，从副车架 35 上拆下下摆臂 27。在下摆臂 27 上旋下螺母 25，取下锁紧螺母 23 和球接头 24。用工具从下摆臂 27 上压出下摆臂前后橡胶金属支承套 28。用工具从副车架 35 上压出前支承套 31，并从副车架 35 上压出后支承套 22。

5）传动轴的拆卸与分解。如图 3-37 所示，旋下螺栓 33，取下护板 13。撬开内防尘罩，旋下螺栓 15，从变速上取下传动轴 5（左右各一个）。

（2）桑塔纳轿车前悬架的安装

1）副车架、下摆臂与横向稳定杆的安装与组装。副车架与下摆臂的组装。如图 3-37 所示，先将前后衬套 31、22 压入副车架 35 中在将橡胶金属支承套 28 压入下摆臂 27 上，在下摆臂 27 上装下球接头锁紧板 23 和球接头 24，旋紧自锁螺母 25（用新的力矩 65N・m）。

副车架、下摆臂与横向稳定杆的安装。如图 3-38 所示，副车架 1 安装在车身上，其连接螺栓 10 的拧紧有一定的顺序，向车辆行驶方向看其顺序为后左螺栓、后右螺栓、前左螺栓、前右螺栓。下摆臂 11、横向稳定杆 3 按拆卸顺序相反的顺序安装。但是副车架 1、下摆臂 11 与横向稳定杆 3 三个部件在安装时必须注意下列事项：

① 重新安装时，必须更换新的自锁螺母，不能重复使用拆下的旧螺母。

② 必须按规定力矩拧紧螺栓、螺母：螺栓 2 力矩 60N・m，螺栓 7 力矩为 25N・m 螺栓 10 力矩为 70N・m，下摆臂 11 和球接头左右不能互换。安装完毕，副车架 1 内部必须用防

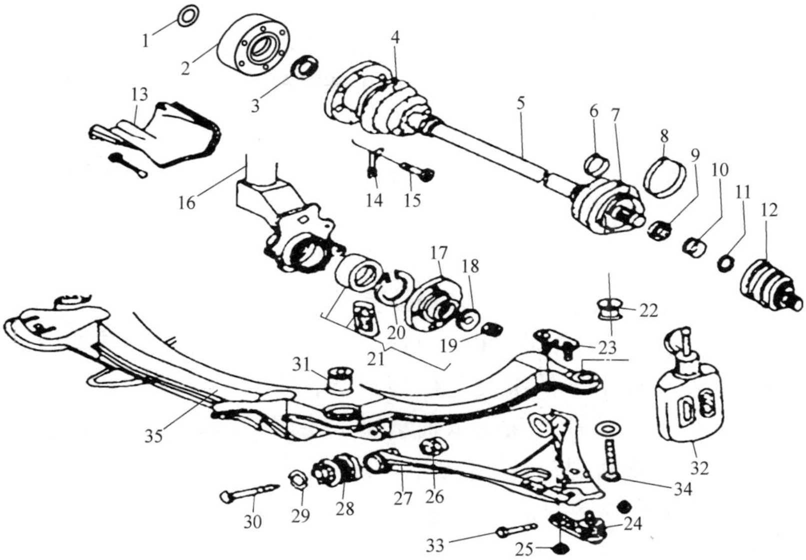

图 3-37 副车架与下摆臂的拆卸与分解

1—挡圈 2—内万向节(内球笼包) 3—垫圈 4—内防尘套 5—传动轴
6—卡箍 7—外防尘罩 8—卡箍 9—蝶形垫圈 10—止推环 11—挡圈 12—外万向节
13—护板 14—垫圈 15—内 12 角螺栓 16—减振器外壳支柱 17—轮毂 18—垫圈
19—轮毂螺母 20—轴承挡圈 21—轮毂和轴承修理包 22—发动机悬架后支承套
23—下球头锁紧板 24—球接头 25—螺母 26—自锁螺母 27—下摆臂总成
28—橡胶金属支承套 29—垫圈 30—螺栓 31—发动机悬架前支承套
32—D6 润滑剂 33—螺栓 34—螺栓 35—副车架

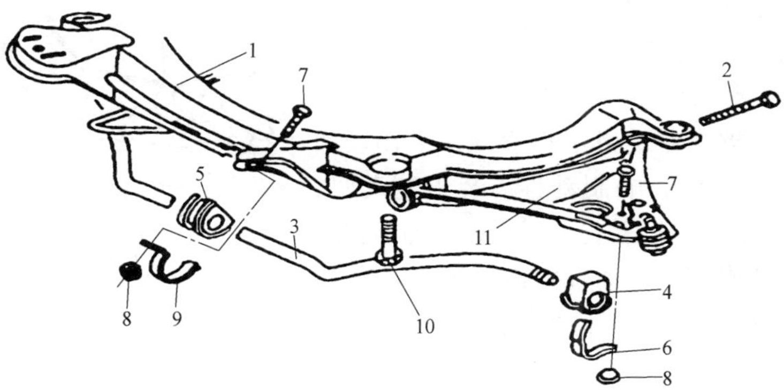

图 3-38 副车架、下摆臂与横向稳定杆的安装

1—副车架 2—螺栓 3—横向稳定杆 4—缓冲胶套 5— 缓冲胶套 6—固定夹箍
7—螺栓 8—螺母 9—固定夹箍 10—螺栓 11—下摆臂

腐剂进行处理。安装横向稳定杆 3 时，必须注意安装方向，弯曲部位于下面为正确。

③ 安装时最好先使夹箍 6、9 处于较松状态，然后进行短距离的道路试车，这时橡胶支座就会自动滑入规定的位置。停车后，用 25N · m 拧紧力矩固定螺栓 7，将稳定杆 3 连接好。

2）减振器支柱的组装与安装。减振器支柱与轮毂的压装。如图 3-39 所示，先进行减振器支柱下端轴承的压入。对前减振器支柱 3 的轴承座进行清洁，再涂上润滑脂，装上外弹簧挡圈，然后压入轴承4，直到轴承4压至终止位置，然后装上内弹簧挡圈。调整内外挡圈的相对位置，使两只挡圈的开口位置相差180°，然后用手转动轴承4内圈，查看有无异常阻力。

最后在轮毂5外圆及轴承内孔涂上二硫化铝润滑脂，把轮毂5放在下面装有轴承的减振器支柱3的上方，用工具6和7顶住轴承内圈后将减振器支柱3压入轮毂5外圆上。减振器支柱的组装：用钳子夹住减振器支柱，装上减振器，用扳手旋紧螺母盖(力矩150N·m)。进行减振器的组装：在减振器支柱上方依次装上螺旋弹簧、护套、缓冲块、弹簧上座、支承轴承和支承轴承座。使用弹簧压缩器压缩弹簧后，旋紧螺母(力矩80N·m，往车上安装时仍继续在压缩螺旋弹簧的条件下进行)。先检查支承垫圈与支承轴承的间隙应小于8mm，若超过8mm，说明支承垫圈或支承轴承座应更换，将减振器支柱组件装到车身上，装上支承垫圈，旋紧螺母(力矩60N·m)，然后拆下弹簧压缩工具。当装螺旋弹簧时，螺旋弹簧下端头部应与减振器支柱的弹簧座的凹处相吻合。

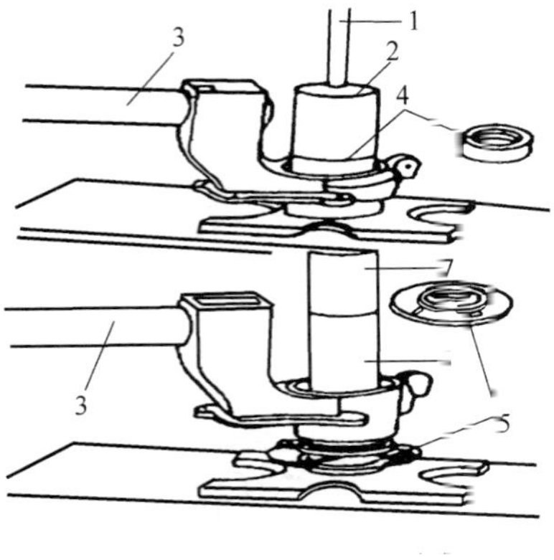

图3-39　减振器支柱与轮毂的压装
1—工具　2—工具　3—减振器支柱
4—轴承　5—轮毂　6—工具　7—工具

减振器支柱与下摆臂球接头的连接。如图3-40所示，减振器支柱与下摆臂1连接时用钳子将球形接头重新安装在原来做好标记的位置上，装上锁紧螺栓及螺母，并拧紧自锁螺母(力矩50N·m)。在减振器支柱上装上转向横拉杆球接头并旋紧球头销螺母(力矩30N·m)，检查球接头与挡泥板之间距离的变化量，当上下晃动减振器支柱时，球接头与挡泥板之间的距离变化不应大于0.8mm。若超过时，表示球接头安装不当或需更换。

3）传动轴与前轮的安装。在减振器支柱上装上挡泥板，用3支M6螺栓紧固(力矩10N·m)，使之紧贴在轴承座法兰板上。

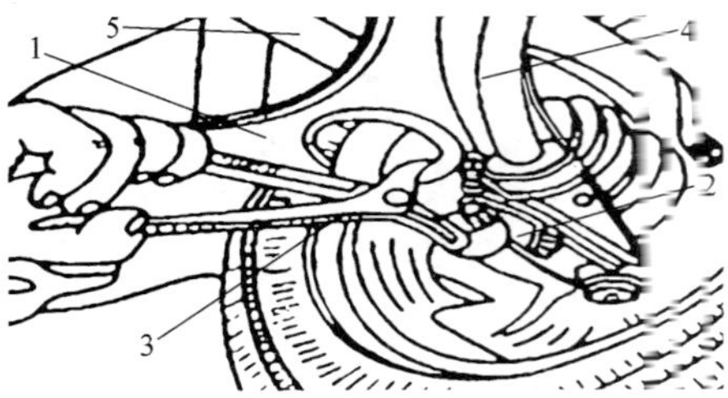

图3-40　减振器支柱与下摆臂球接头的连接
1—下摆臂　2—球接头　3—钳子
4—横向稳定杆　5—传动轴

用非纤维材料擦净制动盘工作表面，工作表面不能留有油污，否则会影响制动性。装上制动盘，使制动盘紧贴在轮毂接合面上。用手转动制动盘，应无明显卡滞、异响。将传动轴的内等速万向节装在变速器的输出轴上，旋上螺栓(力矩45N·m)，再次检查安装时是否损坏了波纹护罩，最后弯曲锁片。在外等速万向节花键轴上涂上密封剂(动力转向)或润滑脂后，将传动轴的外等速万向节装到前轮毂的中心花键孔中，再装上车轮。让车轮着地，旋紧轮毂固定螺母(力矩230N·m)。旋紧钢圈螺栓(力矩110N·m)。支起车轮检查车轮轴承的轴向间隙，标准值为0.05mm，使用极限为0.1mm。再次让车轮着地，让车辆全负荷(5人+80kg行李)，用手(约400~500N的力)上下摆动车头前部，停止摆动后，车辆晃动2~3次即应停止，否则是减振器不好，应更换减振器。

(3) 桑塔纳轿车前轮定位角的检查与调整　前束的检查与调整：前束的检查方法与捷达轿车相同，前束的标准值为-1~-3mm(空载)。若前束不当时，可同时调整左右转向横拉杆的长度。外倾角的检查与调整：外倾角的检查方法与捷达轿车相同，外倾角标准值为

-30′±10′。若外倾角不正确时，可松开下摆臂与球接头的连接螺母，在车轮着地的情况下，通过下摆臂上的椭圆孔，改变球接头的相对位置来改变外倾角，最后旋紧连接螺母(力矩65N·m)。外倾角调整好后，还需再次检查前束。

6. “独立悬架的拆装”的评分标准和操作工单

“独立悬架的拆装”评分标准

序号	考核项目	配分	扣分标准（每项累计扣分不能超过配分）
1	安全文明否决		造成人身、设备重大事故，或恶意顶撞考官严重扰乱考场秩序，立即终止考试，此项目记0分
2	安全文明生产	20分	（1）不穿工作服、工作鞋、工作帽各扣1分 （2）工零件乱放混放每次扣2分 （3）油、水落地或零部件表面未及时清理，每次扣1分 （4）考试完后不清理工零件或场地各扣3分 （5）不服从考官、出言不逊，每次扣3分
3	工量具准备与检查	10分	（1）作业前未对设备电源是否正常检查扣2分 （2）未检查随机配套工具扣2分
4	桑塔纳轿车前悬架的拆卸	25分	（1）前车轮与传动轴的拆卸不正确扣5分 （2）减振器支柱组件的拆卸与分解不正确扣5分 （3）前轮毂的拆卸与分解不正确扣5分 （4）副车架与下摆臂的拆卸与分解不正确扣5分 （5）传动轴的拆卸与分解不正确扣5分
5	桑塔纳轿车前悬架的安装	25分	（1）副车架、下摆臂与横向稳定杆的安装与组装不正确扣5分 （2）减振器支柱的组装与安装不正确扣5分 （3）传动轴与前轮的安装不正确扣5分
6	桑塔纳轿车前轮定位角的检查与调整	20分	（1）前束的检查与调整。前束的检查方法与捷达轿车相同，前束的标准值为 −1 ~ −3mm（空载）。若前束不当时，可同时调整左、右转向横拉杆的长度。不正确扣5分 （2）外倾角的检查与调整。外倾角的检查方法与捷达轿车相同，外倾角标准值为 −30′±10′。若外倾角不正确时，可松开下摆臂与球接头的连接螺母，在车轮着地的情况下，通过下摆臂上的椭圆孔，改变球接头的相对位置来改变外倾角，最后旋紧连接螺母（力矩 65N·m）。外倾角调整好后，还需再次检查前束。不正确扣5分

“独立悬架的拆装”操作工单

总分：__________

车型		发动机型号	

一、准备工作

(1) 工量具准备与检查	
(2) 维修手册准备	
(3) 固定发动机拆装台架	

二、操作过程

桑塔纳轿车前悬架的拆卸	(　　) 前车轮与传动轴的拆卸不正确扣5分 (　　) 减振器支柱组件的拆卸与分解不正确扣5分 (　　) 前轮毂的拆卸与分解不正确扣5分 (　　) 副车架与下摆臂的拆卸与分解 (　　) 传动轴的拆卸与分解不正确扣5分
桑塔纳轿车前悬架的安装	(　　) 副车架、下摆臂与横向稳定杆的安装与组装不正确扣5分 (　　) 减振器支柱的组装与安装不正确扣5分 (　　) 传动轴与前轮的安装不正确扣5分
桑塔纳轿车前轮定位角的检查与调整	(　　) 前束的检查与调整 (　　) 外倾角的检查与调整
维修结论	

习　题

1. 填空题

(1) 电子控制悬架可以实现的功能有改变________改变________和改变________。

(2) 汽车悬架按控制方式可以分为被动悬架、________和________。

(3) 悬架的弹性元件有________、________、________和________。

(4) 悬架系统常见的故障有________、________和________。

2. 判断题

(1) 汽车转弯时，电控悬架可以增加左右弹簧刚度，从而使汽车更加倾斜。(　　)

(2) 使用独立悬架的汽车其行驶平顺性可以得到改善。(　　)

(3) 检查双作用筒式减振器时，若伸长行程比压缩行程阻力小，则减振器就可以更换。(　　)

3. 简答题

(1) 汽车悬架的功用是什么？由哪几部分组成？如何分类？

(2) 汽车常用的悬架弹性元件有哪几种？它们在结构及应用上有何不同，各有什么优缺点？

(3) 减振器有哪几种？简述各种减振器的结构和工作原理。

(4) 什么是独立悬架？什么是非独立悬架？它们在结构上有何不同？有哪些优缺点？

(5) 汽车悬架有哪些检修内容？常见故障有哪些？

(6) 汽车电控悬架系统常用的传感器有哪些？它们的作用是什么？电控悬架如何实现高度的调整？

汽车转向系统

第 4 章

汽车转向系统

4.1 汽车转向系统的功用、类型及组成

想一想：汽车是怎么转向的？汽车转向系统有哪几种类型？

提示：汽车行驶方向的改变，是通过转向轮（一般是前轮）在路面上偏转一定角度来实现的。汽车转向系统按转向动力源的不同分为机械转向系统和动力转向系统两大类。

学习目标	鉴定标准	教学建议
1. 掌握汽车转向系统的功用与类型 2. 掌握汽车转向系统的组成 3. 了解转向系统的角传动比、转向时车轮的运动规律	应知： 1. 汽车转向系统的功用与类型 2. 汽车转向系统的组成 3. 转向系统的角传动比、转向时车轮的运动规律	建议： 采用教师启发式讲解、学生讨论相结合的方式，最后由教师总结

1. 转向系统的功用、类型

（1）功用　汽车在行驶过程中，在驾驶人操纵下，需要经常改变行驶方向。汽车行驶方向的改变，是通过转向轮（一般是前轮）在路面上偏转一定角度来实现的，用来控制转向轮偏转的一整套机构，称为汽车转向系统。

转向系统的功用是按照驾驶人的意愿改变汽车的行驶方向和保持汽车稳定的直线行驶。

（2）类型　汽车转向系统按转向动力源的不同分为机械转向系统和动力转向系统两大类。

机械转向系以驾驶人的体力作转向动力源。机械转向系的能量来源是人力，所有传力件

都是机械的，由转向操纵机构（转向盘）、转向器、转向传动机构三大部分组成。动力转向系统除具有以上三大部件外，其最主要的动力来源是转向助力装置。根据辅助转向能源的不同，又可以分为液压式、气压式和电动式的动力转向系统。

2. 转向系统的基本组成

（1）机械转向系统的基本组成　汽车机械转向系统由转向操纵机构、机械转向器和转向传动机构三大部分组成，其机件名称和一般布置情况如图 4-1 所示。驾驶人对转向盘 1 施加的转向力矩通过转向安全转向柱 8 输入转向器 2。从转向盘到转向传动轴这一系列零件即属于转向操纵机构。作为减速传动装置的转向器中有 1、2 级减速传动副（图中所示转向系统的转向器为单级减速传动副）。经转向器放大后的力矩和减速后的运动传到左、右转向横拉杆 4，再传给固定于转向节 3 上的转向节臂 5，使转向节和它所支承的转向轮偏转，从而改变了汽车的行驶方向。这里，转向横拉杆和转向节臂属于转向传动机构。

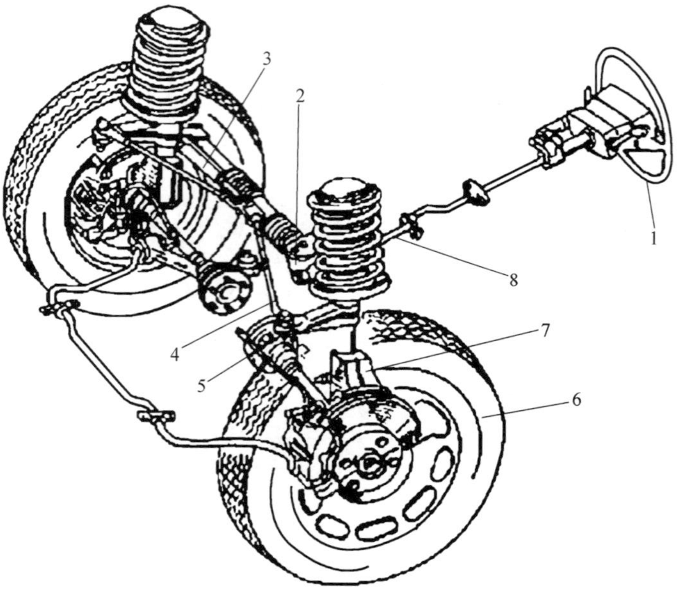

图 4-1　机械转向系统

1—转向盘　2—转向器　3—转向减振器　4—左、右横拉杆

5—转向节臂　6—车轮　7—转向节　8—安全转向柱

（2）动力转向系统的基本组成　动力转向系统兼用驾驶人体力和发动机（或电机）的动力为转向能源的转向系统，它是在机械转向系统的基础上加设一套转向加力装置而形成的，如图 4-2 所示。其中属于转向加力装置的部件是：转向泵 5、转向油管 4、转向油罐 6 以及位于整体式转向器 10 内部的转向控制阀及转向动力缸等。当驾驶人转动转向盘 1 时，转向摇臂 9 摆动，通过转向直拉杆 11、横拉杆 8、转向节臂 7，使转向轮偏转，从而改变汽车的行驶方向。

与此同时，转向器输入轴还带动转向器内部的转向控制阀转动，使转向动力缸产生液压作用力，帮助驾驶人操纵转向。这样，为了克服地面作用于转向轮上的转向阻力矩，驾驶人需要加于转向盘上的转向力矩，比用机械转向系统时所需的转向力矩小得多。

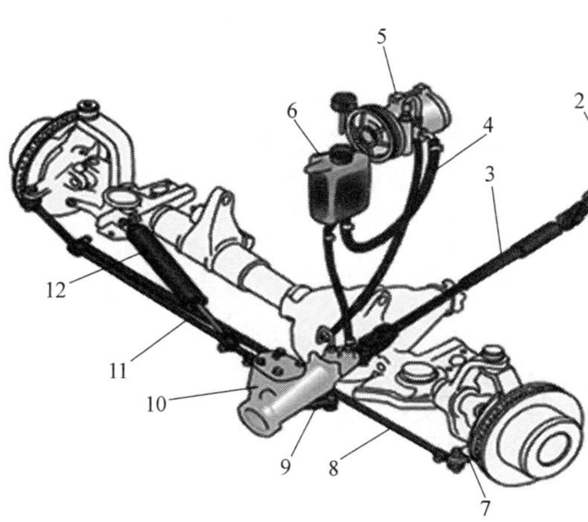

图4-2 动力转向系统

1—转向盘 2—转向轴 3—转向中间轴 4—转向油管 5—转向泵 6—转向油罐 7—转向节臂 8—转向横拉杆 9—转向摇臂 10—整体式转向器 11—转向直拉杆 12—转向减振器

3. 转向系统的角传动比、转向时车轮的运动规律

（1）转向系统角传动比

1）定义。转向盘转角与安装在转向盘同侧的转向轮偏转角的比值，称为转向系统角传动比，用 i_w 表示。而转向盘转角和转向摇臂摆角之比 i_1 称为转向器角传动比。转向摇臂摆角与同侧转向节带动的转向轮偏转角之比 i_2 称为转向传动机构角传动比。

2）对转向的影响。转向系统角传动比越大，增矩作用加大，转向操纵越轻便，但由于转向盘转的圈数过多，导致操纵灵敏性变差，所以转向系统角传动比不能过大。而转向系统角传动比太小又会导致转向沉重，所以转向系统角传动比既要保证转向轻便，又要保证转向灵敏。但机械转向系统很难做到这点，所以越来越多的车辆采用动力转向系统。

（2）转向盘的自由行程

1）定义。转向盘的自由行程是指转向盘在空转阶段的角行程。这主要是由于转向系统各传动件之间的装配间隙和弹性变形所引起的。由于转向系统各传动件之间都存在着装配间隙，而且这些间隙将随零件的磨损而增大，因此在一定的范围内转动转向盘时，转向节并不马上同步转动，而是在消除这些间隙并克服机件的弹性变形后，才作相应的转动，即转向盘有一空转过程。

2）对转向的影响。转向盘自由行程对于缓和路面冲击及避免驾驶人过度紧张是有利的。但过大的自由行程会影响转向灵敏性。所以汽车维护中应定期检查转向盘自由行程。一般汽车转向盘的自由行程应不超过10°~15°，否则应进行调整。

（3）转向时车轮运动规律　汽车转向时，内侧车轮和外侧车轮滚过的距离是不等的。一般汽车后桥左右两侧的驱动轮由于差速器的作用，能够以不同的转速滚过不同的距离。但前桥左右两侧的转向轮要滚过不同的距离，必然要引起车轮沿路面边滚动边滑动，致使转向时的行驶阻力增大，轮胎磨损增加。为避免这种现象，要求转向系统能保证在汽车转向时，所有车轮均作纯滚动。显然，这只有在转向时，所有车轮的轴线都交于一点方能实现。此交点 C 称为汽车的转向中心，如图4-3所示。汽车转向时内侧转向轮偏转角 β 大于外侧转向轮

偏转角 α。α 与 β 的关系是：

$$\cot\alpha - \cot\beta = \frac{B}{L}$$

式中　B——两侧主销中心距(可近似认为是转向轮轮距)；

L——汽车轴距。

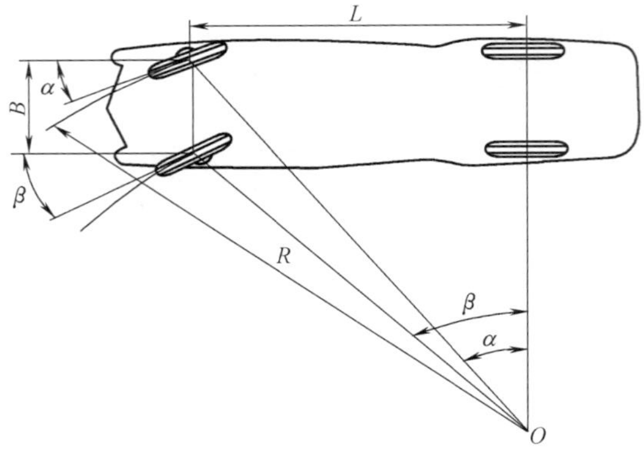

图 4-3　汽车转向示意图

O—转向中心　R—转弯半径　α—外侧转向轮偏转角　β—内侧转向轮偏转角

这一关系是由转向梯形保证的。所有汽车转向梯形的设计实际上都只能保证在一定的车轮偏转角范围内，使两侧车轮偏转角大体上接近以上关系式。

从转向中心 O 到外侧转向轮与地面接触点(通常指轮胎中分面)的距离 R 称为汽车转弯半径。转弯半径 R 愈小，则汽车转向所需要场地就愈小，汽车的机动性也愈好。当外侧转向轮偏转角达到最大值 α_{max} 时，转弯半径 R 最小。汽车内侧转向轮的最大偏转角一般在 35° ~42°。汽车的最小转弯半径一般约为 5 ~12m。

4.2　机械转向系统

想一想：转向操纵机构有什么功用？它由哪些部件组成？

提示：转向操纵机构的功用是产生转动转向器所必需的操纵力，并具有一定的调节和安全性能。转向操纵机构一般由转向盘、上转向轴总成、转向管柱、转向传动轴、转向万向节叉总成、滑动叉万向节总成组成。

学习目标	鉴定标准	教学建议
1. 了解转向操纵机构 2. 了解机械转向系统	应知： 1. 转向操纵机构功用及组成 2. 机械转向系统功用及类型	建议： 采用教师启发式讲解、学生讨论相结合的方式，最后由教师总结

1. 转向操纵机构

（1）转向操纵机构的功用和组成

1）功用。转向操纵机构的功用是产生转动转向器所必需的操纵力，并具有一定的调节和安全性能。

转向操纵机构要将驾驶人操纵转向盘的力传给转向器，同时为了驾驶人的舒适驾驶，还要求转向操纵机构可以进行调节，以满足不同驾驶人的需求；为了防止车辆撞击后对驾驶人的损伤，还要求转向操纵机构具有安全保护装置。

2）组成。如图 4-4 所示，转向操纵机构一般由转向盘 25、上转向轴总成 6、转向管柱 27、转向传动轴 37、转向万向节叉总成 31、滑动叉万向节总成 34 组成。

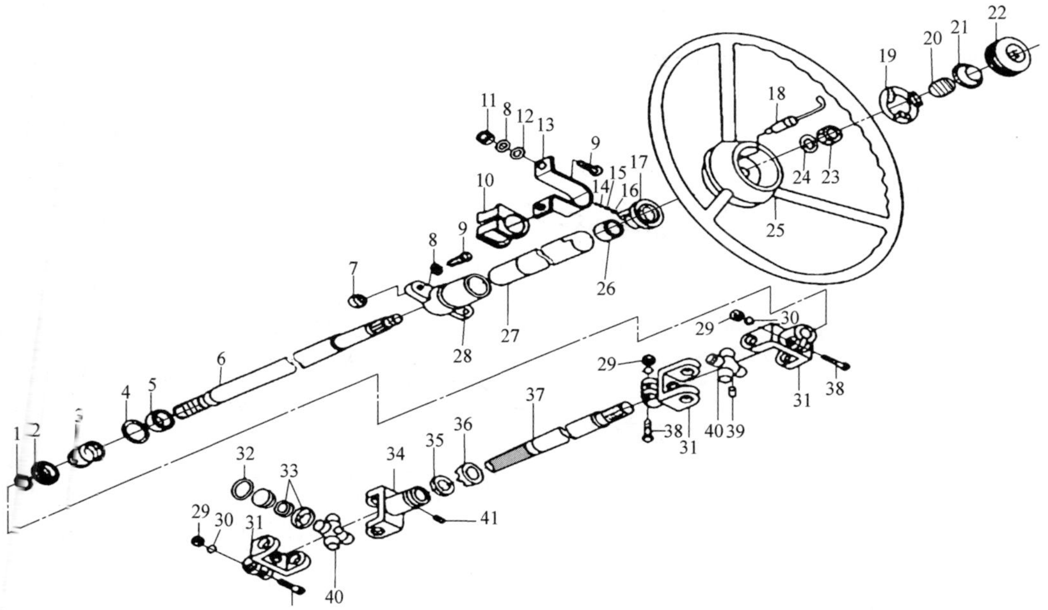

图 4-4　CA1091 型汽车转向操纵机构

1—轴用钢丝挡圈　2—轴承挡圈　3—弹簧　4、32—孔用弹性挡圈　5—球轴承　6—上转向轴　7—楔形螺母　8、16、30—弹簧垫圈　9、38—螺栓　10—橡胶套　11、23、29—螺母　12、15—垫圈　13—盖板　14—螺钉　17—集电环总成　18—电刷总成　19—接地接触板总成　20—接触弹簧　21—接触罩　22—喇叭按钮盖　24—平垫圈　25—转向盘总成　26—衬套　27—转向管柱　28—下固定支架　31—转向万向节叉　33—滚针轴承总成　34—转向万向节滑动叉　35—油封　36—防尘套　37—转向传动轴　39、41—油嘴总成　40—十字轴

转向盘 25 由塑料制成，内有钢制骨架，通过花键将转向盘毂与上转向轴 6 相连，用螺母 23 固定，上转向轴上端支承在衬套 26 内，下端支承在轴承 5 中，由孔用弹性挡圈 4 和轴用钢丝挡圈 1 进行轴向定位。转向管柱 27 下端压配在下固定支架 28 中，并通过两个螺栓将下固定支架紧固在驾驶室地板上；上端通过橡胶套 10、盖板 13，由两个螺栓固定在驾驶室仪表板上。弹簧 3 可消除转向管柱与上转向轴间的轴向间隙。

下端的转向万向节叉 31 通过花键与转向器的转向螺杆相连接，滑动叉 34 通过内花键与转向传动轴 37 的外花键相连，转向传动轴可轴向移动，以适应驾驶室与车架的相对位移。滑动叉一端焊有塞片，另一端装油封 35 和防尘套 36 防止灰砂和泥水进入，并由油嘴 41 对滑动叉与转向传动轴的花键进行润滑。

十字轴40有两个，上装油嘴39，润滑4个滚针轴承33，由弹性挡圈32固定在万向节叉上。万向节叉的结构与滑动叉基本相同，只是多一个锁紧螺栓与上端的万向节叉和上转向轴相连。

(2) 安全式转向柱　为了保证驾驶人的安全，同时也为了更加舒适、可靠地操纵转向系统，现代汽车(特别是轿车)通常在转向操纵机构上增设相应的安全、调节装置。这些装置主要反映在转向轴和转向管柱的结构上，转向轴和转向管柱统称为转向柱。

安全式转向柱有可分离式安全操纵机构和缓冲吸能式转向操纵机构。

1）可分离式安全转向操纵机构。上海桑塔纳轿车采用了可分离式安全转向操纵机构，图4-5a所示为转向操纵机构的正常工作位置。

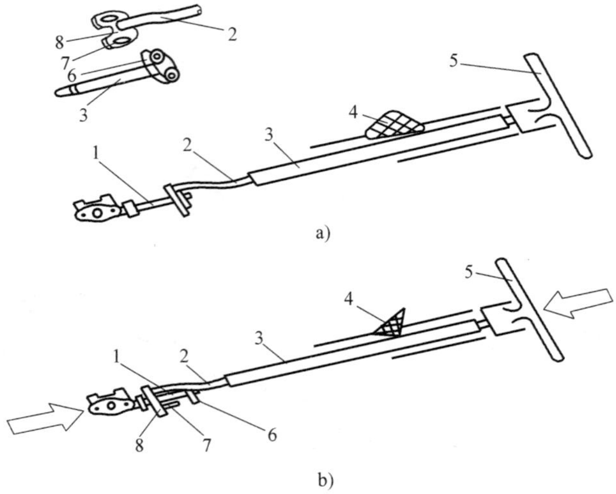

图4-5　上海桑塔纳轿车可分离式安全转向操纵机构
1—下转向轴　2—上转向轴　3—转向管柱　4—可折叠安全元件
5—转向盘　6—凸缘　7—驱动销　8—半月形凸缘盘

此类转向操纵机构的转向轴分为上下两段，用安全联轴器连接，上转向轴2下部弯曲并在端面上焊接有半月形凸缘盘8，盘上装有两个驱动销7，与下转向轴1上端凸缘6压装尼龙衬套和橡胶圈的孔相配合，形成安全联轴器。一旦发生撞车事故，驾驶人因惯性而使胸部扑向转向盘5时，迫使转向管柱3压缩位于转向柱上方的安全元件4而向下移动，使两个销子7迅速从下转向轴凸缘6的孔中退出，从而形成缓冲以减少对驾驶人的伤害。图4-5b为转向盘受撞击时，安全元件被折叠、压缩和安全联轴器脱开使转向柱产生轴向移动的情形。

一汽红旗、奥迪轿车的转向操纵机构与此类似，如图4-6所示，只是无可折叠的安全元件。

2）缓冲吸能式转向操纵机构。缓冲吸能式转向操纵机构从结构上能使转向轴和转向管柱在受到冲击后，轴向收缩并吸收冲击能量，从而有效地缓和转向盘对驾驶人的冲击，减轻其所受伤害的程度。

汽车撞车时，首先车身被撞坏(第一次碰撞)，转向操纵机构被后推，从而挤压驾驶人，使其受到伤害；接着，随着汽车速度的降低，驾驶人在惯性力的作用下前冲，再次与转向操纵机构接触（第二次碰撞）而受到伤害。缓冲吸能式转向操纵机构对这两次冲击都具有吸收能量、减轻驾驶人受伤程度的作用。

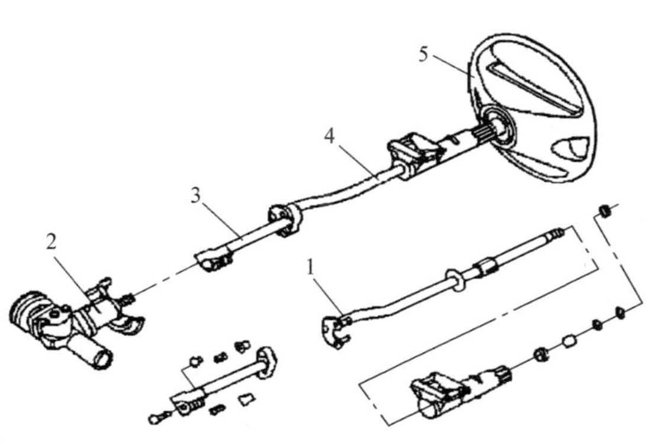

图 4-6　一汽红旗、奥迪轿车转向操纵机构
1—驱动销　2—转向器　3—下转向轴　4—上转向轴　5—转向盘

① 网状管柱变形式。这种转向操纵机构的转向轴分为上下两段，如图 4-7a 所示。上转向轴 2 套装在转向轴 3 的内孔中，两者通过塑料销 1 连接在一起（也有采用细花键连接的），并传递转向力矩。塑料销的传力能力受到严格限制，它既能可靠地传递转向力矩，又能在受到冲击时被剪断，因此，它起安全销的作用。

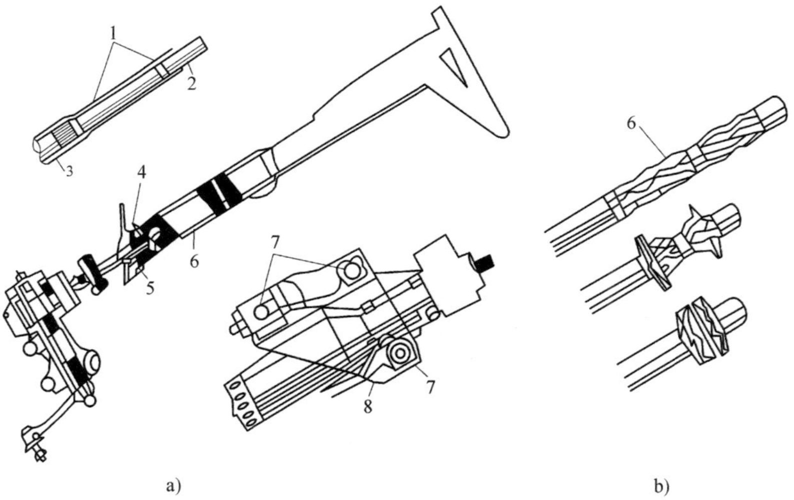

图 4-7　网状管柱变形式转向操纵机构
1—塑料销　2—上转向轴　3—下转向轴　4—凸缘盘　5—下托架
6—转向管　7—塑料安全销　8—上托架柱

这种转向操纵机构的转向管柱 6 的部分管壁制成网格状，使其在受到压缩时很容易轴向变形，并消耗一定的变形能量，如图4-7b所示。另外，车身上固定管柱的托架 8 也是通过两个塑料安全销 7 与管柱连接的。当这两个安全销被剪断后，整个管柱就能前后自由移动。

当发生第一次碰撞时，其一，塑料销 1 被剪断，上转向轴 2 将沿下转向轴 3 的内孔滑动伸缩；其二，转向管柱上的网格部分被压缩而变形，这两个过程都会消耗一部分冲击能量，从而阻止了转向管柱整体向上移动，避免了转向盘对驾驶人的挤压伤害。第二次碰撞时，固定转向管柱的塑料安全销 7 被剪断，使转向管柱和转向轴的上端能自由移动。同时，当转向管柱受到来自上端的冲击力后，会再次被轴向压缩变形并消耗冲击能量，如图 4-7b 所示。这样，由转向系统引起的对驾驶人的冲击和伤害被大大降低了。

② 钢球滚压变形式。图 4-8a 所示为一种用钢球连接的分开式转向柱。转向轴分为上转向轴和套在轴上的下转向轴两部分，二者用塑料销钉连成一体。转向管柱也分为上管柱和下管柱两部分，上、下管柱之间装有钢球，下管柱的外径与上管柱的内径之间的间隙比钢球直径稍小。上、下管柱连同管柱托架通过特制橡胶垫固定在车身上，橡胶垫则利用塑料销钉与托架连接。

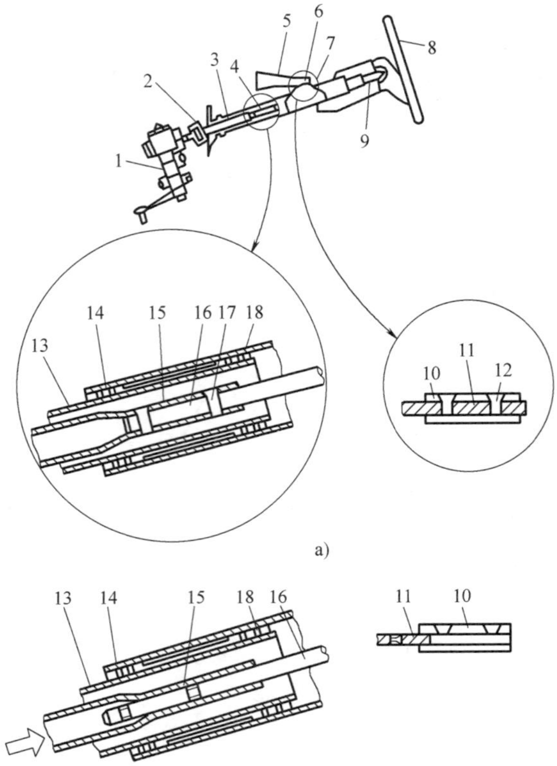

a)

b)

图 4-8　钢球滚压变形式转向管柱

1—转向器总成　2—挠性联轴器　3、13—下转向管柱　4、14—上转向管柱　5—车身　6、10—橡胶垫　7、11—转向管柱托架　8—转向盘　9、16—上转向轴　12、17—塑料销钉　15—下转向轴　18—钢球

当发生第一次碰撞时，将连接上、下转向轴的塑料销钉切断，下转向轴便套在上转向轴上向上滑动，如图 4-8b 所示。在这一过程中，上转向轴和上管柱的空间位置没有因冲击而上移，故可使驾驶人免受伤害。第二次碰撞时，则连接橡胶垫与管柱托架的塑料销钉被切断，托架脱离橡胶垫，即上转向轴和上转向管柱连同转向盘、托架一起，相对于下转向轴和下转向管柱向下滑动，从而减缓了对驾驶人胸部的冲击。在上述两次冲击过程中，上、下转向管柱之间均产生相对滑动。因为钢球的直径稍大于上、下管柱之间隙，所以滑动中带有对钢球的挤压，冲击能量就在这种边滑动边挤压的过程中被吸收。日本丰田汽车的一些车型采用这种位置。

③ 波纹管变形吸能式。如图 4-9 所示，波纹管变形吸能式转向操纵机构的转向轴和转向管柱都分成两段，上转向轴 3 和下转向轴 1 之间通过细齿花键 5 结合并传递转向力矩。同时它们两者之间可以做轴向伸缩滑动。在下转向轴 1 的外边装有波纹管 6，它在受到冲击时

能轴向收缩变形并消耗冲击能量。下转向管柱 7 的上端套在上转向管柱里面，但两者不直接连接，而是通过管柱压圈和限位块 2 分别对它们进行定位。当汽车撞车时，下转向管柱 7 向上移动，在第一次碰撞力的作用下限位块 2 首先被剪断并消耗能量，同时转向管柱和转向轴都做轴向收缩。在受到第二次碰撞时，上转向轴 3 下移，压缩波纹管 6 使之收缩变形并消耗冲击能量。

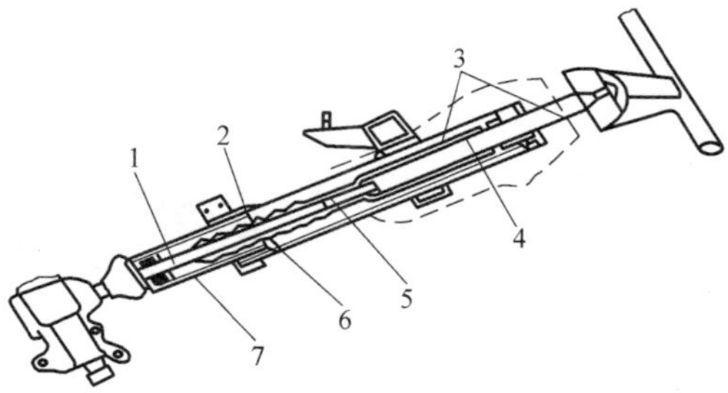

图 4-9　波纹管变形吸能式转向操纵机构
1—下转向轴　2—限位块　3—上转向轴
4—上转向管柱　5—细齿花键
6—波纹管　7—下转向柱管

（3）可调节式转向柱　驾驶人不同的驾驶姿势和身材对转向盘的最佳操纵位置有不同的要求。而且，转向盘的这一位置往往会与驾驶人进、出汽车的方便性发生矛盾。为此，一些汽车装设了可调节式转向柱，使驾驶人可以在一定的范围内调节转向盘位置。转向柱调节的形式分为倾斜角度调节和轴向位置调节两种。

图 4-10 所示为转向轴倾斜角度调整机构。转向管柱 2 的上段和下段分别通过倾斜调整支架 7 和下托架 6 与车身相连，而且转向管柱由倾斜调整支架夹持并固定。倾斜调整用锁紧螺栓 5 穿过调整支架 7 上的长孔 3 和转向管柱，螺栓的左端为左旋螺纹，调整手柄 4 即拧在该螺纹上。当向下扳动手柄时，锁紧螺栓的螺纹放松，转向管柱即可以下托架上的枢轴 1 为中心在装有螺栓的支架长孔范围内上下移动。确定了转向管柱的合适位置后，向上扳动调整手柄，从而将转向管柱定位。

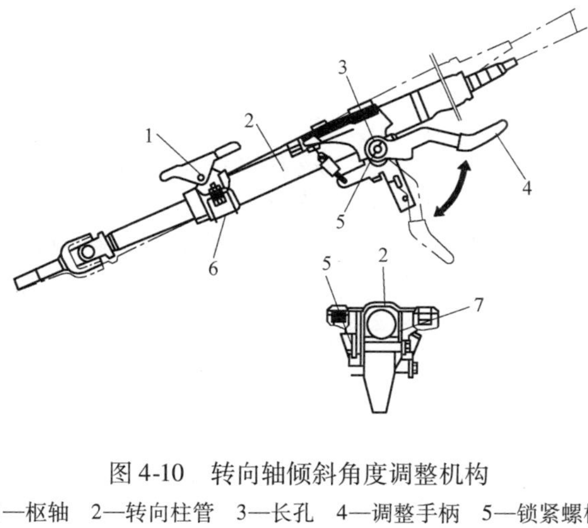

图 4-10　转向轴倾斜角度调整机构
1—枢轴　2—转向柱管　3—长孔　4—调整手柄　5—锁紧螺栓
6—下托架　7—倾斜调整支架

图 4-11a 所示的是一种转向轴伸缩机构。转向轴分为上下两段，二者通过花键连接。上转向轴 2 由调节螺栓 4 通过楔状限位块 5 夹紧定位。调节螺栓的一端拧有调节手柄 3。当需要调整转向轴的轴向位置时，先向下推调节手柄 3，使限位块松开，再轴向移动转向盘，调到合适的位置后，向上拉调节手柄，将上转向轴锁紧定位。

富康轿车采用的转向盘高度可调节机构的工作原理与此类似，如图 4-11b 所示。调整转向盘的高度应在汽车停驶状态下进行，并且先将座椅的位置调至适当。转向盘高度的调整方

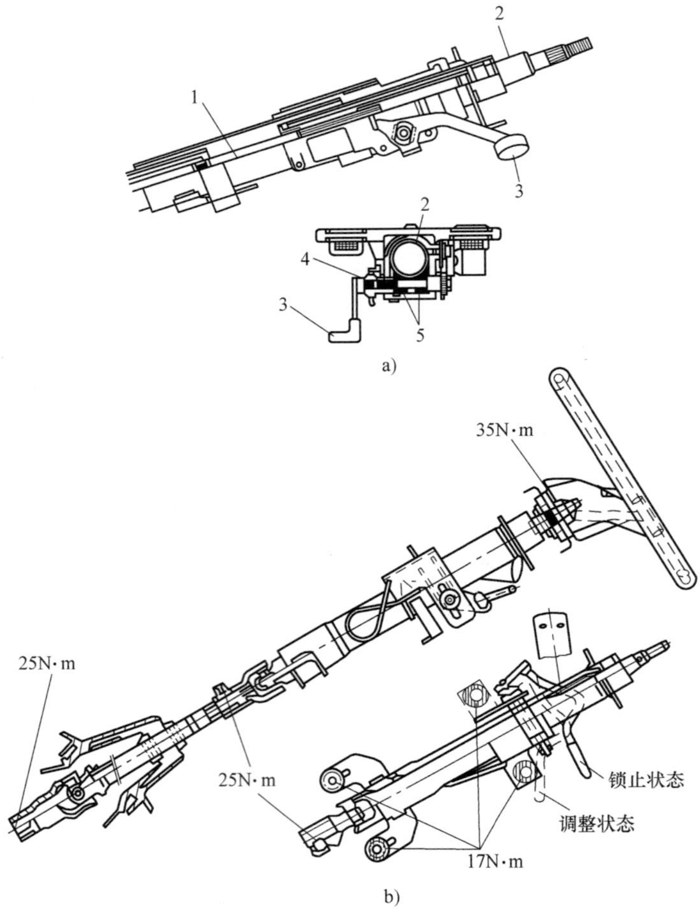

图 4-11　转向轴伸缩机构

a）转向轴伸缩机构　b）富康轿车的转向盘高度调节机构

1—下转向轴　2—上转向轴　3—调节手柄　4—调节螺栓　5—楔状限位块

法是，将调整手柄向前推到底(压下)，以便松开锁紧机构，转向轴能以下支架的中枢轴为中心作一定角度的上下摆动，使转向盘的位置做相应调整。当转向盘调到驾驶人认可的最舒服的驾驶位置时，再将调整手柄向后拉到底(拉上)，转向柱就被锁住，转向盘也就定位在最佳的位置上。

2. 机械转向器

(1）转向器概述

1）功用。转向器是转向系统中的降速增矩传动装置，其功用是增大由转向盘传到转向节的力，并改变力的传动方向。

2）类型。按转向器中传动副的结构形式分，转向器可以分为循环球式、齿轮齿条式、蜗杆曲柄指销式、蜗杆滚轮式等几种。

3）转向器的传动效率

① 定义。转向器传动效率是指转向器输出功率与输入功率之比。当功率由转向盘输入、从转向摇臂输出时，所求得的传动效率称为正传动效率；反之，转向摇臂受到道路冲击而传到转向盘的传动效率则称为逆效率。

② 按传动效率分类。按传动效率的不同，转向器还可以分为可逆式转向器、极限可逆式转向器和不可逆式转向器。

可逆式转向器是指正、逆传动效率都很高的转向器。这种转向器有利于汽车转向后转向轮的自动回正，转向盘“路感”很强，但也容易在坏路行驶时出现“打手”，所以主要应用于经常在良好路面行驶的车辆。

极限可逆式转向器是指正传动效率远大于逆传动效率的转向器。这种转向器能实现汽车转向后转向轮的自动回正，但“路感”较差，只有当路面冲击力很大时才能部分地传到转向盘，主要应用于中型以上的越野汽车、工矿用自卸汽车等。

不可逆式转向器是指逆传动效率很低的转向器，这种转向器使驾驶人不能得到路面的反馈信息，没有“路感”，而且转向轮也不能自动回正，所以很少采用。

（2）转向器的结构、原理

1）齿轮齿条式转向器。齿轮齿条式转向器分两端输出式和中间输出式两种。富康、CA7220、AUDI100、JATTA、SANTANA、夏利、依维柯等车型均采用齿轮齿条式转向器。

富康轿车采用两端输出的齿轮齿条式转向器，如图4-12所示。

作为传动副主动件的转向齿轮轴11通过轴承12和13安装在转向器壳体5中，其上端通过花键与万向节叉10和转向轴连接；与转向齿轮啮合的转向齿条4水平布置，两端通过球头座3与转向横拉杆1相连；弹簧7通过压块9将齿条压靠在齿轮上，保证无间隙啮合。弹簧的预紧力可用调整螺塞6调整。当转动转向盘时，转向齿轮轴11转动，使与之啮合的齿条4沿轴向移动，从而使左右横拉杆带动转向节左右转动，使转向车轮偏转，实现汽车转向。

奥迪100型轿车采用中间输出的齿轮齿条式转向器，如图4-13所示，其结构原理与两端输出的齿轮齿条式转向器基本相同，不同之处在于它在转向齿条的中部用螺栓6与左右转向横拉杆7相连。

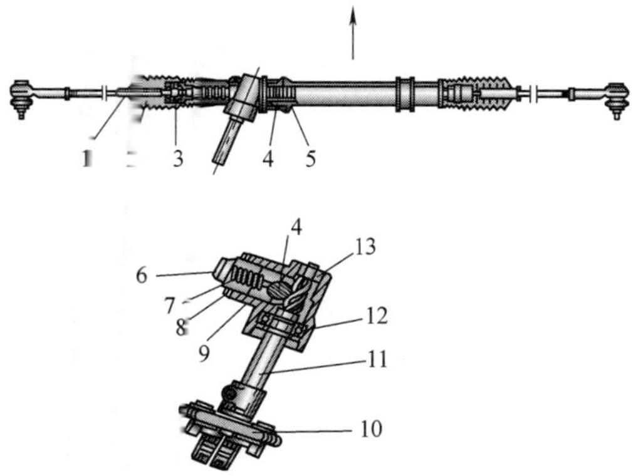

图4-12 两端输出的齿轮齿条式转向器

1—转向横拉杆 2—防尘套 3—球头座 4—转向齿条 5—转向器壳体 6—调整螺塞 7—压紧弹簧 8—锁紧螺母 9—压块 10—万向节叉 11—转向齿轮轴 12—深沟球轴承 13—滚针轴承

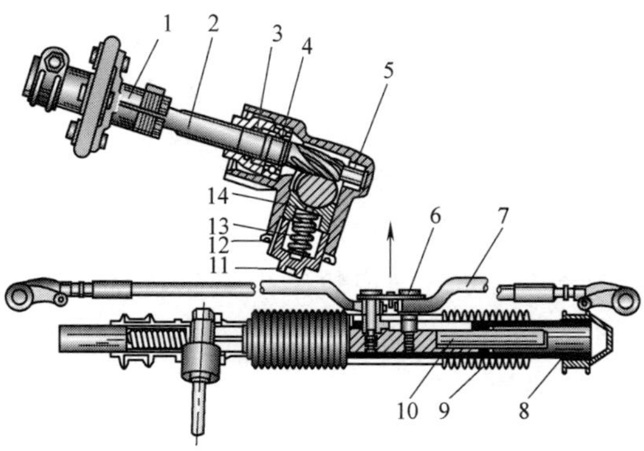

图4-13 中间输出的齿轮齿条式转向器

1—万向节叉 2—转向齿轮轴 3—调整螺母 4—深沟球轴承 5—滚针轴承 6—固定螺栓 7—转向横拉杆 8—转向器壳体 9—防尘套 10—转向齿条 11—调整螺塞 12—锁紧螺母 13—压紧弹簧 14—压块

采用齿轮齿条式转向器可以使转向传动机构简化（不需转向摇臂和转向直拉杆等），齿轮齿条之间隙啮合无须调整，而且逆传动效率很高，故多用于前轮为独立悬架的轿车和微型及轻型货车上。

提示：为了掌握齿轮齿条式转向器的基本结构，此处可观看课件、录像或分解的实物。

① 检修

a. 零件出现裂纹应更换，转向横拉杆、转向齿条在总成修理时应进行隐伤检验。

b. 转向齿条的直线度误差不得大于 0.30mm。

c. 无法调整时应更换。

② 调整。齿轮齿条式转向器的调整是调整转向齿条与转向齿轮的啮合间隙，也称为转向齿条的预紧力。因结构的差异，调整方法也有所不同。但常见的有两类：一是改变转向齿条导块与盖之间的垫片厚度来调整转向齿条与转向齿轮轮齿的啮合间隙，完成预紧力的调整，如图 4-14 所示；另一种方法是用盖上的调整螺塞改变转向齿条导块与弹簧座之间的间隙值，完成预紧力的调整，如图 4-15 所示。

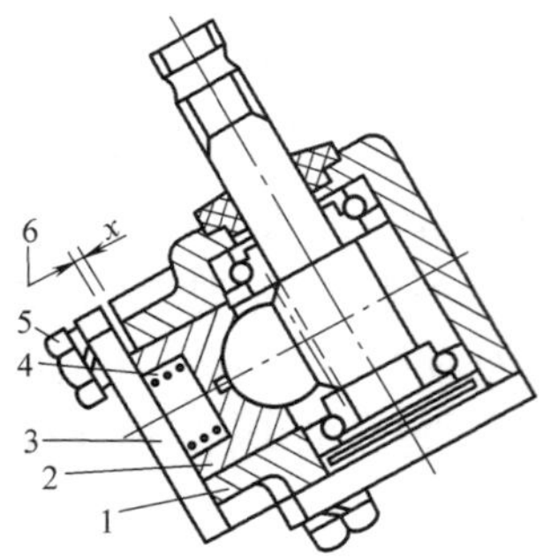

图 4-14 预紧力调整机构(一)

1—转向器壳体 2—导块 3—盖 4—导块压紧弹簧 5—固定螺母 6—盖与壳体间间隙

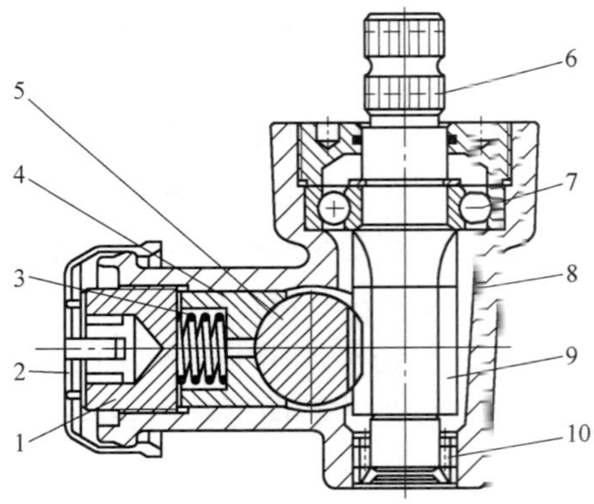

图 4-15 预紧力调整机构(二)

1—调整螺塞 2—罩盖 3—压簧 4—压簧垫块 5—转向齿条 6—齿轮轴 7—球轴承 8—转向器壳体 9—转向齿轮 10—滚针轴承

对于第一种结构形式，其预紧力的调整步骤是：先不装弹簧以及盖之间的垫片，进行 x 值的调整，使转向齿轮轴上的转动力矩为 1 ~ 2N · m；然后用塞尺测量 x 值；在 x 值上加 0.05 ~ 0.13mm，此值就是应加垫片的厚度，也就是转向齿条和转向齿轮合格的啮合间隙所要求的垫片厚度。

对于第二种结构形式，其预紧力的调整步骤是：先旋转盖上的调整螺塞，使弹簧座与导块接触，再将调整螺塞旋出 30° ~ 60°之后，检查转向齿轮的转动力矩，如此重复操作，直至转向齿轮的转动力矩符合原厂规定，最后紧固锁紧螺母。

2）循环球式转向器。解放 CA1092 型汽车的循环球-齿条齿扇式转向器，如图 4-16 所示。它有两级传动副，第一级传动副是转向螺杆 12 和转向螺母 3；螺母 3 的下平面加工成齿条，与齿扇轴 21 上的齿扇相啮合，构成齿条和齿扇第二级传动副。显然，转向螺母 3 即是第一级传动副的从动件，也是第二级传动副的主动件。通过转向盘转动转向螺杆 12 时，转向螺母 3 不能随之转动，而只能沿转向螺杆 12 轴向移动，并驱使齿扇轴(即摇臂轴)21 转动。

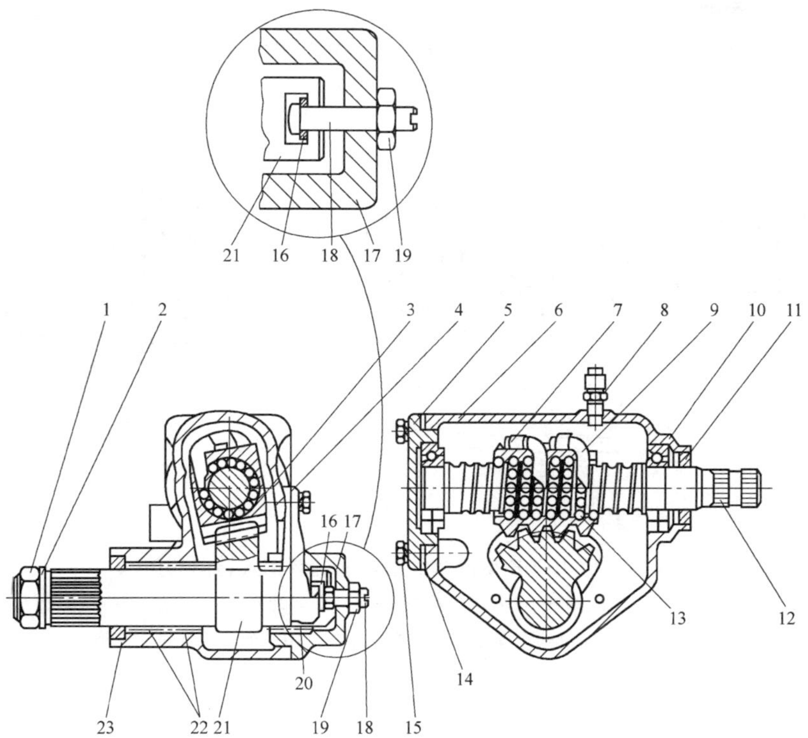

图 4-16 循环球式转向器

1—螺母 2—弹簧垫圈 3—转向螺母 4—转向器壳体密封垫圈 5—转向器壳体底盖 6—转向器壳体 7—导管夹 8—加油(通气)螺塞 9—钢球导管 10—球轴承 11、23—油封 12—转向螺杆 13—钢球 14—调整垫片 15—螺栓 16—调整垫圈 17—侧盖 18—调整螺钉 19—锁紧螺母 20、22—滚针轴承 21—齿扇轴(摇臂轴)

转向螺杆 12 支承在两个推力球轴承 10 上，轴承的预紧度可用调整垫片 14 调整。在转向螺杆 12 上松套着转向螺母 3。为了减少它们之间的摩擦，二者的螺纹并不直接接触，其间装有许多钢球 13，以实现滚动摩擦。

当转动转向螺杆时，通过钢球将力传给转向螺母，使螺母沿螺杆 12 轴向移动。随着螺母 3 沿螺杆 12 做轴向移动，其齿条便带动齿扇绕着转向摇臂轴 21 作圆弧运动，从而使转向摇臂轴 21 连同摇臂产生摆动，通过转向传动机构使转向轮偏转，实现汽车转向。

转向螺母 3 下平面上加工出的齿条是倾斜的，与之相啮合的是变齿厚齿扇。只要使齿扇轴 21 相对于齿条做轴向移动，便可调整二者的啮合间隙。调整螺钉 18 旋装在侧盖 17 上。齿扇轴 21 靠近齿扇的端部切有 T 形槽，螺钉 18 的圆柱形端头嵌入此切槽中，端头与 T 形槽的间隙用调整垫圈 16 来调整。旋入螺钉 18，则齿条与齿扇的啮合间隙减小；旋出螺钉则啮合间隙增大。调整好后用锁紧螺母 19 锁紧。

调整。循环球式转向器的调整主要是转向器啮合间隙的调整，方法如下：

① 使转向器的传动副处于中间位置(直行位置)。

② 通过调整螺钉，调整转向器传动副的啮合间隙，在直线位置上应呈无间隙啮合。

③ 中间位置上，转向器转动力矩应为 1.5～2.0N·m。转向器转动力矩调整合格后，按规定力矩锁紧调整螺钉。

3）蜗杆曲柄指销式转向器。东风 EQ1090E 型汽车的蜗杆曲柄双销式转向器如图 4-17a、b 和图 4-18 所示，它主要由转向器壳体、转向蜗杆、转向摇臂轴、曲柄和指销、上下盖、调整螺塞和螺钉、侧盖等组成。

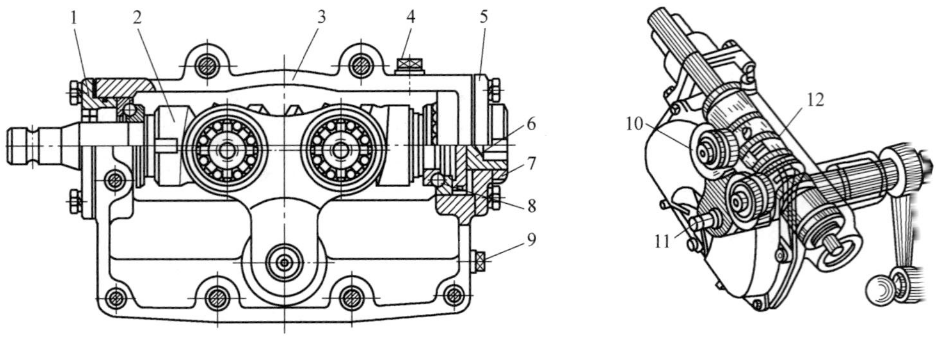

a)　　　　b)

图 4-17　EQ1090E 型汽车的蜗杆曲柄双销式转向器（一）

1—上盖　2、12—转向蜗杆　3—转向器壳体　4—加油螺塞　5—下盖　6—调整螺塞　7—螺母　8—向心推力轴承　9—放油螺塞　10—指销　11—摇臂轴

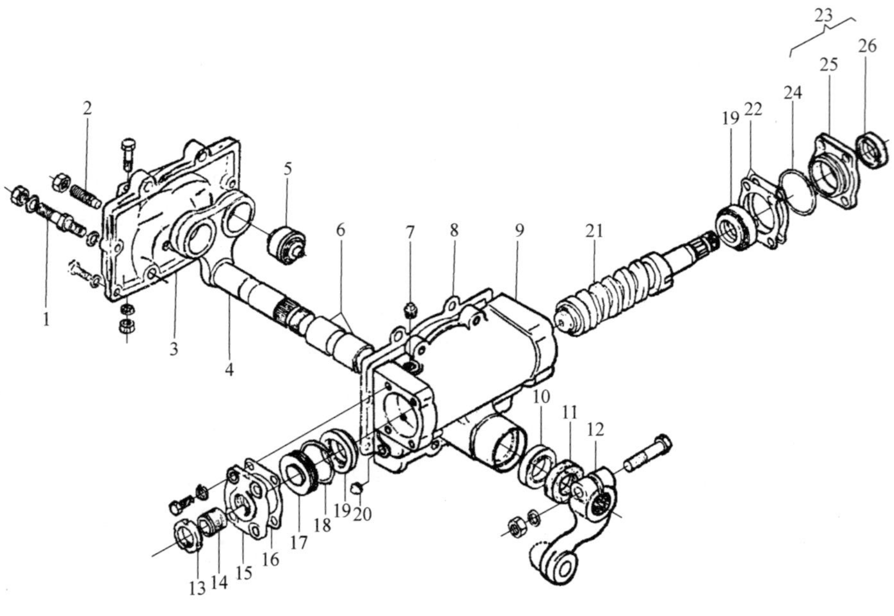

图 4-18　EQ1090E 型汽车的蜗杆曲柄双销式转向器（二）

1—螺栓、螺母　2—摇臂轴调整螺钉及螺母　3—侧盖　4—摇臂轴　5—指销轴承总成　6—摇臂轴衬套　7—加油螺塞　8—侧盖衬垫　9—转向器壳体　10、11—油封　12—转向垂臂　13—螺母　14—蜗杆轴承调整螺塞　15—下盖　16—下盖衬垫　17—蜗杆轴承垫块　18—密封圈　19—蜗杆轴承　20—放油螺塞　21—蜗杆　22—调整垫片　23—上盖总成　24—密封圈　25—上盖　26—蜗杆油封

转向器壳体固定在车架的转向器支架上。壳体内装有传动副，其主动件是转向蜗杆，从动件是装在摇臂曲柄端部的指销。具有梯形截面螺纹的转向蜗杆支承在转向器壳体两端的两个向心推力球轴承上。转向器下盖上装有调整螺塞，用以调整向心推力轴承的预紧度，调整后用螺母紧固。

蜗杆与两个锥形的指销相啮合，构成传动副。两个指销均用双列圆锥滚子轴承支承在曲柄上，并可绕自身轴线转动，以减轻蜗杆与指销啮合传动时的磨损，提高传动效率。销颈上的螺母用来调整轴承的预紧度，以使指销能自由转动而无明显轴向间隙为宜，调整后用锁片(图中未示出)将螺母锁住。

安装指销和双排圆锥滚子轴承的曲柄制成叉形，与摇臂轴制成一体。摇臂轴用粉末冶金衬套支承在壳体中。转向器侧盖上装有调整螺钉，旋入(或旋出)调整螺钉可以改变摇臂轴的轴向位置，以调整指销与蜗杆的啮合间隙，从而调整了转向盘自由行程，调整后用螺母锁紧。摇臂轴伸出壳体的一端通过花键与转向摇臂连接。

汽车转向时，驾驶人通过转向盘转动转向蜗杆(主动件)，与其相啮合的指销(从动件)一边自转，一边以曲柄为半径绕摇臂轴轴线在蜗杆的螺纹槽内作圆弧运动，从而带动曲柄、转向摇臂摆动，实现汽车转向。

提示：为了掌握蜗杆曲柄指销式转向器的结构和原理，此处可观看分解的实物、课件或录像。

调整

① 转向蜗杆轴承预紧度检查、调整。蜗杆轴承预紧度的检查和调整，应在摇臂轴未装入壳体之前进行。调整使用的专用工具如图 4-19 所示。

用内六角扳手把调整螺塞 14 拧到底，再退回 1/8～1/4 圈，使蜗杆轴在输入端具有 1.0～1.7N·m的预紧力矩，如图 4-20 所示。

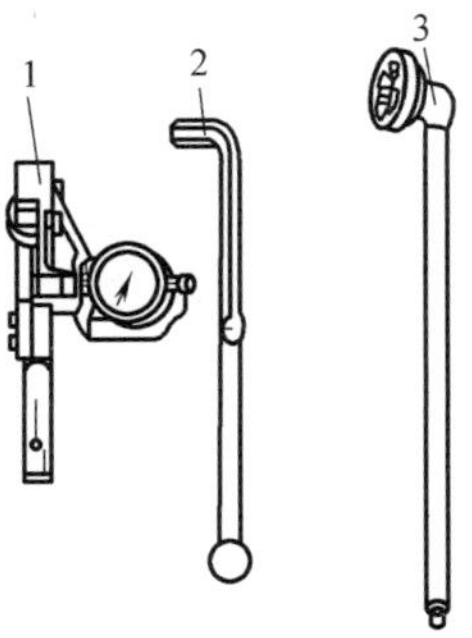

图 4-19　调整蜗杆轴承预紧度专用工具

1—力矩检测仪　2—内六角扳手　3—专用扳手

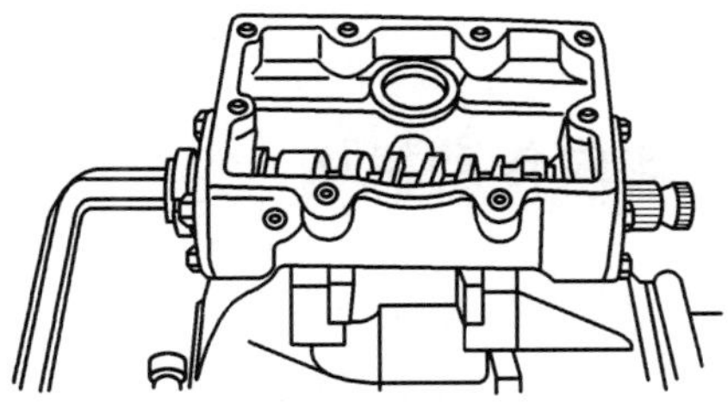
图 4-20　蜗杆轴承预紧度的调整(一)

用专用扳手将锁紧螺母 13 拧紧，紧固调整螺塞，拧紧力矩为 49N·m，如图 4-21 所示，锁紧调整螺塞时，要保证调整螺塞位置不变。锁紧后应复查输入端转矩是否符合要求，否则应重新调整。

② 指销轴承预紧度的检查、调整。调整指销轴承的预紧度时，把指销上的螺母拧紧，使指销能转动自如，并无轴向间隙为合适。调整后，将止动垫片翻起 1～2 齿，将螺母锁紧，如图 4-22 所示。

③ 指销与蜗杆啮合间隙的调整。先松开摇臂轴调整螺钉的锁紧螺母。

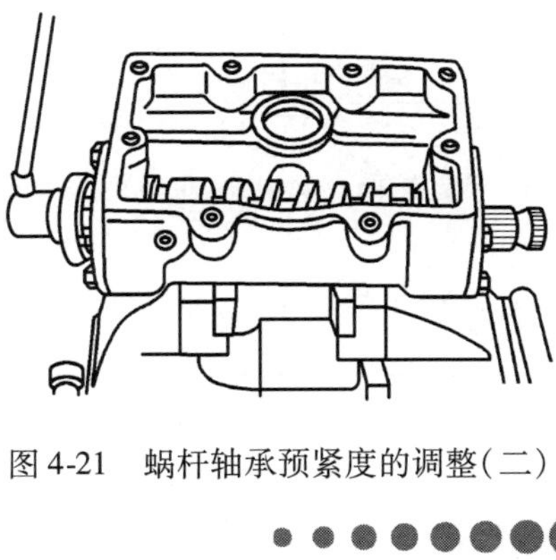
图 4-21　蜗杆轴承预紧度的调整(二)

将蜗杆轴转到转不动位置后，再退回 3 圈左右，使指销处于蜗杆的中间位置，如图 4-23 所示。

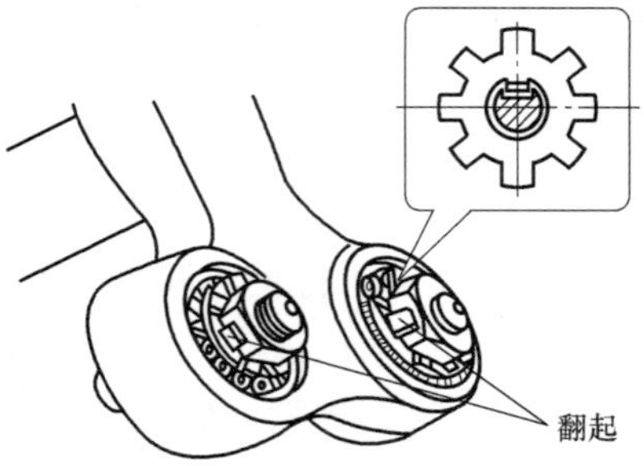

图 4-22　调整指销轴承的预紧度

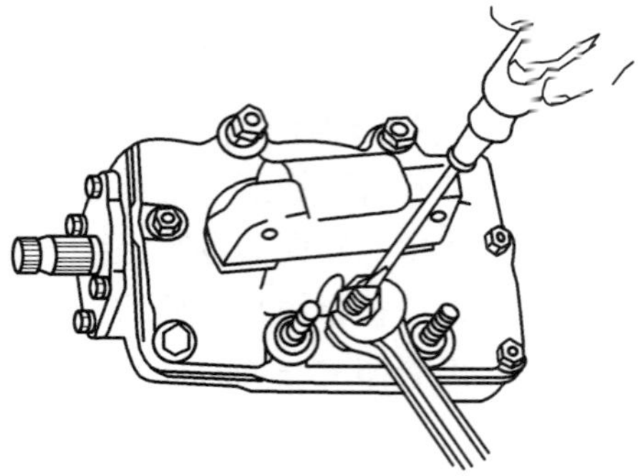

图 4-23　指销与蜗杆啮合间隙的调整

顺时针旋转调整螺钉 2，同时来回转动蜗杆，直到感觉有阻力为止。

在蜗杆的输入端检查转动力矩，应不大于 2.7N·m。

在调整螺钉的周围涂上密封胶，然后拧紧锁紧螺母，拧紧力矩不小于 49N·m。

复查蜗杆输入端的转动力矩，如有变化应重新调整，直到符合要求为止。

经验方法：指销处于蜗杆的中间位置，将调整螺钉拧到底，再退回 1/8 圈；轴向推、拉摇臂轴，无明显间隙感觉；转动摇臂时，灵活自如、无卡滞现象为合适。

测试题： 1. 对照实物说出齿轮齿条式转向器各零件的名称、相互装配关系和主要零件的检修内容。

2. 实操并说明如何进行齿轮齿条式转向器的调整。
3. 对照循环球式转向器实物，说出主要零件的名称。
4. 对照循环球式转向器实物，说出动力传递路线和调整部位。

4.3　转向传动机构

想一想：转向传动机构的功用是什么？

提示：转向传动机构的功用是将转向器输出的力和运动传给转向轮，使两侧转向轮偏转以实现汽车转向，并保证左右转向轮的偏转角按一定关系变化。

学习目标	鉴定标准	教学建议
1. 掌握转向传动机构的功用、组成及构造 2. 了解转向传动机构的检修方法	应知： 1. 掌握转向传动机构的功用、组成及构造 2. 了解转向传动机构的检修方法	建议： 采用教师启发式讲解、学生讨论相结合的方式，最后由教师总结

1. 转向传动机构的功用

转向传动机构的功用是将转向器输出的力和运动传给转向轮，使两侧转向轮偏转以实现汽车转向，并保证左右转向轮的偏转角按一定关系变化。

2. 转向传动机构的组成、构造

（1）与非独立悬架配用的转向传动机构　与非独立悬架配用的转向传动机构如图 4-24 所示，它一般由转向摇臂 2、转向直拉杆 3、转向节臂 4、两个梯形臂 5 和转向横拉杆 6 等组成。各杆件之间都采用球形铰链连接，并设有防止松动、缓冲吸振、自动消除磨损后间隙的结构。

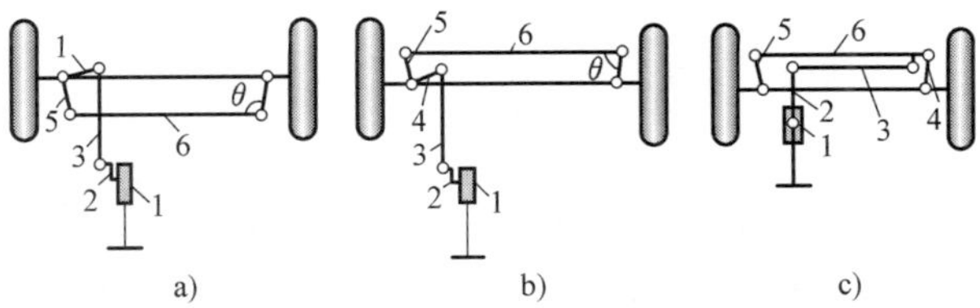

图 4-24　与非独立悬架配用的转向传动机构

a）梯形后置　b）梯形前置　c）直拉杆横置

1—转向器　2—转向摇臂　3—转向直拉杆　4—转向节臂

5—转向梯形臂　6—转向横拉杆

当前桥仅为转向桥时，由左、右梯形臂 5 和转向横拉杆 6 组成的转向梯形一般布置在前桥之后，如图 4-24a 所示，称为后置式；这种布置简单方便，且后置的横拉杆 6 有前面的车桥做保护，可避免直接与路面障碍物相碰撞而损坏。当发动机位置较低或前桥为转向驱动桥时，往往将转向梯形布置在前桥之前，如图 4-24b 所示，称为前置式。若转向摇臂 2 不是在汽车纵向平面内前后摆动而是在与路面平行的平面内左右摆动（如北京 BJ2020N 型汽车），则可将转向直拉杆 3 横向布置，并借球头销直接带动转向横拉杆 6，从而推动左右梯形臂 5 转动，如图 4-24c 所示。

1）转向摇臂。图 4-25 所示为常见转向摇臂的结构形式，其大端具有三角细花键锥形孔，用以与转向摇臂轴外端相连接，并用螺母固定；其小端带有球头销，以便与转向直拉杆做空间铰链连接。转向摇臂安装后从中间位置向两边摆动的角度应大致相等，故在把转向摇臂安装到摇臂轴上时，二者相应的角度位置应正确。为此，常在摇臂大孔外端面上和摇臂轴的外端面上各刻有短线，或是在二者的花键部分上都少铣一个齿作为装配标记。装配时应将标记对齐。

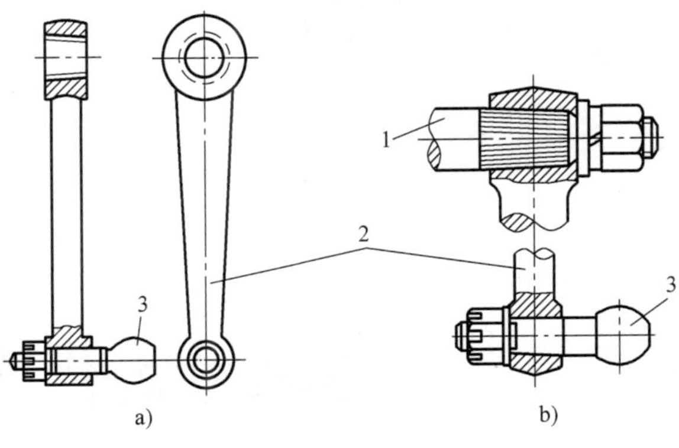

图 4-25　转向摇臂

1—转向摇臂轴　2—转向摇臂　3—球头销

2）转向直拉杆。图 4-26 所示为解放 CA1092 型汽车的转向直拉杆。直拉杆体由两端扩大的钢管制成，在扩大的端部里，装有由球头销、球头座、弹簧座、压缩弹簧和螺塞等组成的球铰链。球头销的锥形部分与转向摇臂连接，并用螺母固定；其球头部分的两侧与两个球头座配合，前球头座靠在端部螺塞上，后球头座在弹簧的作用下压靠在球头上，这样，两个球头座就将球头紧紧夹持住。为保证球头与座的润滑，可从油嘴注入润滑脂。拆装时，供球头出入的直拉杆体上的孔口用油封垫的护套盖住，以防止润滑脂流出和污物侵入。

压缩弹簧能自动消除因球头与座磨损而产生的间隙，弹簧座的小端与球头座之间留有不大的间隙，作为弹簧缓冲的余地，并可限制缓冲时弹簧的压缩量（防止弹簧过载）。此外，当弹簧折断时此间隙可保证球头销不致从管孔中脱出。端部螺塞可以调整此间隙，调整间隙的同时也调整了前弹簧的预紧度，调好后用开口销固定螺塞的位置，以防松动。

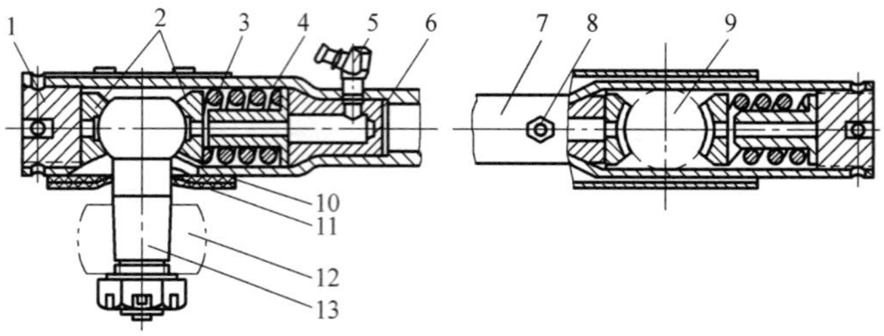

图 4-26　CA1092 型转向直拉杆

1—端部螺塞　2—球头座　3—压缩弹簧　4—弹簧座　5、8—油嘴　6—座塞　7—直拉杆体　9—转向节臂球头销　10—油封垫　11—油封垫护套　12—转向摇臂　13—球头销

3）转向横拉杆。图 4-27a 所示为解放 CA1092 型汽车转向横拉杆，横拉杆体用钢管制成，其两端切有螺纹，一端为右旋，一端为左旋，与横拉杆接头旋装连接。两端接头结构相

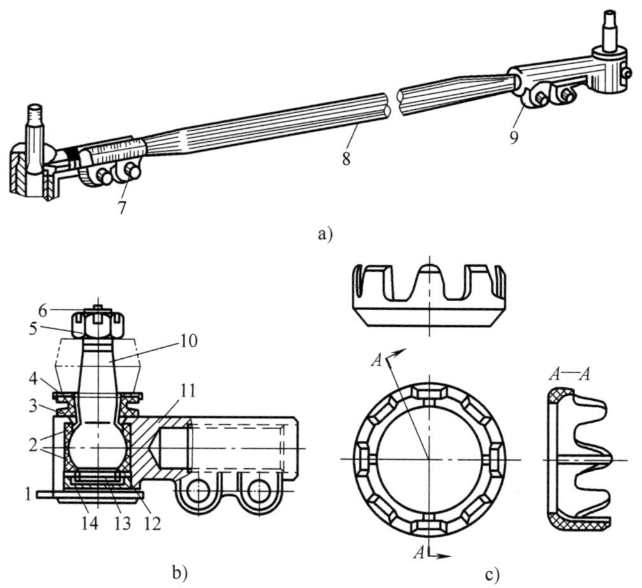

图 4-27　CA1092 型汽车转向横拉杆

a）转向横拉杆 b）接头　c）球头座

1—限位销　2—球头座　3—防尘罩　4—防尘垫　5—螺母　6—开口销　7—夹紧螺栓　8—横拉杆体　9、11—横拉杆接头　10—球头销　12—弹簧座　13—弹簧　14—螺塞

同，如图 4-27b 所示。接头的螺纹孔壁上开有轴向切口，故具有弹性，旋装到杆体上后可用螺栓夹紧。旋松夹紧螺栓以后，转动横拉杆体，可改变转向横拉杆的总长度，从而调整转向轮前束。

在横拉杆两端的接头上都装有球头销等零件组成的球形铰链。球头销的球头部分被夹在上、下球头座内，球头座用聚甲醛制成，有较好的耐磨性。球头座的形状如图 4-27c 所示。装配时上、下球头座凹凸部分互相嵌合。弹簧通过弹簧座压向球头座，以保证两球头座与球头的紧密接触，在球头和球头座磨损时能自动消除间隙，同时还起缓冲作用。弹簧的预紧力由螺塞调整。球铰上部有防尘罩，以防止尘土侵入。球头销的尾部锥形柱与转向梯形臂连接，并用螺母固定、开口销锁紧。

4）转向节臂和梯形臂。解放 CA1092 型汽车的转向节臂和梯形臂如图 4-28 所示，转向直拉杆通过转向节臂与转向节相连。转向横拉杆两端经左、右梯形臂与转向节相连。转向节臂和梯形臂带锥形柱的一端与转向节上锥形孔相配合，用键防止螺母松动。臂的另一端带有锥形孔，与相应的拉杆球头销锥形柱相配合，同样用螺母紧固后插入开口销锁住。

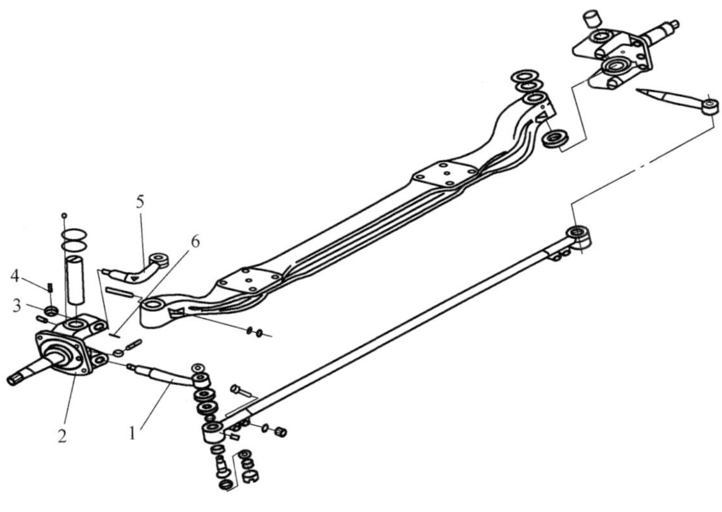

图 4-28　CA1092 型汽车转向节臂和梯形臂

1—左转向梯形臂　2—转向节　3—锁紧螺母　4—开口销　5—转向节臂　6—键

（2）与独立悬架配用的转向传动机构　当转向轮采用独立悬架时，由于每个转向轮都需要相对于车架（或车身）做独立运动，所以转向桥必须是断开式的。与此同时，转向传动机构中的转向梯形也必须分成两段或三段。图 4-29 为几种独立悬架配用的转向传动机构，其中 4-29a、b 所示的机构与循环球式转向器配用，图 4-29c、d 所示的机构与齿轮齿条式转向器配用。

上海桑塔纳轿车的转向传动机构如图 4-30 所示。转向齿条一端输出动力，输出端 8 铣有平面并钻孔，用两个螺栓与转向支架 17 连接。支架 17 下端的两个孔分别与左、右转向横拉杆总成 15、12 的内端相连。横拉杆外端的球头销 16、13 分别与左、右转向节臂连接。通过调节杆 A、B 可以改变两根横拉杆总成的长度，以调整前束。

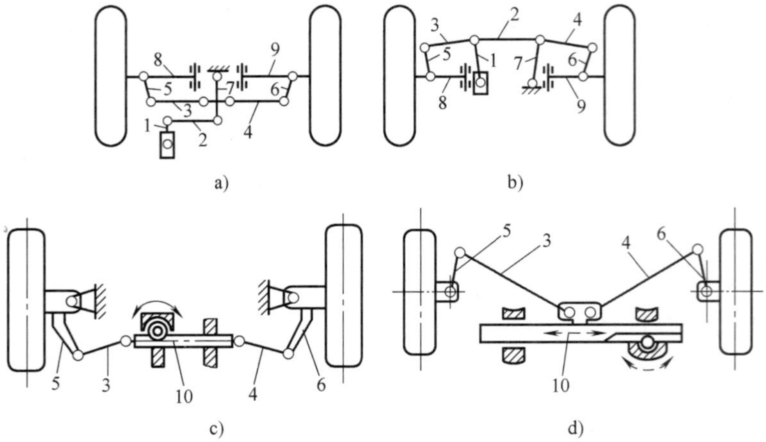

图 4-29　与独立悬架配用的转向传动机构

1—转向摇臂　2—转向直拉杆　3—左转向横拉杆　4—右转向横拉杆　5—左梯形臂　6—右梯形臂
7—摇杆　8—悬架左摆臂　9—悬架右摆臂　10—齿轮齿条式转向器

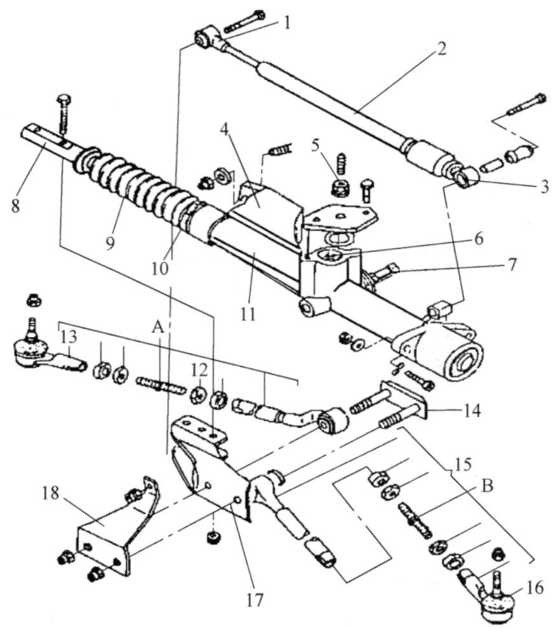

图 4-30　上海桑塔纳轿车转向器与转向横拉杆

1—转向减振器活塞杆端　2—转向减振器　3—转向减振器缸筒端　4—转向器壳体凸台　5—锁紧螺母与调整螺栓　6—补偿弹簧　7—转向齿轮轴　8—齿条输出端　9—防尘罩　10—卡箍　11—转向器壳体
12—右横拉杆总成　13—右横拉杆球头销　14—连接件　15—左横拉杆总成
16—左横拉杆球头销　17—转向支架(齿条与横拉杆连接件)　18—减振器支架

为了避免转向轮的摆振、减缓传至转向盘上的冲击和振动，转向器上还装有转向减振器 2。减振器缸筒 3 固定在转向器壳体 11 上；其活塞杆端 1 经减振器支架 18 与转向齿条连接。

3. 转向传动机构的检修

（1）检查

1）转向摇臂的检查

① 用磁力探伤法检查转向摇臂是否有裂纹，若有裂纹应更换。

② 检查转向摇臂上端的锯齿花键有无磨损、损坏，若有应更换。

③ 检查转向摇臂的锁紧螺母，其螺纹不应有损伤，否则应更换。

④ 检查转向摇臂下端和转向拉杆球头销的连接应牢固、可靠，切不可松旷，否则应修复。

2）转向拉杆的检查

① 横拉杆杆体有无裂纹、弯曲，其直线度误差一般不大于2mm，否则应校直，直拉杆8字孔磨损不超过2mm。

② 各螺纹部位不应有损坏，与螺塞配合不松旷，否则应更换。

③ 球头销、球座体及钢碗无裂纹、不起槽；球头销颈部磨损不超过1mm，球面磨损失圆不大于0.50mm，螺纹完好；弹簧不应有弹力减弱或折断。

④ 防尘装置应齐全有效。

3）转向节臂和梯形臂的检查

① 转向节臂和梯形臂是否有裂纹，若有应更换。

② 检查两端部的固定与连接部位不应有松动，要求牢固、可靠。

4）转向减振器（桑塔纳轿车）的检查

① 检查是否漏油，若渗漏严重，应更换或分解修理，更换密封圈等零件。

② 查看支承是否开裂，若有应更换。

③ 检查减振器的工作行程，必须拆下来试验。$L_{max}=556mm$，$L_{min}=344.5mm$，最大阻尼载荷560N，最小阻尼载荷180N。

5）转向臂及横拉杆的检查

① 松脱、松旷和损伤：检查槽形螺母是否松脱，如松脱应拧紧。同时，也应检查开口销、盖等的装配情况。

② 使转向盘从直行状况向左、向右方向反复转过60°左右，此时检查横拉杆、转向臂等是否松脱、松旷。

（2）转向拉杆球头销预紧度的调整

1）组装横、直拉杆总成时，注意在球头销、球碗表面涂抹机油。

2）组装直拉杆时，用弯头扳手将调整螺塞拧到底后，再退回1/4圈左右，并使开口销孔对准，然后穿入开口销锁止螺塞，如图4-31所示。

3）组装横拉杆时，将螺塞拧到底，再退回1/4～1/2圈，装上开口销锁止螺塞。

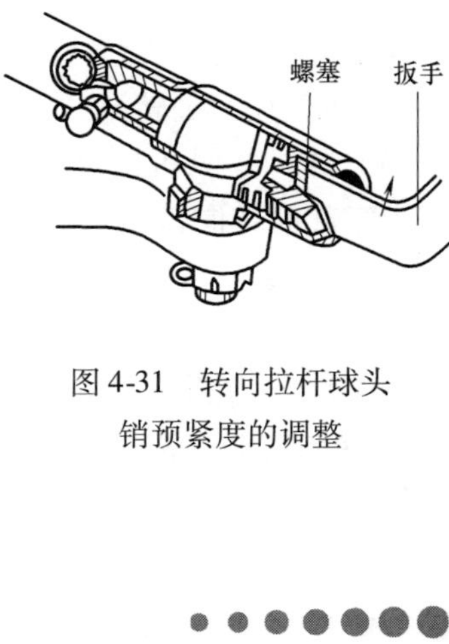

图4-31 转向拉杆球头销预紧度的调整

测试题：实操并说明转向传动机构如何检修。

4.4　机械转向系统的维护项目

想一想：机械转向系统维护项目有哪些?

提示：机械转向系统维护项目主要有：转向操纵机构、转向器及转向传动机构的维护。

学习目标	鉴定标准	教学建议
1. 掌握转向操纵机构维护内容 2. 掌握转向器维护内容 3. 掌握转向传动机构维护内容	应知： 1. 转向操纵机构维护内容 2. 转向器维护内容 3. 转向传动机构维护内容	建议： 采用教师启发式讲解、学生讨论相结合的方式，最后由教师总结

1. 转向操纵机构

(1) 转向盘自由行程的检查　汽车每行驶12000km左右，应检查转向盘的自由行程，检查方法是：

1) 起动发动机(机械转向系统无需起动发动机)。

2) 转动转向盘使前轮处于直线行驶位置。

3) 轻轻移动转向盘，在转向轮就要开始移动时(或感觉到阻力时)，使用直尺测量转向盘外缘的移动量。一般为15~20mm。

4) 如果不符合要求，应该检查转向器间隙、调整转向球头销等。

(2) 转向盘转动阻力检查　转向盘转动阻力可用如图4-32所示弹簧秤拉动转向盘边缘进行测量。

$$转动力 = M/r$$

式中　M——转动力矩；

r——转向盘半径。

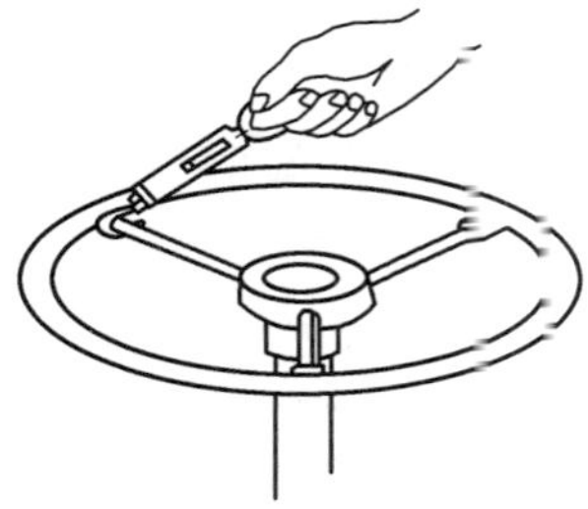

图4-32　转向盘转动阻力检查

(3) 转向盘锁止功能的检查

1) 将点火开关转至“LOCK”位置，轻轻转动转向盘，此时转向盘应该锁止不能转动。

2) 将点火开关转至“ACC”位置，转向盘应能自由转动。

(4) 转向操纵机构松动、摆动检查　用双手握住转向盘，在轴向和径向方向上用力摇动，观察此时转向盘是否移位。由此了解转向盘与转向轴的安装情况，轴承是否松旷等。

2. 转向器

通过转向盘自由行程和转向盘转动阻力的检查，可以判断转向器轴承预紧度和转向器传动副配合间隙大小，如果不符合要求，需要对转向器轴承预紧度和转向器传动副配合间隙进行调整。

3. 转向传动机构

目视检查转向传动机构是否弯曲、损坏，防尘罩是否有裂纹或破损。检查转向器是否漏油。用手摇晃转向传动机构检查是否松动或摆动。

测试题：实操并说明如何进行机械转向系统的维护。

4.5　机械转向系统的故障诊断

想一想：机械转向系统有哪些故障？

提示：机械转向系统在使用过程中由于维护调整不当、磨损、碰撞变形等原因，会使转向器过紧、转向传动机构和转向操纵机构松旷、变形、发卡等，从而造成高速摆头、低速摆头、单边转向不足、行驶跑偏、转向沉重等故障。

学 习 目 标	鉴 定 标 准	教 学 建 议
1. 了解高、底速摆头，单边转向不足的现象、原因及诊断排除方法 2. 了解转向沉重、行驶跑偏的现象、原因及诊断排除方法	应知： 1. 高、底速摆头，单边转向不足的现象、原因及诊断排除方法 2. 转向沉重、行驶跑偏的现象、原因及诊断排除方法	建议： 采用教师启发式讲解、学生讨论相结合的方式，最后由教师总结

机械转向系统在使用过程中由于维护调整不当、磨损、碰撞变形等原因，会使转向器过紧、转向传动机构和转向操纵机构松旷、变形、发卡等，从而造成高速摆头、低速摆头、单边转向不足、行驶跑偏、转向沉重等故障。

1. 高速摆头

(1) 故障现象　汽车行驶中出现转向盘发抖，车头在横向平面内左右摆动、行驶不稳等。有下面两种情况：

1) 在高速范围内某一转速时出现。

2) 转速越高，上述现象越严重。

(2) 故障原因

1) 转向轮动不平衡。

2) 前轮定位不正确。

3) 车轮偏摆量大。

4) 转向传动机构运动干涉。

5) 车架、车桥变形。

6) 悬架装置出现故障：左右悬架刚度不等、弹簧折断、减振器失效、导向装置失效等。

(3) 诊断与排除

1) 外观检查

① 检查减振器是否失效，若漏油或失效，应更换。

② 检查左右悬架弹簧是否折断、刚度是否一致，若有折断或弹力减弱，应更换。

③ 检查悬架弹簧是否固定可靠，转向传动机构有无运动干涉等，若有应排除。

2）支起驱动桥，用三角形木块塞住非驱动轮，起动发动机并逐步使汽车换入高速档，使驱动轮达到车身摆振的车速。

① 若此时车身和转向盘出现抖动，说明传动轴严重弯曲或松旷，转向轮动不平衡或偏摆量大（前驱动）。

② 若此时车身和转向盘不抖动，说明故障在车架、车桥变形或前轮定位不正确。

3）检查前轮是否偏摆

① 支起前桥，在前轮轮辋边上放一划针，慢慢地转动车轮，查看轮辋是否偏摆过大，若轮辋偏摆量过大，应更换。

② 拆下前轮，在车轮动平衡仪上检查前轮的动平衡情况，若不平衡量过大，应加装平衡块予以平衡。

③ 经上述检查均正常，应检查车架、车桥是否变形，并用前轮定位仪检查调整前轮定位。

2. 低速摆头

（1）故障现象　汽车在低速行驶时，感到方向不稳，产生前轮摆振。

（2）故障原因

1）转向器传动副啮合间隙过大。

2）转向传动机构横、直拉杆各球头销磨损松旷、弹簧折断或调整过松。

3）转向节主销与衬套的配合间隙过大或前轴主销孔与主销配合间隙过大。

4）前轮轮毂轴承装配过松或紧固螺母松动。

5）后轮胎气压过低。

6）车辆装载货物超长，使前轮承载过小。

7）前悬架弹簧错位、折断或固定不良。

（3）诊断与排除

1）外观检查

① 检查车辆是否装载货物超长，而引起前轮承载过小。

② 检查后轮胎气压是否过低，若轮胎气压过低，应充气使之达到规定值。

③ 检查前悬架弹簧是否错位、折断或固定不良，若错位应拆卸修复；若折断应更换；若固定不良，应按规定力矩拧紧。

2）检查转向盘自由行程

① 由一人握紧转向摇臂，另一人转动转向盘，若自由行程过大，说明转向器啮合传动副间隙过大，应调整。

② 放开转向摇臂，仍有一人转动转向盘，另一人在车下观察转向拉杆球头销，若有松旷现象，说明球头销或球碗磨损过甚、弹簧折断或调整过松，应先更换损坏的零件，再进行调整。

3）通过以上检查均正常，可支起前桥，并用手沿转向节轴轴向推拉前轮，凭感觉判断是否松旷。若有松旷感觉，可由另一人观察前轴与转向节连接部位。

① 若此处松旷，说明转向节主销与衬套的配合间隙过大或前轴主销孔与主销配合间隙过大，应更换主销及衬套。

② 若此处不松旷，说明前轮毂轴承松旷，应重新调整轴承的预紧度。

3. 单边转向不足

（1）故障现象　汽车转弯时，有时会出现转向盘左右转动量或车轮转角不等。

（2）故障原因

1）转向摇臂安装位置不对。

2）转向角限位螺钉调整不当。

3）前钢板弹簧、U形螺栓松动，或中心螺栓松动。

4）直拉杆弯曲变形。

5）钢板弹簧安装时位置不正，或是中心不对称的前钢板弹簧装反。

（3）诊断与排除　诊断这类故障，主要根据使用维修情况。

1）若汽车转向原来良好，由于行驶中的碰撞而造成转向角不足或一边大一边小时，应检查直拉杆、前轴、前钢板弹簧有无变形和中心螺栓是否折断等现象。

2）若维修后出现转角不足，可架起前桥，先检查转向摇臂安装是否正确。将转向盘从左边极限位置转到右边极限位置，记住总圈数，再回转总圈数的一半，查看转向轮是否处于直线行驶位置，如不是则应重新安装转向摇臂。

① 若左右转向角不等，则应相应调整。

② 当前轮转向已靠到转向限位螺栓时，最大转向角还不够，则转向限位螺栓过长，应予调整或更换。

③ 如前钢板弹簧中心不对称，则应检查是否装反。

小结：机械式转向系统故障主要有转向沉重、行驶跑偏、低速摆头、高速摆头、单边转向不足等。转向沉重主要是由与转向器轴承过紧、啮合间隙过小、缺油；转向操纵机构发卡、转向传动机构过紧、缺油；车架、车桥、悬架变形造成前轮定位失准；轮胎气压过低等原因造成。行驶跑偏主要是由左右前轮参数不相等造成，如气压、直径、前轮定位角、一边车轮制动拖滞等。低速摆头主要是由转向器和转向传动机构、转向操纵机构松旷，传动间隙过大所造成。高速摆头主要是由轮胎不平衡、车架、悬架变形造成前轮定位角改变，悬架系统损坏、车轮偏摆量过大所造成。单边转向不足的原因主要有安装调整不当使左右转向角不等；前钢板弹簧、U形螺栓松动，或中心螺栓松动，直拉杆弯曲变形。

4 行驶跑偏

（1）故障现象　汽车直线行驶时，转向盘不居中间位置；必须紧握转向盘，预先校正一角度后，汽车才能保持直线行驶，若稍放松转向盘，汽车会自动向一侧跑偏。

（2）故障原因

1）左右前轮气压不相等或轮胎直径不等。

2）两前轮的定位角不等。

3）两前轮轮毂轴承的松紧度不等。

4）前束过大或过小。

5）前桥（整轴式）弯曲变形或下控制臂（独立悬架式）安装位置不一致。

6）前后车轴不平行。

7）车架变形或左右轮距相差太大。

8）一边车轮制动拖滞。

9）转向轴两侧悬架弹簧弹力不等。

（3）诊断与排除

1）外观检查

① 检查左、右两前轮轮胎气压是否一致，若不一致，应按规定充气，使两前轮轮胎气压保持一致。

② 检查左、右两前轮轮胎的磨损程度，若磨损程度不一致，应更换磨损严重的轮胎。

③ 检查左、右两前轮轮胎的花纹是否一致，若花纹不一致，应更换轮胎，使花纹一致。

④ 将汽车停放在平坦的地面上，查看汽车前部高度是否一致，若高度不一致，说明悬架弹簧折断或弹力不一致，应更换。

2）用手触摸跑偏一方的车轮制动鼓和轮毂轴承部位，感觉温度情况。

① 若感觉车轮制动鼓特别热，说明该轮制动器间隙过小或制动回位不彻底，应检查调整。

② 若感觉轮毂特别热，说明该轮轴承过紧，应重新调整轴承预紧度。

3）测量前后桥左右两端中心的距离是否相等，若不相等，说明轴距短的一边钢板弹簧错位，车轴或半轴套管弯曲等，应检查维修。

4）用前轮定位仪检查前轮定位是否正确，若不正确，应调整。

5. 转向沉重

（1）故障现象　汽车在行驶中，转动转向盘感到沉重费力，转弯后又不能及时回正方向。

（2）故障原因

1）转向器方面的原因

① 转向器缺乏润滑油。

② 转向轴弯曲或转向轴管凹陷碰擦，有时会发出“吱吱”的摩擦声。

③ 转向摇臂与衬套配合间隙过小或无间隙。

④ 转向器输入轴上下轴承调整过紧，或轴承损坏受阻。

⑤ 转向器啮合间隙调整过小。

2）转向传动机构的原因

① 各处球销缺乏润滑油。

② 转向直拉杆和横拉杆上球销调整过紧，压紧弹簧过硬或折断。

③ 转向直拉杆或横拉杆弯曲变形。

④ 转向节主销与衬套配合间隙过小，或衬套转动使油道堵塞，机油无法进入，使衬套与转向节主销烧蚀。

⑤ 转向节推力轴承调整过紧或缺少机油或损坏。

⑥ 转向节臂变形。

3）前桥（转向桥）和车轮方面的原因

① 前轴变形、扭转，引起前轮定位失准。

② 轮胎气压不足。

③ 前轮轮毂轴承调整过紧。

④ 转向桥或驱动桥超载。

4）其他部位的原因

① 车架弯曲、扭转变形。

② 前钢板弹簧或是前悬架变形。

③ 前轮定位不正确。

（3）诊断与排除

1）顶起前桥，转动转向盘，若感到转向盘变轻，则说明故障部位在前桥、车轮或其他部位。此时应首先检查轮胎气压，如气压偏低，则应充气使之达到正常值，接下来应用前轮定位仪检查前轮定位，尤其应注意后倾角和前束值，如果是因为前束过大造成的转向沉重，同时还能发现轮胎有严重的磨损。

2）若转向仍感沉重，说明故障在转向器或转向传动机构，可进一步拆下转向摇臂与直拉杆的连接，此时若转向变轻，说明故障在转向传动机构，应检查各球头销是否装配过紧或推力轴承是否缺油损坏，各拉杆是否弯曲变形等，通常检查时，可用手扳动两个车轮左右转动查看各传动部分，并转动车轮检查车轮轴承松紧度。

3）拆下转向摇臂后，若转向仍沉重，则转向器本身有故障，可检查转向器是否缺油，转动转向盘时倾听有无转向轴与柱管的碰擦声，检查调整转向器主动轴上下轴承预紧度和啮合间隙，转向摇臂轴转动是否发卡等，如不能解决就将转向器解体检查内部有无部件损坏。

4）经过上述检查，如仍不见减轻，可检查车桥、车架或下控制臂（独立悬架式）与转向节臂，看其有无变形，如发现变形，应予修整或更换。同时检查前弹簧（板簧或螺旋弹簧），看其是否折断，如折断则应更换。

测试题：就车测试（结合叙述）机械转向系统转向沉重、行驶跑偏、低速摆头、高速摆头、单边转向不足故障的诊断与排除方法。

4.6　动力转向系统和四轮转向系统

想一想：为什么车上出现了动力转向系统？

提示：对于转向系统来说，最主要的要求是转向的灵敏性和操纵的轻便性。高的转向灵敏性，要求转向器具有小的传动比；好的操纵轻便性，则要求转向器具有大的传动比。可见这是一对矛盾，普通的机械转向系统很难兼顾汽车的转向灵敏性和操纵的轻便性。为解决这一矛盾，越来越多的车辆采用了以发动机输出的部分动力为能源的动力转向系统。

学习目标	鉴定标准	教学建议
1. 掌握动力转向系统的功用和分类 2. 掌握液压式动力转向系统的组成、原理	应知： 1. 动力转向系统的功用和分类 2. 液压式动力转向系统的组成、原理	建议： 采用教师启发式讲解、学生讨论相结合的方式，最后由教师总结

1. 动力转向系统的功用和分类

动力转向系统是利用一定的动力助力方式，对转向器施加作用力以减少驾驶人转动转向盘的操纵力、减轻驾驶疲劳的转向系统。

动力转向系统按动力介质的不同分为气压式、液压式和电动式三类。

气压式动力转向系统主要用于采用气压制动系统的货车和客车。对于装载质量过大的货车，因为其气压制动系统的工作压力较低，使得部件结构复杂、尺寸过于庞大、消耗功率多、易产生泄漏，而且转向力也不宜有效控制，所以这种助力系统不容易用于大型货车和小型轿车。电动动力转向系统通常需要微机控制，目前处于发展阶段，并未普及。液压动力转向系统工作灵敏度高，结构紧凑、外廓尺寸较小，工作时无噪声，工作滞后时间短，而且能吸收来自不平路面的冲击。因此，液压式动力转向系统在各类汽车上得到了广泛的应用。液压式动力转向系统按液流形式可以分为常流式和常压式；按转向控制阀的运动方式又可以分为滑阀式和转阀式。让我们先来认识一下液压式动力转向装置。

2. 液压式动力转向系统的组成、原理

（1）液压常流滑阀式动力转向装置　液压常流滑阀式动力转向装置的基本组成如图4-33

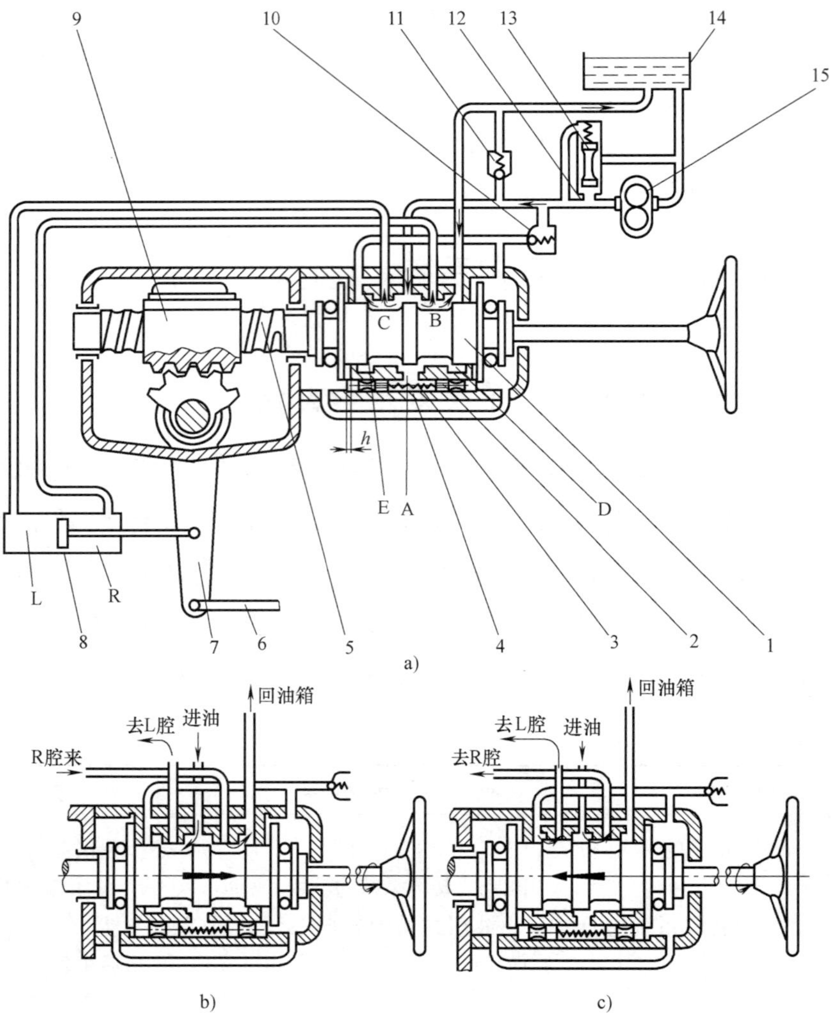

图 4-33　液压常流滑阀式动力转向装置

1—滑阀　2—反作用柱塞　3—滑阀复位弹簧　4—阀体　5—转向螺杆　6—转向直拉杆　7—转向摇臂　8—转向动力缸　9—转向螺母　10—单向阀　11—安全阀　12—节流孔　13—溢流阀　14—转向储油罐　15—转向泵

和图4-34所示，主要包括转向储油罐、转向泵、转向控制阀、转向动力缸等。

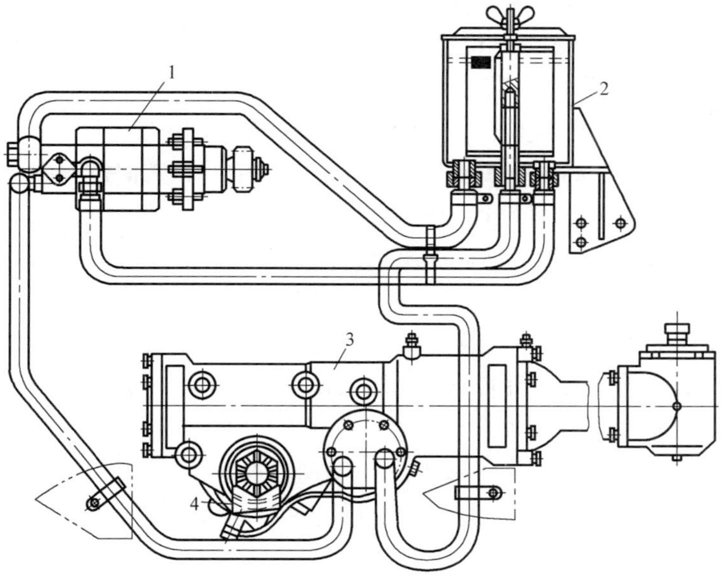

图4-34　滑阀式动力系统的组成

1—转向泵　2—转向油罐　3—滑阀式整体动力转向器　4—转向摇臂

汽车直线行驶时，如图4-33a所示，滑阀1在复位弹簧3的作用下保持在中间位置。转向控制阀内各环槽相通，自转向泵15输送出来的油液进入阀体环槽A之后，经环槽B和C分别流入动力缸8的R腔和L腔，同时又经环槽D和E进入回油管道流回油罐14。这时，滑阀与阀体各环槽槽肩之间的间隙大小相等，油路畅通，动力缸8因左右腔油压相等而不起加力作用。

汽车右转向时，驾驶人通过转向盘使转向螺杆5向右转动(顺时针)。开始时，转向螺母暂时不动，具有左旋螺纹的螺杆5在螺母9的推动下向右轴向移动，带动滑阀1压缩弹簧3向右移动，消除左端间隙h，如图4-33b所示。此时环槽C与E之间、A与B之间的油路通道被滑阀和阀体相应的槽肩封闭，而环槽A与C之间的油路通道增大，转向泵送来的油液自A经C流入动力缸的L腔，L腔成为高压油区。R腔油液经环槽B、D及回油管流回储油罐14，动力缸8的活塞右移，使转向摇臂7逆时针转动，从而起加力作用。

想一想：如果油液总是按上面的方向流动，转向轮一直偏转，将会出现什么后果？

所以，助力作用必须是随转向盘的转动而进行，随转向盘的停转而减小(维持)，若继续转动，则继续助力。这就是所谓的“随动”作用(转向轮的偏转角随转向盘转角变化而变化)。

那么随动作用是如何实现的？

只要转向盘和转向螺杆5继续转动，加力作用就一直存在。当转向盘转过一定角度保持不动时，转向螺杆5作用于转向螺母9的力消失，但动力缸活塞仍继续右移，转向摇臂7继续逆时针方向转动，其上端拨动转向螺母，带动转向螺杆5及滑阀一起向左移动，直到滑阀1恢复到中间稍偏右的位置。此时L腔的油压仍高于R腔的油压。此压力差在动力缸活塞上的作用力用来克服转向轮的回正力矩，使转向轮的偏转角维持不动，这就是转向的维持过程。如转向轮进一步偏转，则需继续转动转向盘，重复上述全部过程。

松开转向盘，滑阀在回位弹簧3和反作用柱塞2上的油压的作用下回到中间位置，动力缸停止工作。转向轮在前轮定位产生的回正力矩的作用下自动回正，通过转向螺母9带动转向螺杆5反向转动，使转向盘回到直线行驶位置。如果滑阀不能回到中间位置，汽车将在行驶中跑偏。

在对装的反作用柱塞2的内端，复位弹簧3所在的空间，转向过程中总是与动力缸高压油腔相通。此油压与转向阻力成正比，作用在柱塞2的内端。转向时，要使滑阀移动，驾驶人作用在转向盘上的力，不仅要克服转向器内的摩擦阻力和复位弹簧的张力，还要克服作用在柱塞2上的油液压力。所以，转向阻力增大，油液压力也增大，驾驶人作用于转向盘上的力也必须增大，使驾驶人感觉到转向阻力的变化情况。这种作用就是“路感”。

总结：液压常流滑阀式动力转向系统，结构复杂、体积大，所以大多应用于大型货车、客车和工程机械上。而小型汽车上主要应用的是液压常流转阀式动力转向装置。

（2）液压常流转阀式动力转向装置的工作原理　液压常流转阀式动力转向装置的基本组成如图4-35所示，也是有转向泵、转向动力缸、转向控制阀等组成。

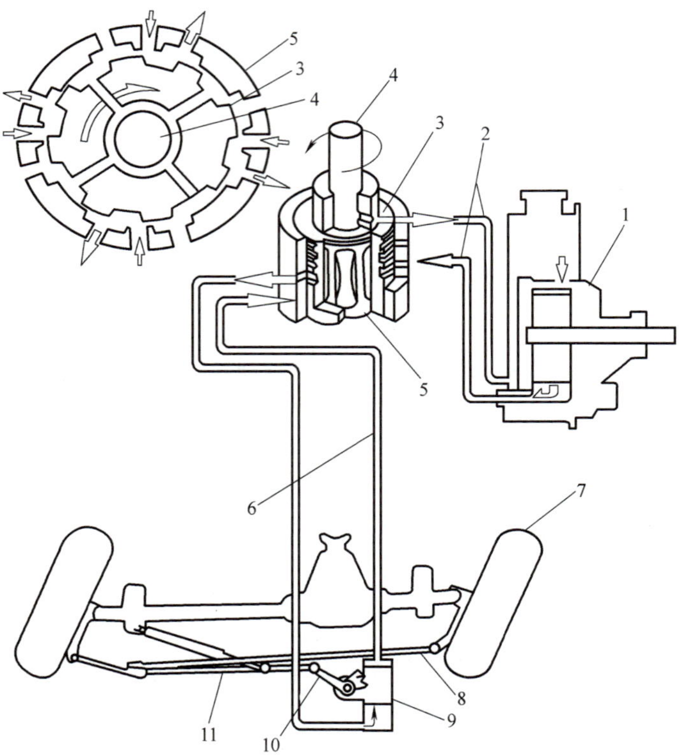

图4-35　液压常流转阀式动力转向装置

1—转向泵　2—油管　3—阀体　4—阀芯　5—柱塞　6—油管　7—车轮
8—转向拉杆　9—转向动力缸　10—转向摇臂　11—转向横拉杆

当汽车直线行驶时，转阀处于中间位置，如图4-36a所示。工作油液从转向器壳体的进油孔B流到阀体13的中间油环槽中，经过其槽底的通孔进入阀体13和阀芯12之间，此时阀芯处于中间位置。进入的油液分别通过阀体和阀芯纵槽和槽肩形成的两边相等的间隙，再通过阀芯的纵槽以及阀体的径向孔流向阀体外圆上、下油环槽，通过壳体油道流到动力缸的左转向动力腔L和右转向动力腔R。流入阀体内腔的油液在通过阀芯纵槽流向阀体上油环槽的同时，通过阀芯槽肩上的径向油孔流到转向螺杆和输入轴之间的空隙中，从回油口经油管回到油罐中去，形成常流式油液循环。此时，上下腔油压相等且很小，齿条-活塞既没有受到转向螺杆的轴向推力，也没有受到上、下腔因压力差造成的轴向推力。齿条-活塞处于中间位置，动力转向器不工作。

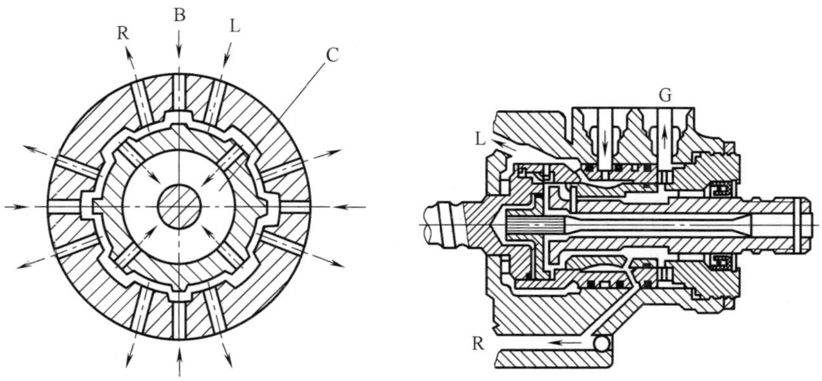

a) b)

图4-36 汽车直线行驶时转阀的工作情况

a）阀芯与阀体的相对位置 b）阀芯中的油流情况

R—接右转向动力缸 L—接左转向动力缸 B—接转向泵 C—接转向油罐

左转向时（右转向与此正相反），转动转向盘，短轴逆时针转动，通过下端轴销带动阀芯同步转动，同时弹性扭杆也通过轴盖、阀体上的销子带动阀体转动，阀体通过缺口和销子带动螺杆旋转，但由于转向阻力的存在，促使扭杆发生弹性扭转，造成阀体转动角度小于阀芯的转动角度，两者产生相对角位移，如图4-37b所示。造成通下腔的进油缝隙减小（或关闭），回油缝隙增大，油压降低；上腔正相反，油压升高，上下动力腔产生油压差，齿条-活塞在油压差的作用下移动，产生助力作用。

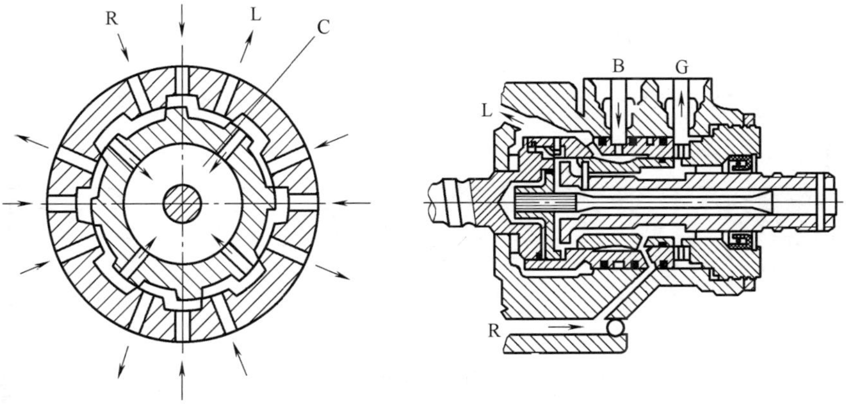

a) b)

图4-37 汽车左转向时转阀的工作情况

a）阀芯与阀体的相对位置 b）阀芯中的油流情况

R—接右转向动力缸 L—接左转向动力缸 B—接转向泵 C—接转向油罐

当转向盘转动后停在某一位置，阀体随转向螺杆在液力和扭杆弹力的作用下沿转向盘转动方向旋转一个角度，使之与滑阀的相对角位移量减小，上、下动力缸油压差减小，但仍有一定的助力作用。使助力力矩与车轮的回正力矩相平衡，车轮维持在某一转角位置上。

在转向过程中，若转向盘转动的速度快，阀体与阀芯的相对角位移量也大，上下动力腔的油压差也相应加大，前轮偏转的速度也加快；转向盘转动得慢，前轮偏转的也慢；转向盘转到某一位置上不动，前轮也偏转到某一位置上不变。此即“快转快助，大转大助，不转不助”原理。

转向后需回正时，驾驶人放松转向盘，阀芯在弹性扭杆作用下回到中间位置，失去了助力作用，转向轮在回正力矩的作用下自动回位。若驾驶人同时回转转向盘时，转向助力器助力，帮助车轮回正。

当汽车直线行驶偶遇外界阻力使转向轮发生偏转时，阻力矩通过转向传动机构、转向螺杆、螺杆与阀体的锁定销作用在阀体上，使之与阀芯之间产生相对角位移，动力缸上、下腔油压不等，产生与转向轮转向相反的助力作用。转向轮迅速回正，保证了汽车直线行驶的稳定性。

当液压动力转向装置失效后，失去方向控制是非常危险的，所以一旦液压动力转向装置失效，该动力转向器将变成机械转向器。动力传递路线与机械转向系统完全一致。

小结：动力转向系统是由机械转向器、转向控制阀、转向动力缸以及将发动机输出的部分机械能转换为压力能的转向泵（或空气压缩机）、转向储油罐组成。其主要功能是实现“渐进随动原理”，即快转快助，大转大助，不转不助。动力转向装置可分为液压式和气压式两种，液压式分为滑阀式和转阀式两种。

测试题： 1. 简述动力转向系统的功用及常见类型。

2. 对照实物或图片说出液压动力转向系统各部件的名称。
3. 对照实物或图片说明液压常流滑阀式动力转向系统的工作原理。
4. 对照实物或图片说明液压常流转阀式动力转向系统的工作原理。

4.7 液压动力转向系统的主要部件

想一想：液压动力转向系统有哪些主要部件？

提示：液压动力转向系统的主要部件有动力转向器、转向泵、转向储液罐等。

学习目标	鉴定标准	教学建议
1. 了解动力转向器 2. 了解转向泵 3. 了解转向储液罐	应知： 1. 动力转向器原理 2. 转向泵原理 3. 转向储液罐的检修方法	建议： 采用教师启发式讲解、学生讨论相结合的方式，最后由教师总结

1. 动力转向器

（1）滑阀整体式动力转向器　黄河 JN1181C13 型汽车滑阀整体式动力转向器如图 4-38 所示，主要由机械转向器、转向动力缸和转向控制阀组成。

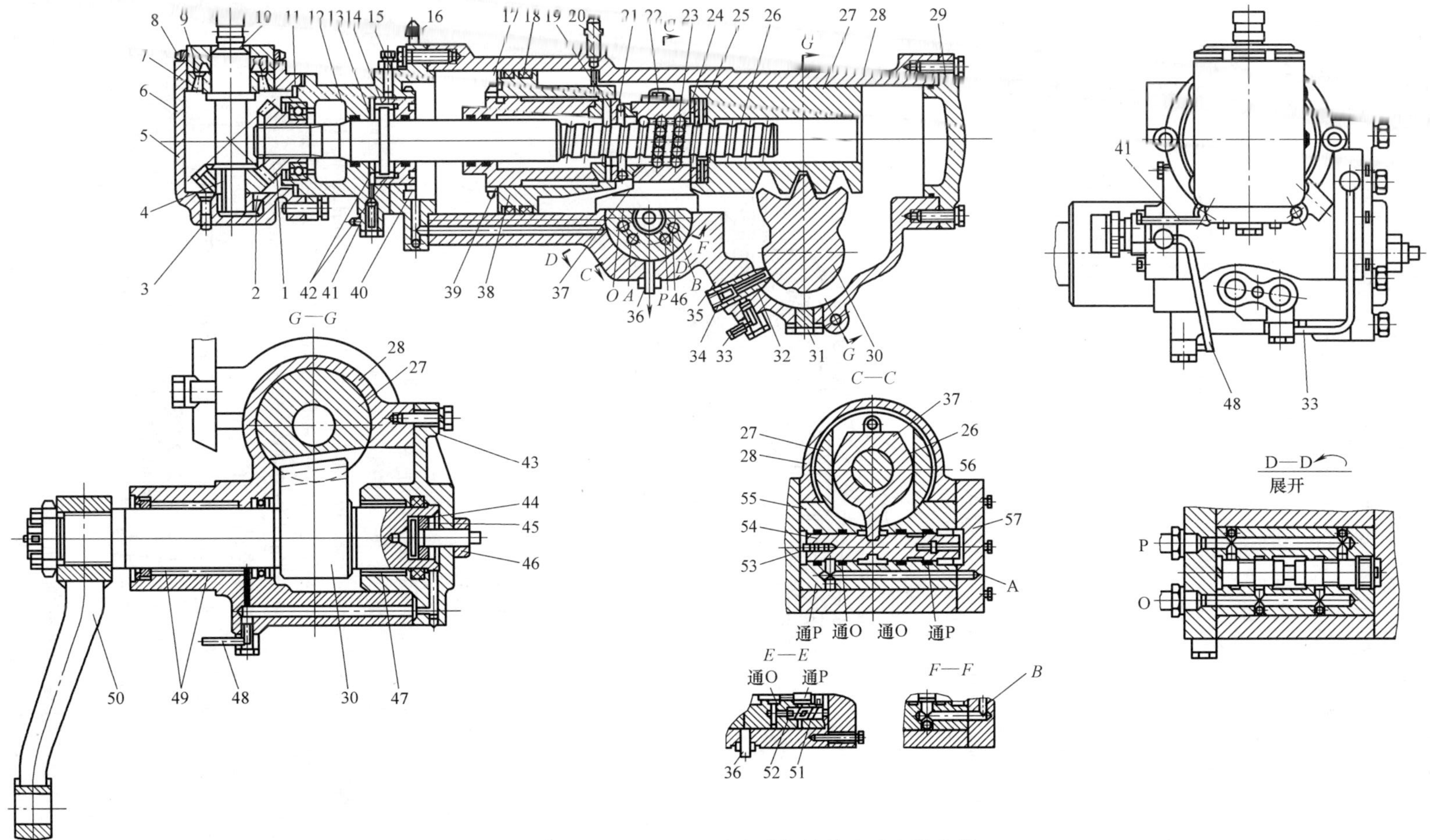

图 4-38　黄河 JN1181C13 型汽车滑阀整体式动力转向器

1—从动锥齿轮　2—圆锥滚子轴承　3—齿轮箱放油螺塞　4—平键　5—主动锥齿轮　6—齿轮箱壳体　7—圆锥滚子轴承　8—锁紧螺母　9—调整螺塞　10—输入轴　11—深沟球轴承　12—转向器前盖　3—锥面垫圈　14—调心滚子轴承　15—调整座　16—动力缸前腔放气阀　17—锁紧螺母　18—球面垫圈　19—蝶形弹簧　20—动力缸后腔放气阀　21—径向推力球轴承　22—钢球导管　23—钢球　24—推力滚子轴承　25—蝶形弹簧　26—转向螺杆　27—转向动力缸活塞　28—转向器壳体（动力缸体）　29—转向器后盖　30—齿扇轴　31—放油螺塞　32—转向限制阀柱塞　33—通动力缸前腔的油管　34—转向限止阀弹簧　35—转向限止阀体　36—紧定螺钉　37—转向螺母　38—调整垫片　39—锁片　40—锁紧螺母　41、48—润滑油管　42—推力滚子轴承　43—转向器后侧盖　44—调整螺钉　45—垫圈　46—固定螺母　47、49—调心滚子轴承　50—转向摇臂　51—单向阀弹簧　52—单向阀　53—反作用柱塞　54—滑阀　55—转向控制阀体　56—滑阀复位弹簧　57—转向器前侧盖

P—转向控制阀进油道　O—转向控制阀回油道　A—控制阀通动力缸前腔油道　B—控制阀通动力缸后腔油道

机械转向器：为循环球-齿条齿扇式。由转向螺杆26、转向螺母37、动力缸活塞27(齿条)和齿扇轴30组成。齿条与齿扇的啮合间隙用调整螺钉44调节。

转向动力缸：由转向动力缸的缸体(转向器壳体28)、动力缸活塞27组成。

转向控制阀：位于转向螺母下方，二者轴线互相垂直，阀体55用紧定螺钉36限制其轴向和周向位置，滑阀54的轴向位置由转向螺母下部的板状凸缘控制，其中立位置由复位弹簧56保证，滑阀两端各有一个由反作用柱塞53密封的反作用孔腔，分别与动力缸前、后腔连通。

刚通过转向盘转动螺杆时，由于转向螺杆的轴向位置已被推力轴承42限止，动力缸活塞也因受齿扇轴传来的路面阻力而暂时不能运动。螺母两端蝶形弹簧的预紧力又使得转向螺母不可能相对于活塞轴向移动。结果只能使转向螺母随转向螺杆转动一个不大的角度，将滑阀拨到相应的工作位置。于是动力缸的一腔通进油道P，另一腔通回油道O。在动力缸活塞上的液压作用力与转向螺母的轴向力共同作用下，带动齿扇轴30和转向摇臂50转动。

(2) 转阀整体式动力转向器　北京切诺基汽车转阀整体式动力转向器结构，如图4-39所示。主要由机械转向器、转向动力缸和旋转式转向控制阀三者组合而成。

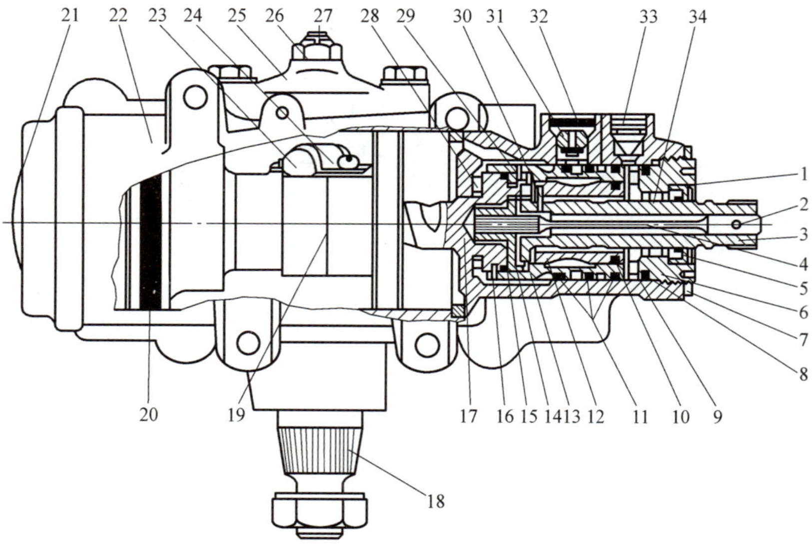

图4-39　北京切诺基汽车转阀整体式动力转向器

1—卡环　2—锁销　3—短轴　4—扭杆　5—骨架油封　6—调整螺塞　7—锁紧螺母　8、10、11、15、20—O形密封圈　9—推力滚针轴承　12—阀芯　13—阀体　14—下端轴盖　16—锁销　17—转向螺杆　18—转向摇臂轴　19—转向螺母(齿轮—齿条)　21—转向器端盖　22—壳体　23—循环球导管　24—导管压紧板　25—侧盖　26—锁紧螺母　27—调整螺钉　28—推力滚针轴承　29—定位销　30—锁销　31—单向阀　32—进油口　33—出油口　34—滚针轴承

机械转向器：为循环球式，有两级传动副，第一级是螺杆螺母(活塞-齿条)传动副，第二级是齿条-齿扇传动副。转向器壳体侧盖上的调整螺钉27及锁紧螺母26，用来调整齿条和齿扇的啮合间隙。

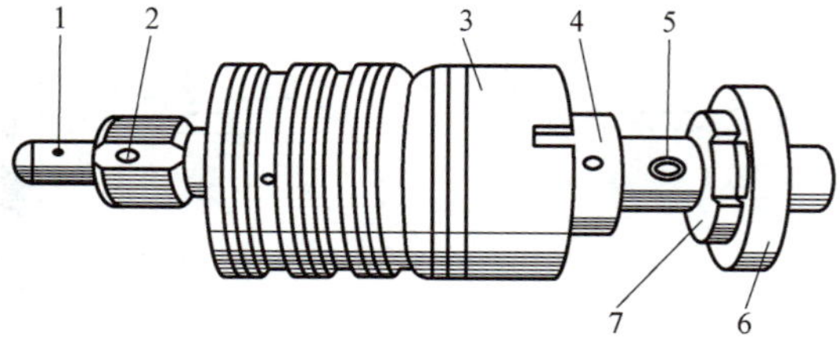

图4-40　输入轴组件

1—扭杆　2—锁销　3—阀体(阀套)　4—阀芯　5—锁销　6—轴盖　7—短轴

转向控制阀：用于控制液压油的流动方向。主要由阀体(阀套)3、阀芯4、输入轴组件及密封件等组成，如图4-40和图4-41所示。

扭杆 1 的一端同阀体 3 连接在转向轴上，另一端通过定位销与阀芯 4 相连。阀体 3 和阀芯 4 上开有相对应的油道，动力缸左腔和右腔分别与阀体上相对两油道相连，阀上还开有回油道。

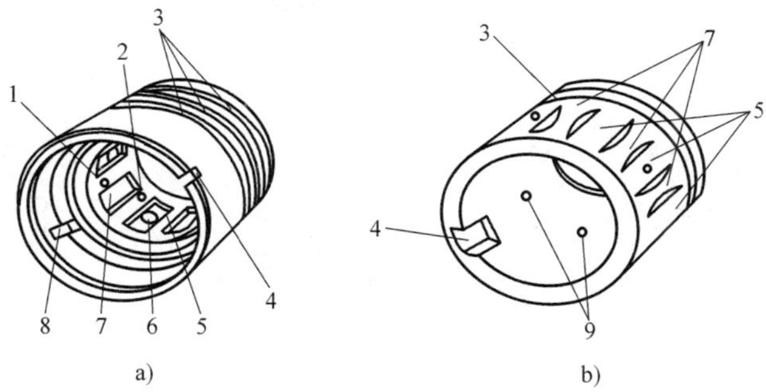

图 4-41　阀体及阀芯的结构

a）阀体　b）阀芯

1—小孔（通动力缸前腔）　2—小孔（通动力缸后腔）　3—环槽　4—缺口　5—槽肩

6—孔（通进油口）　7—纵槽　8—锁销　9—孔（通回油孔）

转向动力缸：为双向作用型，其作用是利用油压来扩大传送到转向传动机构上的转向力。动力缸缸体即转向器壳体，动力缸活塞即齿条活塞。

（3）动力转向器的检修

1）检查。转向器分解后应对控制阀组件、支座组件、滚子轴承、管道组件、转向横拉杆、转向器壳体、压力密封垫和弹簧、齿条组件、防尘套进行检查，如有明显损伤，应更换。

2）检查系统的密封性. 转向系统密封性的检查，应在热车时进行，其常见的泄漏点如图 4-42 和图 4-43 所示。其方法是：

① 将转向盘快速向左、右两侧转至极限位置（注意在极限位置停留不得超过 5s），并保持不动。目测检查转向控制阀、齿条密封（松开波纹管软管卡箍，再将波纹管推至一旁）、叶轮泵、油管接头是否有漏油现象，如有渗漏应更换密封件。

② 如果发现储油罐中缺少油液时，应检查转向系统的密封性是否完好。

③ 当转向器主动齿轮不密封时，必须更换阀体中的密封环和中间盖板上的圆形绳环。

④ 如果转向器罩壳中的齿轮齿条密封件不密封，转向动力油液可能流入波纹管套里。此时，应拆开转向机构，更换所有密封环。

⑤ 如油管接头漏油，应查找原因并重新接好。

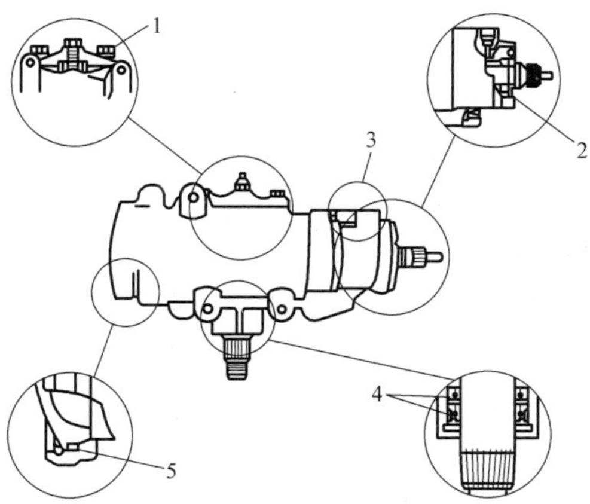

图 4-42　循环球式动力转向器常见泄漏点

1—侧盖泄漏　2—调整螺母油封泄漏　3—压力软管接头螺栓泄漏　4—转向摇臂轴油封泄漏　5—端盖油封泄漏

2. 转向泵

（1）作用　转向泵是动力转向装置的动力源，其功用是将发动机的机械能变为驱动转向动力缸工作的液压能，再由转向动力缸输出的转向力，驱动转向车轮转向。

（2）类型　转向泵的结构类型有多种，常见的有齿轮式、转子式和叶片式，分别如图 4-44、图 4-45 和图 4-46 所示。

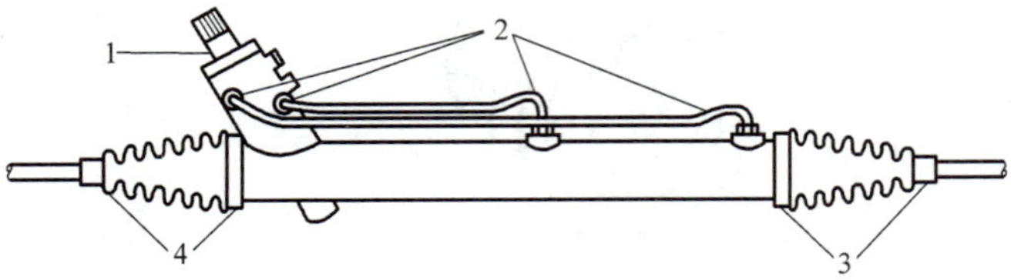

图 4-43　齿轮齿条式动力转向器常见泄漏点

1—小齿轮轴油封　2—油管接头　3、4—防尘套及卡箍

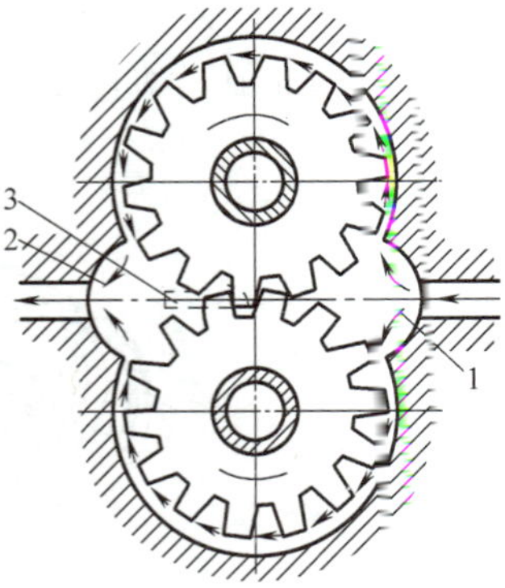

图 4-44　齿轮式转向泵

1—进油口　2—出油口　3—卸荷槽

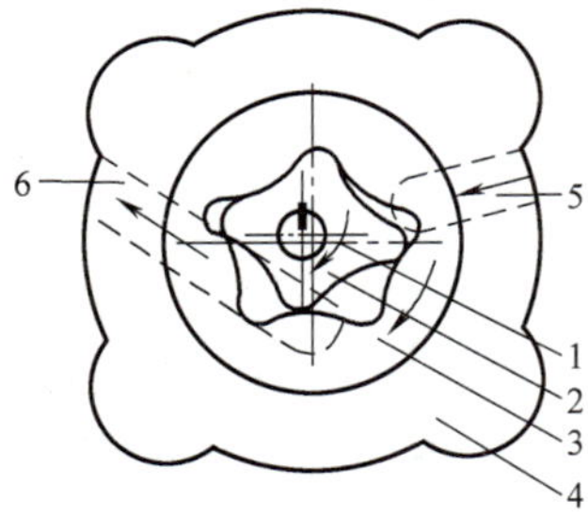

图 4-45　转子式转向泵

1—主动轴　2—内转子　3—外转子　4—油泵壳体　5—进油口　6—出油口

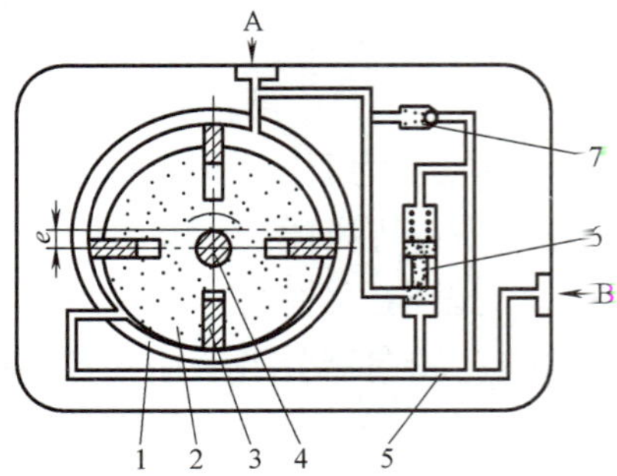

图 4-46　叶片式转向泵

1—定子　2—转子　3—叶片　4—转子轴　5—出油管道　6—溢流阀　7—安全阀　A—进油孔　B—出油孔

（3）双作用叶片式转向泵

1）结构(目前最常用的是双作用叶片式转向泵)。双作用叶片式转向泵的结构，如图4-47所示。驱动轴14上压有一个传动带轮并由曲轴上传动带轮通过传动带驱动转向泵。转向泵主要由转子27、定子21、配油盘(19、23)、壳体1、驱动轴14及组和阀(溢流阀2和安全阀3)组成。转子27上均匀地开有十个径向叶片槽，槽内装有可径向滑动的矩形叶片28，叶片顶端可紧贴在定子21的内表面上。在转子和定子的两个侧面上各有一配油盘(19、23)，由于转子的宽度稍小于定子的宽度，使两配油盘紧压在定子上。两配油盘和定子一起装在壳体内，不能移动或转动。两配油盘与定子相对的端面上各开有对称布置的腰型槽，分别与进油口和出油口相连。定子内表面曲线近似于椭圆形，使得由转子、定子叶片和左右配油盘之间形成若干个密封的工作室。工作室容积大小随转子旋转实现“由小变大，由大变小，再由小变大，由大变小”，一直循环。

2）原理。双作用叶片式转向泵的工作原理如图4-48所示。当发动机带动转向泵逆时针旋转时，叶片在离心力的作用下紧贴在定子的内表面上，工作容积开始由小变大，从吸油口吸进油液，而后工作容积由大变小，压缩油液，经压油口向外供油。再转180°，又完成一次吸压油过程。

双作用式叶片泵，有两个工作腔，转子每转一周，每个工作腔都各自吸压油一次，体现

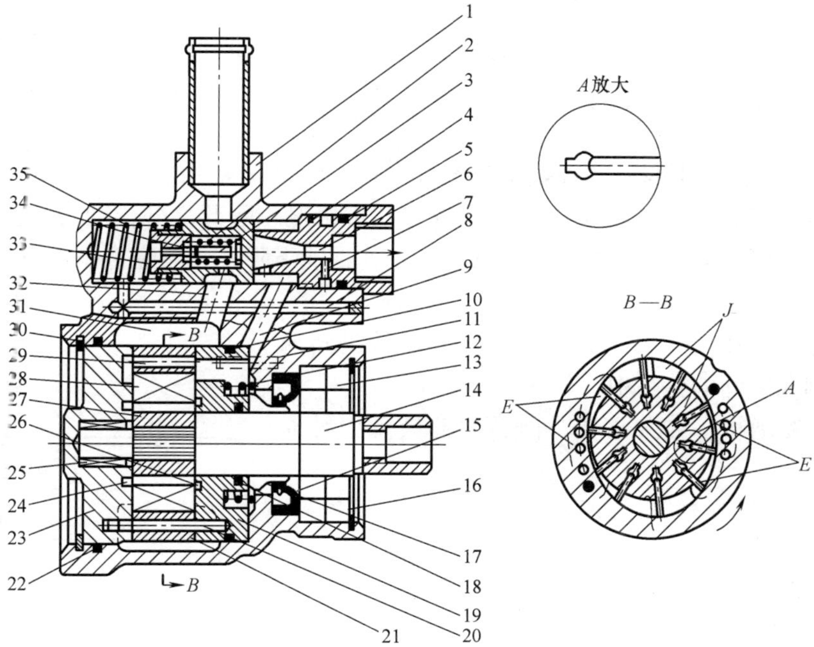

图 4-47　双作用叶片式转向泵

1—壳体　2—溢流阀　3—安全阀弹簧　4—出油管接头　5、10、18、22—O 型密封圈　6—节流孔　7—感压小孔　8—横向油道　9—出油道　11、20—定位销　12—配油盘压紧弹簧　13—轴承　14—驱动轴　15—骨架油封　16—卡圈　17—隔套　19—右配油盘　21—定子　23—左配油盘　24、26—环形油槽　25—滚针轴承　27—转子　28—叶片　29—定子轴向通孔　30—挡圈　31—进油腔　32—进油槽　33—螺塞　34—钢球　35—溢流阀

双作用。溢流阀、安全阀的功用、原理如图 4-49 所示。

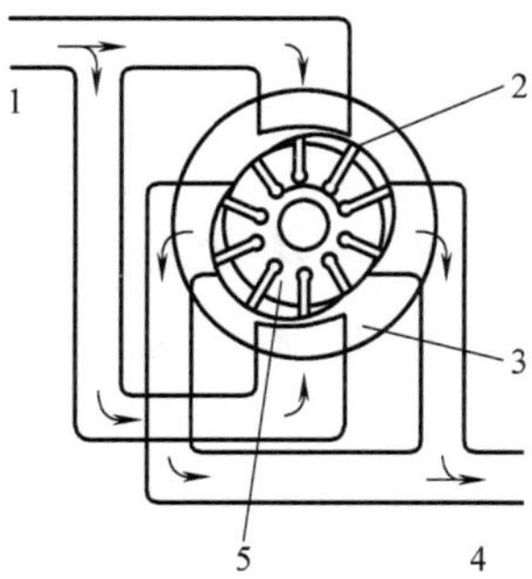

图 4-48　双作用叶片泵工作原理

1—进油口　2—叶片　3—定子　4—排油口　5—转子

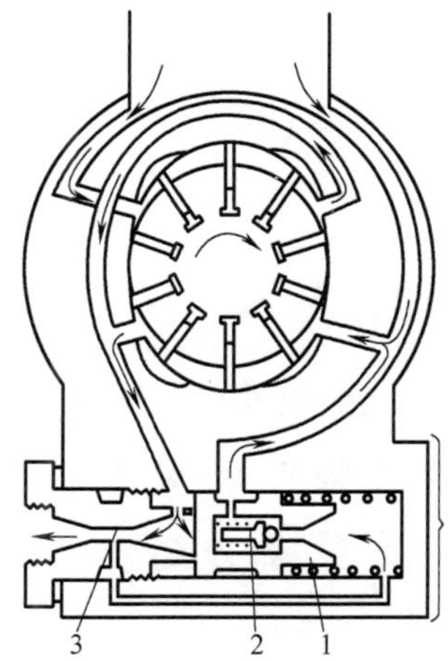

图 4-49　双作用卸荷式叶片泵结构、原理

1—溢流阀活塞（溢流阀）　2—安全阀　3—节流孔

溢流阀用以限定转向泵的最大输出流量。当输出油量过大时，节流孔处油液的流速很高，但该处的压力很小，此压力经横向油道传到溢流阀右侧，使节流阀左右两侧的压差增大，在压差的作用下，节流阀压缩弹簧右移，使进油道和出油道相通，部分油液在泵内循环

流动，减少了出油量。安全阀用以限定转向泵输出油液的最高压力。当输出压力过高时，这个压力传到溢流阀右侧，使安全阀左移开启，高压油流回进油腔，降低了输出油压。当这两个阀出现弹簧过软、折断或不密封时，将会导致转向泵油压和流量不足而出现故障。

3. 转向储液罐

转向储液罐的作用是储存、滤清液压系统中转向动力缸所用的油液。

(1) 检修。转向泵在使用中应定期检查传动带情况。除此之外，动力转向器出现故障时，应检查转向泵泵油压力。若确认转向泵的工作性能下降，一般应整体更换。

转向泵压力的检查步骤如下：

1) 将量程为 15MPa 的压力表和节流阀串接到转向泵和转向控制阀之间的管路中，如图 4-50 所示。

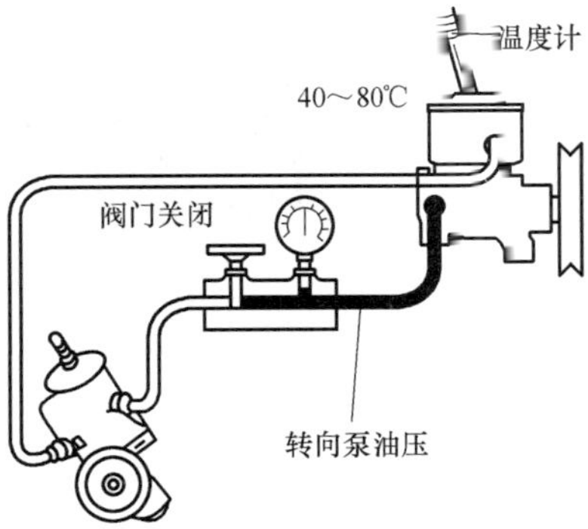

图 4-50　转向泵压力的检查

2) 起动发动机，如果需要，向转向储液罐中补充油液。

3) 发动机怠速运转，转动转向盘数次。

4) 急速关闭节流阀(不超过 5～10s)，并读出压力数，额定值应为：

① 桑塔纳 2000：6.8～8.2MPa。

② 奥迪 200：12～13MPa。

若压力足够，说明转向泵正常。

5) 如果没有达到额定值，就应检查压力和流量限制阀是否完好。如不正常就应更换溢流阀、安全阀或更换转向泵。

测试题： 1. 对照实物或图片说明动力转向器、转向泵的结构和工作原理。

2. 实操并说明如何检查转向泵的压力。

4.8　液压动力转向系统的维护项目

想一想：液压动力转向系统的维护项目有哪些?

提示：液压动力转向系统的维护项目主要有：转向储油罐液面高度的检查及油液的更换，转向泵传动带张紧力的检查与调整，转向盘的检查，系统压力的检查的方法等。

学 习 目 标	鉴 定 标 准	教 学 建 议
1. 掌握转向储油罐液面高度的检查及油液的更换方法 2. 掌握转向泵传动带张紧力的检查与调整方法 3. 掌握转向盘的检查方法 4. 掌握系统压力的检查的方法	应知： 1. 转向储油罐液面高度的检查及油液的更换方法 2 转向泵传动带张紧力的检查与调整方法 3. 转向盘的检查方法 4. 掌握系统压力的检查的方法	建议： 采用教师启发式讲解学生讨论相结合的方式，最后由教师总结

1. 转向储油罐液面高度的检查及油液的更换

转向储油罐的功用是储存、滤清、冷却动力转向系统工作油液，其表面有不同方式表示的液面高度要求。如果液面高度太低，将使动力转向系统渗入空气，造成汽车转向操作不稳，忽轻忽重或有噪声。

（1）转向储油罐液面的检查

1）将车辆停放在平坦的地面上，使前轮处于直行位置。

2）起动发动机，并使其达到正常的工作温度。

3）使发动机怠速运转大约2min，左、右转动几次转向盘，使油温达到40～80℃，关闭发动机。

4）观察储油罐的液面，此时液面应处于“Max”（上限）与“Min”（下限）之间，液面低于“Min”时，应加至“Max”，如图4-51所示。

5）对于用油尺检查的汽车：拧下带油尺的封盖，用布将油位标尺擦净，将带油尺的封盖插入储油罐内拧好，然后重新拧出，观察油尺上的标记，应处于“Max”与“Min”之间，必要时将转向油加至“Max”处。

（2）转向油液的更换

1）放油

① 支起汽车前部，使两前轮离开地面。

② 拧下转向储油罐盖，拆下转向泵回油管，然后将转向油放入容器中。

③ 发动机怠速运转，在放转向油的同时，左右转动转向盘。

2）加油与排气

① 向转向储油罐内加注符合规定的转向油。桑塔纳2000转向油型号为PENPOSIN CHF 11S（PL-VW521 46）；奥迪轿车转向油型号为G002000。

② 停止发动机工作，支起汽车前部，并用支架支承，连续从左到右转动转向盘若干次，将转向系统中多余空气排出。

③ 检查转向储油罐中油面高度，视需要加至“Max”标记处。

④ 降下汽车前部，起动发动机怠速运转，连续转动转向盘，注意油面高度的变化，当油面下降时就应不断加注转向油，直到油面停留在“Max”处，并在转动转向盘后，储油罐中不再出现气泡为止。

2. 转向泵传动带张紧力的检查与调整

（1）传动带张紧力的检查

方法一：汽车停在干燥路面上，运转发动机使油液上升到正常温度，左右转动转向盘，此时驱动传动带负荷最大，如果传动带打滑，说明传动带张紧度不够或转向泵内有机械损伤。这种方法为快速、经验法。

方法二：关闭发动机，用手以约100N的力从传动带的中间位置按下，传动带应有约10mm挠度为合适，否则必须调整。

方法三：有条件时可使用图4-52所示的传动带张紧度测量表。将测量表安装在驱动传动带上，然后测量传动带产生标准变形量时所需力的大小。各种尺寸的传动带的张紧度要求见表4-1。

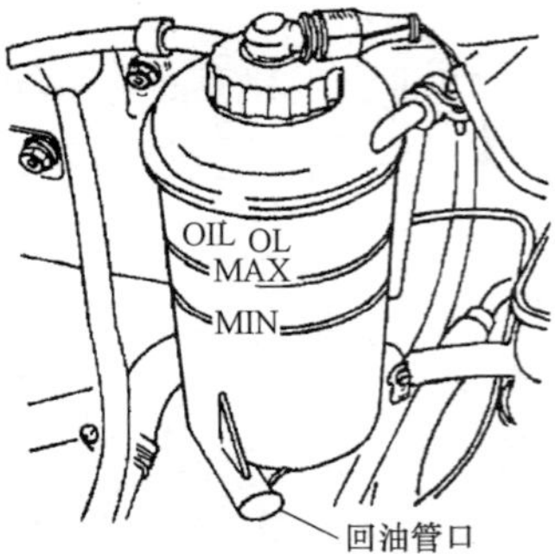

图 4-51　转向储油罐油面的检查

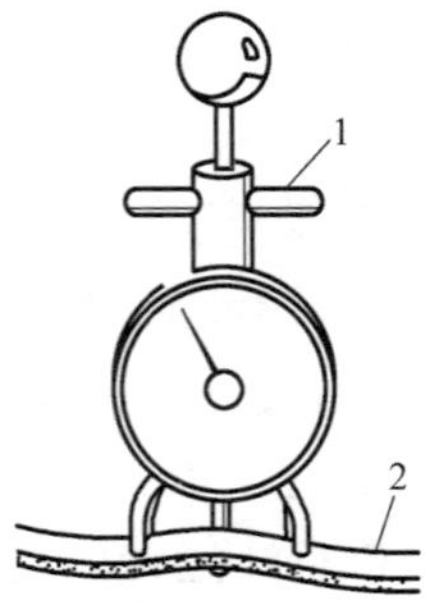

图 4-52　传动带张紧度测量仪

1—测量仪　2—传动带

表 4-1　各种尺寸的传动带的张紧度

	传动带宽度/mm		
	8.0	9.5	12.0
新传动带	最大 350N	最大 620N	最大 750N
旧传动带	最大 200N	最大 300N	最大 400N
带齿传动带	最大 250N		

提示：汽车每行驶 15000km 时，应检查传动带的张紧力，必要时更换。

（2）传动带张紧力的调整　以桑塔纳 2000 型汽车为例进行介绍。

1）松开转向泵支架上的后固定螺栓，如图 4-53 所示。

2）松开张紧螺栓的螺母，如图 4-54 所示。

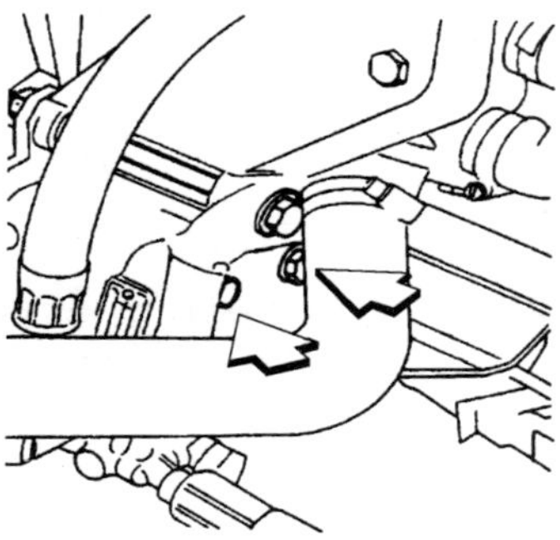

图 4-53　松开后固定螺栓

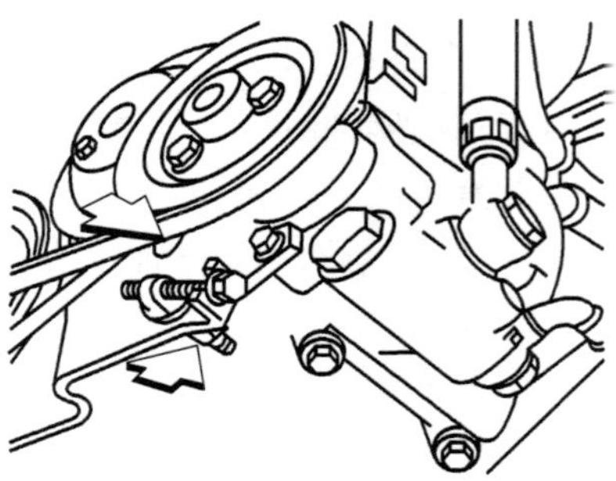

图 4-54　松开张紧螺栓的螺母

3）通过张紧螺栓把传动带绷紧，如图 4-55 所示。当用手以约 100N 的力从传动带的中间位置按下，传动带约有 10mm 挠度为合适。

4）拧紧张紧螺栓的螺母。拧紧转向泵支架上的固定螺栓。

3. 转向盘的检查

（1）检查转向操纵力

1）检查转向操纵力时，将汽车停放在水平干燥的路面上，油液温度达到 40～80℃，轮胎气压正常，并使前轮处于直线行驶位置。

2）发动机怠速运转，将一弹簧秤钩在转向盘边缘上，拉动转向盘，检查转向盘左右转动一圈所需拉力变化。一般来说，如果转向操纵力超过 44.5N，说明动力转向工作不正常，应检查有无传动带打滑或损坏、转向泵输出油压或油量是否低于标准、油液中是否渗入空气、油管是否有压瘪或弯曲变形等故障。

（2）转向盘回位检查　检查时，一面行驶一面查看下列各项：

1）缓慢或迅速转动转向盘，检查两种情况下的转向盘操纵力有无明显的差别，并检查转向盘能否回到中间位置。

2）使汽车以约 3.5km/h 的速度行驶，将转向盘顺时针或逆时针转动 90°，然后放开手 1 ~ 2s，如果转向盘能自动回转 70°以上，说明工作正常，否则应查明故障原因并予以排除。

4. 系统压力的检查

1）如图 4-56 所示，接好压力表和节流阀。

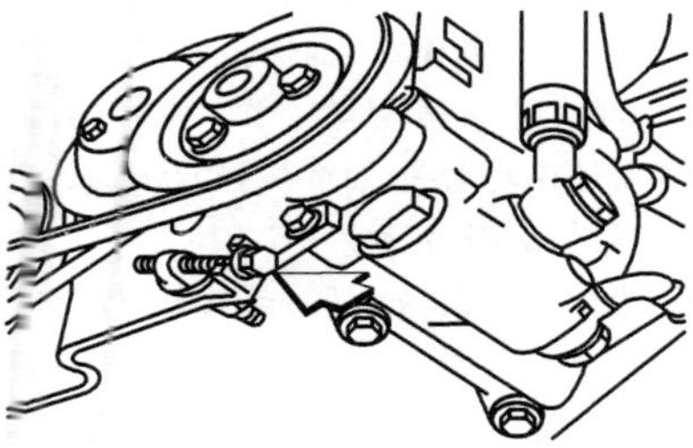

图 4-55　张紧传动带

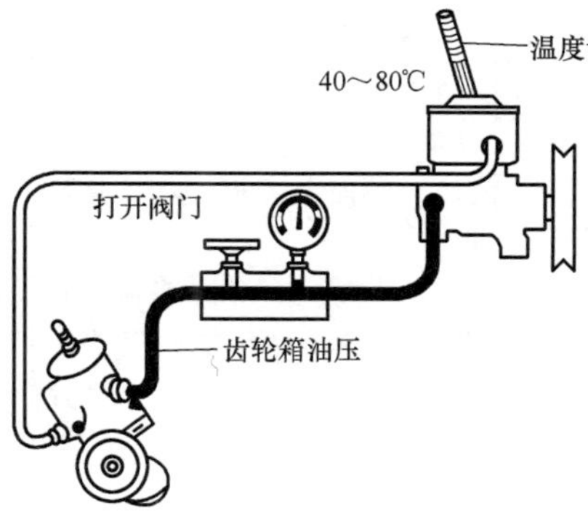

图 4-56　系统压力的检查

2）将节流阀打开，起动发动机并以怠速运转，使转向盘向左、右旋转到极限位置，同时读出压力表上的压力，额定值为 6.8 ~ 8.2MPa。

3）如果向左或向右的额定值达不到要求，就要修理转向器或更换总成。

提示：如果动力转向系统出现失效或转向沉重等故障，应检查转向泵和系统的工作压力。

测试题：实操并说明如何进行液压动力转向系统的维护。

4.9　液压动力转向系统的故障诊断

想一想：液压动力转向系统的故障主要有哪些？

提示：液压动力转向系统的主要故障有转向沉重、转向异响、左右转向轻重不同、直线行驶转向盘发飘或跑偏等。

液压动力转向系统的主要故障有转向沉重、转向异响、左右转向轻重不同、直线行驶转向盘发飘或跑偏等。

1. 转向沉重故障的现象、原因及诊断程序(见表4-2和图4-57)

表4-2 转向沉重故障现象、原因及排除方法

转向沉重		故障编码	DYZJ025
故障现象	故障原因	故障排除方法	
装有液压动力转向系统的汽车，在行驶中突然感到转向沉重	1）转向油罐缺油或油液高度低于规定要求 2）液压回路中渗入了空气 3）转向泵驱动传动带过松或打滑 4）各油管接头处密封不良，有泄漏现象 5）油路堵塞或滤清器污物太多 6）转向泵磨损、内部泄漏严重 7）转向泵安全阀、溢流阀泄漏、弹簧弹力减弱或调整不当 8）动力缸或转向控制阀密封损坏	1）检查转向泵驱动部分的情况 ①用手压下转向泵的传动带，检查传动带的松紧度。若传动带过松，应调整 ②起动发动机，使发动机怠速运转，突然提高发动机的转速，检查转向泵驱动传动带有无打滑现象，发现问题后应按规定更换性能不良的部件 2）检查转向油罐内的油液质量和液面高度，若油液变质则应重新更换规定油液。若只是液面低于规定高度，应加油使油面达到规定位置 3）检查转向油罐内的滤清器 ①若发现滤网过脏，说明滤清器堵塞，应清洗 ②若发现滤网破裂，说明滤清器损坏，应更换 4）检查油路中是否渗入空气，如果发现油罐中的油液有气泡时，说明油路中有空气渗入，应检查各油管接头和接合面的螺栓是否松动，各密封件是否损坏，有无泄漏现象，油管是否破裂等。对于出现故障的部位应进行修整和更换，并进行排气操作，最后重新加入油液 5）检查各油管接头等处有无泄漏，油路中是否有堵塞，查明故障后按规定力矩拧紧有关接头或清除污物 6）对转向泵进行输出油压检查，如果转向泵输出压力不足，说明转向泵有故障，此时应分解转向泵，检查转向泵是否磨损或内部泄漏严重、安全阀、溢流阀是否泄漏或卡滞、弹簧弹力是否减弱或调整不当、各轴承是否烧结或严重磨损等。对于叶片泵还应检查转子上的密封环或油封是否损坏，对于齿轮泵应检查齿轮间隙是否过大等，查明故障予以修理，必要时更换油泵	

2. 转向异响故障现象、原因及诊断程序(见表4-3和图4-58)

表4-3 转向异响故障现象、原因及排除方法

异向		故障编码	DYZJ02[illegible]
故障现象	故障原因	故障排除方法	
汽车转向时，转向系统有过大的异响，并影响汽车的转向性能	1）转向储油罐中液面太低，转向泵在工作时容易渗入空气 2）液压系统中渗入空气 3）储油罐滤网堵塞，或液压回路中有过多的沉积物 4）油管接头松动或油管破裂 5）转向泵严重磨损或损坏 6）转向控制阀性能不良	1）当转向盘处于极限位置或原地慢慢转动转向盘时转向器发出“嘶嘶”声，如果这种异响严重则可能为转向控制阀性能不良，应更换转向控制阀 2）当转向泵发出“嘶嘶”声或尖叫声时，应进行以下检查 ①检查储油罐液面高度，液面高度不够时应查明泄漏部位并修理，然后按规定加足油液 ②检查转向泵传动带是否打滑，若打滑应查明原因更换传动带或调整传动带紧度 ③察看油液中有无泡沫，若有泡沫，应查找漏气部位并予以修理，然后排除空气。若无漏气，则说明油路有堵塞处或转向泵严重磨损及损坏，应修复或更换	

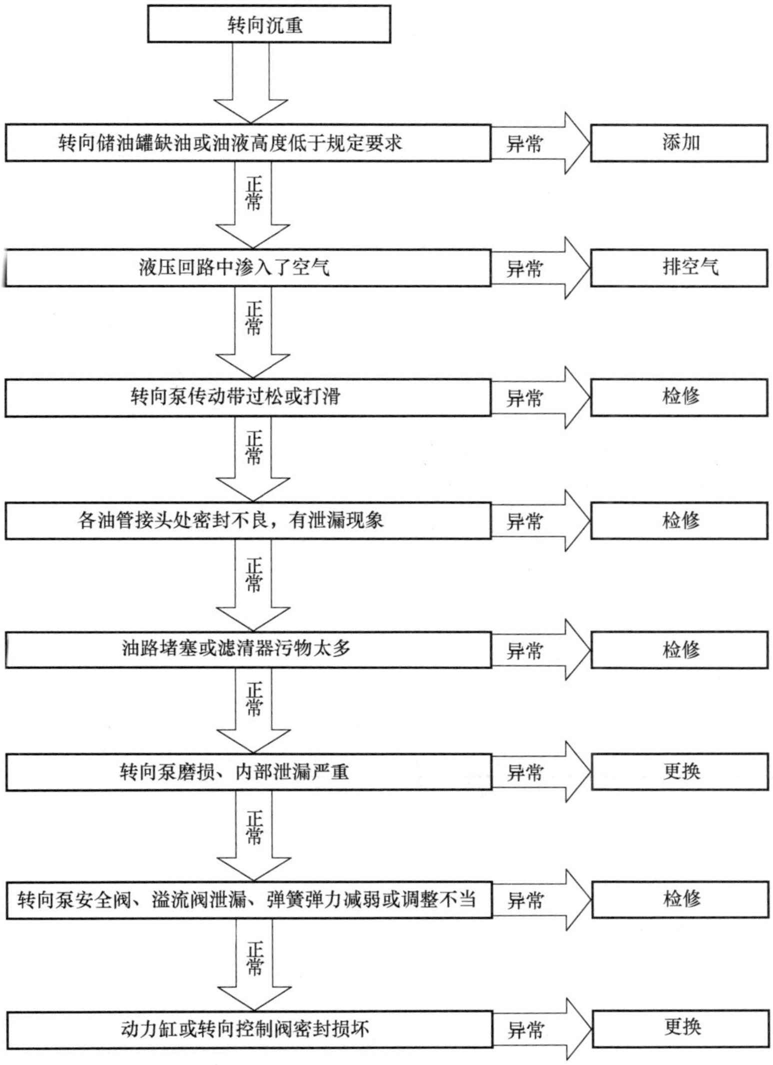

图 4-57　转向沉重故障诊断程序

3. 左右转向轻重不同故障现象、原因及诊断程序（见表 4-4 和图 4-59）

表 4-4　左右转向轻重不同故障现象、原因及排除方法

左右转向轻重不同		故障编码	DYZJ027
故障现象	故障原因	故障排除方法	
汽车行驶时，向左和向右转向操纵力不相等	1）转向控制阀阀芯（或滑阀）偏离中间位置，或虽然在中间位置但与阀体槽肩的缝隙大小不一致 2）控制阀内有污物阻滞，使左右转动阻力不同 3）液压系统中动力缸的某一油腔渗入空气 4）油路漏损	1）如果油质良好或更换新油后故障没有消除，应对液压系统进行排气并检查系统有无油液泄漏，液压系统中出现泄漏时，应更换泄漏部位的零部件 2）如果故障仍不能排除，则可能是由于控制阀定中不良造成的。滑阀式转向控制阀可在动力转向器外部进行排除，通过改变转向控制阀阀体的位置来实现。如果滑阀位置调整后仍不见好转，应拆检滑阀测量其尺寸，若偏差较大，应更换滑阀；对于转阀式转向控制阀必须通过分解检查来排除故障	

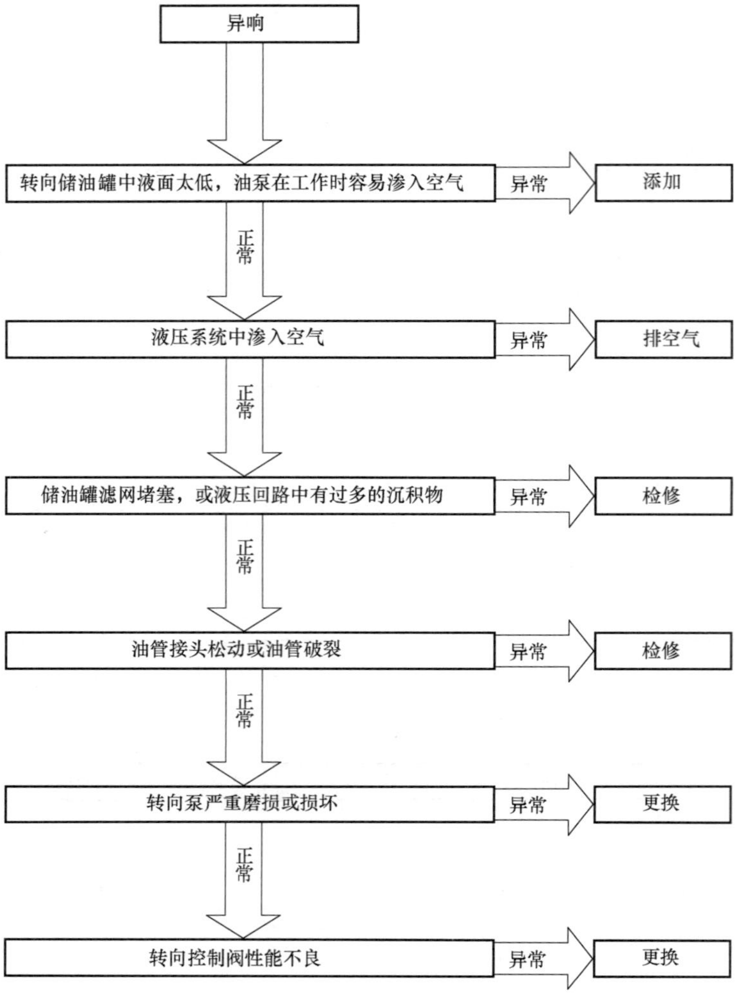

图 4-58　转向异响故障诊断程序

4. 直线行驶转向盘发飘或跑偏故障现象、原因及诊断程序(见表 4-5 和图 4-60)

表 4-5　直线行驶转向盘发飘或跑偏故障现象、原因及排除方法

直线行驶转向盘发飘或跑偏		故障编码	DYZJ023
故障现象	故障原因	故障排除方法	
汽车直线行驶时，难以保持正前方向而总向一边跑偏	1）油液脏污、转向控制阀回位弹簧折断或变软，使转向控制阀不能及时回位 2）转向控制阀阀芯(或滑阀)偏离中间位置，或虽在中间位置但与阀体槽肩的缝隙大小不一致 3）流量控制阀卡滞使转向泵流量过大或油压管路布置不合理，造成油压系统管路节流损失过大，使动力缸左右腔压力差过大	1）首先检查油液是否赃污。对于新车或大修以后的车辆，如果不认真执行磨合期换油规定，使油液脏污 2）对于使用较久的车辆，则可能是流量控制阀或转向控制阀回位弹簧失效所致，此时可在不起动发动机的情况下转动转向盘凭手感判断控制阀是否开启运动自如，若有怀疑一般应拆卸检查 3）最后检查转向泵流量控制阀是否卡滞和油压管路布置是否合理，发现故障予以修理	

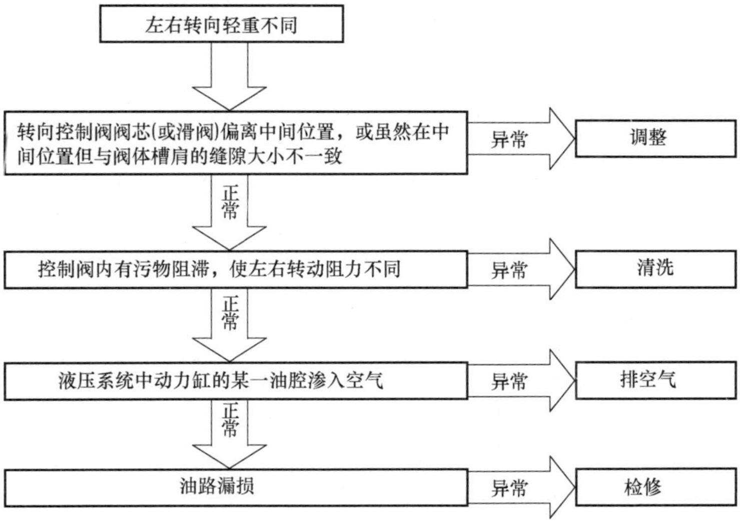

图 4-59　左右转向轻重不同故障诊断程序

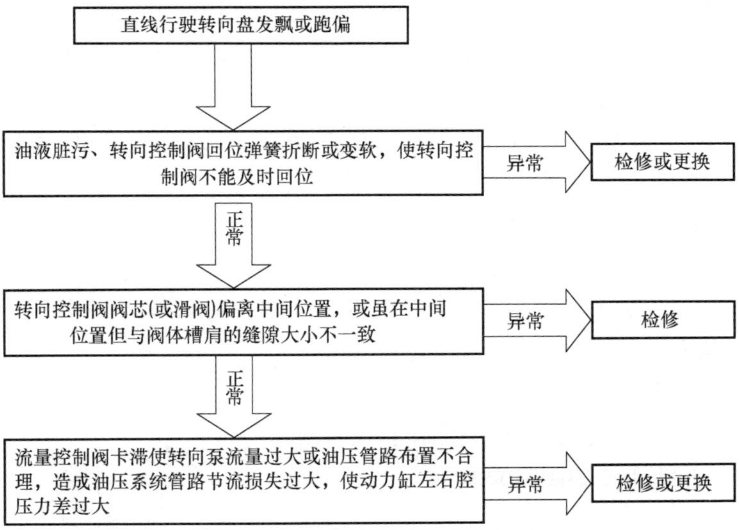

图 4-60　直线行驶转向盘发飘或跑偏故障诊断程序

4.10　电动动力转向系统的基本结构和工作原理

想一想：汽车上为什么装有电动动力转向？

提示：电动动力转向系统使用电动机的动力帮助驾驶人进行转向。该系统采用了最新的电力电子技术和高性能的电机控制技术，能显著改善汽车动态性能和静态性能、提高行驶中驾驶人的舒适性和安全性、减少环境的污染等。

学习目标	鉴定标准	教学建议
1. 掌握电动动力转向的组成及工作原理 2. 掌握电动动力转向系统(EPS)部件结构及工作原理	应知: 1. 电动动力转向的组成及工作原理 2. 电动动力转向系统(EPS)部件结构及工作原理	建议: 采用教师启发式讲解、学生讨论相结合的方式,最后由教师总结

1. 电动动力转向系统概述

依据提供转向能源的不同,汽车转向系统可以分为机械转向系统和动力转向系统两大类。机械转向系统以驾驶人的体力为转向能源,其中所有的传力部件都是机械的,其可靠性高,受外界干扰较小。但由于驾驶人自身力量的限制,机械转向系统输出的转向力矩相对较小,应用范围受限制。动力转向系统是在机械转向系基础上加设一套转向助力装置而形成的,其转向能源少量依靠驾驶人体力,大部分由助力装置来提供。动力转向系统中应用的助力装置主要有液压助力系统、电控液压助力系统(EHPS)和电动转向系统(EPS)。目前大多数商用汽车和约50%的轿车都采用动力转向,微型轿车也开始安装动力转向装置。液压助力转向系统从发明到现在已经有大约半个世纪的历史,可以说是一种较完善的系统。电控液压助力装置只是对液压助力装置添加电子装置,并没有从根本上解决液压助力装置存在的不足。随着汽车微电子技术的发展、汽车燃油节能的要求以及全球性的倡导环保,其固有的不足已越来越明显,不能完全满足时代发展的要求。

EPS系统使用电动机的动力帮助驾驶人进行转向。该系统采用了最新的电力电子技术和高性能的电机控制技术,能显著改善汽车动态性能和静态性能、提高行驶中驾驶人的舒适性和安全性、减少环境的污染等。本课题先介绍电动式动力转向系统。

(1) 电动动力转向系统的组成　如图4-61所示,该系统通常由转矩传感器、车速传感器、电动机、电磁离合器、减速机构、电子控制单元等组成。各部件在车上的布置如图4-62所示。

提示:此处可参观具有电动动力转向系统的车辆,增加感性认识。

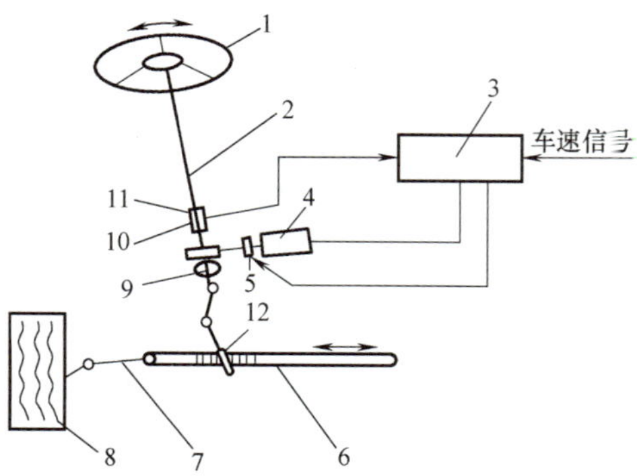

图4-61　电动动力转向系统的组成
1—转向盘　2—输入轴(转向轴)　3—电子控制单元　4—电动机　5—电磁离合器　6—转向齿条　7—转向横拉杆　8—轮胎　9—输出轴　10—扭力杆　11—转矩传感器　12—转向齿轮

(2) 电动动力转向系统的工作原理　当操纵转向盘时,装在转向轴上的转矩传感器不断测出转向轴上的转矩,并由此产生一个电压信号。该信号与车速信号同时输入电子控制单元,电子控制单元根据这些输入信号进行运算处理,确定助力转矩的大小和转向,即选定电动机的电流和转向,调整转向的助力。电动机的转矩由电磁离合器通过减速机构减速增矩后,加在汽车的转向机构上,使之得到一个与工况相适应的转向作用力。

图 4-62　电动动力转向系统在车上的布置

1—车速传感器　2—转矩传感器　3—减速机构　4—电动机与离合器　5—发电机　6—转向机构　7—发动机转速传感器　8—蓄电池　9—电子控制单元

2. 电动动力转向系统（EPS）部件结构及工作原理

（1）转矩传感器　转矩传感器也称转向传感器，其作用是通过测定转向盘与转向器之间的相对转矩，作为电动助力的依据之一。

转矩传感器的结构、原理如图 4-63 所示。

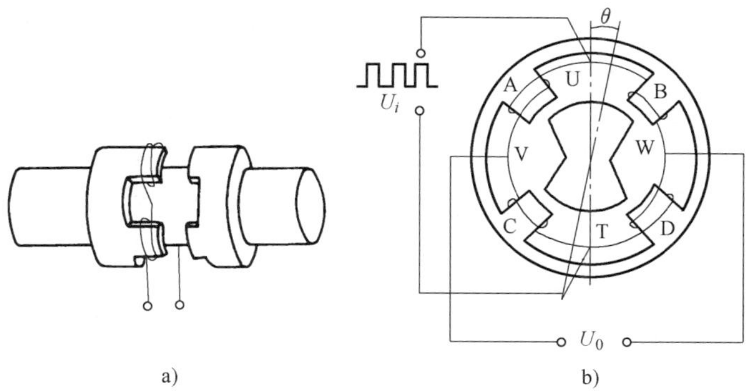

图 4-63　转矩传感器原理

a）结构图　b）原理图

用磁性材料制成的定子和转子可以形成闭合的磁路，线圈 A、B、C、D 分别绕在极靴上，形成一个桥式回路。转向轴扭转变形的扭转角与转矩成正比，所以只要测定轴的扭转角，就可间接地知道转向力的大小。

在线圈的 U、T 两端施加连续的脉冲电压信号 U_i，当转向轴上的转矩为零时，定子与转子的相对转角也为零。这时转子的纵向对称面处于定子 AC、BD 的对称平面上，每个极靴上的磁通量是相同的。电桥平衡，V、W 两端的电位差 $U_0=0$。

如果转向轴上存在转矩时，定子与转子的相对转角不为零，此时转子与定子间产生角位移 θ。极靴 A、D 间的磁阻增加，B、C 间的磁阻减小，各个极靴的磁阻产生差别，电桥失去平衡，在 V、W 两端产生电位差。这个电位差与轴的扭转角 θ 和输入电压 U_i 成比例，从而可知道转向轴的转矩。

一种实际应用的转矩传感器结构如图 4-64 所示，其工作原理与上基本相同，优点是便于安装。

（2）电动机、电磁离合器与减速机构　电动机、电磁离合器和减速机构组成的整体称为电动机组件，其结构如图 4-65 所示。

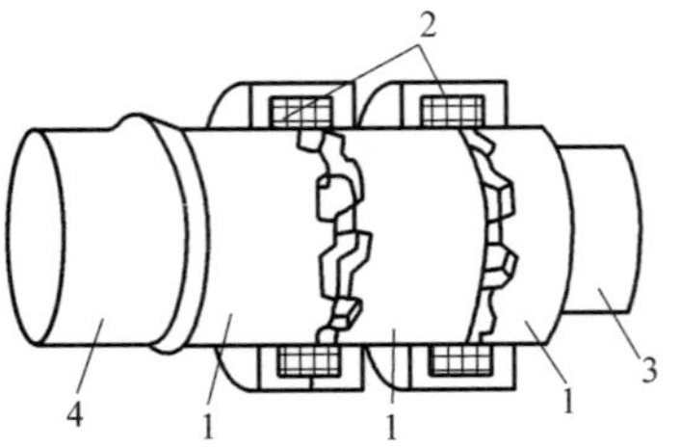

图 4-64　实际应用的转矩传感器

1—检测环　2—检测线圈　3—输入轴　4—输出轴

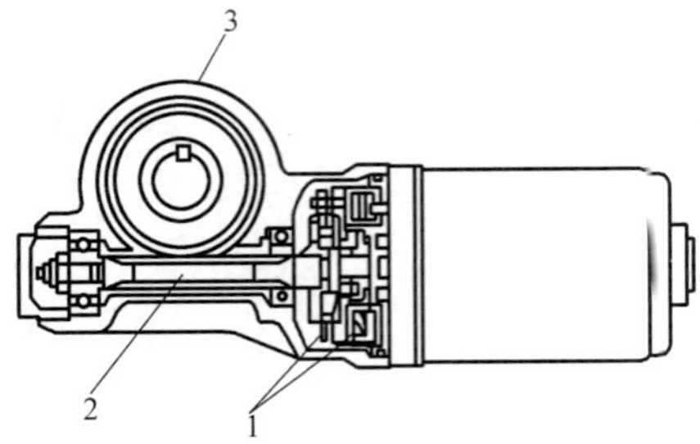

图 4-65　电动机组件

1—电磁离合器　2—涡轮　3—斜齿轮

1）电动机。转向助力电动机就是一般的永磁电动机（原理不再叙述），电动机的输出转矩控制是通过控制其输入电流来实现，而电动机的正转和反转则是由电子控制单元输出的正反转触发脉冲控制。图 4-66 所示是一种比较简单实用的正反转控制电路。

a_1、a_2 为触发信号端。从电子控制单元得到的直流信号输入到 a_1、a_2 端，用以触发电动机产生正反转。当 a_1 端得到输入信号时，晶体管 VT_3 导通，VT_2 得到基极电流而导通，电流经 VT_2 的发射极和集电极、电动机 M、VT_3 的集电极和发射极接地，电动机有电流通过而正转。当 a_2 端得到输入信号时，晶体管 VT_4 导通，VT_1 得到基极电流而导通，电流经过 VT_1 的发射极和集电极，电动机 M、VT_4 的集电极和发射极接地，电动机有反向电流通过而反转。控制触发信号端的电流大小，就可以控制电动机通过电流的大小。

2）离合器。一般使用干式单片电磁离合器，如图 4-67 所示。工作电压为 12V，额定转速时传递的转矩为 15N·m，线圈电阻（20℃时）为 19.5Ω。

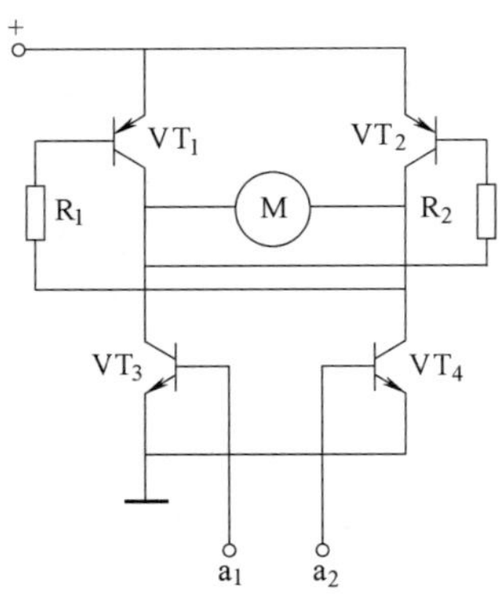

图 4-66　电动机正反转控制电路

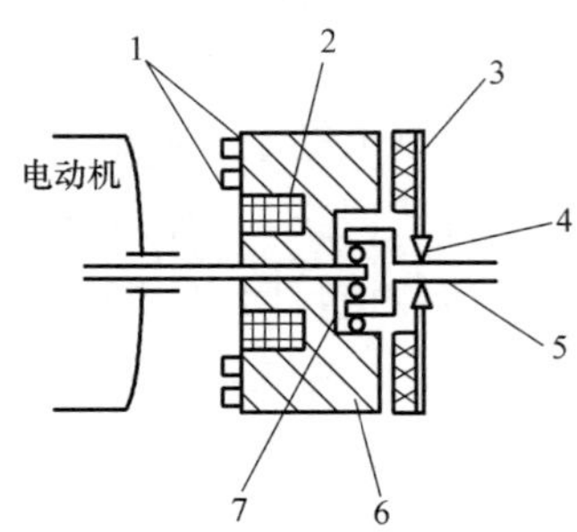

图 4-67　电磁离合器的结构

1—滑环　2—线圈　3—压板　4—花键

5—从动轴　6—主动轮　7—滚子轴承

其工作原理是：当电流通过滑环进入离合器线圈时，主动轮产生电磁吸力，带花键的压板被吸引与主动轮压紧，电动机的动力经过轴、主动轮、压板、花键、从动轴传给执行机构。

由于转向助力的工作范围限定在一速度区域内，所以离合器一般设定一个速度范围，如当车速超过30km/h时，离合器便分离，电动机也停止工作，这时就没有转向助力的作用。当电动机停止工作时，为了不使电动机及离合器的惯性影响转向系统的工作，离合器也应及时分离，以切断辅助动力。当系统中电动机等发生故障时，离合器会自动分离，这时仍可恢复手动控制转向。

3）减速机构。目前使用的减速机构有多种组合方式，一般采用涡轮蜗杆与转向轴驱动组合式；也有的采用两级行星齿轮与传动齿轮组合式，如图4-68所示。

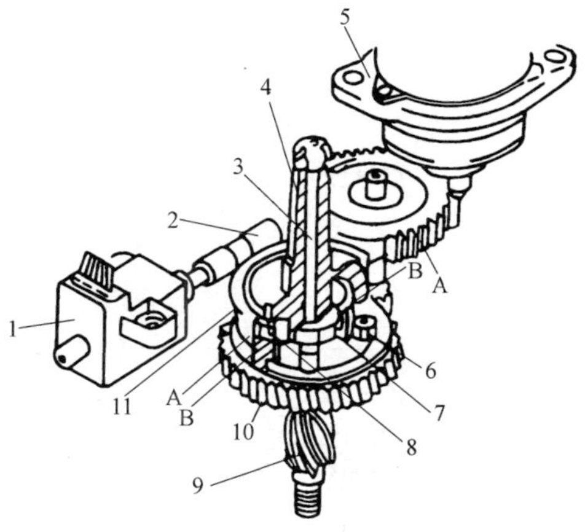

图4-68 双级行星齿轮减速机构

1—转矩传感器 2—转轴 3—扭力杆 4—输入轴 5—电动机与离合器 6—行星小齿轮A 7—太阳轮 8—行星小齿轮B 9—驱动小齿轮 10—齿圈B 11—齿圈A

(3) 控制系统 电动动力转向的控制系统如图4-69所示。该系统的核心是一个有4K ROM和256KRAM的8位微机。

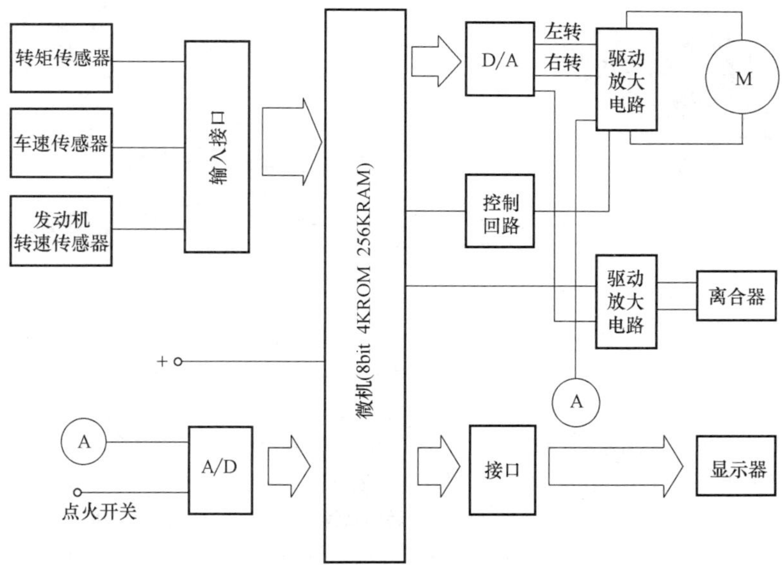

图4-69 电动动力转向的控制系统

转向盘转矩信号和车速信号经过输入接口送入微机，随着车速的升高，微机控制相应地降低助力电动机电流，以减少助力转矩。发动机转速信号也被送入微机，当发动机处于怠速时，由于供电不足，助力电动机和离合器不工作。因此，电动动力转向工作时，电子控制单元必须控制发动机处于高怠速工作状态。点火开关的通断(ON/OFF)信号经A/D转换接口送入微机。当点火开关断开时，电动机和离合器不能进入工作。微机输出控制指令经D/A转换接口送入电动机和离合器的驱动放大电路中，控制电动机的旋转转向和离合器的离合。电动机的电流经驱动放大回路、电流表A、A/D转换接口反馈给微机，即电动机的实际电流与按微机指令应给的电流相比较，调节电动机的实际电流，使两者接近一致。

三菱“米尼卡”车的电动动力转向系统如图4-70所示，控制系统简图如图4-71所示。

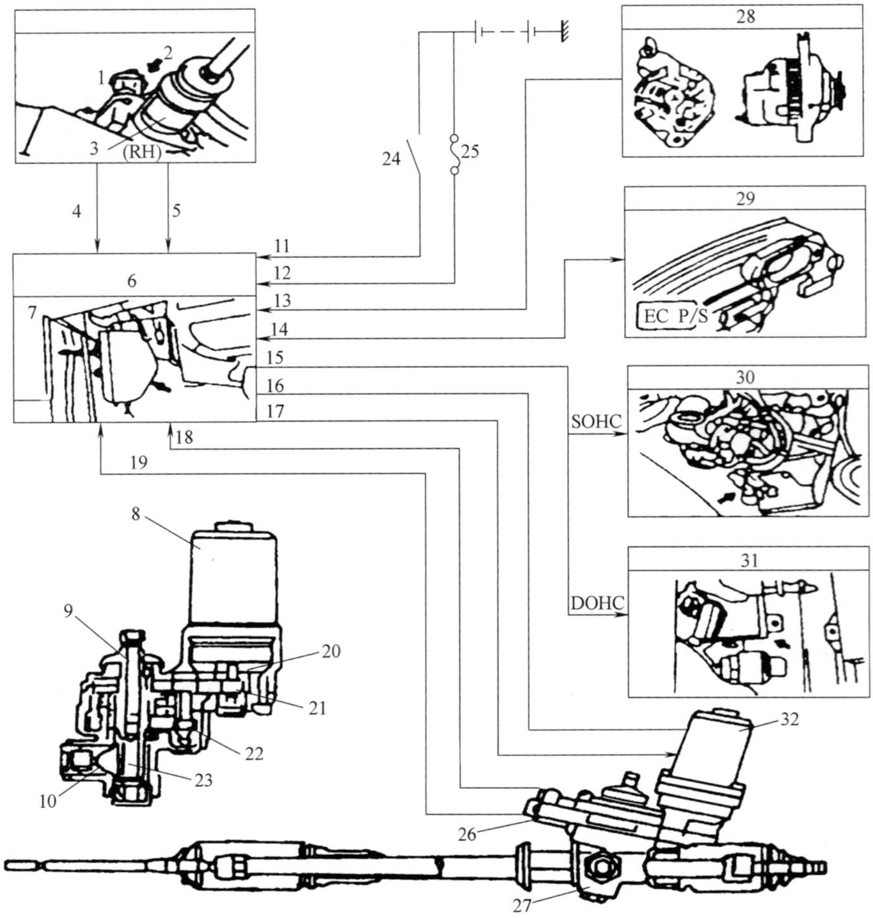

图4-70 三菱“米尼卡”车电动动力转向系统的组成

1—车速传感器 2—速度表引出电缆的部位 3—传动轴 4—车速信号(主) 5—车速信号(副) 6—电子控制单元 7—副驾驶人脚下部位 8—电动机 9—扭杆 10—齿条 11—点火电源信号 12—蓄电池信号 13—发电信号 14—指示灯电流 15—高怠速电流 16—电动机电流 17—离合器电流 18—转矩信号(主) 19—转矩信号(副) 20—离合器 21—电动机齿轮 22—传动齿轮 23—小齿轮 24—点火开关 25—熔丝 26—转矩传感器 27—转向器齿轮总成 28—交流发电机(L端子) 29—指示灯 30—怠速提高电磁阀 31—发动机电子控制单元 32—电动机与离合器

由图11-70和11-71可知：交流发电机的“L”端子可视为向电子控制单元输入信号的一个传感器，利用交流发电机的“L”端子电压可以判断发动机是否转动。当发动机还未发动时，该系统不能工作。

电动机和离合器接受电子控制单元输出的控制电流，产生助力转矩，经传动齿轮减速后，再经过小齿轮实现动力转向，电动机的动力是通过行星齿轮机构传递的。离合器是由电磁铁和弹簧等组成的电磁离合器。

当点火开关接通时，电源加于电子控制单元上，电动助力转向系统才能进行工作。在发动机已起动时，交流发电机的L端子的电压加到电子控制单元上。当检测到发动机处于起动状态时，动力转向系统转为工作状态。

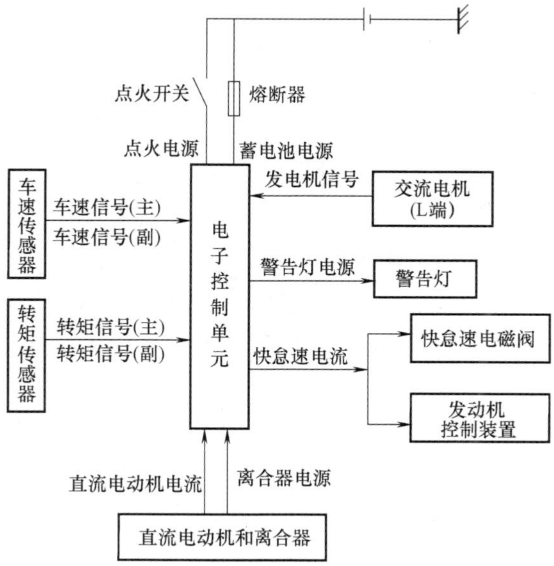

图 4-71　三菱“米尼卡”车电动动力转向系统的电子控制系统

行车时，电子控制单元按不同车速下的转向盘转矩，控制电动机的电流，并完成电子控制转向和普通转向控制之间的转换。当车速高于 30km/h 时，则转换成普通的转向控制，电子控制单元没有离合器信号和电动机电流输出，离合器处于分离状态。当车速低于 27km/h 时，电子控制单元又输出离合器信号和电动机电流，普通转向控制又转换为动力转向的工作方式。

电子控制单元还具有自我修正的控制功能。当电动动力转向系统出现故障时，可自动断开电动机的输出电流，恢复到通常的转向功能；同时速度表内的电动动力转向警告灯点亮，以通知驾驶人，动力转向系统发生故障。

测试题： 1. 对照实物或图片说出电动动力转向系统的组成，说出部件名称和工作原理。

2. 以三菱微型汽车上使用的电动动力转向系统为例，叙述电动动力转向系统的控制原理。

4.11　电动动力转向系统的检测与故障诊断

想一想：电动动力转向系统需要检测哪些部件？

提示：电动动力转向系统需要检测的内容有：转矩传感器的检查、电磁离合器的检查、直流电动机的检查、车速传感器的检查。

学习目标	鉴定标准	教学建议
1. 掌握电动动力转向系统的部件检测方法 2 掌握电动动力转向系统的故障诊断方法	应知： 1. 电动动力转向系统的部件检测方法 2. 电动动力转向系统的故障诊断方法	建议： 采用教师启发式讲解、学生讨论相结合的方式，最后由教师总结

1. 电动动力转向系统的部件检测

以三菱“米尼卡”微型汽车的电动动力转向系统为例进行说明。

(1) 转矩传感器的检查

1) 检测转矩传感器线圈电阻。从转向器总成上拔下转矩传感器插接器，其端子排列如图 4-72b 所示。测量转矩传感器 3 号与 5 号端子之间、8 号与 10 号端子之间的电阻，其标准值应为(2.18 ±0.66)kΩ。若不符合要求，则应更换转矩传感器。

2) 检测转矩传感器电压。用万用表直流电压档测量上述各端子之间的电压，将转向盘置于中间位置，测得电压约 2.5V 为良好，4.7V 以上为断路，0.3V 以下为短路。

(2) 电磁离合器的检查　从转向器上断开电磁离合器插接器，其端子排列参见图4-72b。将蓄电池的正极接到 1 号端子上，蓄电池的负极与 6 号端子相接，在接通与断开 6 号端子的瞬间，离合器应有工作声音。若没有声音，表明电磁离合器有故障，应更换转向器总成。

(3) 直流电动机的检查　从转向器上断开电动机插接器，其端子排列如图 4-72a 所示。给电动机加上蓄电池电压时，电机应有转动声音。若没有声音，应更换转向器总成。

(4) 车速传感器的检查

1) 检查车速传感器转动情况。从变速器拆下车速传感器，用手转动车速传感器的转子检查其能否顺利转动，若有卡滞应予更换。

2) 检测车速传感器电阻。拔开车速传感器插接器，其端子排列如图 4-72c 所示。测量车速传感器插接器 1 号与 2 号端子之间、4 号与 5 号端子之间的电阻值，其值等于(165 ±20)Ω 为良好。若与上述不符则必须更换车速传感器。

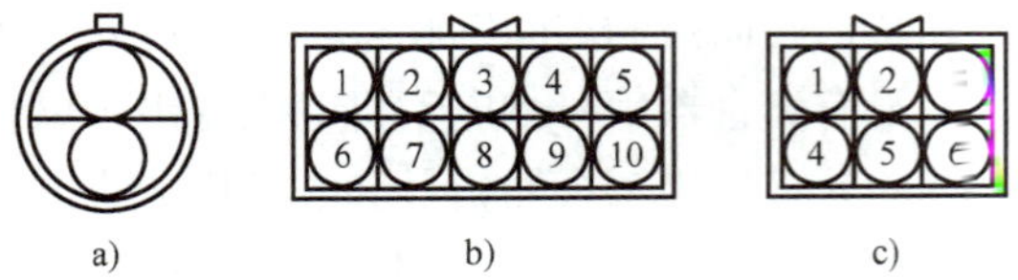

图 4-72　电动动力转向系统插接器端子排列

a) 电动机　b) 转矩传感器与电磁离合器　c) 车速传感器

2. 电动动力转向系统的故障诊断

以三菱“米尼卡”微型汽车的电动动力转向系统为例，说明电动动力转向系统的故障诊断与排除方法。

(1) 故障警告灯的检查　当点火开关处于 ON 位置时，故障警告灯应点亮，发动机起动后警告灯熄灭为正常。警告灯不亮时，应检查灯泡是否损坏，熔丝和导线是否断路。若发动机起动后，警告灯仍亮时，首先应考虑系统是否处于保险状态(只有常规转向工作,无电动助力)，然后进行自诊断操作。

(2) 自诊断操作　将指针式万用表直流电压档的正表笔接在诊断插座的 2 号端子上，负表笔接地，如图 4-73a 所示。接通点火开关，通过表针的摆动显示故障码。如果有多个故障码，将以由小到大的顺序显示出来。故障码波形如图 4-73b 所示，故障码的含义见表 4-6。

表 4-6　故障码的含义

故障码	检查诊断项目	故障码	检查诊断项目
0	正常	21	车速传感器(主)
11	转矩传感器(主)	22	车速传感器主副侧电压差过大
12	转矩传感器(副)	23	车速传感器(主)电压急减
13	转矩传感器主副侧电压差过大	31	交流发电机 L 端子

（续）

故障码	检查诊断项目	故障码	检查诊断项目
41	直流电动机	51	电磁离合器
42	直流电动机电路	54	电子控制单元
43	直流电动机过电流	55	转矩传感器 E/F 回路不良
44	直流电动机锁止		

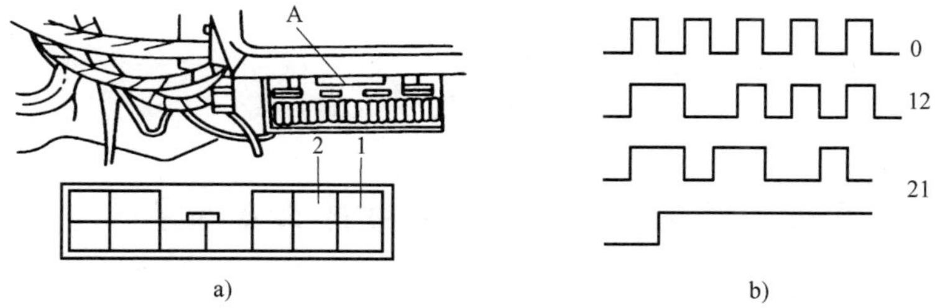

图 4-73 自诊断操作

a）自诊断插接器 b）故障码输出波形

1—多点燃油喷射 2—电动动力转向 A—连接片

（3）故障检查与排除 确知故障码后，首先把蓄电池负极线拆下 30s 以上，即清除故障码后，再进行一次自诊断操作，若故障码又重复显示，即证明故障确实存在(永久性故障)，需进一步检查。下面以故障码 41、42、43、44 为例说明如何检查、排除故障。

1）故障码 41 的检查

① 起动发动机，不转动转向盘，观察故障码是否再次出现。再现时，按照故障码含义检查有关部件。不再现时，直接进入第④检查。

② 拆下电动机插接器，检查电动机的两接线端子之间和端子与接地(外壳)之间的导通状态。用万用表电阻档测试电动机两接线端子之间的电阻。正常时，应有一定电阻，若不通，则表明内部断路；电动机接线端子与接地之间应不通，否则，表明两接线端子与外壳之间有短路故障。

③ 若电动机及其接线端子均正常，应检查转向器总成到电子控制单元之间的导线是否良好，若导线正常，则表明电子控制单元不良。

④ 检查导线无异常时，再进行行驶试验，若故障码不再出现时，转动转向盘，检查电动机是否工作。

2）故障码 42 的检查

① 起动发动机，用 1r/s(弧度/秒)以下的速度转动转向盘观察故障码是否再现，不再现时，按 1）中所述检查导线，无异常时，通过行驶，进行再现试验。

② 通过诊断，若故障码 42 再现，而且又发生 11 号、13 号故障码时，可考虑是由转矩传感器系统的导线，或者是转向器总成异常所致。

3）故障码 43 的检查。起动发动机，不转动转向盘，检查故障码是否再现；若再现，则表示电子控制单元不良。不再现时，试转动转向盘，若此时故障码再现，应检查导线。

4）故障码44的检查。起动发动机，不转动转向盘，检查故障码是否再现；再现时，应检查与电动机有关的导线，若导线没有异常，用良好的电子控制单元换下原车上的电子控制单元，进行对比检查判断。若故障码不再现时，将点火开关重复通、断6次，并使点火开关在OFF位时的时间在5s以上。如此反复检查就能把某种故障的部位查清楚。

测试题： 1. 实操并说明如何进行转矩传感器、电磁离合器、直流电动机和车速传感器的检测。

2. 就车进行电动动力转向系统故障的诊断与排除。

4.12 电控液力式动力转向系统

想一想：电控液力式动力转向系统由什么组成？

提示：电控液力式动力转向系统主要由转向控制阀、电磁阀、分流阀、转向动力缸、转向泵、储油罐、车速传感器和电子控制单元组成。

学习目标	鉴定标准	教学建议
1. 掌握电控液力式动力转向系统的组成 2. 掌握电控液力式动力转向系统的工作原理	应知： 1. 电控液力式动力转向系统的组成 2. 电控液力式动力转向系统的工作原理	建议： 采用教师启发式讲解、学生讨论相结合的方式，最后由教师总结

电控液力式转向系统是电子控制动力转向的另外一种形式。它通过控制电磁阀的动作，使动力转向液压控制回路油压根据车速而变化，在低速时操纵力减轻，在中低速以上时操纵力不致过小，即保持一定的手感。

1. 电控液力式动力转向系统的组成

如图4-74所示，电控液力式动力转向系统主要由转向控制阀、电磁阀、分流阀、转向动力缸、转向泵、储油罐、车速传感器和电子控制单元组成。

（1）转向控制阀　转向控制阀的结构如图4-75所示，其基本结构是在传统的整体式动力转向控制阀的基础上，在内部增加了一油压反力室和四个小柱塞，四个小柱塞位于控制阀阀体下端的油压反力室内。输入轴部分有两个小凸起顶在柱塞上。在油压反力室受到高压作用时，柱塞将推动控制阀阀杆。此时，扭杆即使受到转矩作用，由于柱塞推力的影响，也会抑制控制阀阀杆与阀体的相对回转。

提示：转向控制阀的基本结构可参考前面的动力转向器。

（2）分流阀　分流阀的作用是将来自转向泵输出的液压油向控制阀一侧和电磁阀一侧分流，按照车速和转向要求，改变控制阀一侧与电磁阀一侧的油压，确保电磁阀一侧具有稳

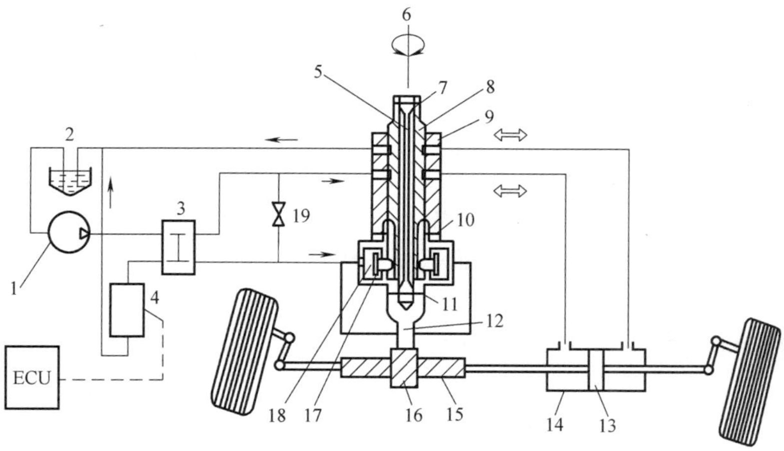

图4-74　电控液力式动力转向系统的组成

1—转向泵　2—储油罐　3—分流阀　4—电磁阀　5—扭力杆　6—转向盘　7、10、11—销　8—转阀阀杆　9—控制阀阀体　12—转向齿轮轴　13—活塞　14—转向动力缸　15—转向齿条　16—转向齿轮　17—柱塞　18—油压反力室　19—阻尼孔

定的油液流量。阻尼孔的作用是把供给转向控制阀的一部分流量分配到油压反力室一侧。

(2) 电磁阀　电磁阀由滑阀、电磁线圈、油路通道等构成。电磁阀油路的阻尼面积，可随电磁线圈通电电流占空比(通断比)变化。车速低时，通电电流大，滑阀被吸引，油路的阻尼增大，流向储油罐的回流量增加。随着车速的升高，电流减小，油液回流量也减少。

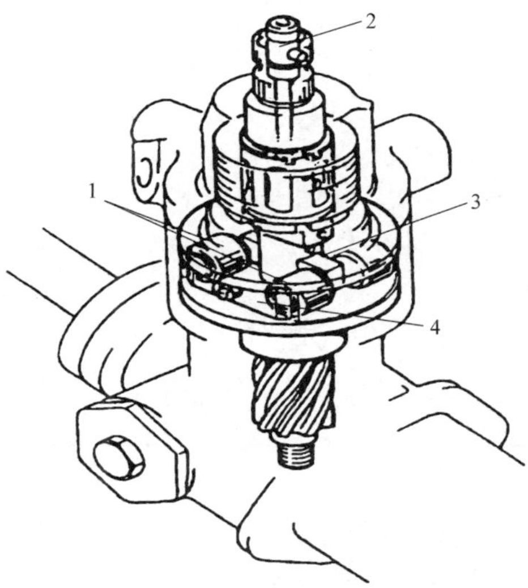

图4-75　转向控制阀

1—柱塞　2—扭杆　3—凸起　4—油压反力室

2. 电控液力式动力转向系统的工作原理

电控液力式动力转向系统具有三种控制状态。电子控制单元(ECU)根据车速传感器信号判断出车辆停止、低速状态与中高速状态，控制电磁阀通电电流。

(1) 停车与低速状态　电子控制单元(ECU)使电磁阀通电电流大，经分流阀分流的油液通过电磁阀流回储油罐，柱塞受到的背压小(油压低)，柱塞推动控制阀阀杆的力矩小，因此只需要较小的转向力就可使扭杆扭转变形，使阀体与阀杆发生相对转动而使控制阀打开，转向泵输出油压作用到动力缸右室(或左室)，使动力缸活塞左移(或右移)，产生转向助力。

(2) 中高速直行状态　车辆直行时，转向偏摆角小，扭杆相对转矩小，控制阀油孔开度减小，控制阀侧油压升高。由于分流阀的作用，使电磁阀侧油量增加。同时，随着车速的升高，通电电流减小，通过电磁阀流回储油罐的阻尼增大，油压反力室的反力增大，使柱塞推动控制阀阀杆的力矩增大，转向盘手感增强。

(3) 中高速转向状态　从存在油压反力的中高速直行状态转向时，扭杆的扭转角更加减小，控制阀开度更加减小，控制阀侧油压进一步升高。随着该油压升高，将从固定阻尼孔向油压反力室供给油液。这样，除从分流阀向油压反力室供给的一定流量油液外，增加了从固定阻尼孔侧供给的油液，导致柱塞推力进一步增强。此时需要较大的转向力才能使阀体与阀杆之间作相对转动而实现转向助力作用，使得在中高速时驾驶人可获得良好的转向手感和转向特性。

测试题： 1. 电控液力式动力转向系统主要由哪几部分组成？对照实物指出电控液力式动力转向系统各部件的名称，简述其作用原理。

2. 叙述电控液力式动力转向系统的工作原理。

4.13 全轮转向系统

想一想：什么是全轮转向系统？

提示：所谓四轮转向，是指后轮也和前轮一样具有一定的转向功能，不仅可以与前轮同方向转向，也可以与前轮反方向转向。

学习目标	鉴定标准	教学建议
1. 了解机械式四轮转向系统 2. 了解液压式四轮转向系统 3. 了解电子控制液压式四轮转向系统 4. 了解全电子控制四轮转向系统	应知： 1. 了解机械式四轮转向系统的工作原理 2. 了解液压式四轮转向系统工作原理 3. 了解电子控制液压式四轮转向系统工作原理 4. 了解全电子控制四轮转向系统工作原理	建议： 采用教师启发式讲解、学生讨论相结合的方式，最后由教师总结

所谓四轮转向，是指后轮也和前轮一样具有一定的转向功能，不仅可以与前轮同方向转向，也可以与前轮反方向转向。四轮转向技术目前被很多公司所采用，其中大多应用在大型车辆上，也有一些 SUV 以及跑车具有四轮转向的功能。配备四轮转向之后，汽车在高速行驶转向时，后轮应相对于前轮同向偏转，从而使汽车车身的横摆角度和横摆角速度大为减小，使汽车高速行驶时的操纵稳定性显著提高。在轿车高速行驶时便于由一个车道向另一个车道的移动调整，以减少掉头时的转弯半径。

四轮转向系统使汽车低速行驶转向并且转向盘转动角度很大时，后轮相对于前轮反向偏转，并且偏转角度随转向盘转角增大而在一定范围内增大。如汽车急转弯、掉头行驶、避障行驶或进出车库时，从而使汽车转向半径减小，转向机动性能提高。汽车在高速行驶转向时，后轮应相对于前轮同向偏转，从而使汽车车身的横摆角度和横摆角速度大为减小，使汽车高速行驶时的操纵稳定性显著提高。

从后轮转向装置的控制方法上，四轮转向系统可分为转角随动型四轮转向系统和车速感应型四轮转向系统。转角随动型四轮转向系统都是采用机械式的；而车速感应型四轮转向系统有液压式、电子控制液压式和全电子控制式。下面介绍不同类型的四轮转向系统。

1. 机械式四轮转向系统

(1) 机械式四轮转向系统的组成　如图4-76所示，机械式四轮转向系统主要由转向盘、前轮转向器、后轮取力齿轮箱、后轮转向传动轴、后轮转向器等组成。后轮转向也是绕转向节主销偏转的，其结构与前轮相似。

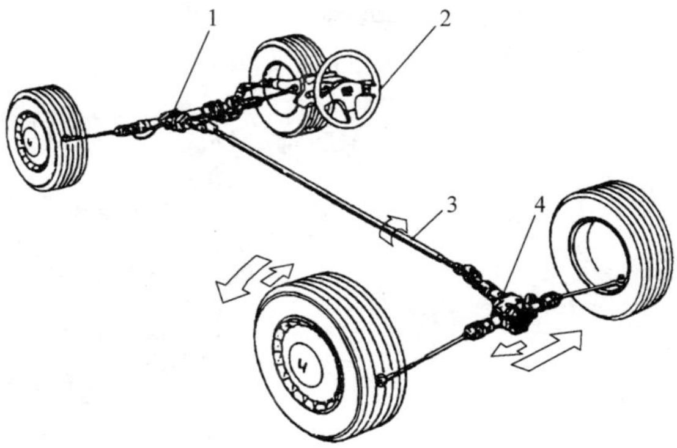

图4-76　机械式四轮转向系统的组成

1—后轮转向取力齿轮箱　2—转向盘

3—后轮转向传动轴　4—后轮转向器

(2) 后轮转向取力齿轮箱

1) 结构。后轮转向取力齿轮箱的结构如图4-77所示。后轮转向取力齿轮箱中只有一对齿轮-齿条传动机构，其齿条与前轮转向器中的齿条共用，取力齿轮固定在与后轮转向传动轴相连的齿轮轴上，齿轮轴通过衬套支承在齿轮箱壳的轴承孔中，后轮转向取力齿轮箱固定在车架上。

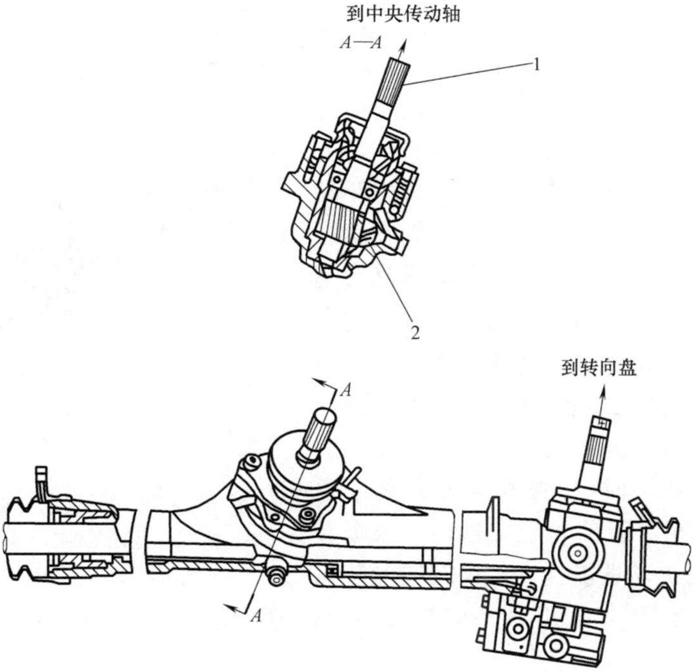

图4-77　后轮转向取力齿轮箱

1—小齿轮输出轴　2—齿条

2) 工作原理。当转动转向盘使前轮转向时，后轮转向取力齿轮箱中的齿条在前轮转向器中转向齿条的带动下左、右移动，驱动与其啮合的取力齿轮旋转，并带动后轮转向传动轴旋转，转向盘的转向操纵力的方向、大小、快慢就由后轮转向传动轴传给后轮转向器。

(3) 后轮转向器

1) 功用。后轮转向器的功用是利用后轮转向传动轴传来的转向操纵力，驱动后轮偏转并实现后轮转向。另外，还要控制后轮在转向盘的不同转角下，相对于前轮作同向或异向偏转。

2）结构。后轮转向器的结构如图 4-78 所示，主要由偏心轴、齿圈、行星齿轮、滑块、导向块、转向横拉杆和后轮转向器壳等组成。

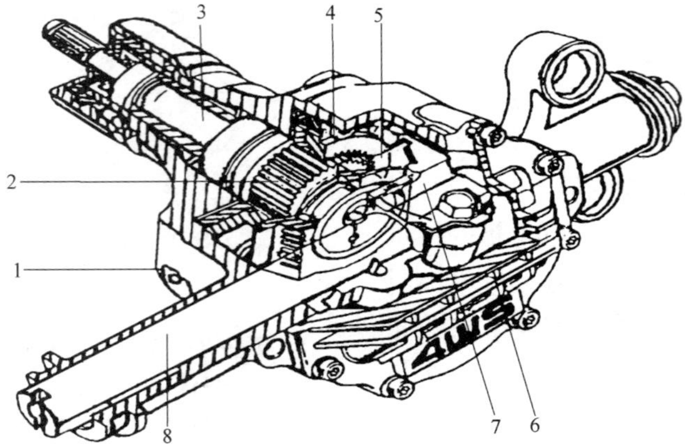

图 4-78　后轮转向器结构

1—后轮转向器壳　2—行星齿轮　3—偏心轴　4—齿圈　5—滑块
6—齿轮箱盖　7—导向块　8—转向横拉杆

3）工作原理。后轮转向器的工作原理如图 4-79 所示。

后轮转向传动轴输入的转向操纵力首先驱动偏心轴使其绕轴线 O 转动，这时行星齿轮在偏心销的带动下绕轴线 O 公转，同时还与齿圈啮合绕轴线 P 自转，偏置在行星齿轮上的偏心销穿过滑块的中心孔并带动滑块运动，滑块的水平运动通过导向块传给转向横拉杆，驱动后轮作转向运动。

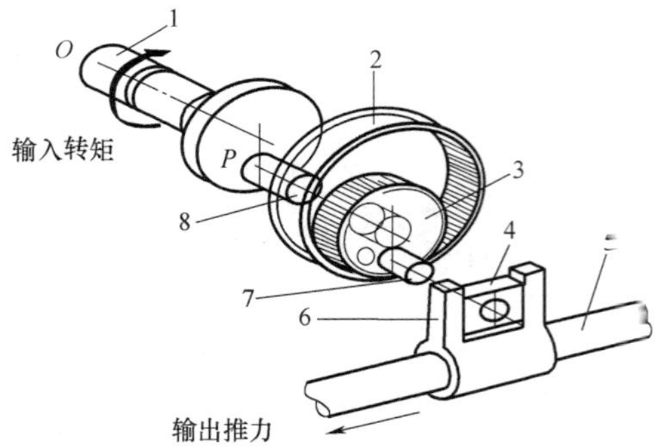

图 4-79 后轮转向器的工作原理

1—偏心轴　2—齿圈（固定）　3—行星齿轮　4—滑块
5—转向横拉杆　6—导向块　7、8—偏心轴

当转向盘转角很大时（行驶速度很低，处于急转弯状态），后轮相对于前轮反向偏转，汽车转向半径减小，转向机动性能提高。当转向盘转角很小时（高速调整行车方向或移线行驶），后轮与前轮同向偏转，使汽车高速行驶的操纵稳定性显著提高。

2. 液压式四轮转向系统

机械式四轮转向系统的后轮偏转是依靠机械传动将前轮偏转运动传到后轮上。由于机械部分不可避免地存在磨损，传动间隙增大，而使后轮实际偏转角不准确，性能下降。因此将被车速感应型四轮转向装置所取代。

（1）液压式车速感应型四轮转向系统的结构　液压式车速感应型四轮转向系统的结构如图 4-80 所示，主要由前轮动力转向器、前轮转向泵、控制阀及后轮转向动力缸、后轮转向泵等组成。

后轮转向系统由控制阀、后轮转向泵和后轮转向动力缸组成。控制阀的内腔被柱塞分割成几个工作油腔，左、右油腔分别与前轮转向动力缸的左、右油腔相通，柱塞的位置由前轮动力缸内的油压进行控制。后轮转向泵由后轴差速器驱动，其输出油量只受车速影响。

前轮为齿轮齿条式动力转向器，其结构与普通液压动力转向系相同。

液压式四轮转向系统的特点是低速时汽车只采用两轮转向，只在汽车行驶达到一定车速（50km/h）后才进行四轮转向。

（2）液压式车速感应型四轮转向系统的工作原理　当向左转动转向盘时，如图 4-81 所示，前轮动力缸及控制阀侧压力腔压力升高。控制柱塞向右移动，柱塞的移动量受前轮动力缸左右腔压力差控制，以及受转向盘操纵力大小的控制，转向盘操纵力越大，同时后轮转向动力缸输出的油液经过控制阀的相应通道进入后轮转向动力缸的右腔，使动力缸活塞向左移动，通过活塞杆将作用力作用于后轮悬架的中间球铰接头，使后轮与前轮同向偏转。当向右转动转向盘时，情况则与上述相反，后轮与前轮仍同向偏转。因后转向泵送油量与车速成正比，高速时送油量大，反应快，后轮转角也大。在低速或倒车时，则不产生作用。当油压系统发生故障时，控制阀柱塞会保持在中间位置，保持两轮转向。

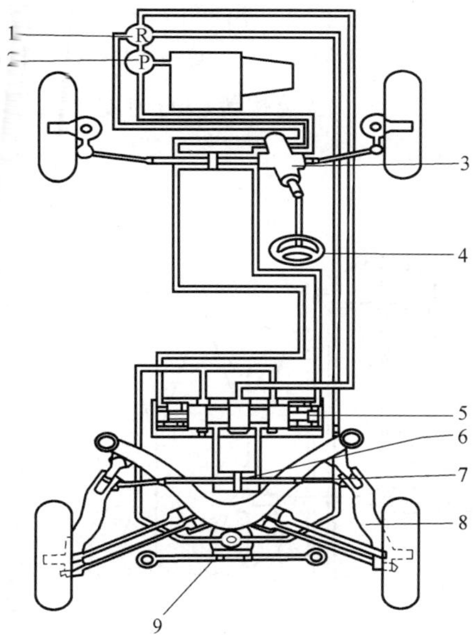

图 4-80　液压式四轮转向系统

1—储油罐　2—转向泵　3—前轮动力转向器　4—转向盘　5—后轮转向控制阀　6—后轮转向动力缸　7—铰接头　8—从动臂　9—后轮转向专用泵

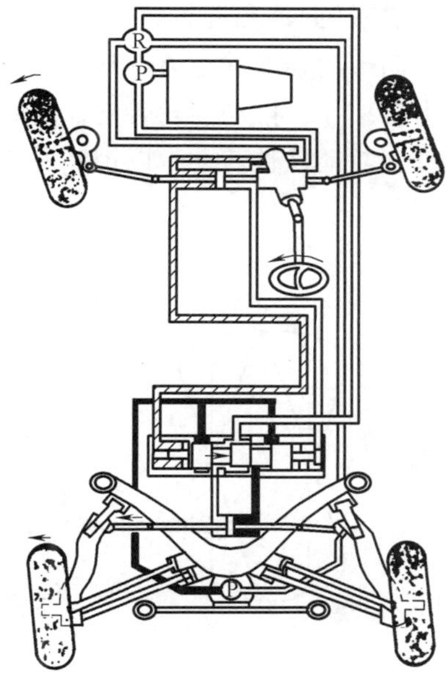

图 4-81　液压式车速感应型四轮转向系统的工作原理

3. 电子控制液压式四轮转向系统

随着电子技术的发展，电子控制技术也应用于四轮转向系统。在前两种四轮转向系统中，由于采用机械和随车速变化的油压控制，使后轮偏转角的控制不够精确。在电子控制液压式四轮转向系统中，由于采用了电子相位控制系统，使后轮偏转角度控制更精确。

（1）电子控制液压式四轮转向系统的组成及结构　如图 4-82 所示，该系统主要由转向盘、转向泵、前动力转向器、后轮转向传动轴、车速传感器、电子控制单元、后轮转向系统组成。

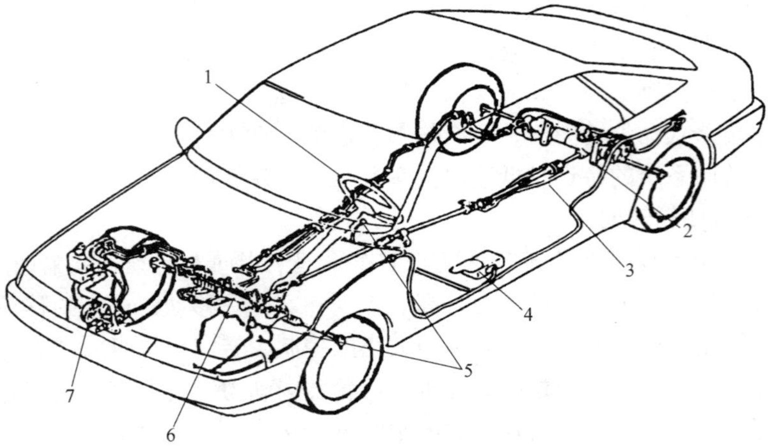

图 4-82　电子控制液压式四轮转向系统

1—转向盘　2—后轮转向系统　3—后轮转向传动轴　4—电子控制单元
5—车速传感器　6—前动力转向器　7—转向泵

1）前轮转向器和后轮转向传动轴。前轮转向器为齿轮齿条式，但将齿条加长，与固定在后轮转向传动轴上的小齿轮啮合。当转动转向盘使齿条水平移动时，齿条一方面控制前轮转向动力缸工作，推动前轮转向，同时将转向盘转动的方向、快慢和转动的角度传给后轮转向传动轴，驱动该轴转动，以控制后轮转向，如图 4-83 所示。

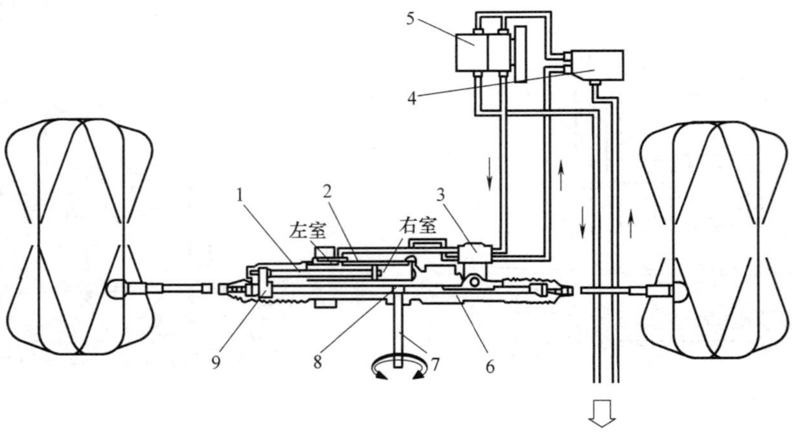

图 4-83　前轮转向器

1—转向动力缸活塞杆　2—转向动力缸　3—转向控制阀　4—转向泵
5—储油罐　6—转向齿条　7—后轮转向传动轴　8—转向齿轮　9—连接板

后轮转向传动轴的结构如图 4-84 所示。

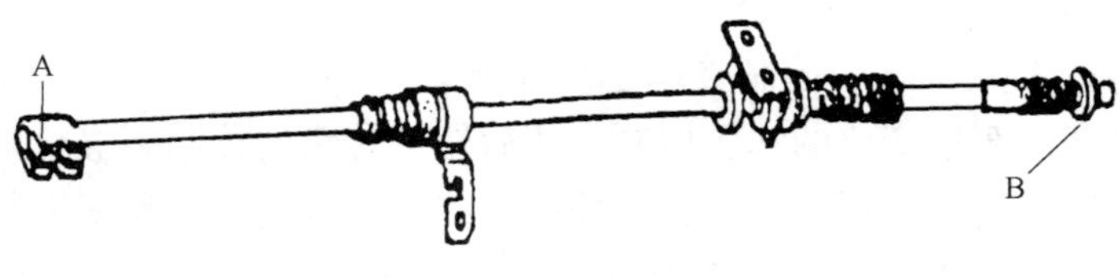

图 4-84　后轮转向传动轴

A—接前轮转向系统　B—接后轮转向系统

2）后轮转向系统。后轮转向系统如图4-85所示，它主要包括相位控制系统、液压控制阀、后轮转向动力缸等组成。

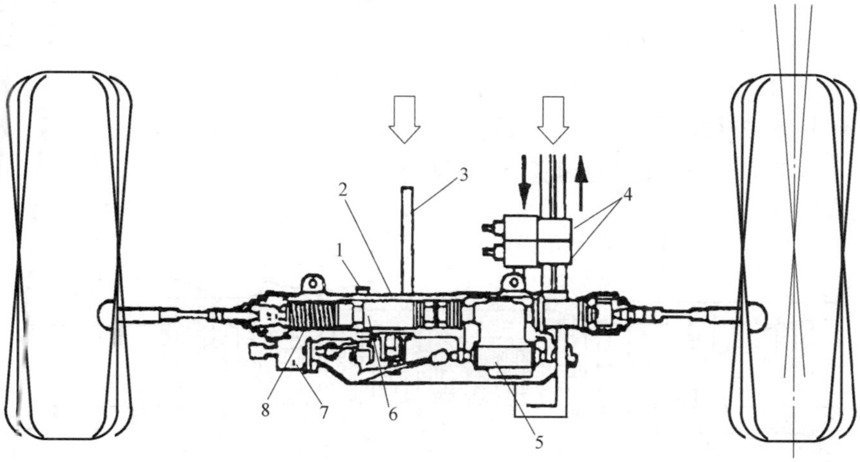

图4-85　后轮转向系统

1—转向角比传感器　2—后轮转向动力缸　3—后轮转向传动轴　4—电控制阀
5—液压控制阀　6—动力输出杆　7—步进电动机　8—回位弹簧

① 相位控制系统。相位控制系统包括步进电动机、扇形控制齿板、摆臂、大锥齿轮、小锥齿轮、液压控制阀联杆等组成，如图4-86示。后轮转向传动轴与转向齿轮连接并输入前转向齿条的运动状态。一个前、后车轮转向角比传感器安装在扇形控制齿板旋转轴上。

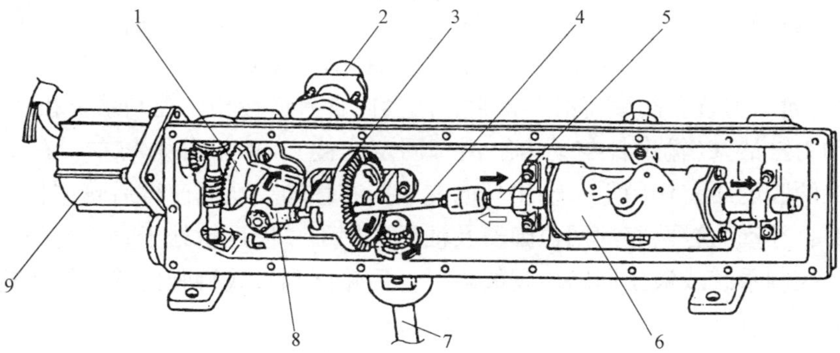

图4-86　相位控制系统

1—扇形控制齿板　2—转向角比传感器　3—大锥齿轮　4—液压控制阀连杆　5—液压控制阀主动杆
6—液压控制阀　7—后轮转向传动轴　8—摆臂　9—步进电动机

a　步进电动机：用螺栓固定在壳体一端，电动机输出轴装一锥齿轮，与固定在蜗杆轴上的另一锥齿轮啮合，蜗杆轴的转动将使扇形控制齿板摆动。步进电动机接受车速传感器的电信号而转动，转动结果使扇形控制齿板正向摆动或逆向摆动一定角度，从而将摆臂拉向或推离步进电动机。

b. 液压控制阀连杆：其一端连接摆臂，中间穿过大锥齿轮上的孔，另一端与液压控制阀主动杆连接。大锥齿轮的旋转运动是由小锥齿轮驱动的，而小锥齿轮的转动是由后轮转向传动轴驱动的。由此可见，液压控制阀连杆的运动是摆臂运动和大锥齿轮运动的合成，即液压控制阀连杆的运动受车速和前轮转向运动的综合影响。

② 液压控制阀。如图 4-87 所示，液压控制阀是一滑阀结构，其滑阀的位置取决于车速和前轮转向系统转角。图中表示滑阀向左移动的过程，此时转向泵送来的油液通过液压控制阀进入动力缸右腔，同时动力缸左腔通过液压控制阀与储油罐相通。在动力缸左右腔压力的作用下，动力输出杆左移，使后轮向右偏转。因为阀套与动力输出杆固定在一起，所以当动力输出杆左移时将带动阀套左移，从而改变油路通道大小，当油压与回位弹簧及转向阻力的合力达到平衡时动力输出杆（连同阀套）停止移动。

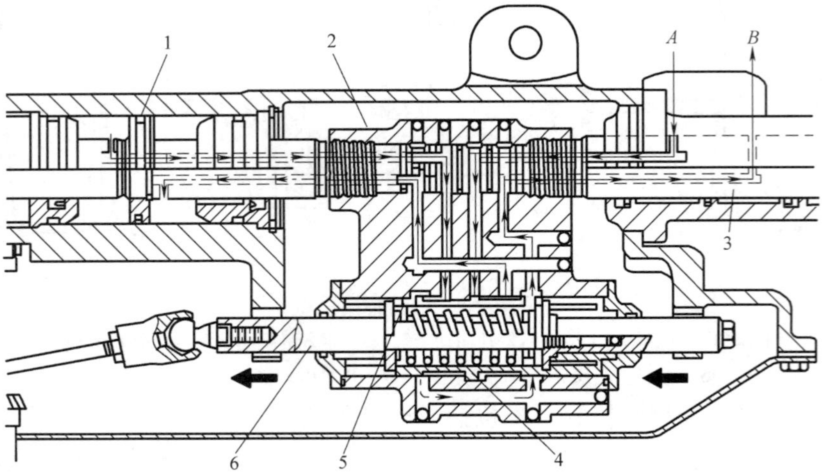

图 4-87　液压控制阀结构

1—动力缸活塞　2—阀套　3—动力输出杆　4—滑阀　5—回油道
6—液压控制阀主动杆　*A*—进油口　*B*—回油口

③ 后轮转向动力缸。阀套将滑阀密封，阀套内含有连接相位控制系统和动力缸的油道。输出杆穿过动力缸活塞（输出杆与动力缸活塞固定连接），两端分别与左、右转向横拉杆连接，在动力缸两腔的压差作用下，输出杆向左或向右移动，从而使得后轮作相应偏转。当汽车直线行驶时，在动力缸两腔的回位弹簧及油压作用下，使后轮处于直线行驶位置。此功能也使得当电子控制系统或液压回路出现故障时，后轮回到直线行驶位置，使四轮转向变成一般的两轮转向工作状态。

3）电子控制系统。电子控制系统由四轮转向电子控制单元、转角比传感器和电控油阀组成。

① 四轮转向电子控制单元。四轮转向电子控制单元的功用是：

a. 根据车速传感器送来的电脉冲信号计算汽车的车速，再根据车速的高低计算汽车转向时前后轮的转角比。

b. 比较前后轮理论转角比与当时的前后轮实际转角比，并向步进电动机发出正转或反转及转角大小的运转指令。另外还起监视控制四轮转向电控系统工作是否正常的作用。

c. 发现四轮转向机构工作出现异常时，点亮警告灯，并断开电控油阀的电源，使四轮转向处于两轮转向状态。

② 转角比传感器。转角比传感器的功用是检测相位控制系统中的扇形控制齿板的转角位置，并将检测出的信号反馈给四轮转向电子控制单元，作为监督和控制信号使用。

③ 电控油阀。电控油阀的功用是控制由转向泵输向后轮转向动力缸的油路通断。当液压回路或电子控制线路出现故障时，电控油阀就切断由转向泵通向液压控制阀的油液通道，使四轮转向装置处于一般两轮转向工作状态，起到失效保护的作用。

(2) 后轮转向系统的工作原理

1) 当车速低于 35km/h 时，如图 4-88a 所示。扇形控制齿板在步进电动机的控制下向负方向偏转。假设转向盘向右转动，则小锥齿轮、大锥齿轮分别向空白箭头方向转动，摆臂在扇形齿板和大齿轮的带动下最终向右上方摆动，液压控制阀输入杆和滑阀也向右移动，由转向泵输送的高压油液进入后轮转向动力缸的左腔，使后轮向左偏转，即后轮相对于前轮反向偏转。使车辆转向半径减小，提高了低速时的机动性。

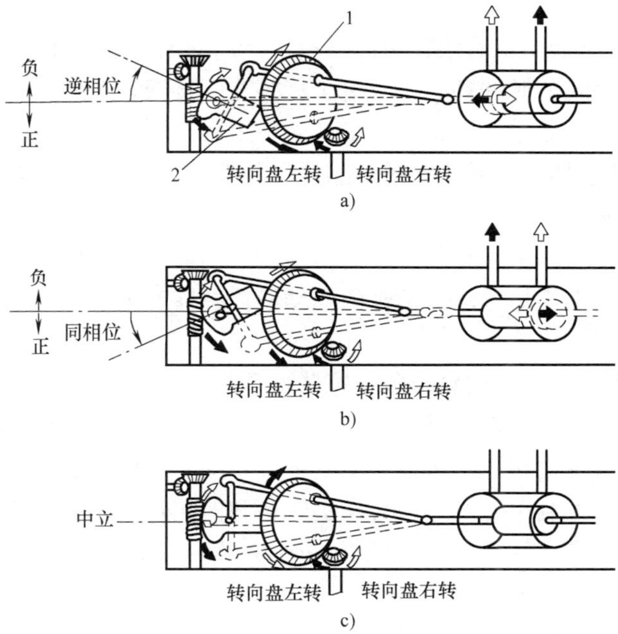

图 4-88　后轮转向系统的工作原理

a）逆相位　b）同相位　c）中间位置

1—大锥齿轮　2—扇形控制齿板

提示：液压控制阀移动的行程大小与扇形齿板的转角大小成正比。

2) 当车速高于 35km/h 时，如图 4-88b 所示。扇形控制齿板在步进电动机的控制下向图中正方向移动。假设这时转向盘仍向右转动，摆臂向左上方摆动，将液压控制阀输入杆和滑阀向左拉动，由转向泵输送的高压油液进入后轮转向动力缸的右腔，结果使后轮向右偏转，即后轮相对于前轮同向偏转。使汽车高速行驶时的操纵稳定性显著提高。

3) 当车速等于 35km/h 时，如图 4-88c 所示。扇形控制齿板处于中间位置，摇臂处于与大锥齿轮轴线垂直的位置。不管转向盘向左还是向右转动，液压控制阀输入杆均不产生轴向位移，后轮保持与汽车纵向轴线平行的直线行驶状态。

测试题：1. 说明机械式和液压式车速感应型四轮转向系统的基本组成。

2. 对照实物或图片说明电子控制液压式四轮转向系统的组成、各主要机件的名称和工作原理。

4. 全电子控制四轮转向系统

(1) 全电子控制四轮转向系统的组成　全电子控制四轮转向系统主要由后轮转向执行器、输入传感器和电控单元组成

1) 后轮转向执行器。后轮转向执行器包含一个通过循环球螺杆驱动转向齿条的电动机。常规的转向横拉杆从转向执行器连接到后轮转向臂和转向节处。执行器内的复位弹簧在点火开关关闭或四轮转向系统失效时将后轮推向直线行驶位置。一个后轮转角传感器和一个副后轮转角传感器安装在后轮转向执行器的顶端。

2) 输入传感器

① 主后轮转角传感器。主后轮转角传感器位于后轮转向执行器的左侧。这只传感器包含一个随循环球螺杆旋转的脉冲环，一个电子传感器直接安装在脉冲环上部，当循环球螺杆旋转时，这个传感器向控制单元发出数字信号，指示后轮转角。

② 副后轮转角传感器。副后轮转角传感器安装在后轮转向执行器上与主后轮转角传感器相反的一端，如图 4-89 所示。副后轮转角传感器含有一根连接在齿条上的锥形轴，锥形轴与齿条同一水平移动。一根在副后轮转角传感器上的插棒与锥形轴锥面接触，当锥形轴水平移动时，锥面使传感器插棒移动。插棒的移动使传感器产生模拟电压信号，将后轮转角信号传送到控制单元。

③ 主前轮转角传感器。主前轮转角传感器也称转向盘转动传感器，其安装在组合开关下方的转向柱上，如图 4-89 所示。转动速度传感器和转向盘方向传感器安装在主前轮转角传感器内。转动速度传感器包含一排在传感器下方转动的、变换磁性的磁铁。当转向盘转动时，转动速度传感器向控制单元发送与转向盘转速和前轮转角相关的信号。转动方向传感器包含一个绕转向柱的环形磁铁，这个磁铁有一个 N 极和一个 S 级。控制单元利用方向传感器传来的信号确定转向盘的转动方向。

④ 副前轮转角传感器。副前轮转角传感器安装在前齿轮—齿条转向器内。这个传感器的原理与副后轮转角传感器一致。它用于向控制单元发送与前轮转向角相关的信号。

⑤ 后轮转速传感器。如图 4-89 所示，后轮转速传感器安装在每个后轮上，它是与防抱死制动系统(ABS)共用的传感器。其结构和工作原理参考防抱死制动系统(ABS)。

⑥ 车辆速度传感器。车辆速度传感器将与车辆速度相关的电压信号送到四轮转向系统控制单元。这个信号也被送到自动变速器控制单元。

(2) 全电子控制四轮转向系统的工作原理　如图 4-89 所示，发动机工作时，四轮转向控制单元不断地从所有输入传感器处收到信号。如果转向盘转动，四轮转向控制单元就会对车辆速度传感器、主前轮转角传感器、副前轮转角传感器、主后轮转角传感器、副后轮转角传感器以及后轮转速传感器传来的信号进行分析，并计算出适当的后轮转向角，然后将蓄电池电压输入到后轮转向执行电动机使后轮转向。

蓄电池电压通过两只大功率晶体管输送到后轮转向执行器电动机处。其中一只晶体管在右转弯时导通，而另一只在左转弯时导通。主、副后轮转角传感器将反馈信号送到四轮转向驱动控制单元以指示后轮转角已被执行。

由于电子技术的发展，传统转向系统中越来越多地采用电子部件。电液助力转向系统

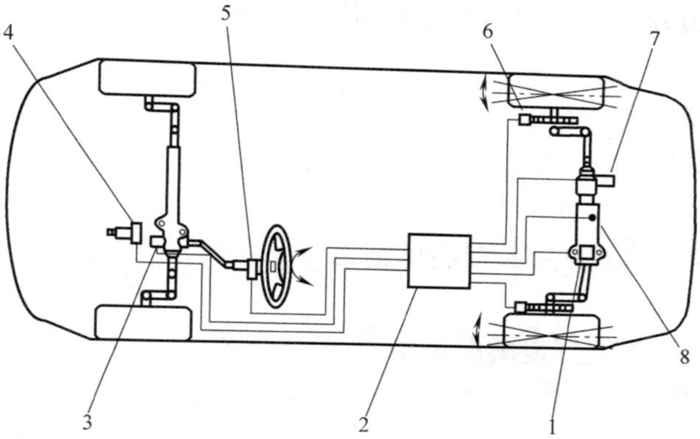

图 4-89 电控四轮转向系统的工作原理

1—主后轮转角传感器 2—四轮转向控制单元 3—副前轮转角传感器 4—车辆速度传感器 5—主前轮转角传感器 6—后轮转速传感器 7—副后轮转角传感器 8—后轮转向执行器

(EHPS)是在液压助力转向系统基础上发展起来的，其特点是液压助力泵由电动机驱动，取代了传统液压泵由发动机驱动的方式。电动助力转向系统(EPS)是在机械转向系统基础上加入电动机作为动力源，电动助力代替了液压助力。

汽车电子转向系统(Steering-By-Wire System,SBW)由于取消了转向盘和转向轮之间的机械连接，完全摆脱了传统转向系统的各种限制，不但可以自由设计汽车转向的力传递特性，而且可以设计汽车转向的角传递特性，给汽车转向特性的设计带来无限的空间，是汽车转向系统的重大革新。

随着技术的不断发展，未来的 EPS 将是全助力的电动转向系统，即：驱动转向轮转向的力完全由电动机提供，转向盘仅作为一个控制电机的信号发生器由驾驶人操纵。目前国外研究最多的线控转向就是一种全助力转向技术。

汽车转向技术已经进入了电动助力时代，随着传感器、控制方式、助力电机等关键技术的不断进步和完善，以线控技术的应用为标志的全助力转向系统将成为汽车转向技术的焦点。这不仅是市场需求和技术推动的必然，也是人类追求人与自然和谐之美的愿望在汽车领域的具体表现。

实训6 转向系统的结构认识

1. 实训目的

1）掌握转向系统的传递路线及认识结构布置。

2）熟悉转向系统的零件结构。

2. 实训内容

桑塔纳转向系统的结构认识和转向系统传递路线及零件分析。

3. 实训仪器和设备

桑塔纳 2000 型轿车 1 辆、桑塔纳 2000 型轿车转向试验台 1 个。

4. 实训方法及注意事项

(1) 实训方法 每班分成若干个小组，每次同时进行三个小组实训，其他小组在教室

的内容。分几次完成，实训时以老师讲解、演示、学生操作为主，学生完成实训报

完成实训内容

（2）实训注意事项

1）听从安排，不要随意走动。

2）不要随意操作车上的各个系统。

3）操作所学的系统时必须在指导老师的指导下完成。

4）注意保持教学场地卫生。

5）操作所学系统时不能野蛮操作。

5. 实训步骤及要求

（1）转向系整体结构认识及传递路线　桑塔纳2000型轿车的转向系统，采用带动力助力的转向机构，它由转向操纵机构、动力转向器、动力转向泵、动力转向管路、转向传动机构等组成，如图4-90所示。其动力传递流程是：转向盘→转向管柱→动力转向器→转向横拉杆→车轮。

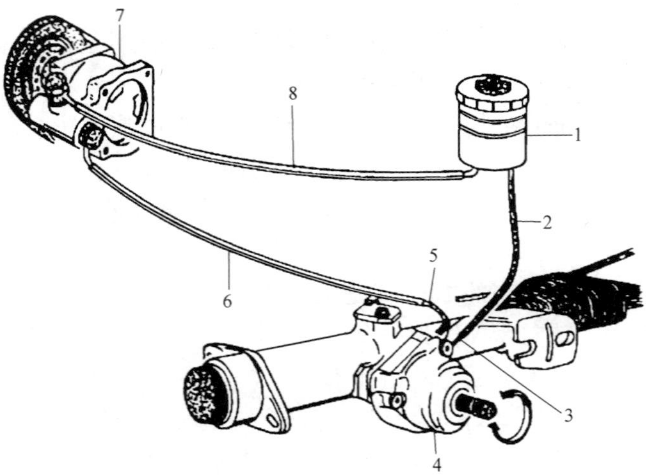

图4-90　桑塔纳2000动力转向系统

1—储油罐　2—动力转向器出油软管　3—动力转向器出油硬管　4—动力转向器　5—动力转向器进油硬管　6—动力转向器进油软管　7—叶片式转向泵　8—进油软管

（2）转向系统零件分析

1）转向盘。转向盘直径为400mm，其骨架的轮辐用C15K材料制造，轮缘材料为St34。中间以硬泡沫聚氨酯填充，表皮为黑色网络桔皮式。

转向盘轮辐上两边附有两块喇叭按钮盖板，内装两只双音喇叭按钮。轮辐中心部位有一盖板，打开盖板可装拆和调整转向盘。

转向柱分成上、下二段，在转向柱上段，套装有喇叭接触环、转向灯开关、刮水器开关、车锁和转向柱套等。

转向柱上段的下部弯曲，其端部焊有近似于半月形的法兰盘，盘上装有两个驱动销，与转向柱下段上端面法兰盘的两孔相配。连接处还压装有尼龙衬套和橡胶圈。

这种两段式既保持同轴度的转向柱结构，又增强了安全性。当撞车时，驾驶人习惯性以胸部扑向转向盘，可迫使转向轴上段向下运动，使上下两段脱离，形成缓冲作用，减少了对

驾驶人的伤害程度。

转向柱上段设有单列深沟球轴承，通过转向柱套管与车架相连接。轴承下面的转向轴上焊有两个半圆合成的托架，起轴向定位作用。托架内侧铣有两条纵向槽，当驾驶人拔出车锁后，锁内簧舌伸入槽中，使转向盘锁定不能左右转动，防止窃车。

2）动力转向器。桑塔纳2000型轿车的转向器采用动力转向器，由转阀、齿轮齿条式转向器和转向动力缸组成的整体式动力转向器，如图4-91所示。

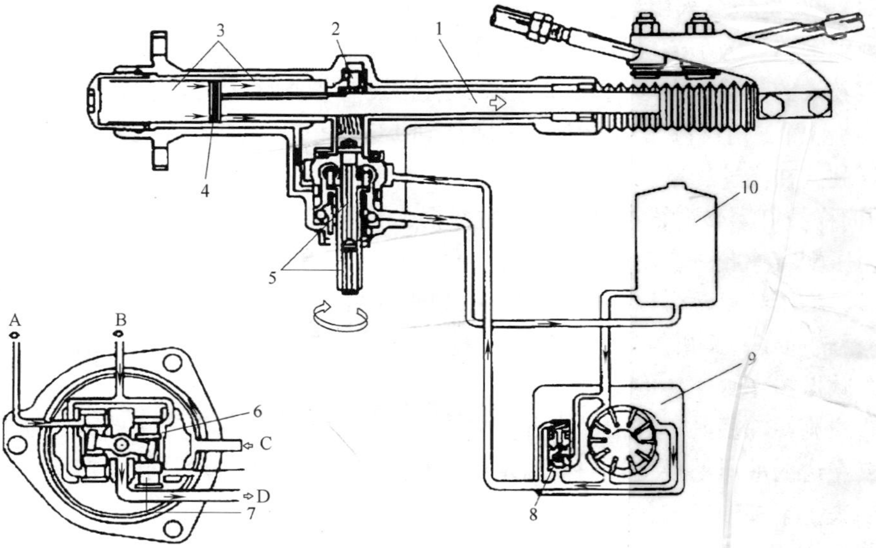

图4-91 动力转向系统工作原理

1—齿条 2—齿轮 3—工作主缸 4—活塞 5—弹性扭力杆 6—控制阀 7—柱塞阀芯 8—限压阀 9—转向泵 10—储液罐 A—通向工作缸左边 B—通向工作缸右边 C—进油口 D—出油口

动力转向器结构形式为带自动调整间隙的齿轮齿条式，转向齿轮与转向柱的连接采用安全联轴器连接。动力转向器为齿轮齿条式，上部的阀体为滑阀结构。滑阀的阀体与小齿轮设计加工成为一体。阀体内左、右柱塞阀芯与轴向柱轴线呈垂直放置。阀芯上有磨削的控制槽。阀芯通过转向轴上的拨叉来拨动。

转向轴用销钉与阀中的弹性扭力杆相连，该扭力杆的刚度决定了阀的特性曲线，同时也起到阀的中心定位作用。系统的最大工作压力设定为1×10^4kPa，而在原地转向时，系统的工作压力为0.8×10^4kPa。此时所对应的转向盘转向力矩为5.5N·m。

在直线行驶时，转向盘处于中间位置，转向盘辐条处于水平位置，阀芯和阀套之间也处于中间位置，所有控制口接通，液压油毫无阻碍地流经转向阀返回到储油罐。转向盘转动时，转向轴带动阀芯相对于阀套运动，由于阀的控制边口位置的变化，液压油将进入转向器的动力缸内，推动活塞运动而产生推力。

在齿条与小齿轮啮合位置的背面装有由弹簧压紧的压力块，通过调节螺钉来改变弹簧的预紧力，可消除齿轮齿条啮合的间隙。

当向右转动转向盘时，转向力矩使得弹性扭力杆扭转，并且转向柱的转角要比转向机小齿轮转得多一点，这就使得右边旋转柱塞阀芯下移，使得进油通道开大；左边旋转柱塞阀芯上移，关闭进油通道，此时左右旋转柱塞阀芯分别打开和关闭各自的回油通道。当向左转动转向盘时，情况与向右转动转向盘时相反。

动力转向器的阀孔同时也具有节流阻尼的作用，不需要像机械转向器那样另外加转向减振器。在转向回正时，通过阀的阻尼力来防止转向回正速度过快，增加转向回正的舒适性，或者通过阻尼作用减小汽车直线行驶时由于路面的不平对前轮的冲击引起转向盘的抖动和打手，提高其保持直线行驶的能力。

桑塔纳2000型轿车采用动力转向系统后，由于系统液压阻尼力的增加，使得汽车转向回正能力受到削弱。为了满足汽车回正性要求和提高桑塔纳2000型轿车保持直线行驶的能力，增加驾驶人的路感，桑塔纳2000型轿车前悬架与普通桑塔纳轿车前悬架相比向前移动了10mm，使前桥主销后倾角由50′±30′增加到1°30′±30′，改善了驾驶人“路感”反应，特别是使驾驶人在高速行驶时把握好方向。

3）转向横拉杆。转向横拉杆分为左右两根，其内端均为有孔的接头，与横拉杆压接成整体，孔内压配有橡胶—金属缓冲套。横拉杆外侧均有一个带球头销的可调接头，球头销与转向臂连接，均用防松螺母以(46±5)N·m力矩拧紧。

4）前桥转向臂。桑塔纳2000型轿车的前桥由于采用柱式独立悬架和前轮驱动形式，转向系统中以减振器作为实体的主销。

根据右边旋转柱塞阀芯进油通道开度大小，来控制流入工作缸左边的液压油的流量和油压。工作缸左边的液压油推动转向器活塞向右运动，起到助力作用。转向器活塞移动距离的大小，则取决于施加在转向盘上转向力矩的大小。

转向器工作缸右边的液压油在转向器活塞的作用下，通过打开的回油环槽返回到储油罐中。

实训7　转向系统的拆装与检查

1. 实训目的

1）掌握转向系统正确的拆卸和安装的方法。

2）熟悉转向系统的零件的检查方法。

2. 实训内容

桑塔纳转向系统的拆装与检查。

3. 实训设备

桑塔纳2000型轿车1辆、桑塔纳2000型轿车转向试验台若干、桑塔纳转向器和转向柱多个，专用工具、常用工具、量具、工具车、零件车等。

4. 实训方法及注意事项

（1）实训方法　每班分成若干个小组，每次同时进行三个小组实训，其他小组在教室复习实训的内容。分几次完成，实训时以老师讲解、演示、学生操作为主，学生完成实训报告，完成实训内容。

（2）实训注意事项

1）听从安排，不要随意走动。

2）不要随意操作车上的各个系统。

3）操作所学的系统时必须在指导老师的指导下完成。

4）注意保持教学场地卫生。

5）操作所学系统时不能野蛮操作。

5. 实训内容和步骤

（1）转向盘与转向管柱的分解　转向盘与转向柱的分解如图 4-92 所示，拆装和分解转向盘与转向柱时可参照此图进行。

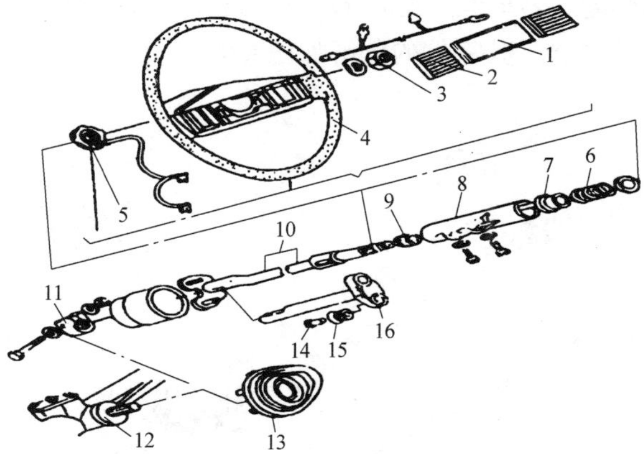

图 4-92　转向盘与转向柱分解图

1—转向盘盖板　2—喇叭按钮盖板　3—转向盘与转向柱紧固螺母 M16(45N · m)　4—转向盘　5—接触环　6—压缩弹簧　7—连接圈　8—转向柱套管　9—轴承　10—转向柱上段　11—夹箍　12—动力转向器　13—转向柱防尘橡胶圈　14—转向减振尼龙销　15—转向减振橡胶圈　16—转向柱下段

（2）转向柱的拆装与检查

1）转向柱的拆卸。转向柱上装有一套组合开关，包括点火开关、前风窗刮水及清洗开关。转向灯开关及远近光变光开关，因此在拆卸前必须将蓄电池电源线断开，转向指示灯开关放在中间位置，并将车轮处在直线行驶位置，然后按下列拆卸步骤进行。

① 向下按橡皮边缘，撬出盖板。

② 取下喇叭盖，拆卸喇叭按钮及有关接线。

③ 拆下转向盘紧固螺母，用拉器将转向盘取下。

④ 拆下组合开关上的三个平口螺栓，取下开关。

⑤ 拆下阻风门控制把手手柄上的销子，然后旋下手柄、环形螺母，取下开关。

⑥ 拆下转向柱套管的两个螺钉，拆下套管。

⑦ 将转向柱上段往下压，使上段端部法兰上的两个驱动销脱离转向柱下端，取出转向柱上段。

⑧ 取下转向柱橡胶圈，松开夹紧箍的紧固螺栓，拆下转向柱下端。

⑨ 用专用工具卸下弹簧垫圈，卸下左边的内六角螺栓，旋出右边的开口螺栓，拆下转向盘锁套。

2）转向柱的检查。检查转向柱有无弯曲、安全联轴器有无磨损或损坏、弹簧弹性是否失效，如有则应修理或更换新件。

3）转向柱的安装。安装应基本按拆卸的相反顺序进行，但同时应注意以下几点：

① 转向柱与凸缘管应一起安装，并用水泵钳连接起来。

② 应将凸缘管推止转向机构主动齿轮上，夹紧箍圈口应向外，注意不可用手掰开夹箍。

③ 转向柱管的断开螺栓装配时，应将螺栓拧紧至螺栓头断开为止，然后拧紧圆柱螺栓。

④ 车轮应处于直线行驶位置，转向灯开关应处在中间位置，才可装转向盘，否则在安装转向盘时，当分离爪齿通过接触环上的簧片时，有可能造成损坏。

⑤ 应更换所有的自锁螺母和螺栓，转向支柱如有损坏，不能焊接修理。

（3）动力转向器的拆卸和安装　桑塔纳 2000 型轿车的动力转向器在原机械式齿轮齿条转向器基础上增加了储油罐、转向泵、控制阀及动力缸。转向器和动力缸、控制阀组合成一体，故称为整体式动力转向器。其零件的分解如图 4-93 所示。

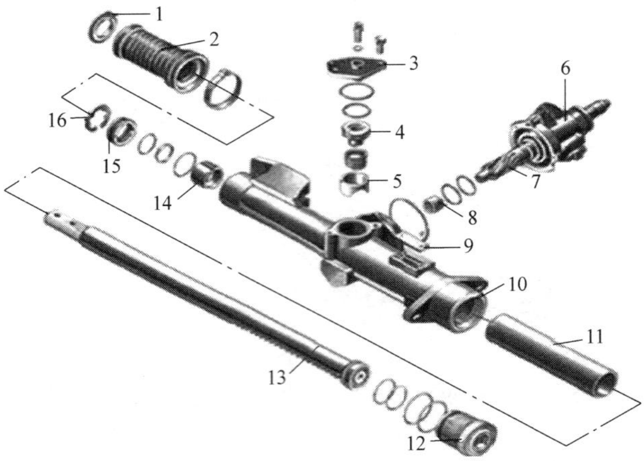

图 4-93　桑塔纳 2000 轿车动力转向器零件分解图

1—防尘罩挡圈　2—波纹防尘罩　3—盖板　4—密封座　5—压块　6—转阀　7—齿轮　8—轴承　9—铭牌　10—转向器壳　11—缸筒　12—密封挡盖　13—齿条　14—支承衬套　15—齿条油封座　16—挡环

1）动力转向器的拆卸

① 吊起车辆。排放转向液压油。

② 拆下固定横拉杆的螺母，如图 4-94 所示。

③ 拆卸左前轮罩处的转向器固定螺栓，如图 4-95 示。

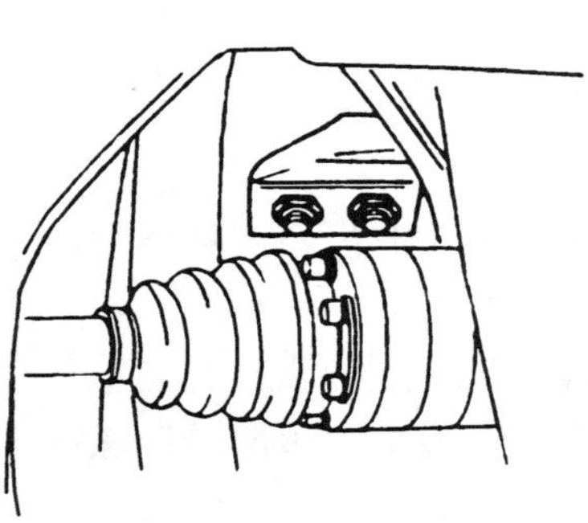

图 4-94　拆卸横拉杆固定螺母

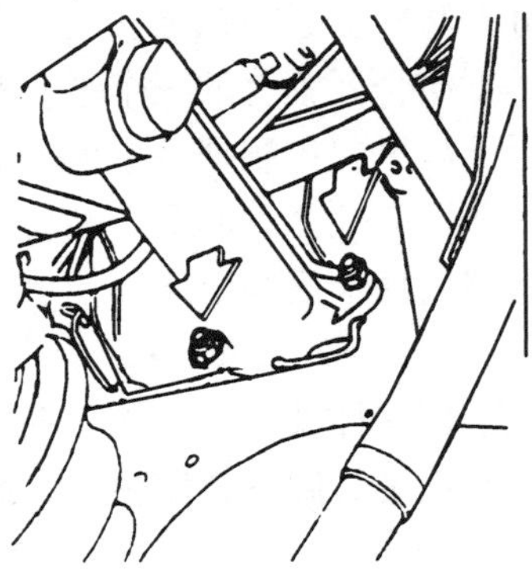

图 4-95　拆卸左前轮罩处的转向器固定螺栓

④ 松开在转向控制阀外壳上的高压油管，如图 4-96 所示。

⑤ 拆卸后横板上固定转向器的左边自锁螺母，如图 4-97 所示。

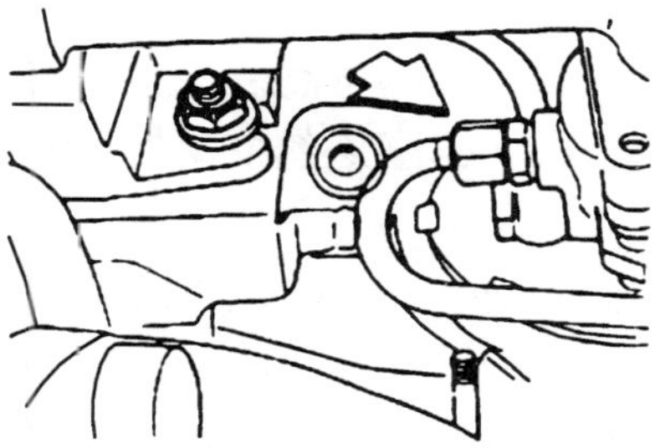

图 4-96 松开高压油管

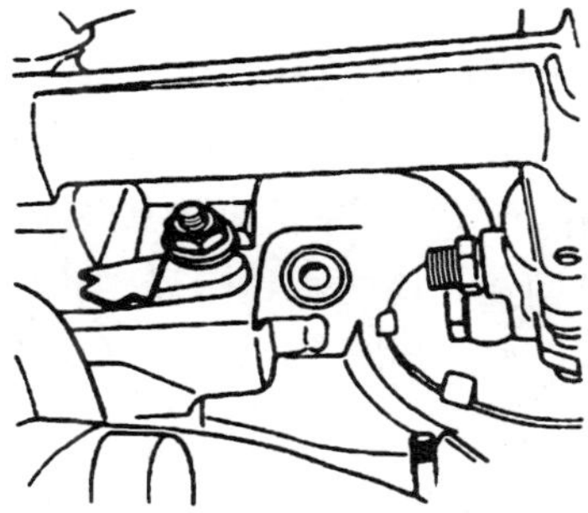

图 4-97 拆卸后横板上固定转向器的左边自锁螺母

⑥ 把车辆放下。拆卸紧固齿条与转向横拉杆的螺栓，如图 4-98 所示。

⑦ 拆卸仪表板侧边下盖、通风管和踏板盖。

⑧ 拆卸紧固转向小齿轮与下轴的螺栓，如图 4-99 所示，并使各轴分开。

图 4-98 拆卸紧固齿条与转向横拉杆的螺栓

图 4-99 拆卸紧固转向小齿轮与下轴的螺栓

⑨ 拆卸后横板上转向器的固定自锁螺母，如图 4-100 所示。

⑩ 拆下转向器。

2）动力转向器的安装 安装时应注意：转向泵上和在转向控制阀上固定泄放螺栓的密封环只要被拆卸，就应该更换。

① 安装后横板的转向器，安装自锁螺母但不必完全拧紧。

② 吊起车辆。

③ 在转向泵上安装高压和回油软管，并用 40N · m 的力矩拧紧螺栓，并使用新的密封圈；安装在左前轮罩上的转向器固定螺栓，并用 20N · m 的力矩拧紧螺母，安装在后横板上转向器固定自锁螺母，并且用 40N · m 的力矩拧紧螺母；把高压管固定在转向控制阀外壳上。

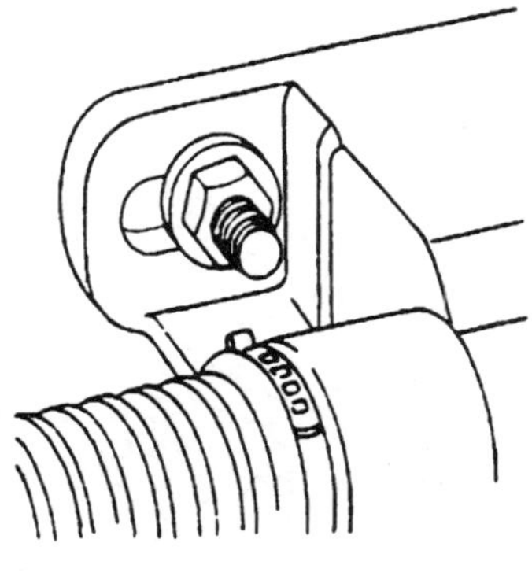

图 4-100 拆卸后横板上转向器的固定自锁螺母

④ 把车辆放下。

⑤ 用 40N · m 的力矩拧紧在后横板上转向器的固定螺母；安装横拉杆支架固定螺栓，并用 45N · m 的力矩拧紧；从车辆内部把回油软管安装在转向控制阀外壳上；安装保护网（防尘套）；连接下轴，安装固定螺栓并用 25N · m 的力矩拧紧；安装踏板盖。通风管和仪

表板盖。

⑥ 安装固定横拉杆支架的自锁螺母，并用45N·m的力矩拧紧。

⑦ 向储油罐内注入转向油，直到达到标有“Max”处。决不要再使用已排出的转向油。

⑧ 吊起车辆。在发动机熄火的情况下转动转向盘数次，以便把系统中存在的空气排出，并补充转向油，使之达到标有“Max”处。

⑨ 起动发动机，完全向左和右转动转向盘，观察油面高度，一直操作到油面稳定在标有“Max”处为止。

(4) 转向泵的更换　转向泵的分解如图4-101所示，拆卸和安装转向泵时均可参照此图进行。

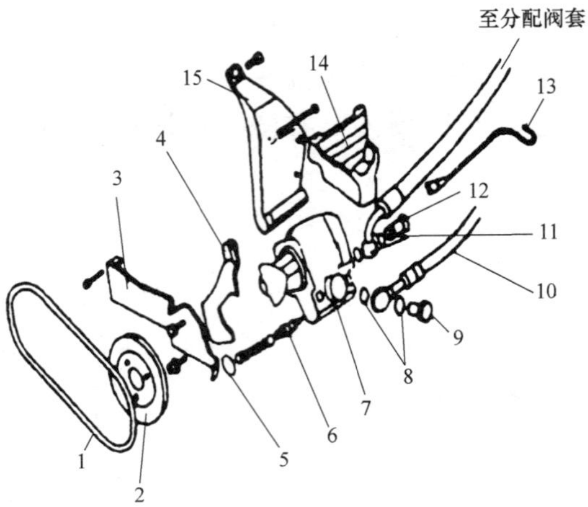

图4-101　转向泵(叶轮泵)及其附件的分解图

1—V带　2—带轮　3—夹紧夹板　4—前摆动夹板　5—密封环　6—压力和流量限制阀　7—叶轮泵　8—密封环　9、12—管接头螺栓　10—进油管　11—密封环　13、15—支架　14—后摆动夹板

1) 转向泵的拆卸

① 支起车辆。

② 拆卸转向泵上回油软管的高压软管的泄放螺栓，如图4-102所示，排放转向油。

③ 拆卸转向泵前支架上的张紧螺栓，如图4-103所示。

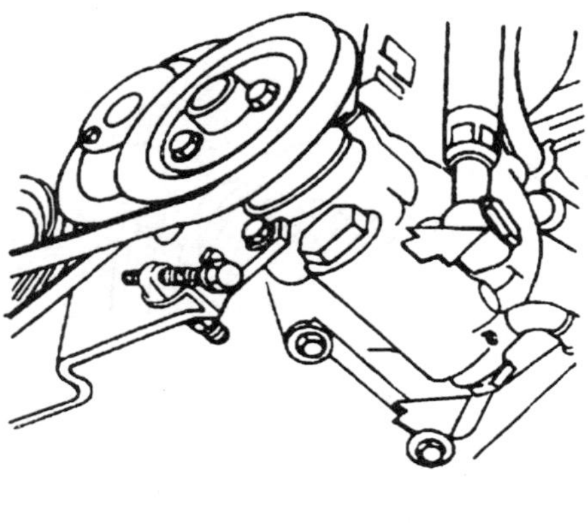

图4-102　拆卸泄放螺栓

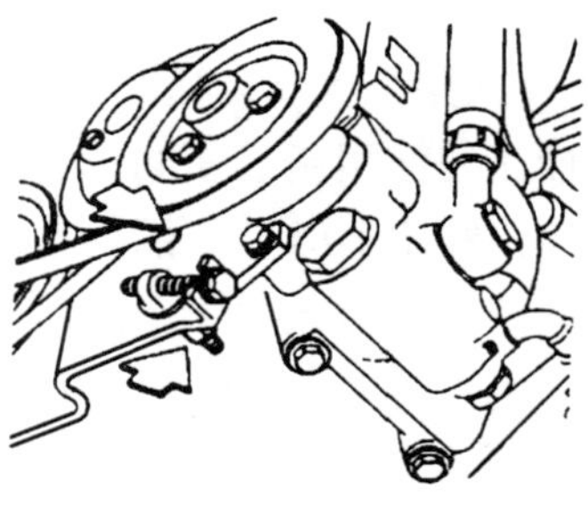

图4-103　拆卸转向泵前支架上的张紧螺栓

④ 拆卸转向泵后支架上的固定螺栓，如图4-104所示。

⑤ 松开转向泵中心支架上的固定螺母和螺栓，如图4-105所示。

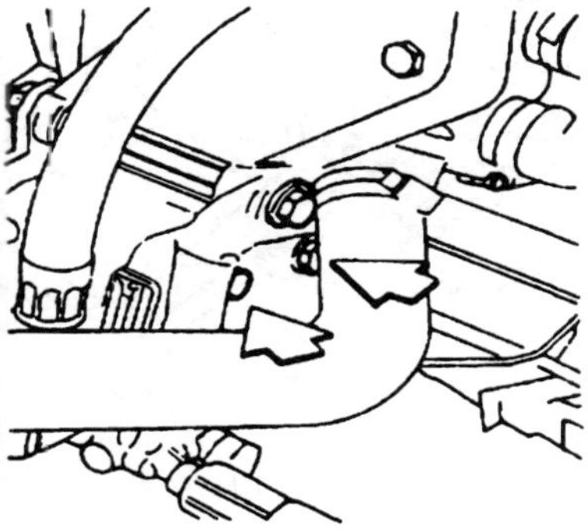

图4-104 拆卸转向泵后支架上的固定螺栓

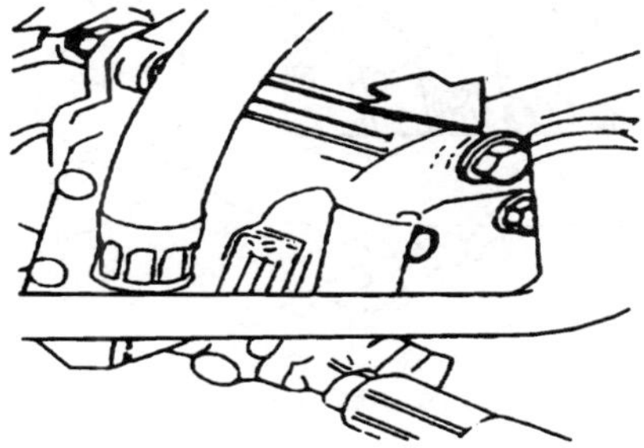

图4-105 松开转向泵中心支架上的螺栓

⑥ 把转向泵固定在台虎钳上，拆卸滑轮和中间支架。

2）转向泵的安装。转向泵安装顺序与拆卸顺序相反。转向泵安装完毕后应调整转向泵V带的张紧度，并加注转向油液。

（5）储油罐的拆卸　松开储油罐的安装支架螺栓和储油罐进油、回油软管夹箍，从车上拆下储油罐，如图4-106所示。

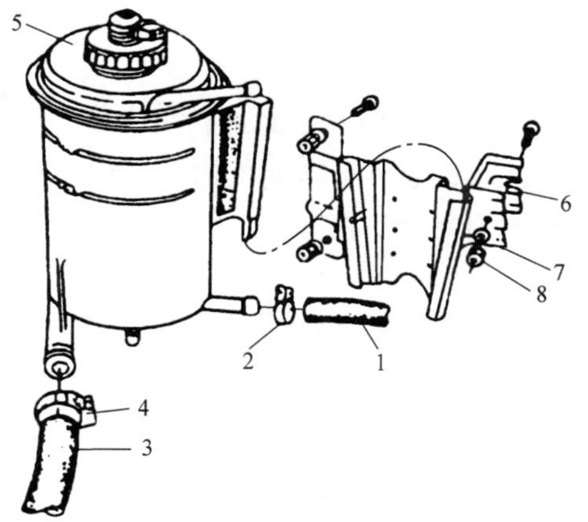

图4-106 拆卸储油罐

1—回油软管　2、4—软管夹箍（拧紧力矩1.0~1.5N·m）　3—进油软管　5—储油罐

6—储油罐支架　7—垫片　8—六角螺母M6，拧紧力矩(6.0±3)N·m

（6）转向泵V带的调整

1）松开转向泵支架上的后固定螺栓，如图4-107所示。

2）松开专用螺栓的螺母，如图4-108所示。

3）通过张紧螺栓把V带绷紧，如图4-109所示。当压在V带中间处，V传动带应有10mm挠度为合适。

4）拧紧专用螺栓的螺母。拧紧转向泵支架上的固定螺栓。

（7）转向系统的检查

1）检查系统密封性。转向系统密封性的检查，应在热车时进行。

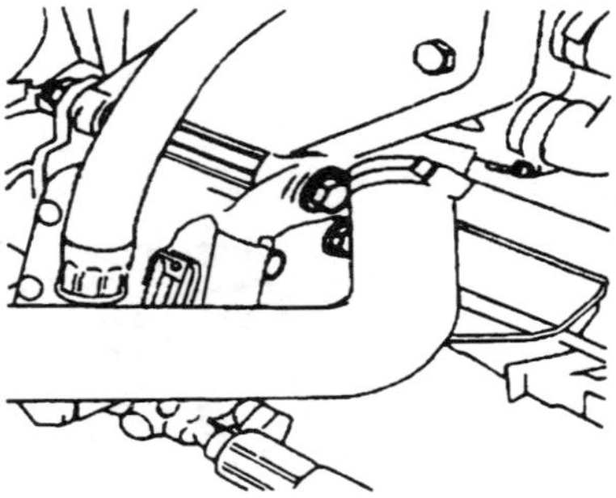

图 4-107　松开后固定螺栓

图 4-108　松开专用螺栓的螺母

将转向盘快速朝左、右两侧转至极限位置，并保持不动，此时可产生最佳管内压力。目测检查转向控制阀、齿条密封(松开波纹管软管夹箍,再将波纹管推至一旁)、叶轮泵、油管接头是否有漏油现象，如有渗漏应更换密封件。

如果发现储油罐中缺少转向油时，应检查转向系统的密封性是否完好。

当转向器主动齿轮不密封时，必须更换阀体中的密封环和中间盖板上的圆形绳环。

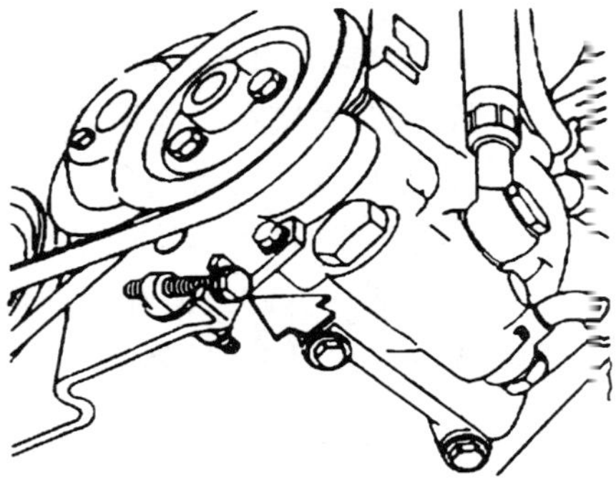

图 4-109　张紧 V 带

如果转向器罩壳中的齿轮齿条密封件不密封，转向油液可能流入波纹管套里，此时，应拆开转向机构，更换所有密封环。

如油管接头漏油，应查找原因并重新接好。

2）检查转向泵压力

① 将压力表装到连接管阀体和弹性软管之间的压力管中。

② 起动发动机，如果需要，向储油罐补充转向油。

③ 快速关闭截止阀(关闭时间不超过 5min)，并读出压力数，表压额定值为 6. 8 ~8. 2MPa。

如果没有达到额定数值，就应检查压力和流量限制阀是否完好。如不正常应更换压力和流量限制阀，或更换叶轮泵。

3）检查系统压力。当发动机怠速工作时，打开压力表节流阀，使转向盘向左或右旋转极限位置，同时读出压力表上的压力。额定值表压为 6. 8 ~8. 2MPa。

如果向左或右边的额定值达不到要求，就要修理转向器或更换总成。

6. “转向系统的拆装与检查”的评分标准和操作工单

“转向盘与转向柱”评分标准

序号	考核项目	配分	扣分标准(每项累计扣分不能超过配分)
1	安全文明否决		造成人身、设备重大事故，或恶意顶撞考官严重扰乱考场秩序，立即终止考试，此项目记0分
2	安全文明生产	20分	(1) 不穿工作服、工作鞋、工作帽各扣1分 (2) 工零件乱放混放每次扣2分 (3) 油、水落地或零部件表面未及时清理每次扣1分 (4) 考试完后不清理工零件或场地各扣3分 (5) 不服从考官、出言不逊，每次扣3分
3	工量具准备与检查	10分	(1) 作业前未对设备电源是否正常检查扣2分 (2) 未检查随机配套工具扣2分
4	转向柱的拆卸	30分	(1) 向下按橡皮边缘，撬出盖板。不正确扣4分 (2) 取下喇叭盖，拆卸喇叭按钮及有关接线。不正确扣4分 (3) 拆下转向盘紧固螺母，用拉器将转向盘取下。不正确扣4分 (4) 拆下组合开关上的三个平口螺栓，取下开关。不正确扣4分 (5) 拆下阻风门控制把手手柄上的销子，然后旋下手柄、环形螺母，取下开关。不正确扣4分 (6) 拆下转向柱套管的两个螺钉，拆下套管。不正确扣4分 (7) 将转向柱上段往下压，使上段端部法兰上的两个驱动销脱离转向柱下端，取出转向柱上段。不正确扣4分 (8) 取下转向柱橡胶圈，松开夹紧箍的紧固螺栓，拆下转向柱下端。不正确扣4分 (9) 用专用工具卸下弹簧垫圈，卸下左边的内六角螺栓，旋出右边的开口螺栓，拆下转向盘锁套。不正确扣4分
5	转向柱的检查	10分	检查转向柱有无弯曲、安全联轴器有无磨损或损坏、弹簧弹性是否失效，如有则应修理或更换新件。未做扣10分
6	转向柱的安装	30分	(1) 转向柱与凸缘管应一起安装，并用水泵钳连接起来。未完成扣10分 (2) 应将凸缘管推止转向机构主动齿轮上，夹紧箍圈口应向，注意不可用手掰开夹箍。未完成扣10分 (3) 转向柱管的断开螺栓装配时，应将螺栓拧紧至螺栓头断开为止，然后拧紧圆柱螺栓。未完成扣10分 (4) 车轮应处于直线行驶位置，转向灯开关应处在中间位置，才可装转向盘，否则在安装转向盘时，当分离爪齿通过接触环上的簧片时，有可能造成损坏。未完成扣10分 (5) 应更换所有的自锁螺母和螺栓，转向支柱如有损坏，不能焊接修理。未完成扣10分

"转向盘与转向柱"操作工单

总分：____________

车型		发动机型号	
一、准备工作			
(1) 工量具准备与检查			
(2) 维修手册准备			
(3) 固定发动机拆装台架			
二、操作过程			
转向柱的拆卸			
转向柱的检查			
转向柱的安装			
维修结论			

“转向器总成拆装”评分标准

序号	检测项目	检测内容	配分	扣分标准(每项累计扣分不能超过配分)
1	作业安全/5s	场地内考核设备、零件总成	5分	没少准备一件扣1分，扣完为止
		准备好所需工具量及耗材	5分	未进行准备直接扣完
		工具量、场地清洁	5分	每次扣1分，扣完为止
2	工具量使用	检测量具选用合理	5分	为未合理选用酌情扣分
		检测量具使用规范	5分	未合理使用酌情扣分
3	手册使用	检测前翻至相关页面	5分	检测前未进行维修手册查询每次扣2分，扣完为止
4	解体	拆左右压力油管	2分	力矩：39N·m(根据具体车型确定)
		拆横拉杆	4分	在横拉杆与齿条接头上做一标记
				拆横拉杆和锁紧螺母
		拆夹子、卡箍和齿条防尘罩	2分	拆卸顺序正确
		拆齿条接头和内齿垫圈	4分	把内齿垫圈的边开
				用专用工具拆齿条接头
		依次拆齿条导向块弹簧的锁紧螺母、压盖、弹簧、弹簧座、导向块	2分	小心各接线别拆断
		拆控制阀及阀体	6分	旋出两个螺钉。拔出阀及阀体。取出O形圈
		拆齿条壳体端部挡块螺母	2分	用专用工具拆挡块螺母
		拆油封和齿条	2分	拆出齿条时用防止损伤齿条壳的内壁
		拆控制阀	2分	用塑料锤打出控制阀

(续)

<table>
<tr><th>序号</th><th>检测项目</th><th>检测内容</th><th>配分</th><th colspan="2">扣分标准(每项累计扣分不能超过配分)</th></tr>
<tr><td rowspan="4">5</td><td rowspan="4">检查</td><td rowspan="2">检验齿条</td><td rowspan="2">7分</td><td rowspan="2">检查方法正确读值正确</td><td>径向圆跳动检查</td></tr>
<tr><td>磨损及损坏</td></tr>
<tr><td>检查壳体</td><td>2分</td><td colspan="2">维修判断正确</td></tr>
<tr><td>检查滚针轴承</td><td>2分</td><td colspan="2">维修判断正确</td></tr>
<tr><td rowspan="16">6</td><td rowspan="16">组装</td><td>在需要润滑的零部件上涂机油或润滑脂</td><td>2分</td><td colspan="2">涂抹到位</td></tr>
<tr><td>装齿条</td><td>2分</td><td colspan="2">安装齿条时应防止碰伤油封</td></tr>
<tr><td>装齿条壳体挡块</td><td>2分</td><td colspan="2">依次装入油封挡块</td></tr>
<tr><td>把控制阀装入壳体</td><td>2分</td><td colspan="2">安装方向正确</td></tr>
<tr><td>装控制阀</td><td>2分</td><td colspan="2">螺栓拧紧力矩18N·m</td></tr>
<tr><td>装齿条导向块、弹簧、压盖</td><td>2分</td><td colspan="2">装齿条导向块、弹簧、压盖不到位</td></tr>
<tr><td rowspan="4">调整总预紧力</td><td rowspan="4">8分</td><td colspan="2">拧紧弹簧盖至25N·m</td></tr>
<tr><td colspan="2">将倒转弹簧压盖倒转30°</td></tr>
<tr><td colspan="2">用专用工具和扭力扳手，力矩为0.5－1.0N·m</td></tr>
<tr><td colspan="2">如不符合要求则调整压盖</td></tr>
<tr><td>安装齿条导向弹簧压盖锁紧螺母</td><td>2分</td><td colspan="2">锁紧力矩69N·m，并检查</td></tr>
<tr><td>装内齿垫圈和齿条接头</td><td>2分</td><td colspan="2">装内齿垫圈和齿条接头不到位</td></tr>
<tr><td>装齿条护罩、卡箍、夹子</td><td>2分</td><td colspan="2">装齿条护罩、卡箍、夹子不到位</td></tr>
<tr><td>装横拉杆</td><td>1分</td><td colspan="2">装横拉杆不到位</td></tr>
<tr><td>装左右转向压力油管</td><td>2分</td><td colspan="2">首先拧紧齿条壳体上的螺栓，力矩25N·m</td></tr>
<tr><td>7</td><td>复查</td><td>检查安装效果</td><td>2分</td><td colspan="2">转动平滑</td></tr>
<tr><td>8</td><td>工单填单</td><td>确认检测步骤完成情况及检修结果填写</td><td>2分</td><td colspan="2">工单镇写情况酌情扣分</td></tr>
<tr><td>9</td><td>总分</td><td></td><td>100分</td><td colspan="2"></td></tr>
</table>

“转向器总成拆装”操作工单

总分：____________

<table>
<tr><td>车型</td><td></td><td>发动机型号</td><td></td></tr>
<tr><td colspan="4">一、准备工作</td></tr>
<tr><td colspan="2">（1）工量具准备与检查</td><td colspan="2"></td></tr>
<tr><td colspan="2">（2）维修手册准备</td><td colspan="2"></td></tr>
<tr><td colspan="2">（3）固定发动机拆装台架</td><td colspan="2"></td></tr>
<tr><td colspan="4">二、操作过程</td></tr>
<tr><td>分解</td><td colspan="3">步　骤：</td></tr>
<tr><td>检查</td><td colspan="3">检验齿条径向圆跳动量________，是/否磨损</td></tr>
<tr><td>动力转向器的安装</td><td colspan="3">步　骤：</td></tr>
<tr><td>维修结论</td><td colspan="3"></td></tr>
</table>

习　题

1. 填空题

(1) 转向系统可按转向能源的不同分为__________和__________两大类。

(2) 机械式转向系统由__________、__________和______________三大部分组成。

(3) 循环球式转向器中一般有两级传动副，第一级是__________传动副，第二级是______________或______________传动副。

(4) 上海桑塔纳轿车齿轮齿条式转向器由__________、__________、__________等主要机件组成。

(5) 蜗杆曲柄指销式转向器传动副的主动件是__________，从动件是装在摇臂轴曲柄端部的__________。

(6) 按传能介质的不同，转向传力装置分为__________和__________两种。

(7) 与非独立悬架配用的转向传动机构主要包括__________、__________、和__________、__________。

(8) 在转向传动机构中，为了防止运动干涉，各个横纵拉杆均采用__________进行连接。

(9) 液压式动力转向系统中，转向加力装置由______________、______________和______________、______________组成。

(10) 液压转向传力装置有______________和______________两种。

(11) 动力转向器由__________、__________和__________等三部分组成。

(12) 动力转向系统的最大使用特点是转向操纵______________。

(13) 液压动力转向系统中的旋转式控制阀主要由阀体______________等主要机件组成。

2. 选择题

(1) 在动力转向系统中，转向所需的能源来源于(　　)。

A. 驾驶人的体能　　B. 发动机动力

C. A，B 均有　　D. A，B 均没有

(2) 循环球式转向器中的转向螺母可以(　　)。

A. 转动　　B. 轴向移动

C. A，B 均可　　D. A，B 均不可

(3) 设转向系统的角传动比为 i_w，转向器的角传动比为 i_{w_1}，转向传动机构的角传比为 i_{w_2}，则下式正确的为(　　)。

A. $i_w = i_{w_1} + i_{w_2}$　　B. $i_w = i_{w_1} \times i_{w_2}$

C. $i_w = i_{w_1} - i_{w_2}$　　D. $i_w = i_{w_1} / i_{w_2}$

(4) 转弯半径是指由转向中心到(　　)。

A. 内转向轮与地面接触点间的距离

B. 外转向轮与地面接触点间的距离

C. 内转向轮之间的距离

D. 外转向轮之间的距离

(5) 转向梯形理想表达式中的 B 是指(　　)。

A. 轮距　　B. 两侧主销轴线与地面相交点间的距离

C. 转向横拉杆的长度　　D. 轴距

(6) 采用齿轮、齿条式转向器时，不需(　　)，所以结构简单。

A. 转向节臂　　B. 转向摇臂

C. 转向直拉杆　　D. 转向横拉杆

3. 判断改错题

（1）可逆式转向器的自动回正能力稍逊于极限可逆式转向器。(　　)

（2）循环球式转向器中的转向螺母既是第一级传动副的主动件，又是第二级传动副的从动件。(　　)

（3）循环球式转向器中的螺杆-螺母传动副的螺纹是直接接触的。(　　)

（4）转向横拉杆体两端螺纹的旋向一般均为右旋。(　　)

（5）汽车转向时，内转向轮的偏转角应当小于外转向轮的偏转角。(　　)

（6）汽车的转弯半径越小，则汽车的转向机动性能越好。(　　)

（7）汽车的轴距越小，则转向机动性能越好。(　　)

（8）转向系统的角传动比越大，则转向越轻便，越灵敏。(　　)

（9）动力转向系统是在机械转向系统的基础上加设一套转向加力装置而形成的。(　　)

（10）采用动力转向系统的汽车，当转向加力装置失效时，汽车也就无法转向了。(　　)

（11）气压转向加力装置比液压转向加力装置的工作压力高，所以气压转向加力装置广泛应用于重型汽车上。(　　)

4. 问答题

（1）什么是转向盘的自由行程？为什么转向盘会留有自由行程？自由行程过大或过小对汽车转向操纵性能会有何影响？一般范围应是多少？

（2）现代汽车在转向操纵机构上增设那些安全、调节装置？

（3）目前在轻型及微型轿车上为什么大多数采用齿轮齿条式转向器？

（4）在汽车转向系统中，怎样同时满足转向灵敏和转向轻便的要求？

（5）转向传动机构的功用是什么？

（6）为什么液压转向加力装置广泛应用于各类各级汽车？

（7）动力转向器中结构类型有哪些？

（8）简述电动助力转向的组成结构及其原理。

（9）简述机械转向系的维护项目。

（10）动力转向系统常见的故障有哪些？如何排除？

汽车制动系统

第5章

汽车制动系统

制动系统使汽车减速、停车并能保证可靠地驻停。汽车制动系统一般包括行车制动系统和驻车制动系统等两套相互独立的制动系统，每套制动系统都包括制动器和制动传动机构。现在汽车的行车制动系统一般都装配有制动防抱死系统(ABS)。

转向系统和制动系统都是由驾驶人来操控的，一般可以合称为控制系统。

5.1 汽车制动系统的功用、组成及分类

想一想：汽车制动系统的功用是什么？有哪几种类型？

提示：汽车制动系统的功用是按照需要使汽车减速或在最短距离内停车；下坡行驶时保持车速稳定；使停驶的汽车可靠驻停。

学习目标	鉴定标准	教学建议
1. 掌握汽车制动系统的功用及组成 2. 掌握汽车制动系统的分类及工作原理 3. 掌握汽车制动系统的要求	应知： 1. 汽车制动系统的功用及组成 2. 汽车制动系统的分类及工作原理 3. 汽车制动系统的要求	建议： 采用教师启发式讲解、学生讨论相结合的方式，最后由教师总结

1. 制动系统的功用

汽车制动系统的功用是：按照需要使汽车减速或在最短离内停车；下坡行驶时保持车速稳定；使停驶的汽车可靠驻停。

当汽车行驶在宽阔平坦、车流和人流又较少的路况下，可以通过高速行驶提高运输生产效率。但汽车行驶过程中也会遇到复杂多变的路面状况，如进入弯道、行经不平道路、两车交会、突遇障碍物等，为了保证行驶安全，就要求汽车在尽可能短的距离内将车速降低，甚

至停车。

此外，汽车下长坡时，在重力产生的下滑力作用下，汽车有不断加速到危险程度的趋势，此时应将车速限定在安全值内，并保持相对稳定；对停驶的车辆，特别是在坡道上停驶的汽车应使之可靠地驻留原地不动。

2. 制动系统的基本组成

为完成汽车制动系统的作用，现代汽车上一般设有以下几套独立的制动系统：

(1) 行车制动系统　用于使行驶中的车辆减速或停车，制动器安装在全部的车轮上，通常由驾驶人用脚操纵。

(2) 驻车制动系统　用于使停驶的汽车驻留原地，通常由驾驶人用手操纵。

(3) 应急制动、安全制动和辅助制动系统　应急制动装置是用独立的管路控制车轮的制动器作为备用系统，其作用是当行车制动装置失效的情况下保证汽车仍能实现减速或停车。

安全制动装置是当制动气压不足时起制动作用，使车辆无法行驶。

辅助制动装置是为了下长坡时减轻行车制动器的磨损而设，其中利用发动机排气制动应用最广。

汽车上设置有彼此独立的制动系统，它们起作用的时刻不同，但它们的组成却是相似的。它们一般有以下四个组成部分：

供能装置：包括供给、调节制动所需能量以及改善传能介质状态的各种部件。如气压制动系统中的空气压缩机、液压制动系统中人的肌体。

控制装置：包括产生制动动作和控制制动效果的各种部件，如制动踏板等。

传动装置：将驾驶人或其他动力源的作用力传到制动器，同时控制制动器的工作，从而获得所需的制动力矩。包括将制动能量传输到制动器的各个部件，如制动主缸、制动轮缸等。

制动器：产生阻碍车辆的运动或运动趋势的力的部件。

较为完善的制动系统还包括制动力调节装置以及报警装置、压力保护装置等。

提示：为了掌握制动系统的组成，此处应观看课件、录像或实物。

3. 制动系统的分类

(1) 按制动系统的功用分类

1) 行车制动系统：用于使行驶中的车辆减速或停车，制动器安装在全部的车轮上，通常由驾驶人用脚操纵。

2) 驻车制动系统：用于使停驶的汽车驻留原地，通常由驾驶人用手操纵。

3) 辅助制动系统：为下长坡时减轻行车制动器的磨损而设，其中利用发动机排气制动应用最广。

汽车上设置有彼此独立的制动系统，它们起作用的时刻不同，但它们的组成却是相似的。其中起主要制动功能的为行车制动系统。

(2) 按使用能源分类

1) 人力制动系统：以驾驶人的肌体作为唯一的制动能源的制动系统。

2) 动力制动系统：完全靠由发动机的动力转化而成的气压或液压形式的能量进行制动的制动系统。

3）伺服制动系统：兼用人力和发动机动力进行制动的制动系统。

（3）按传动装置的布置分类

1）单回路制动系统：传动装置采用单一的气压或液压回路的制动系统。

2）双回路制动系统：传动装置采用两个彼此隔绝的气压或液压回路的制动系统。

（4）按制动能量的传输方式分类　按制动能量的传输方式分为机械式制动系统、液压式制动系统、气压式制动系统、电磁式制动系统，同时采用两种以上传能方式的制动系统成为组合式制动系统。

4. 制动系统工作原理

以一定速度行驶的汽车，具有一定的动能。要使它减速或停车，路面必须强制地对汽车车轮产生一个阻止汽车行驶的力——制动力。这个力的方向与汽车行驶的方向相反。制动就是将汽车的动能强制地转化为热能，扩散于大气中。

那么制动力是如何产生的呢？

图 5-1 所示是制动系统行车制动系统的基本组成，我们就以这个图简要说明制动力的是如何形成的。

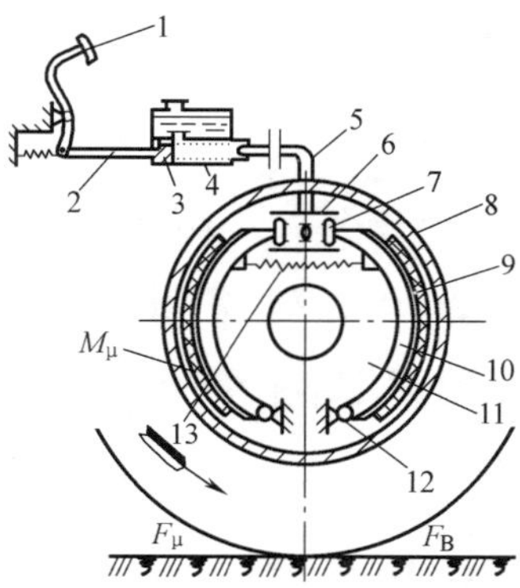

图 5-1　制动系统的基本组成

1—制动踏板　2—主缸推杆
3—主缸活塞　4—制动主缸
5—油管　6—制动轮缸
7—轮缸活塞　8—制动鼓
9—摩擦片　10—制动蹄
11—制动底板　12—支承销
13—制动蹄复位弹簧

行车制动装置由车轮制动器和液压传动机构两部分组成。车轮制动器的旋转部分是制动鼓 8，它固定于轮毂上，与车轮一起旋转。固定部分是制动蹄 10 和制动底板 11 等。制动蹄上铆有摩擦片，其下端套在支承销上，上端用复位弹簧拉紧压靠在轮缸 6 内的活塞上。支承销和轮缸都固定在制动底板上，制动底板用螺钉与转向节凸缘（前桥）或桥壳凸缘（后桥）固定在一起。制动蹄靠液压轮缸使其张开。

不制动时，制动鼓的内圆柱面与摩擦片之间保留一定间隙，制动鼓可以随车轮一起旋转。

制动时，驾驶人踩下制动踏板，推杆便推动制动主缸内的活塞 3 前移，迫使制动液经管路进入轮缸，推动轮缸活塞 7 向外移动，使制动蹄克服复位弹簧的拉力绕支承销转动而张开，消除制动蹄与制动鼓之间的间隙后压紧在制动鼓上。此时，不旋转的制动蹄摩擦片对旋转的制动鼓就产生一个摩擦力矩，其方向与车轮的旋转方向相反。制动鼓将此力矩传到车轮后，由于车轮与路面的附着作用，车轮即对路面作用一个向前的周缘力，与此相反，路面会给车轮一个向后的反作用力，这个力就是车轮受到的制动力。各车轮制动力的总和就是汽车受到的总制动力。

放松制动踏板，在复位弹簧的作用下，制动蹄与制动鼓的间隙又得以恢复，从而解除制动。

提示：为了掌握制动器的工作原理，此处可观看课件、录像或剖开的实物。

5. 对制动系统的要求

为保证汽车能在安全的条件下发挥出高速行驶的能力，制动系统必须满足下列要求：

1）具有良好的制动效能——迅速减速直至停车的能力。

2）操纵轻便——操纵制动系统所需的力不应过大。

3）制动稳定性好——制动时，前、后车轮制动力分配合理，左右车轮上的制动力矩基本相等，使汽车制动过程中不跑偏、不甩尾。

4）制动平顺性好——制动力矩能迅速而平稳地增加，也能迅速而彻底地解除。

5）散热性好——连续制动时，制动鼓和制动蹄上的摩擦片因高温引起的摩擦系数下降要小；水湿后恢复要快。

6）对挂车的制动系统，还要求挂车的制动作用略早于主车；挂车自行脱挂时能自动进行应急制动。

测试题： 1. 对照实物或图片说明制动系统的组成和工作原理。

2. 说明制动系统的功用。

5.2 车轮制动器

想一想：我们了解了制动系统的作用和组成，知道了车轮制动器是制动系统中用以产生阻碍车辆运动或运动趋势的力的部件。那么，制动器又有哪几种？

提示：根据摩擦副中旋转元件结构形式的不同，汽车上所用的车轮制动器可分为鼓式和盘式两种。鼓式制动器的摩擦副中旋转元件为制动鼓，其工作表面为圆柱面，固定元件为制动蹄，所以又称为蹄鼓式制动器；盘式制动器的旋转元件则为圆盘状的制动盘，以端面为工作表面，而固定的施力件为制动钳，故称钳盘式制动器。

学习目标	鉴定标准	教学建议
1. 掌握鼓式制动器的组成及工作原理 2. 掌握盘式制动器的组成及工作原理	应知： 1. 鼓式制动器的组成及工作原理 2. 盘式制动器的组成及工作原理	建议： 采用教师启发式讲座、学生讨论相结合的方式，最后由教师总结

根据摩擦副中旋转元件结构形式的不同，汽车上所用的车轮制动器可分为鼓式和盘式两种。鼓式制动器的摩擦副中旋转元件为制动鼓，其工作表面为圆柱面，固定元件为制动蹄，所以又称为蹄鼓式制动器；盘式制动器的旋转元件则为圆盘状的制动盘，以端面为工作表面，而固定的施力件为制动钳，故称钳盘式制动器。

1. 鼓式制动器

（1）鼓式车轮制动器的基本结构　简单的鼓式车轮制动器由旋转部分、固定部分、张动装置和定位调整机构组成。

1）旋转部分。多为制动鼓，如图 5-2 所示。

制动鼓通常为浇铸件，对于受力小的制动鼓也可用钢板冲压而成。

图 5-2　鼓式制动器的制动鼓

2）固定部分。固定部分主要由制动底板与制动蹄组成，如图 5-3、图 5-4 所示。制动底板固装在车桥的凸缘盘上，通过支承销与制动蹄相连。制动蹄常用钢板冲压后焊接而成，或由铸铁或轻合金浇铸而成。它采用 T 型截面，以增大刚度。

3）促动装置。常用的促动装置有制动凸轮和制动轮缸，如图 5-5、图 5-6 所示。其作用是对制动蹄加力使其向外张开。

4）定位调整装置。定位调整装置可保持和调整制动蹄与制动鼓之间正确的相对位置。主要部件有弹簧座、制动蹄限位弹簧、调整偏心凸轮、调整臂和偏心支承销等。

图 5-3　制动底板

图 5-4　制动蹄

图 5-5　制动凸轮

图 5-6　制动轮缸

提示 1：定位调整装置的结构、工作情况、调整方法及调整要求在以下的典型制动器结构中介绍。

提示 2：为了掌握车轮制动器的组成，此处应观看课件或实物。

测试题：结合鼓式制动器实物，说出制动器旋转、固定、促动、定位调整各部分零件的名称。

（2）制动器的工作过程　如图 5-7 所示，汽车行驶中不需要制动时，制动踏板处于自由状态，制动主缸无制动液输出，制动蹄在复位弹簧 13 的作用下压靠在轮缸活塞上，制动鼓的内圆柱面与摩擦片之间保留一定间隙，制动鼓可以随车轮一起旋转。

制动时，驾驶人踩下制动踏板，主缸推杆 2 便推动制动主缸内的活塞前移，迫使制动液经管路进入制动轮缸，推动轮缸的活塞向外移动，使制动蹄克服复位弹簧的拉力绕支承销转动而张开，消除制动蹄与制动鼓之间的间隙后压紧在制动鼓上。此时，不旋转的制动蹄摩擦片对旋转的制动鼓就产生一个摩擦力矩，其方向与车轮的旋转方向相反。

放松制动踏板，在复位弹簧的作用下，制动蹄与制动鼓的间隙又得以恢复，从而解除制动。

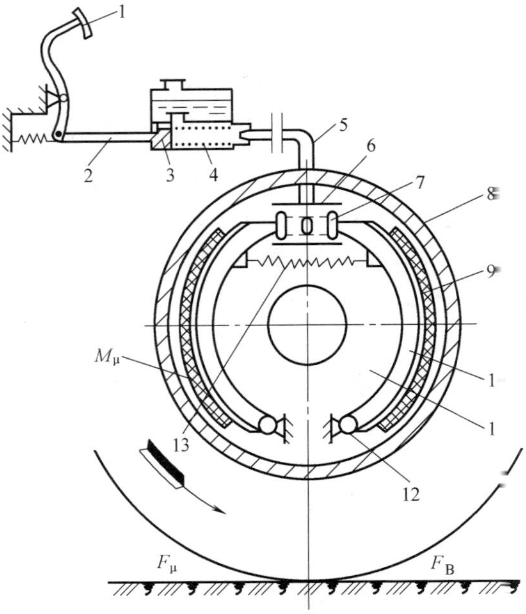

图 5-7　制动系统的工作过程

1—制动踏板　2—主缸推杆　3—主缸活塞　4—制动主缸　5—油管　6—制动轮缸　7—轮缸活塞　8—制动鼓　9—摩擦片　10—制动蹄　11—制动底板　12—支承销　13—制动蹄复位弹簧

提示：为了掌握车轮制动器的工作过程，此处应观看课件或解剖的实物。

测试题：结合解剖实物，叙述车轮动器的工作过程。

（3）制动蹄的增势和减势　如图 5-8 所示，汽车前进时制动鼓的旋转方向如箭头所示。在制动过程中，两制动蹄在相等的促动力 F_S 作用下，分别绕各自的支承点向外偏转紧压在制动鼓上。同时旋转的制动鼓对两蹄分别作用着法向反力 N_1 和 N_2，以及相应的切向反力 T_1 和 T_2，T_1 作用的结果使得制动蹄 1 在制动鼓上压得更紧，则 N_1 变得更大，这种情况称为“助势”作用，相应的制动蹄被称为“领蹄”；与此相反，T_2 作用的结果则使得制动蹄 2 有放松制动鼓趋势，即 N_2 和 T_2 有减小的趋势。这种情况称为“减势”作用，相应的制动蹄被称为“从蹄”。

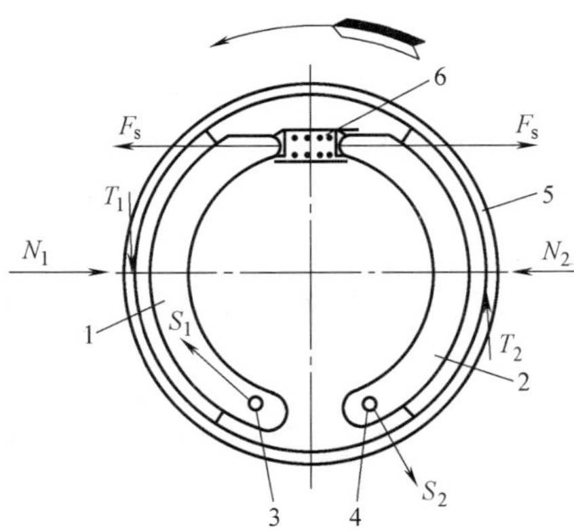

图 5-8　领从蹄式制动器示意图

1—领蹄　2—从蹄　3、4—支承点　5—制动鼓　6—制动轮缸

通过以上的分析，我们会得出这样的结论：虽然制动蹄 1、2 所受的促动力相等，但由于 T_1 和 T_2 的作用方向相反，使得两制动蹄所受到的法向反力 N_1 和 N_2 不相等，且 $N_1 > N_2$，相应的 $T_1 > T_2$。所以制动蹄作用到制动鼓上的法向力不相等；两制动蹄对制动鼓所施加的制动力矩也不相等。

制动蹄对制动鼓的作用力不相等，则两蹄法向力之和只能由车轮轮毂轴承的反力来平衡，这样对轮毂轴承造成了附加径向载荷，轴承的寿命缩短。为解决这个问题，出现了各种不同的鼓式制动器。

（4）鼓式车轮制动器的类型　按其制动蹄促动装置的形式不同可分：轮缸式车轮制动器（如图 5-9 所示）、凸轮式车轮制动器（如图 5-10 所示）和楔形制动器。

图 5-9　轮缸式车轮制动器

图 5-10　凸轮式车轮制动器

根据制动时两制动蹄对制动鼓的径向作用力之间的关系，鼓式制动器可分为：简单非平衡式、平衡式和自增力式。

1）非平衡式制动器。制动鼓受来自两制动蹄的法向力不能互相平衡的制动器称为非平衡式制动器。

非平衡式车轮制动器的工作过程如图 5-8 所示，其结构特点是：两制动蹄的支承点都位于蹄的下端，而促动装置的作用点在蹄的上端，共用一个轮缸张开，且轮缸活塞直径是相等的；其性能特点是：汽车前进或倒车制动时，各有一个“领蹄”和“从蹄”。领、从蹄对制动鼓的法向作用力不相等，而这个不平衡的法向作用力只能由车轮的轮毂轴承来承担。

2）平衡式制动器。制动鼓受来自两蹄的法向力互相平衡的制动器称为平衡式制动器。

① 单向平衡式制动器。单向平衡式制动器的结构如图 5-11 所示。

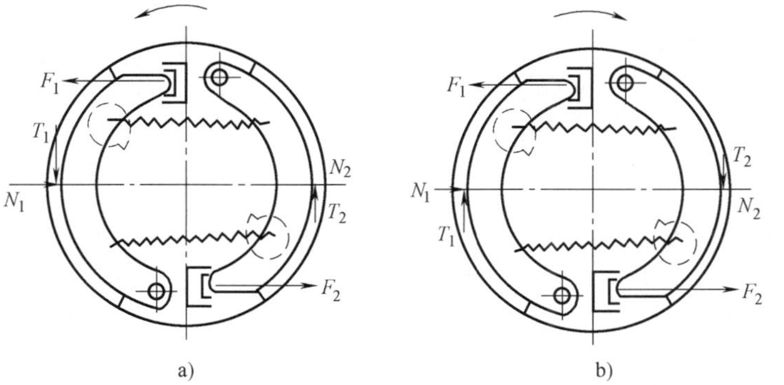

图 5-11　单向平衡式车轮制动器的结构

a）前进制动时　b）倒车制动时

其结构特点是：两制动蹄各用一个单向活塞制动轮缸，且前后制动蹄与其轮缸、调整凸轮零件在制动底板上的布置是中心对称的，两轮缸用油管连接；其性能特点是：前进制动时两蹄均为“领蹄”，有较强的增力，倒车制动时两蹄均为“从蹄”，制动力较小。

② 双向平衡式制动器。双向平衡式制动器的结构如5-12所示，其结构特点是：制动蹄、制动轮缸、复位弹簧均为成对地对称布置，两制动蹄的两端采用浮式支承，且支点在周向位置浮动，用复位弹簧拉紧。其性能特点是：汽车前进或倒车中制动时，两个制动蹄均为“领蹄”，均有较强的增力，制动效果好，蹄片磨损均匀。

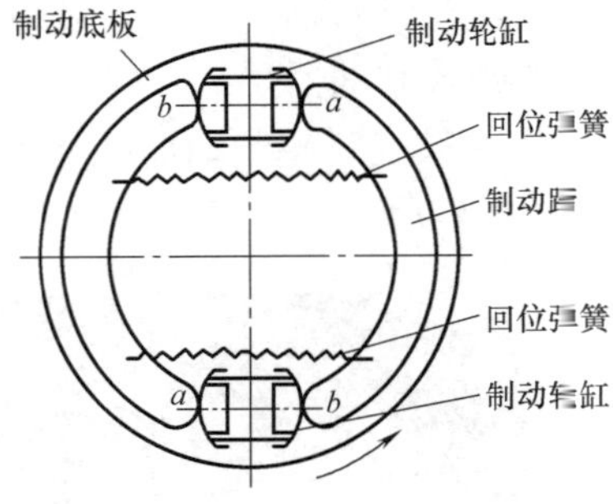

图 5-12　双向平衡式车轮制动器的结构

3）自增力式制动器

① 单向自增力式制动器。单向自增力式制动器的结构如图5-13所示。制动蹄1和制动蹄2的下端分别浮支在浮动的顶杆两端。制动器只在上方有一个支承销4。不制动时，两蹄上端均靠各自的复位弹簧拉靠在支承销上。

汽车前进制动时，单活塞式轮缸只将促动力F_{S1}加于第一制动蹄，使其上端离开支承销，整个制动蹄绕顶杆左端支承点旋转，并压靠在制动鼓上。显然，第一制动蹄是领蹄，并且在促动力F_{S1}、法向合力N_1、切向（摩擦）合力T_1和沿顶杆轴线方向的S_1作用下处于平衡状态。由于顶杆是浮动的，自然成为第二制动蹄的促动装置，而将与力S_1大小相等、方向相反的促动力F_{S2}施于第二制动蹄的下端，故第二制动蹄也是领蹄。

② 双向自增力式制动器。双向自增力式制动器的结构如图5-14所示。前进制动时，两制动蹄在促动力F_S的作用下张开压力制动鼓，此时两蹄的上端均离开支承销，沿图中箭头方向旋转的制动鼓对两蹄产生摩擦力矩，带动两蹄沿旋转方向转过一个不大的角度，直到后蹄又顶靠到支承销上为止。此时，前蹄为“领蹄”，但其支承为浮动的推杆。制动鼓作用在前蹄的摩擦力和法向力的一部分对推杆形成一个推力S，推杆又将此推力完全传到后蹄的下端。后蹄在推力S的作用下也形成“领蹄”，并在轮缸液压促动力F_S的共同作用下进一步压紧制动鼓。推力S比促动力F_S大得多，从而使后蹄产生的制动力矩比前蹄更大。

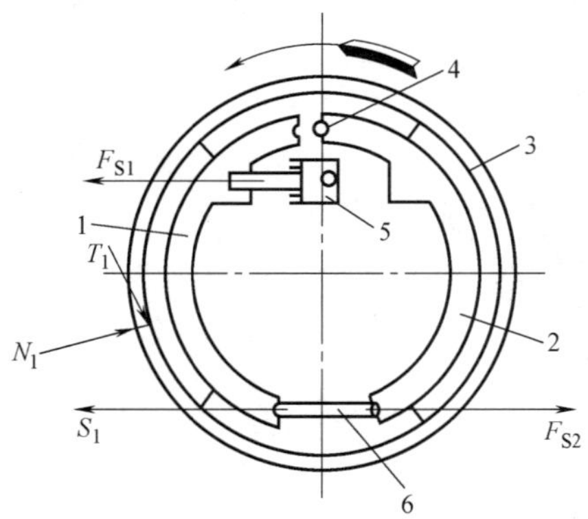

图 5-13　单向自增力式制动器的结构

1—制动蹄1　2—制动蹄2　3—制动鼓

4—支承销　5—轮缸　6—顶杆

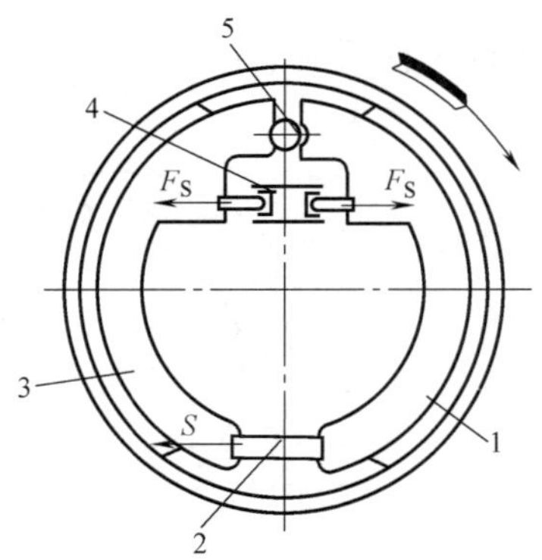

图 5-14　双向自增力式制动器的结构

1—前制动蹄　2—顶杆　3—后制动蹄

4—制动轮缸　5—支承销

倒车制动时，作用过程与此相反，与前进制动时具有同等的自增力作用。

以上介绍的各类型制动器各有利弊。就制动效能而言，在基本结构参数和轮缸工作压力相同的条件下，自增力式制动器居榜首，以下依次为双向平衡式、单向平衡式、非平衡式；

但就制动效能的稳定性而言，自增力式车轮制动器对摩擦系数的依赖性最大，因而其制动效能的稳定性最差；非平衡式车轮制动器制动效能的稳定性居中；平衡式车轮制动器的制动效能稳定性最好。

（5）典型车轮制动器　本部分只介绍在轿车中常见的轮缸式车轮制动器。

1）桑塔纳后轮制动器

① 制动器的结构。桑塔纳后轮制动器为鼓式非平衡式车轮制动器。如图5-15所示，制动器的制动毂通过轴承支承在后桥支承短轴上，与车轮一起旋转。拆解车轮制动器时，应先拆下制动毂。它的拆卸方法是：先撬下轮毂盖1，取下开口销2和锁环3，旋下螺母5，取下止推垫圈4和外圆锥滚子轴承内圈6。用螺钉旋具插入制动鼓7上的小孔，向上压楔形调节板，使制动蹄外径缩小后，再取下制动鼓。

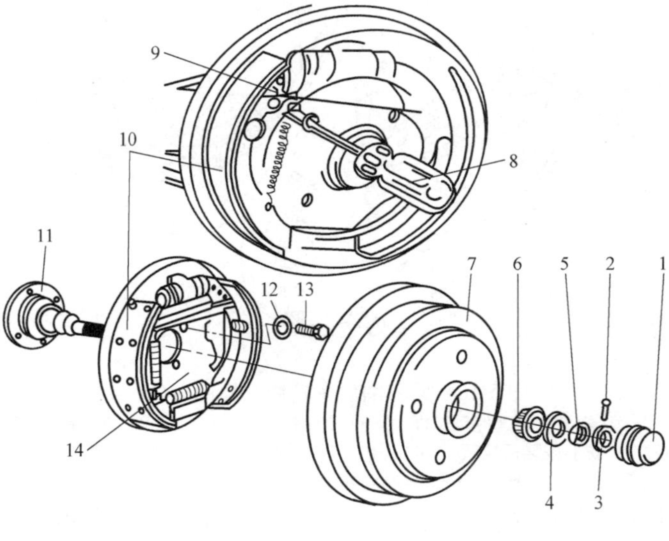

图5-15　桑塔纳后车轮制动器的拆卸

1—润滑脂盖　2—开口销　3—锁止环　4—止推垫圈　5—螺母
6—外圆锥滚子轴承内圈　7—制动鼓　8—螺钉旋具　9—楔形调节板
10—制动蹄　11—短轴　12—碟形垫圈　13—螺栓　14—制动底板总成

取下制动鼓后，我们再来了解制动器的结构。

制动器底板用螺栓固定在后桥轴端支承座上，制动轮缸用螺钉固定在制动底板上方，其结构形式为双活塞内张型液压轮缸。支架、止挡板用螺钉紧固在底板的下方。下复位簧使制动蹄的下端嵌入固定板的切槽中。复位弹簧使两制动蹄的上端压靠到压力杆上，楔形件在其拉簧作用下，向下拉紧在制动蹄与压力杆之间。定位销、弹簧及弹簧座用以限制制动蹄的轴向移动，并保持蹄面与制动底板的垂直。

制动时，轮缸活塞在制动液压力的作用下向外推动制动蹄，制动力克服复位弹簧的弹力使制动蹄向外张开，压向制动鼓，产生制动力矩使汽车制动。

解除制动时，制动液压力消失，在复位弹簧的作用下制动蹄回位。

若要进一步的分解，可按以下步骤进行，如图5-16所示。

先从驻车制动器拉杆上摘下驻车制动器钢索，再用钳子压下弹簧座，并转动90°后，取下定位销钉、弹簧座和弹簧。从制动底板上取下制动片总成，并将其夹紧在台虎钳上。依次

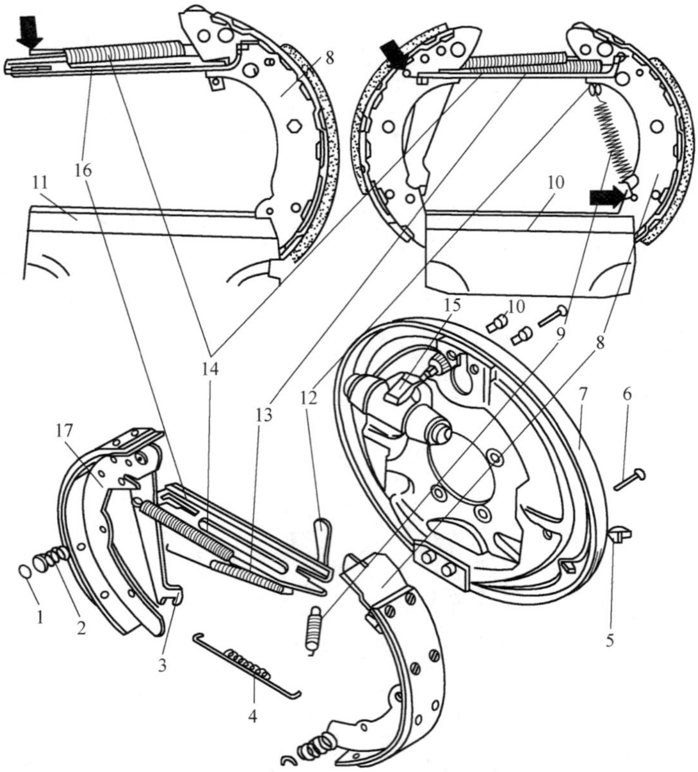

图 5-16　桑塔纳后车轮制动器的分解

1—弹簧座　2—弹簧　3—驻车制动拉杆　4—下复位弹簧　5—检查孔盖　6—销钉　7—制动底板　8—前制动蹄　9—楔形调整板拉簧　10—螺栓　11—台虎钳　12—楔形调整板　13—上复位弹簧　14—定位弹簧　15—后制动轮缸　16—推杆　17—后制动器

拆下复位弹簧、楔形调整板的拉簧，从前制动蹄上摘下定位弹簧，取下推杆和楔形调整板。最后旋下螺栓，从制动底板上取下制动轮缸。

提示：为掌握制动器的结构，此处应结合实物边拆卸边讲解制动器的结构。

② 制动器的检修。使用车轮制动器时，制动蹄与制动鼓间存在着磨损，磨损引起制动蹄上摩擦片厚度减小，制动鼓内径增大，使得蹄、鼓间的间隙增大，制动器起作用的时刻推迟，制动效能下降。因此，汽车行驶一定里程或出现制动不良的故障时，应对车轮制动器进行必要的调整和检修。

车轮制动器的检修内容和方法如下：

制动蹄衬片厚度的检查：如图 5-17 所示，用游标卡尺测量制动蹄片的厚度，标准值为 5mm，使用极限为 2. 5mm。其铆钉与摩擦片的表面深度不得小于 1mm，以免铆钉头刮伤制动鼓内表面。在未拆下车轮时，后制动蹄摩擦片的厚度可从制动底板 6 的观察孔 4 中检查。

制动鼓内孔磨损及尺寸的检查：如图 5-18 所示，首先检查制动鼓 1 内孔有无烧损、刮痕和凹陷，若不能修磨应更换新件；检查制动鼓内孔尺寸及圆度误差时，用游标卡尺 2 检查内孔尺寸，标准值为 Φ180mm，使用极限为 Φ181mm。用工具 3 测量制动鼓内孔的圆度误差，使用极限为 0. 03mm，超过极限应更换新件。

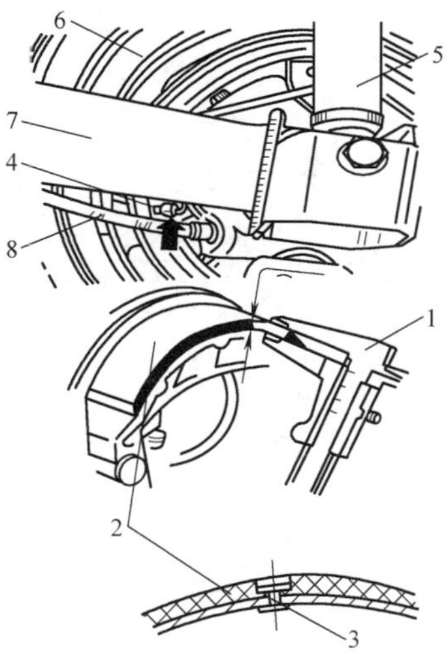

图 5-17　后制动蹄衬片厚度的检查

1—卡尺　2—摩擦片　3—铆钉　4—观察孔
5—后减振器　6—制动底板　7—后桥体
8—驻车制动器

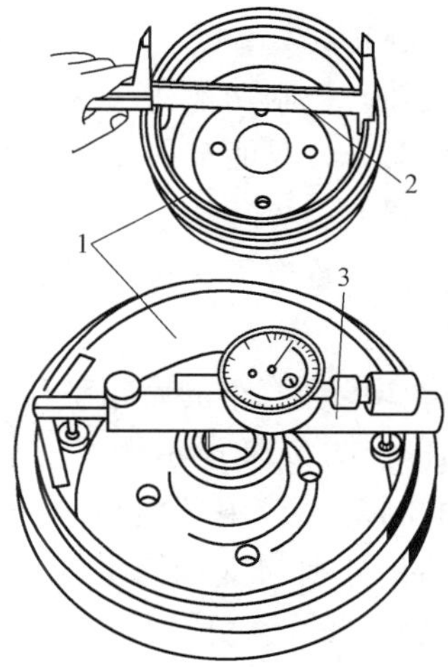

图 5-18　后制动鼓内孔磨损及尺寸的检查

1—后制动鼓　2—游标卡尺
3—测量圆度工具

后制动蹄衬片与后制动鼓接触面积的检查：如图 5-19 所示，将后制动蹄衬片 1 表面打磨干净后，靠在后制动鼓 2 上，检查二者的接触面积，应不小于 60%，否则应继续打磨衬片 1 的表面。

后制动器定位弹簧及复位弹簧的检查：如图 5-20 所示，若后制动器定位弹簧、上复位弹簧、下复位弹簧和楔形调整板拉簧的自由长度增长率达 5%，则应更换新弹簧。

图 5-19　后制动蹄衬片与后制动鼓接触面积的检查

1—后制动蹄片　2—制动鼓

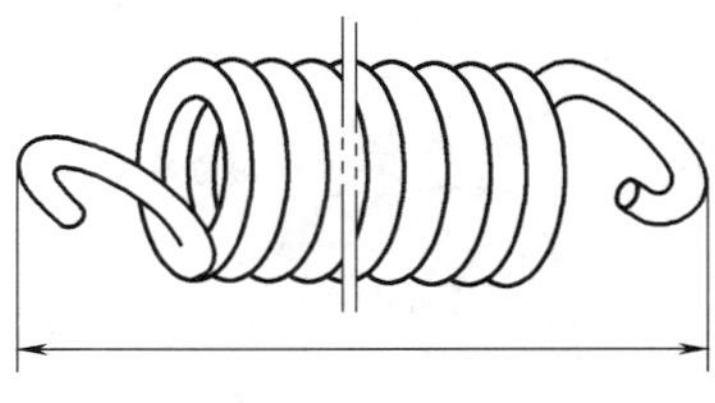

图 5-20　后制动器定位弹簧的检查

提示：为掌握制动器的检修方法，此处应结合实物进行讲解。

③ 制动器的调整。车轮制动器装配完毕后，为保证制动蹄衬片与制动鼓之间具有合适的间隙，应对其进行必要的调整，调整的方法有人工调整法和自动调整法。

桑塔纳轿车后轮制动器的间隙调整装置为在推力板上装楔杆的自调装置，其结构和工作情况如下：

如图 5-21 所示，楔杆的水平拉簧使楔杆与推力板间产生摩擦防止楔杆下移，垂直拉簧随时力图拉动楔杆下移。当蹄鼓间隙正常时，楔杆静止于相对应位置；当蹄鼓间隙大于规定值时，蹄片张开的行程被加大，垂直拉簧的力 F_2 增大，$F_2 > F_1$，楔杆下移，楔杆的下移使得水平拉簧的力也被加大，摩擦力 F_1 相应加大，则楔杆在新的位置静止。

解除制动后，制动蹄在回位弹簧的作用下收拢。由于推力板已变长，只能被顶靠在新的位置，从而保持规定的制动间隙值。

此类自调装置属于一次性调准的结构，前进或倒车制动均能自调。

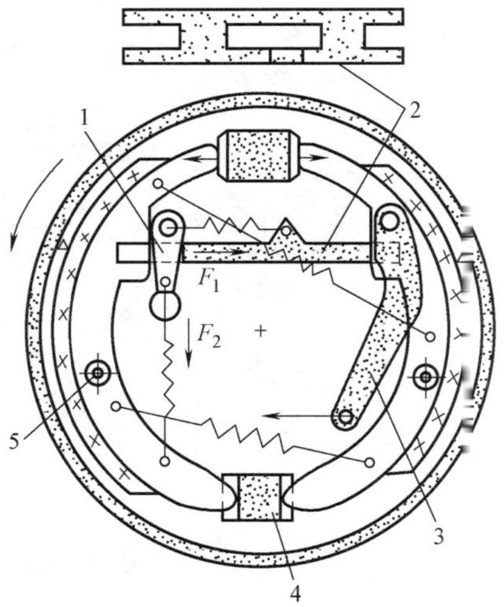

图 5-21 在推力板上装楔杆的自调装置

1—楔杆 2—推力板 3—驻车制动杠杆 4—浮式支承座 5—定位件

F_1—水平拉簧的摩擦力

F_2—楔形杆的垂直拉簧力

2）BJ2020S 型汽车的后轮制动器

① 结构。图 5-22 所示为该车型后轮制动器的结构。冲压成型的制动底板用螺栓与驱动桥壳上的凸缘连接。制动蹄下端孔分别与支承销上的偏心轴颈为间隙配合，上端顶靠在轮缸的活塞顶块上。制动鼓用螺栓固定在车轮轮毂的凸缘上，随同车轮旋转。促动装置为用螺钉固定在制动底板上的轮缸。定位调整机构包括安装在制动底板上的调整凸轮、限位杆及支承制动蹄的偏心支承销。转动调整凸轮可使制动蹄内外摆动；转动偏心支承销可使制动蹄上下、内外移动。通过转动调整凸轮和偏心支承销不仅能改变制动器的间隙，还能使摩擦副的实际工作区域发生变化，有利于蹄鼓工作面全面贴合。在偏心支承销的尾端有轴线偏移标记，两标记相对时为制动蹄收拢到最小位置。

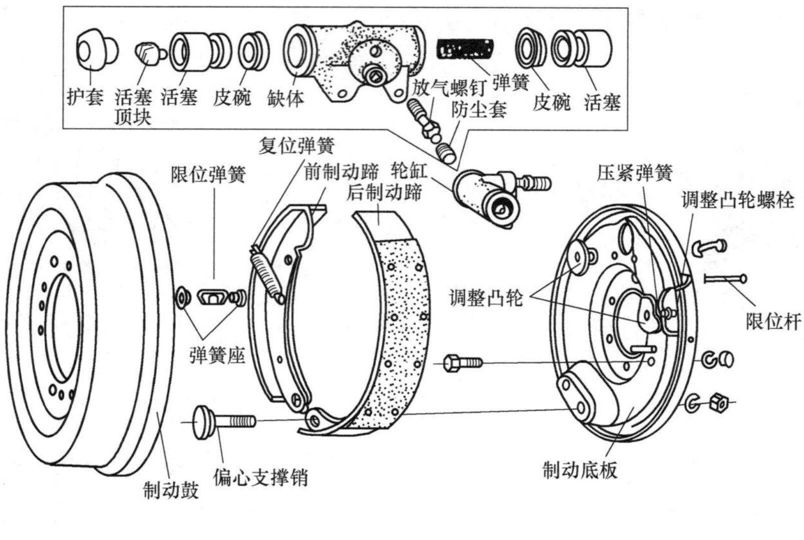

图 5-22 BJ2020S 型汽车的后轮制动器

② 调整。该车轮制动器的调整分为局部调整和全面调整。

全面调整的方法是：架起车桥，使制动鼓能自由转动；松开蹄片的偏心支承销轴锁紧螺母；转动支承销使轴端标记为相互靠近的位置；转动上端调整凸轮，使蹄片压向制动鼓，从动鼓的检查孔用塞尺检查每个蹄片两端与制动鼓是否贴紧。如果蹄片轴端发现间隙，则用转动蹄片支承销的方法消除；反向转动调整凸轮，使蹄片上端与鼓脱离接触，产生合适的间隙为止。

局部调整的方法是：支起车桥，使制动鼓能自由转动，用规定厚度的塞尺通过制动鼓上的检查孔，在蹄片上、下端检查间隙；转动上端的调整凸轮，使制动鼓与制动蹄的间隙增大或减小，调整时用规定厚度的塞尺反复测量，当拉动时感到稍有阻力，即为合适。间隙调好后　有轻微摩擦声时，允许将间隙稍许放大一些。

提示 1：局部调整时，不要拧动蹄片支承销轴。一旦蹄片支承销轴的安装位置改变，就必须进行全面调整。

提示 2：为掌握制动器的调整方法，此处应结合实物或多媒体课件进行讲解。

2. 盘式制动器

盘式制动器摩擦副中的旋转元件是以端面工作的金属圆盘，被称为制动盘，其固定元件则有着多种结构形式。大体上可分为两类，一类固定元件的金属背板和摩擦片也呈圆盘形，制动盘的全部工作面可同时与摩擦片接触，这种制动器称为全盘式制动器。另一类是工作面积不大的摩擦块与其金属背板组成的制动块，每个制动器中有 2 ~4 个，这些制动块及其促动装置都装在横跨制动盘两侧的夹钳形支架上，总称为制动钳。这种由制动盘和制动钳组成的制动器称为钳盘式制动器，如图 5-23 所示。钳盘式制动器工作时，旋转元件是制动盘，它和车轮固装在一起旋转，以其端面为摩擦工作表面。固定的摩擦元件是制动块、导向支承销和轮缸及活塞，它们均安装于制动盘两侧的制动钳中。制动钳用螺栓与转向节或桥壳上的凸缘固装，并用调整垫片来调整钳与盘之间的相对位置。制动时液压力推动活塞工作，固定的制动块与旋转的制动盘接触，产生摩擦力矩，车轮减速。制动停止后，复位弹簧工作，使得制动块回位。

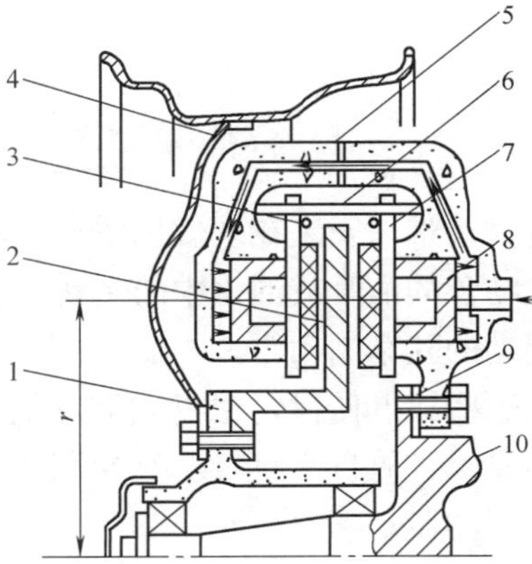

图 5-23　钳盘式制动器基本结构

1—轮毂凸缘　2—制动盘　3—复位弹簧　4—轮辐　5—钳体　6—导向支承销　7—制动块　8—活塞　9—调整垫片　10—转向节或桥壳凸缘

钳盘式制动器又可分为定钳盘式和浮钳盘式两类，下面分别加以介绍。

（1）定钳盘式制动器　定钳盘式制动器的结构，如图 5-24 所示，跨置在制动盘 1 上的制动钳体 5 固定安装在车桥 6 上，它不能旋转也不能沿制动盘轴线方向移动，其内的两个活塞 2 分别位于制动盘 1 的两侧。

制动时，制动液从进油口 4 进入钳体中两个相通的液压腔中，将两侧的制动块 3 压向与车轮固定连接的制动盘 1，从而产生制动力。丰田皇冠轿车盘式制动器属于此类型，如图 5-25 所示。

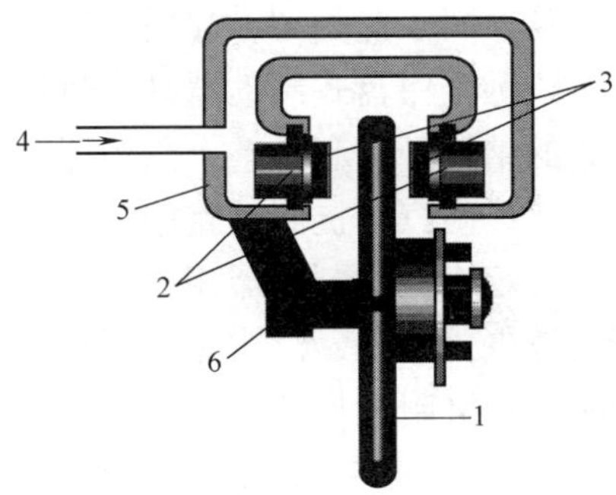

图 5-24　定钳盘式制动器结构

1—制动盘　2—活塞　3—制动块　4—进油口　5—制动钳体　6—车桥

定钳盘式制动器的缺点有工作缸较多，使制动钳结构复杂；工作缸分置于制动盘两侧，必须用跨越制动盘的钳内油道或外部油管来连通，这必然使得制动钳的尺

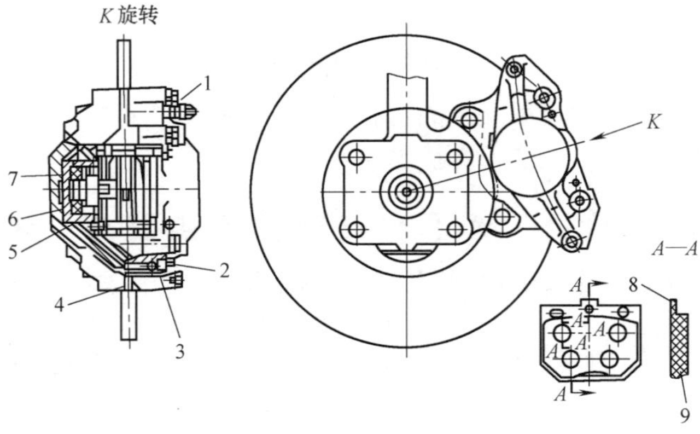

图 5-25　丰田皇冠轿车盘式制动器

1—放气阀及放气阀罩　2—防污螺塞　3—进油口垫圈　4—内外侧钳体　5—活塞　6—活塞垫圈　7—压圈　8—制动块背板　9—制动块摩擦块

寸过大，难以安装在现代化轿车的轮辋内；热负荷大时，工作缸（特别是外侧工作缸）和跨越制动盘的油管或油道中的制动液容易受热汽化；若要兼用于驻车制动，则必须加装一个机械促动的驻车制动钳。

这些缺点使得定钳盘式制动器难以适应现代汽车的使用要求，故自 20 世纪 70 年代以来，逐渐让位于浮钳盘式制动器。

（2）浮钳盘式制动器　浮钳盘式制动器的结构，如图 5-26 所示，制动钳体 2 通过导向销 6 与车桥 7 相连，可以相对于制动盘 1 轴向移动。制动钳体只在制动盘的内侧设置工作缸，而外侧的制动块则附装在钳体上。

制动时，来自制动主缸的油液通过进油口 5 进入制动轮缸，推进活塞口及其上的制动块向右移动，并压到制动盘上，于是制动盘给活塞一个向左的反作用力，使得活塞连同制动钳体整体沿导向销向左移动，直到制动盘右侧的制动块也压到制动盘上，此时，两侧的制动块都压在制动盘上，夹住制动盘使其制动。桑塔纳轿车盘式制动器属于此类型，如图 5-27 所示。

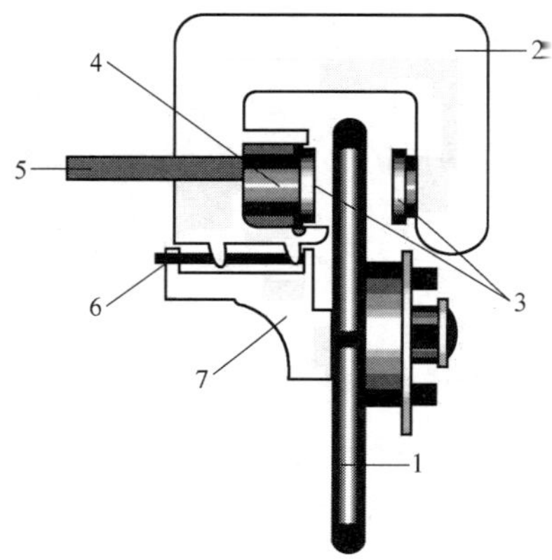

图 5-26　浮钳盘式制动器结构

1—制动盘　2—制动钳体　3—制动块　4—活塞　5—进油口　6—导向销　7—车桥

这种浮钳盘式制动器具有热稳定性和水稳定性均好的优点，此外结构简单、造价低廉。浮钳的结构还有利于整个制动器靠近车轮轮辐布置，使转向主销的下端点外移，实现负的偏移距，提高汽车抗制动跑偏能力。

与定钳盘式制动器相比，浮钳盘式制动器轴向和径向尺寸较小，而且制动液受热汽化的机会较少。此外，浮钳盘式制动器在兼充行车和驻车制动器的情况下，只需在行车制动器制动钳工作缸附近加装一些用以推动工作缸活塞的驻车制动机械传动零件即可。

（3）钳盘式制动器制动间隙　钳盘式制动器制动时，活塞被油压推动，移向制动盘，活塞油封（橡胶密封圈）随活塞运动被压缩变形，这个橡胶密封圈的极限变形量设定为完全制动时所需活塞行程，制动解除时，活塞连同活塞油封在弹力的作用下退回。当制动块和制动盘磨损后，活塞在油压作用下依然工作，但在回复时，退回量是相对恒定的，制动间隙不

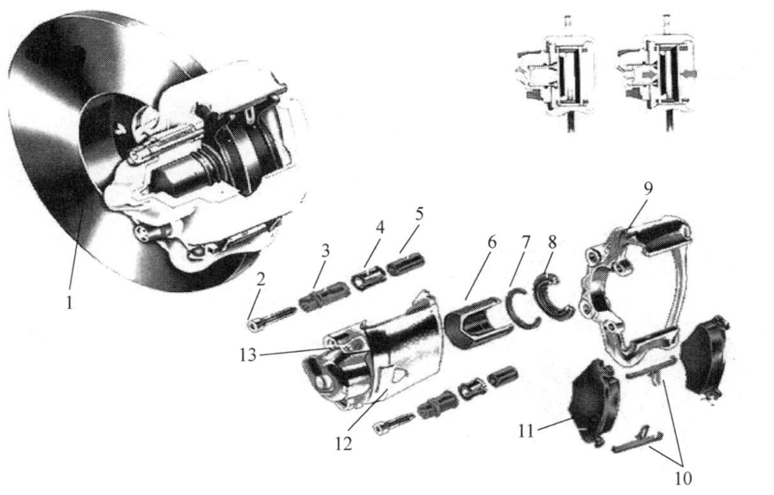

图 5-27　桑塔纳轿车盘式制动器

1—制动盘　2—螺栓　3—橡胶衬套　4—导向缸套　5—塑料套　6—活塞　7—油封　8—活塞防尘套　9—制动钳支架　10—保持弹簧　11—制动块　12—制动钳壳体　13—排气塞

变。这样，活塞油封能起到活塞复位弹簧和一次调准式间隙自动调整装置的作用。

盘式制动器与鼓式制动器相比，有以下优点：

1）一般无摩擦助势作用，因而制动器效能受摩擦系数的影响较小，即制动效能热稳定较好。

2）浸水后效能降低较少，而且只需经一两次制动即可恢复正常，即制动效能的水稳定比较好。

3）在输出制动力矩相同的情况下，尺寸和质量一般较小。

4）制动盘沿厚度方向的热膨胀量极小，不会像制动鼓的热膨胀那样使制动器间隙明显增加而导致制动踏板行程过大。

5）较容易实现间隙自动调整，其他保养修理作业也较简便。

6）对于钳盘式制动器而言，因为制动盘外露，还有散热良好的优点。

盘式制动器的不足之处：制动效能较低。故用于液压制动系统时所需制动促动管路压力较高，一般要用伺服装置，如果管路压力一定，则制动轮缸活塞直径应加大。兼作驻车制动器时，需要加装的驻车制动传动装置较鼓式复杂。故在后轮使用受限。

3. 典型盘式制动器

以桑塔纳轿车前轮制动器为例进行介绍。

（1）制动器的结构　图 5-28 所示为桑塔纳轿车的前轮盘式制动器，该制动器为浮钳盘式制动器。它由制动盘、内外摩擦块、制动钳壳体、制动钳支架、前制动轮缸等组成。

制动盘固定在轮毂上，夹在内外摩擦衬块中间，与前轮一起转动。制动钳通过螺栓（兼作导向销）与制动钳支架相连（支架固定于转向节凸缘上），钳体可沿螺栓相对于制动盘做轴向移动。轮缸布置在制动钳的内侧。固定支架上有导轨，通过两根特制弹簧安装内、外制动块，内、外制动块可沿导轨做轴向移动。

制动器的工作情况如图 5-29 所示。制动时，来自制动主缸的制动液通过油道进入制动轮缸，推动活塞及其制动块向左移动，并压到制动盘上，于是制动盘给活塞一个向右的反作用力 P_2，使得活塞连同制动钳体沿导向销向右移动，直到制动盘左侧的制动块也压到制动盘上。此时，两侧的制动块都压在制动盘上，夹住制动盘使其制动。

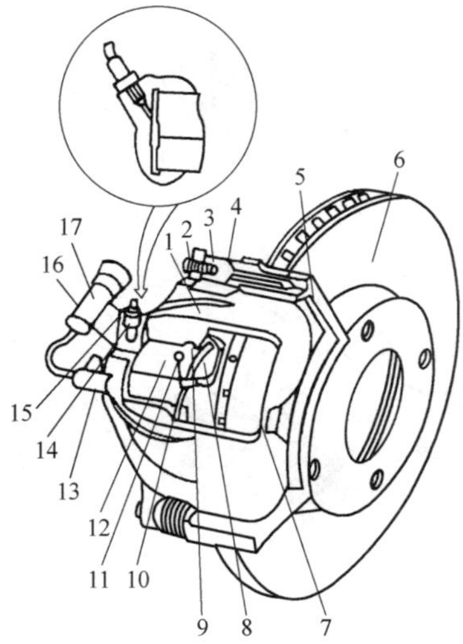

图 5-28　桑塔纳轿车前轮制动器

1—制动钳体　2—紧固螺栓　3—导向销　4—防护套　5—制动钳支架　6—制动盘　7—固定制动块　8—消声片　9—防尘套　10—活动制动块　11—密封圈　12—活塞　13—电线导向夹　14—放气螺钉　15—放气螺钉帽　16—报警开关　17—电线夹

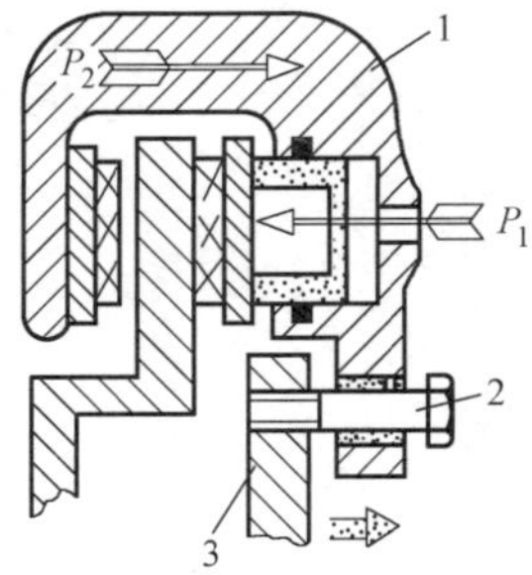

图 5-29　浮钳盘式制动器工作原理

1—制动钳体　2—导向销　3—制动盘

（2）制动器的检修

1）制动盘厚度的检查。制动盘使用磨损会使其厚度减小，厚度过小会引起制动踏板振动、制动噪声及颤动。

检查制动盘厚度时，可用游标卡尺或千分尺直接测量，如图 5-30 所示。桑塔纳轿车前制动盘标准厚度为 10mm，使用极限为 8 mm，超过极限尺寸时应予更换。

提示：制动盘厚度的测量位置应在制动衬片与制动盘接触面的中心部位。

2）制动盘轴向圆跳动的检查。制动盘轴向圆跳动过大会使制动踏板抖动或使制动衬片磨损不均匀。

检查制动盘轴向圆跳动可用百分表进行，如图 5-31 所示。轴向圆跳动量应不大于 0. 06mm。不符合要求可进行机加工修复(加工后的厚度不得小于 8 mm)或更换。

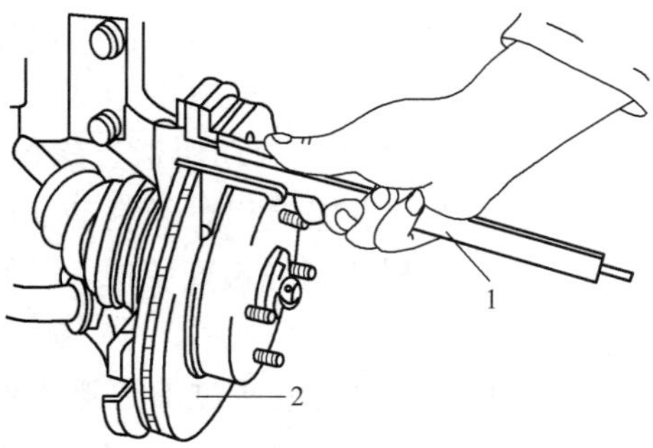

图 5-30　制动盘厚度的检查

1—游标卡尺　2—制动盘

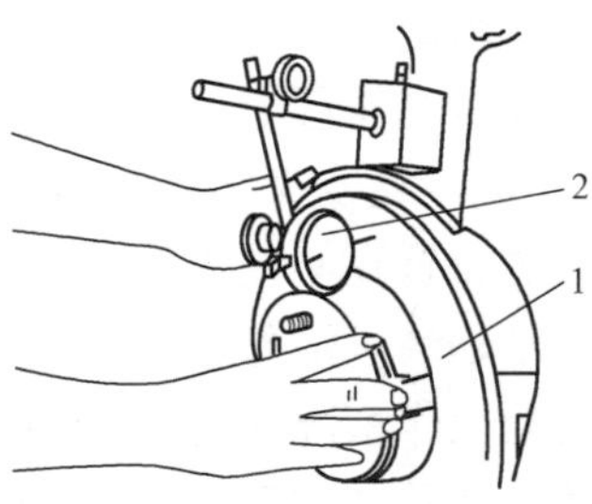

图 5-31　制动盘轴向圆跳动的检查

1—制动盘　2—百分表

3）制动块厚度的检查。制动块厚度的检查如图 5-32 所示。若制动块已拆下，可直接用游标卡尺测量。制动块摩擦片的厚度为 14mm（不包括底板），使用极限为 7mm。若车轮未拆下，对外侧的摩擦片，可通过轮辐上的检视孔，用手电筒目测检查。内侧摩擦片，利用反光镜进行目测。

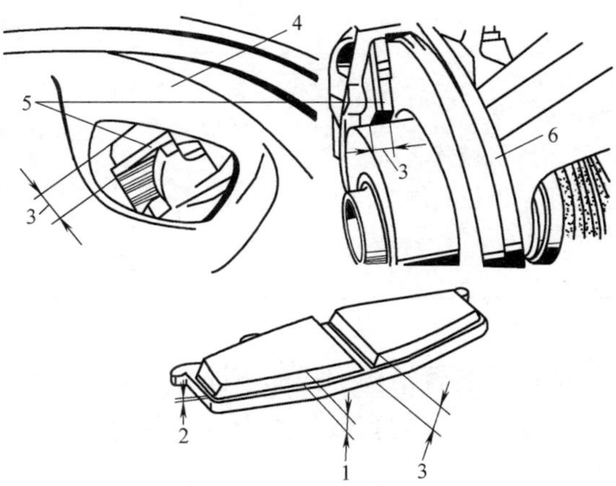

图 5-32　制动块厚度的检查

1—制动块摩擦片厚度　2—制动块摩擦片磨损极限厚度　3—制动块的总厚度　4—轮辐　5—外制动块　6—制动盘

4）制动器间隙的调整。制动过程中，制动块与制动盘间存在着相对的运动，两者均有不同程度的磨损，制动盘、制动块磨损后，制动器的间隙会增大，制动时活塞的行程增加，制动器开始起作用的时间滞后，制动效果下降。因此制动器的间隙应随时调整。

桑塔纳轿车的前轮制动器制动间隙为自动调整，工作过程如图 5-33 所示。

矩形密封圈 3 嵌在制动轮缸的矩形槽内，密封圈内圆与活塞外圆配合较紧，制动时活塞 1 被压向制动盘，密封圈发生了弹性变形；解除制动时，密封圈要恢复原状，于是将活塞拉回原位。当制动盘与制动块磨损后，制动器的制动间隙增大，若间隙大于活塞的设置行程 δ 时，活塞在制动液压力的作用下，克服密封圈的摩擦阻力而继续前移，直到实现完全制动为止。解除制时，由于密封圈弹性变形量的限制，密封圈将活塞拉回的距离小于活塞前移的距离，则活塞与密封圈之间这一不可恢复的相对位移便补偿了过量的间隙。

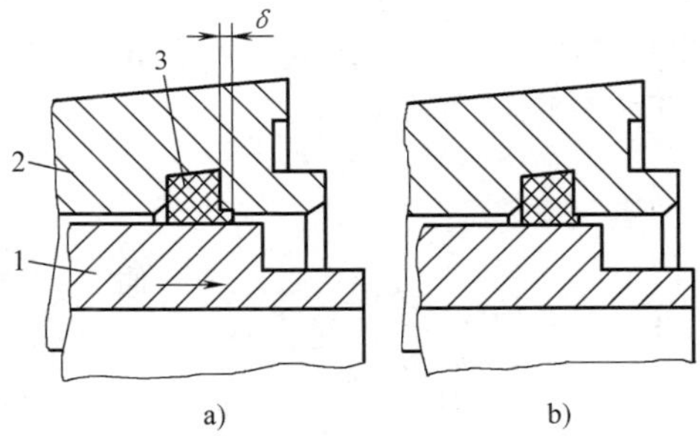

图 5-33　桑塔纳轿车前轮盘式制动器制动间隙的自动调整

a）制动时　b）解除制动

1—活塞　2—制动钳　3—密封圈

目前，盘式制动器已广泛应用于轿车，但除了在一些高性能轿车上用于全部车轮以外，大都只用作前轮制动器，而与后轮的鼓式制动器配合，以期汽车有较高的制动效能和制动时的方向稳定性。在货车上，盘式制动器也有采用，但离普及还有相当距离。

5.3　人力制动系统

想一想：人力制动系统有哪些类型？

提示：按传动装置结构形式的不同，人力制动系统可分为机械式、液压式。按制动管路的套数，人力制动系统可分为单管路和双管路制动传动装置。

学习目标	鉴定标准	教学建议
1. 了解机械式制动装置 2. 了解液压式制动装置	应知： 1. 机械式制动装置的组成及工作原理 2. 液压式制动装置的组成及工作原理	建议： 采用教师启发式讲解、学生讨论相结合的方式，最后由教师总结

按传动装置结构形式的不同，人力制动系统可分为机械式、液压式。

按制动管路的套数，人力制动系统可分为单管路和双管路制动传动装置。我国交通法规要求行车制动系统都必须采用双管路制动传动装置。单管路制动传动装置已被淘汰。

1. 机械式制动装置

机械式制动装置一般作为驻车制动系统。

驻车制动系统的作用是停驶后防止溜车，或辅助坡道起步，行车制动系统失效后临时使用或配合行车制动系统进行紧急制动。其类型有中央驻车制动器和车轮驻车制动器。

（1）中央驻车制动器　安装在变速器或分动器之后，其制动力矩作用在传动轴上。BJ2020N驻车制动系统属于凸轮张开式中央驻车制动器，如图5-34所示，结构与前述凸轮张开的车轮制动器相同。

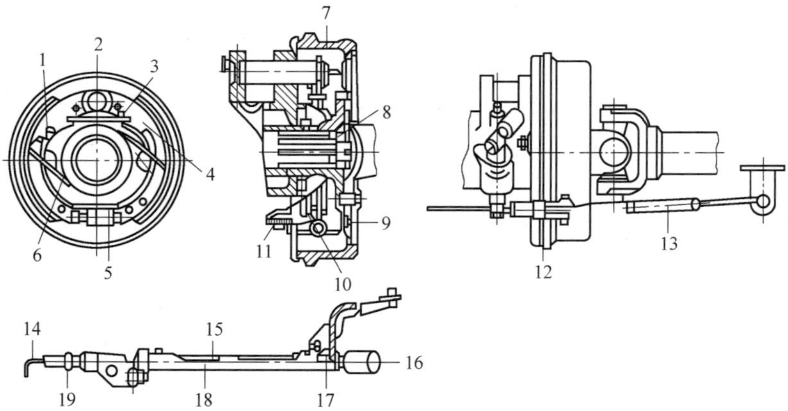

图5-34　BJ2020N驻车制动系统

1—制动蹄回位弹簧　2—支承销　3—制动推杆　4—制动杠杆　5—可调杠杆　6—制动蹄压紧弹簧　7—制动鼓　8—分动器对后桥输出轴　9—堵塞　10—制动杠杆传动杆　11—摇臂　12—调整叉　13—摇臂回位弹簧　14—拉索　15—驻车制动操纵杆　16—操纵杆手柄　17—棘爪　18—驻车制动杆导套　19—拉索导套

如图5-35所示，凸轮张开式中央驻车制动器的制动鼓通过螺杆与变速器第二轴后端的凸缘盘紧固在一起，制动底板由底板支座用螺栓固定在变速器第二轴轴承盖上，两制动器下端松套在固定于制动底板的偏心支承销上，制动蹄上端装有滚轮12。制动凸轮11通过制动底板支座支承在制动底板上部，其外端与摆臂8的一端用细花键连接，摆臂的另一端与穿过压紧弹簧的拉杆9相连。制动时，拉起制动杆，通过传动杆、摇臂、摆臂、拉杆使得凸轮轴转动制动蹄张开，解除制动时，将按钮按下，解除锁止棘爪锁止，放下制动杆，解除制动

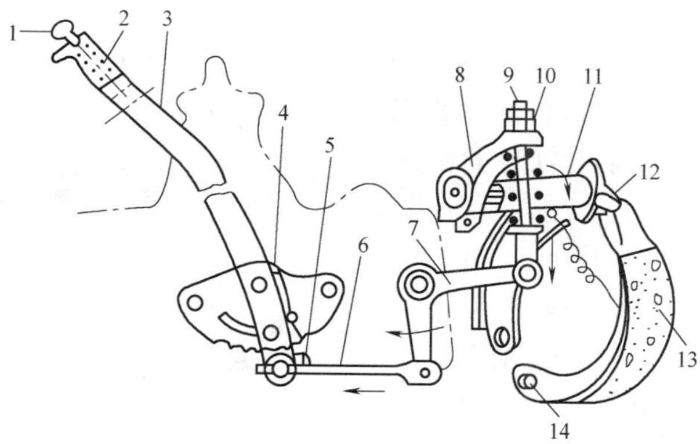

图 5-35　凸轮张开式中央驻车制动器

1—按钮　2—拉杆弹簧　3—制动杆　4—齿扇　5—锁止棘爪　6—传动杆　7—摇臂　8—摆臂　9—拉杆　10—调整螺母　11—凸轮轴　12—滚轮　13—制动蹄　14—偏心支承销孔

力，制动蹄用回位弹簧的力复位。

（2）车轮驻车制动器　在后轮制动器中加装必要的机构，使之兼充驻车制动器，也叫复合式制动器。桑塔纳轿车驻车制动系统（鼓式制动器）如图 5-36 所示，采用操控机构将鼓式制动器蹄片拉开，起到驻车制动的作用。带凸轮促动机构的浮式制动钳可作为车轮驻车制动器（盘式制动器），如图 5-37 所示，也是采用操控机构，拉动驻车杠杆，推动制动轮缸里的活塞工作，压紧制动块达到驻车的目的。

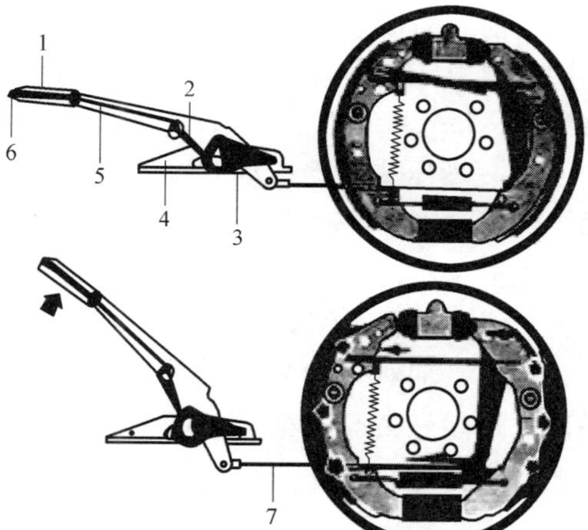

图 5-36　桑塔纳轿车驻车制动系统

1—驻车制动手柄　2—棘爪　3—扇形齿板　4—支架　5—操纵杆　6—按钮　7—拉杆

2. 液压式制动传动装置

液压式制动传动装置是利用特制油夜作为传力介质，将驾驶人施于踏板上的力放大后传至制动器，推动制动蹄产生制动作用。

（1）双管路制动传动装置的布置形式　双管路制动传动装置是利用彼此独立的双腔制动主缸，通过两套独立管路，分别控制两桥或三桥的车轮制动器。若一套管路发生故障而失效，只引起制动效能的降低，另一套管路仍然能继续起制动作用。但其前、后桥制动力分配的比例最好不变，以保持汽车有良好的操纵性和制动稳定性。

一轴对一轴为Ⅱ型：如图 5-38a 所示。前轴制动器与后轴制动器各有一套管路。这种布置形式最为简单，可与单轮缸鼓式制动器配合使用，是发动机前置，后轮驱动式汽车广泛采用的一种布置形式，如 BJ2020 型，南京依维柯汽车等。此种布置的缺点是，当一套管路失效时，前后桥制动力分配的比值将被破坏，会导致制动的操纵稳定性下降。

交叉布置为 X 型：如图 5-38b 所示。一轴的一侧车轮制动器与另一轴斜对侧车轮制动器同属一个管路。在任意一管路失效时，总动力应能保持正常值的 50%，且前后桥制动力分配比值保持不变，有利于提高制动稳定性。这种布置形式多用于发动机前置、前轮驱动的轿车上，如桑塔纳、富康、夏利轿车等。

一轴半对半轴为HI型：如图5-38c所示。每侧前轮制动器的半数轮缸和全部后轮制动器轮缸属于一套管路，其余的前轮轮缸属于另一套管路。

半轴一轮对半轴一轮为LL型：如图5-38d所示。两套管路分别对两侧前轮制动器的半数轮缸和分别对一个后轮制动器起作用。

双半轴对双半轴为HH型：如图5-38e所示。每套管路均只对每个前、后轮制动器的半数轮缸起作用。这种布置可使一个管路制动失效后，另一个管路能在制动时完全保证汽车行驶的操纵性及稳定性。

HI、LL、HH型布置形式虽然当一套管路失效，前、后制动力比值均与正常行驶情况相同，但由于结构复杂，制造成本高，因此目前应用得较少。

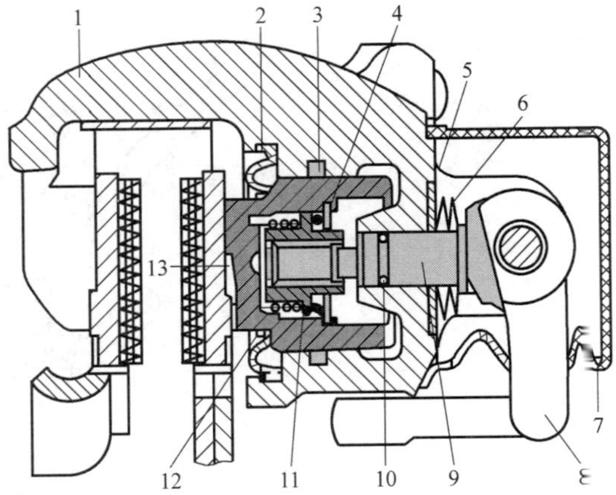

图5-37 带凸轮促动机构的浮式制动钳

1—制动钳体 2—活塞护罩 3—活塞密封圈 4—挡圈 5—膜片弹簧支承垫圈 6—膜片弹簧 7—驻车制动杠杆保护罩 8—驻车制动杠杆 9—自调杠杆 10—推力球轴承 11—自调螺母 12—螺母扭簧 13—活塞

（2）液压式制动传动装置组成和工作原理 液压式制动传动装置由制动踏板、推杆、制动主缸、储油罐、制动轮缸、油管、制动开关、指示灯、比例阀等组成，如图5-39所示，属于一轴对一轴为Ⅱ型布置。由于车轮是通过弹性悬架与车架连接的，主缸与轮缸的相对位置经常变化，故主缸与轮缸连接油管除用钢管外，部分有相对运动的区段还用高强度的橡胶软管连接。制动前整个系统充满了制动油液。另外，串联式双腔制动主缸利用一个缸体，装入两个活塞，形成两个彼此独立的工作腔，分别和各自的管路连接，两前轮与串联式主缸的一腔连接，两后轮与串联式主缸的另一腔相接。制动时，驾驶人踩下制动踏板，先使制动主缸的后腔活塞工作，再使前腔活塞工作，将油液自主缸中压出并经油管同时分别进入前后各轮缸内，使轮缸活塞向外移动，从而将制动蹄压靠到制动鼓上，使汽车制动减速或停驶。

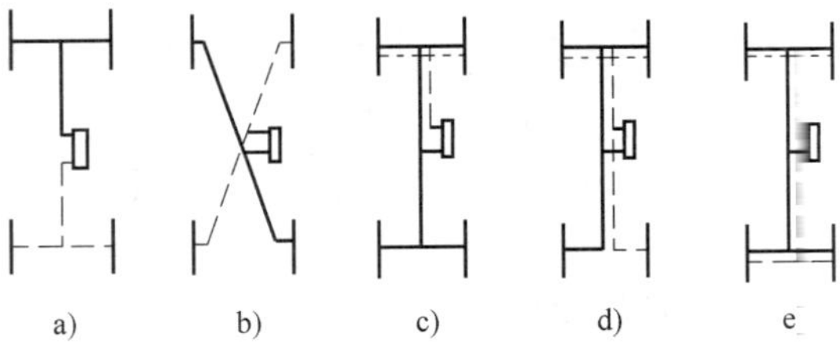

图5-38 双管路液力制动传动装置布置形式

a）一轴对一轴为Ⅱ型 b）交叉布置为X型 c）一轴半对半轴为HI型 d）半轴一轮对半轴一轮为LL型 e）双半轴对双半轴为HH型

踩下制动踏板，制动主缸即将制动液经油管压入前、后制动轮缸，将制动蹄推向制动鼓。在制动器间隙消失之前，管路中的液压不可能很高，仅足以平衡制动蹄回位弹簧的张力以及油液在管路中的流动阻力。在制动器间隙消失并开始产生制动力矩时，液压与踏板力方能继续增长，直到完全制动。从开始制动到完全制动的过程中，由于在液压作用下，油管（主要是橡胶软管）的弹性膨胀变形和摩擦元件的弹性压缩变形，踏板和轮缸活塞都可以继续移动一段距离。放开制动踏板，制动蹄和轮缸活塞在回位弹簧作用下回位，将制动液压回主缸。

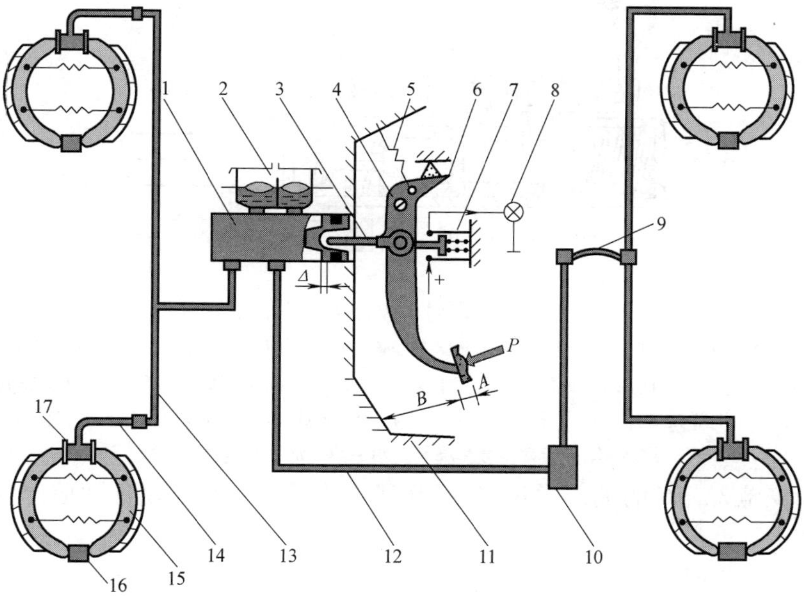

图 5-39　Ⅱ型布置液压式制动传动装置的组成

1—制动主缸　2—储油罐　3—推杆　4—支承销　5—复位弹簧　6—制动踏板　7—制动灯开关　8—指示灯　9—软管　10—比例阀　11—地板　12—后桥油管　13—前桥油管　14—软管　15—制动蹄　16—支承座　17—轮缸　Δ—自由间隙　A—自由行程　B—有效行程

显然，管路液压和制动器产生的制动力矩是与踏板力呈线性关系的。若轮胎与路面间的附着力足够，则汽车所受到的制动力也与踏板力呈线性关系。制动系统的这项性能称为制动踏板感(或称路感)，驾驶人可因此而直接感觉到汽车制动强度，以便及时加以必要的控制和调节。

(3) 液压式制动传动装置主要部件的结构

1) 制动主缸。制动主缸作用是将制动踏板机械能转换成液压能。双管路液压制动传动装置中的制动主缸一般采用串联双腔制动主缸，如图 5-40 所示。

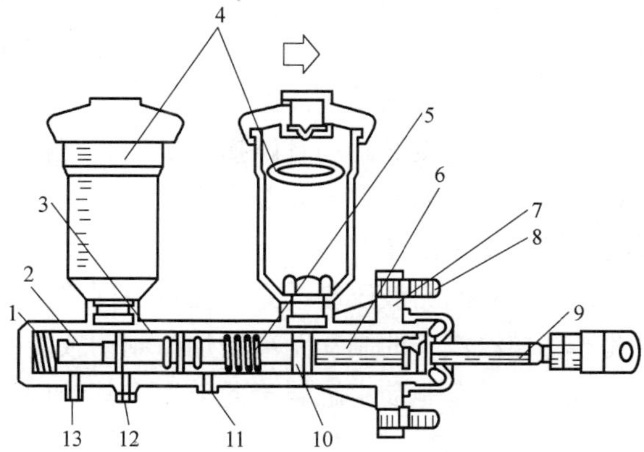

图 5-40　串联双腔制动主缸结构

1—前活塞弹簧　2—前活塞　3、10—皮碗　4—储液罐　5—后活塞弹簧　6—后活塞　7—壳体　8—固定螺钉　9—推杆　11—后出油口　12—限位螺钉　13—前出油口

串联双腔制动主缸结构如图 5-41 所示，主缸体 1 呈筒形，内有两个活塞 13 和 21。第二活塞位于缸筒 1 的中间位置，将主缸分成前后两个工作腔。两个工作腔内产生的液压经各自的管路分别传至前、后制动器。每个工作腔分别通过补偿孔 2、9 和回油孔 4、10 与储液室相通。第二活塞两端都承受弹簧力，当主缸不工作时，第二活塞处在正确的中间位置，使两缸的补偿孔和回油孔都与缸内相通。第一活塞在弹簧 17 的作用下压靠在限位环 11 上，使其处于右腔的补偿孔和回油孔之间。两个活塞上都

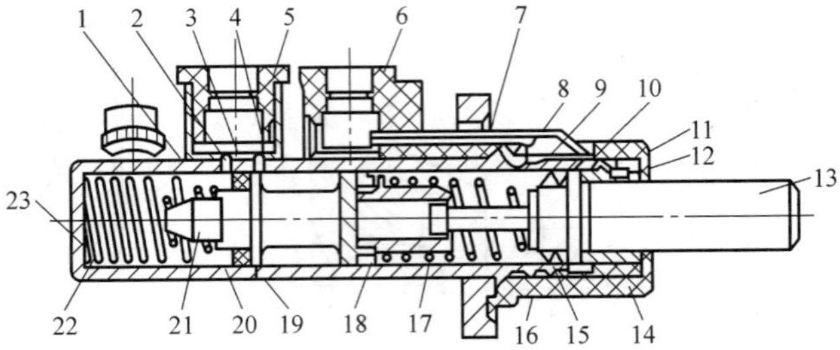

图 5-41　串列双腔等径制动主缸

1—制动主缸壳体　2、9—补偿孔　3、16、18—皮碗　4、10—回油孔　5、6—进油孔　7—密封环　8—密封圈　11—制动主缸限位环　12—制动主缸油封　13—第一活塞　14—制动主缸密封套　15—单向弹簧卡片　17—第一活塞复位弹簧　19—垫片　20—弹簧座　21—第二活塞　22—第三活塞主复位弹簧　23—第二活塞副复位弹簧

有轴向小孔，皮碗 3，16 的端部通过垫片 19 压在小孔的一侧，以便两腔建立油压并保证密封。

当踩下制动踏板时，真空助力器推动第一活塞左移，直到皮碗 16 盖住补偿孔 9 后，左工作腔中液压升高，油液一方面通过腔内储油口进入右前和左后制动管路，一方面又推动第二活塞左移。在右腔液压和弹簧 17 的作用下，第二活塞向左移动，左腔压力也随之提高，油液通过腔内出油口进入右后和左前制动管路。当继续踩下制动踏板时，左、右腔的液压力继续升高，使前、后管路制动器制动。

解除制动时，活塞在弹簧作用下复位，油液自制动管路流回制动主缸，如活塞复位过快，工作腔容积迅速增大，油压迅速降低，制动管路中的油液由于管路阻力的影响，来不及充分流回工作腔，使工作腔中形成一定的真空度，于是储液室中的油液便经进油口和活塞上的轴向小孔推开垫片及皮碗进入工作腔（某些车型中，油液通过皮碗的唇边进入工作腔）。当活塞完全复位时，补偿孔开放，制动管路中流回工作腔的多余油液经补偿孔流回储液室。

若与左腔连接的制动管路损坏漏油，则在踏下制动踏板时只有右腔中能建立液压，左腔中无压力。此时在压差作用下，第二活塞迅速移到其前端顶到主缸缸体上。此后，右工作腔中液压方能升高到制动所需的压力值。

若与右腔连接的制动管路损坏漏油，则在踏下制动踏板时，先是第一活塞前移，而不能推动第二活塞，因而右工作腔中不能建立液压。但在第一活塞直接顶触第二活塞时，第二活塞便前移，使左工作腔液压方能升高到制动所需的压力值。

可见，双回路液压制动系中任意一回路失效时，制动主缸仍能工作，只是所需踏板行程加大，将导致汽车的制动距离增加，制动效能下降。

桑塔纳轿车制动主缸属于此类型，其结构分解如图 5-42 所示。

2）制动轮缸。制动轮缸的作用是把来自主缸的油液压力转换为轮缸活塞的机械推力，使制动蹄压靠在制动鼓上产生制动作用。如图 5-43 所示，缸体 1 用螺栓固定在制动底板上缸内装有两个活塞 2，二者之间的内腔由两个皮碗 3 密封。制动时，制动液自油管接头和进油孔进入，活塞在液压作用下外移，通过顶块 5 推动制动蹄。弹簧 4 保证皮碗、活塞、制动蹄的紧密接触，并保持两活塞之间的进油间隙。防护罩 6 除防尘外，还可防止水分进入，以免活塞和轮缸生锈而卡住。

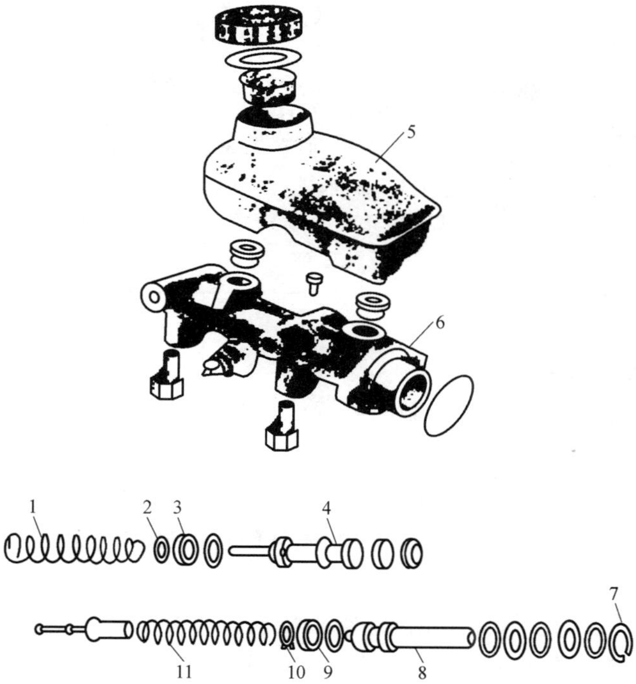

图5-42　桑塔纳轿车制动主缸结构分解图

1—前活塞弹簧　2、10—皮碗　3—前活塞　4—推杆　5—储液罐　6—制动主缸外壳　7—卡簧　8—推杆　9—后活塞　11—后活塞弹簧

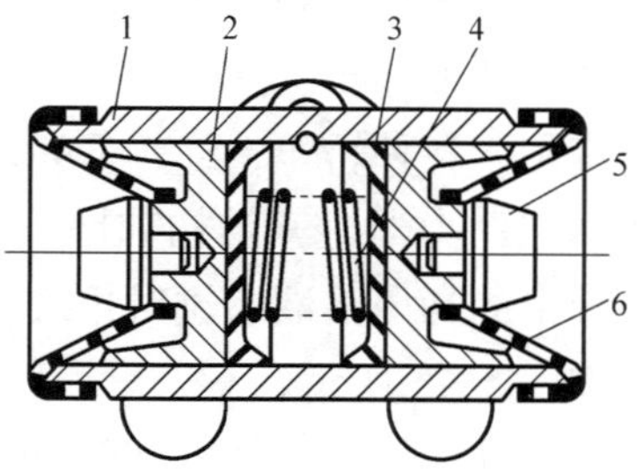

图5-43　制动轮缸结构

1—缸体　2—活塞　3—皮碗　4—弹簧　5—顶块　6—防护罩

5.4　伺服制动系统

想一想：什么是伺服制动系统？

提示：伺服制动系统是在人力液压制动系统的基础上加设一套动力伺服系统而形成的，兼用人体和发动机动力作为制动能源的制动系统。

学习目标	鉴定标准	教学建议
1. 了解伺服制动系统定义与分类 2. 了解助力式(直接操纵式)伺服制动系统 3. 了解增压式(间接操纵式)伺服制动系统	应知: 1. 伺服制动系统定义与分类 2. 助力式(直接操纵式)伺服制动系统的工作原理 3. 增压式(间接操纵式)伺服制动系统的工作原理	建议:采用教师启发式讲解、学生讨论相结合的方式,最后由教师总结

1. 伺服制动系统定义与分类

(1) 伺服制动系统的定义　伺服制动系统是在人力液压制动系统的基础上加设一套动力伺服系统而形成的,兼用人体和发动机动力作为制动能源的制动系统。

(2) 分类　按伺服系统的输出力作用部位和对其控制装置的操纵方式不同分:

1) 助力式:伺服系统控制装置用制动踏板机构直接操纵,输出力也作用于液压主缸,以助踏板力的不足。

2) 增压式:伺服系统控制装置用制动踏板机构通过主缸输出的液压操纵,且伺服系统的输出力与主缸液压共同作用于一个中间传动液压缸(辅助缸)使该液压缸输出到轮缸的液压远高于主缸液压。

按伺服能量的形式分:真空式、气压式、液压式。

2. 真空助力式(直接操纵式)伺服制动系统

真空助力伺服系统其特点是伺服系统的控制装置用制动踏板机构直接操纵,其输出力作用于液压主缸,与踏板力一起对主缸油液加压。

真空助力伺服制动系统广泛应用于各种轿车,红旗 CA7220 型轿车的真空伺服气室和控制阀组合成一个整体部件,称为真空助力器,其结构如图 5-44 所示。真空伺服制动气室的前方是串列双腔制动主缸,主缸输出的高压油液通过对角线布置的双回路液压制动管路传送到各个车轮制动器的制动轮缸,如图 5-45 所示。

如图 5-46a 所示为上海桑塔纳型轿车和一汽奥迪 100 型轿车所用的真空助力器。其中图 5-46b、c 为放大的控制阀。加力气室用螺栓 5 和 17 固定在车身的前围板上,并用调整叉 13 与制动踏板机构连接,气室 3 的前腔经真空单向阀通向发动机进气管。外界空气经过滤环 11 和毛毡过滤环 14 滤清后进人加力气宝的后腔。

塑料制膜片座 8 内有通道 4 连通加力气室前腔和控制阀室;通道 B 连通加力气室后腔和制动阀。带有密封套的橡胶阀门 9 与在座 8 上加工出来的阀座组成真空阀;又与控制阀柱塞 18 的大气阀应 10 组成大气阀。柱塞 18 与推杆 12 用球头铰接。

制动踏板未踩下时(见图 5-46b),弹簧 15 将推杆 12 连同柱塞 18 推至右极限位置(即真空阀开启),阀门 9 则被弹簧 16 压靠在大气阀座 10 上(即大气阀关闭位置)。加力气室前、后两腔经通道 A、控制阀腔和通道 B 互相连通,并与大气隔绝。发动机运转后,真空单向阀被吸开,加力气室左、右两腔内都有一定的真空度。

制动踏板刚踩下时,加力气室尚未起作用,膜片座 8 固定不动,来自踏板机构的控制力可以推动推杆 12 和柱塞 18 相对于膜片座右移,当柱塞与橡胶反作用盘 7 之间的间隙消除

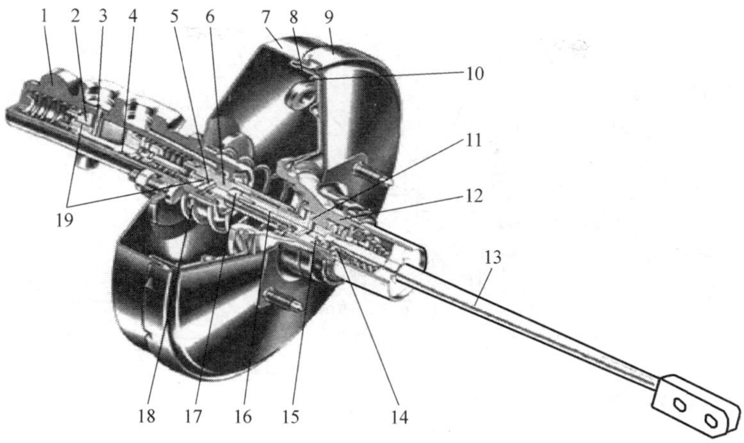

图 5-44　红旗 CA7220 型轿车的真空助力器

1—主缸缸体　2—第二活塞　3—垂直定位销　4—密封圈　5—水平定位销　6—第一活塞
7—真空助力器前壳体　8—真空助力器膜片　9—真空助力器后壳体　10—膜片托板
11—橡胶反作用盘　12—控制阀　13—推杆　14—控制阀组件　15—控制阀柱塞
16—制动主缸顶杆　17—顶杆头　18—膜片复位弹簧　19—中心单向阀

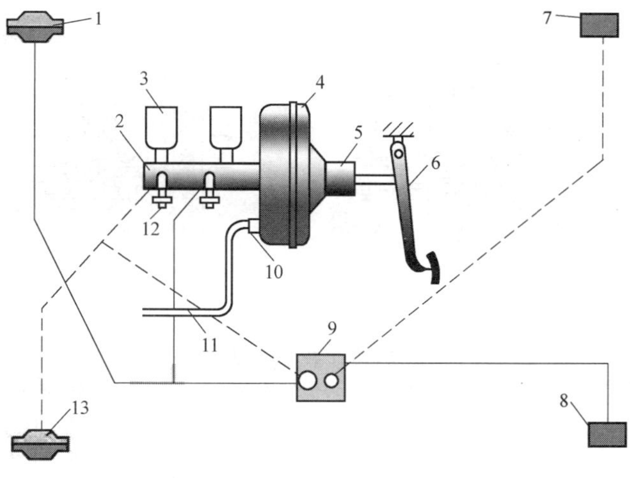

图 5-45　红旗 CA7220 型轿车真空助力伺服制动系统

1—右前轮缸　2—制动主缸　3—储液罐　4—真空伺服气室　5—控制阀
6—制动踏板机构　7—右后轮缸　8—左后轮缸　9—感载比例阀
10—真空单向阀　11—真空供能管路　12—制动信号灯液压开关　13—左前轮缸

后，控制力便经反作用盘传给制动主缸推杆 2（见图 5-46c）。

橡胶反作用盘 7 装在由柱塞 18、座 8 和推杆 2 形成的密闭空间内。由于橡胶是体积不可压缩的柔性材料，故经盘 7 的传动后，推杆 2 从盘 7 得到的力大于柱塞 18 加于盘 7 的力，但推杆 2 的位移却小于柱塞 18 的位移。此时，主缸内一定压力的制动液流入制动轮缸。与此同时，阀门 9 也在弹簧 16 作用下左移，直至与膜片座 8 上的真空阀接触，封闭通道 A 和 B，使它们隔绝。然后，推杆 12 继续推动柱塞 18 左移到其后端的大气阀座 10，离开阀门 9 一定距离，于是外界空气经过滤环 11、14、控制阀腔和通道 B 冲入加力气室的后腔，使其中真空度降低，在加力气室前、后腔之间产生一个压力差。在此过程中，膜片与阀座也不断

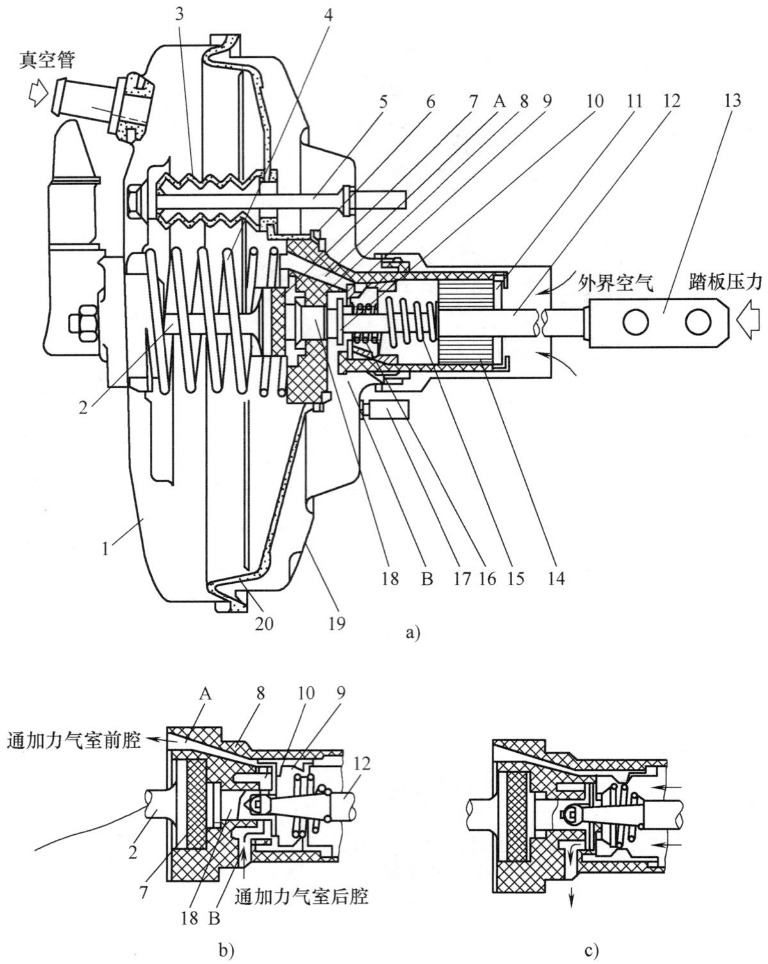

图5-46　真空助力器

1—加力气室前壳体　2—制动主缸推杆　3—导向螺栓密封套　4—膜片复位弹簧　5—导向螺栓
6—控制阀　7—橡胶反作用盘　8—加力气室膜片座　9—橡胶阀门　10—大气阀座　11—过滤环
12—控制阀推杆　13—调整叉　14—毛毡过滤环　15—控制阀推杆弹簧　16—阀门弹簧　17—螺栓
18—控制阀柱塞　19—加力气室后壳体　20—加力气室膜片

左移，直到阀门重新与大气阀座接触而达到平衡状态为止。因此，在任何一个平衡状态下，加力气室后腔中的稳定真空度均与踏板行程成递增函数关系，从而体现控制阀的随动作用。加力气室两腔真空度差值造成的作用力，除一部分用来平衡复位弹簧4的力以外，其余部分都作用在反作用盘上。因此制动主缸推杆所受的力为膜片座8和柱塞18二者所施作用力之和。另外经反作用盘反馈过来的力，使得驾驶人有一定的踏板感。

3. 增压式(间接操纵式)伺服制动系统

其特点是制动踏板机构控制制动主缸，主缸输出的液压传递到辅助缸，并对伺服系统进行控制，伺服系统的输出力与主缸液压共同作用于辅助缸，辅助缸输出到轮缸的液压远高于主缸液压。

(1) 真空增压伺服制动系统　真空增压伺服制动系统的组成如图5-47所示。它在液压制动传动装置中增加了真空增压器，包括辅助缸、控制阀、进气滤清器、真空伺服气室，并增加了真空单向阀、真空罐和真空管道等装置。汽油机上的真空力源是发动机的进气歧管，柴油机则是一个真空泵或是在进气歧管中的引射器。

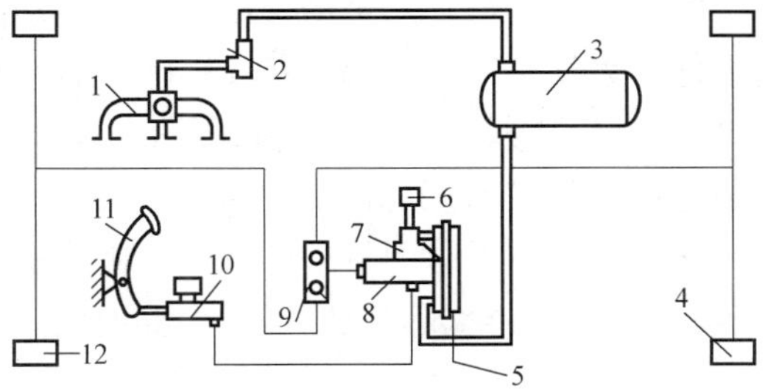

图 5-47 真空增压伺服制动系统结构

1—发动机进气管 2—真空单向阀 3—真空罐 4—后制动轮缸 5—真空增压器 6—进气滤清器 7—控制阀 8—辅助缸 9—安全缸 10—制动主缸 11—制动踏板 12—前制动轮缸

图 5-48 所示为一种 66—Ⅳ型真空增压器。它由辅助缸、控制阀和真空伺服气室三部分组成。辅助缸内腔被活塞 4 分隔成两部分：左腔经出油接头 1 通向前后制动缸；右腔经进油接头通向制动主缸。推杆 26 的前端嵌装着球阀门 5，其阀座在辅助缸活塞 4 上。推杆穿过尼龙制的密封圈座 10，并以两个橡胶双口密封圈 9 保证孔和轴表面的密封。推杆后端与伺服气室膜片 22 连接。伺服气室不工作时，活塞和推杆分别在弹簧 2 和 25 的作用下处于右极限位置。球阀门与阀座保持一定距离，从而保持辅助缸两腔连通。

真空伺服气室也被其中的膜片 22 分隔成左右两腔。左腔 C 经前壳体 20 端面的真空管接头(图中已剖去)通向真空罐，且经由辅助缸体 3 中的孔道与制动阀下气室 B 相通；其右腔 D 则经焊接在后壳体圆柱面上的气管 28 通到控制阀上腔 A。

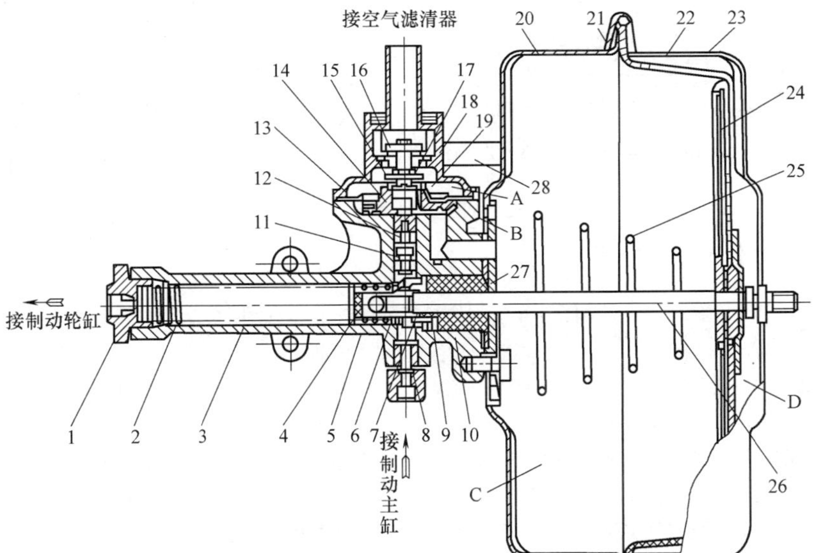

图 5-48 66—Ⅳ型真空增压器

1—辅助缸出油接头 2—辅助缸活塞回位弹簧 3—辅助缸体 4—辅助缸活塞 5—球阀门 6—皮圈 7—活塞限位座 8—辅助缸进油接头 9—密封圈 10—密封圈座 11—控制阀柱塞 12—皮圈 13—控制阀膜片 14—膜片座(带真空阀座) 15—真空阀座 16—大气阀门 17—阀门弹簧 18—控制阀体(带大气阀座) 19—控制阀膜片回位弹簧 20—伺服气室前壳体 21—卡箍 22—伺服气室膜片 23—伺服气室后壳体 24—膜片托盘 25—伺服气室膜片回位弹簧 26—伺服气室推杆 27—连接块 28—气管

控制阀实际上是一个由液压控制的继动阀，其中由真空阀门15和大气阀门16组成的阀门组件。大气阀座在控制阀体18上；真空阀座则在膜片座14上。膜片座下与控制阀活塞11连接。不制动时，如图5-48所示，大气阀关闭，真空阀开启。控制阀上腔A和下腔B与伺服气室左腔C有同等的真空度。

踩下制动踏板时(见图5-49a)，制动液即自制动主缸输入辅助缸，经过活塞4上的孔进入各制动轮缸。轮缸液压即等于主缸液压。与此同时，输入液压还作用在控制阀活塞11上。活塞11使膜片座上移，先关闭真空阀，使上腔A和下腔B隔绝，接着再开启大气阀。于是外界空气使经进气滤清器流入控制阀上腔A和伺服气室右腔D，降低其中的真空度(即提高其中压力)。此时控制阁下腔B和伺服气室左腔C中的真空度仍保持原值不变。在D、C两腔压力差作用下，膜片22带动推杆26左移，使球阀5关闭。这样主缸便与辅助缸左腔隔绝。此时在辅助缸活塞4上作用着两个力：主缸液压作用力和伺服气室输出的推杆力。因此，辅助缸左腔及各轮缸的压力高于主缸压力。

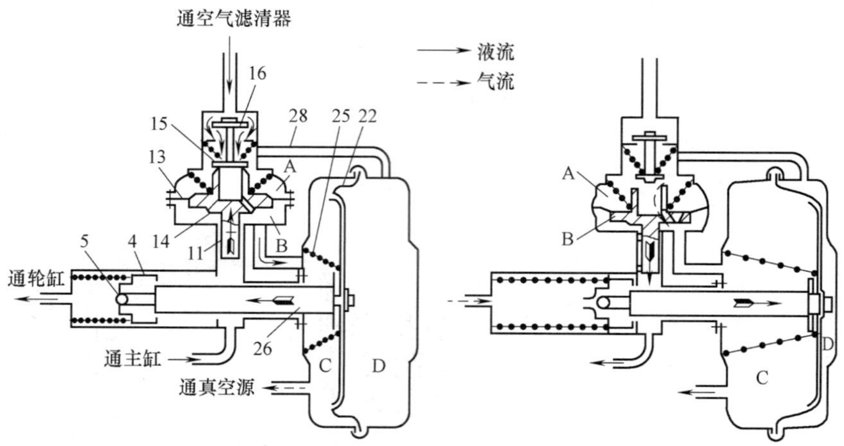

a)　　　　b)

图5-49　真空增压器工作示意图

1—辅助缸出油接头　2—辅助缸活塞回位弹簧　3—辅助缸体　4—辅助缸活塞　5—球阀门　6—皮圈　7—活塞限位座　8—辅助缸进油接头　9—密封圈　10—密封圈座　11—控制阀柱塞　12—皮圈　13—控制阀膜片　14—膜片座(带真空阀座)　15—真空阀座　16—大气阀门　17—阀门弹簧　18—控制阀体(带大气阀座)　19—控制阀膜片回位弹簧　20—伺服气室前壳体　21—卡箍　22—伺服气室膜片　23—伺服气室后壳体　24—膜片托盘　25—伺服气室膜片回位弹簧　26—伺服气室推杆　27—连接块　28—气管

在A和D两腔真空度降低的过程中，膜片13和阀门组逐渐下移。A、D两腔真空度下降到一定值时，即因大气阀门16落座而保持稳定。这个稳定值取决于输入控制压力(即主缸压力)，而后者又取决于踏板力和踏板行程。使制动踏板回升一定距离时(见图5-49b)，主缸液压即下降一定值，控制阀平衡状态被破坏，活塞11连同膜片座14下移，使真空阀开启。于是A、D两腔中的空气有一部分又被吸入真空罐，因而伺服气室D、C两腔的压力差也有所减小。辅助缸输出压力也就保持在较低值。完全放开制动踏板时，则所有运动件都在各自的回位弹簧作用下回复到图5-48所示位置。

在真空管路无真空度或真空增压器失效的情况下，辅助缸中的球阀5将开启，保证制动主缸和各制动轮缸之间的油路畅通。这样，整个制动系统还可以同人力液压制动系统一样工作。当然，此时所需的踏板力比有真空伺服作用时要大得多。

（2）气压增压伺服制动系统　气压增压伺服制动系统的组成和工作原理与真空增压伺服制动系统基本相同，所不同的是气压增压是利用高压空气产生助力作用。

由辅助缸、气压伺服气室和控制阀组装而成的部件称为气压增压器，如图 5-50 所示。

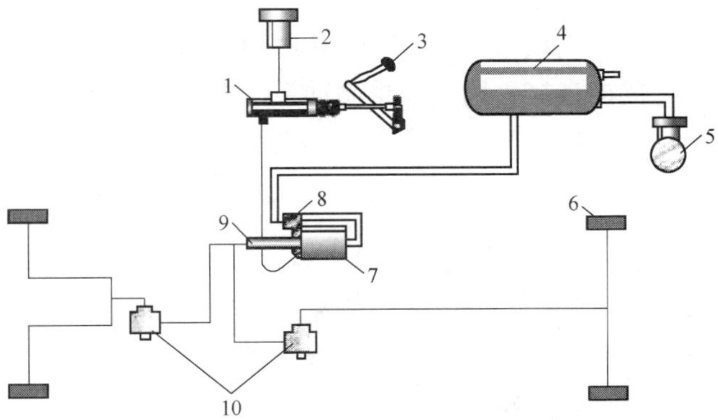

图 5-50　日产 T80 系列气压增压伺服制动系统

1—制动主缸　2—储液器　3—制动踏板　4—储气筒　5—空压机　6—制动轮缸　7—气压伺服气室　8—控制阀　9—辅助缸　10—单腔安全缸

5.5　动力制动系统

想一想：动力制动系统的种类？

提示：动力制动系统有气压制动系统、气顶液制动系统和全液压动力制动系统三种。

学习目标	鉴定标准	教学建议
1. 掌握动力制动系统特点与分类 2. 了解气压制动系统 3. 了解气顶液制动系统	应知： 1. 动力制动系统特点与分类 2. 气压制动系统的工作原理 3. 气顶液制动系统的工作原理	建议： 采用教师启发式讲解、学生讨论相结合的方式，最后由教师总结

1. 动力制动系统特点与分类

动力制动系统用于进行制动的能量是空气压缩机产生的气压能，或由液压泵产生的液压能，而空气压缩机或液压泵则是由汽车发动机驱动。驾驶人的肌体仅作为控制能源，而不是制动能源。

动力制动系统有气压制动系统、气顶液制动系统和全液压动力制动系统三种。气压制动系统的供能装置和传动装置全部是气压式，其控制装置主要由制动踏板机构和制动阀等气压控制元件组成，有些汽车在踏板机构和制动阀之间还串联有液压式操纵传动装置。气顶液制动系统的供能装置、控制装置与气压制动系统相同，但其传动装置包括气压式和液压式两部分。全液压动力制动系统中除制动踏板机构以外，其供能、控制和传动装置全部是液压式。

2. 气压制动系统

气压制动系统适用于中型、重型的货车和客车。

(1）气压制动回路　气压制动系统各元件之间的连接管路有三种：供能管路，供能装置各组成件(如空压机、储气筒)之间和供能装置与控制装置(如制动阀)之间的连接管路；促动管路，控制装置与制动器促动装置(如制动气室)之间的连接管路；操纵管路，一个控制装置与另一个控制装置之间的连接管路。如果制动系统中只有一个气压控制装置，即只有一个制动阀，就没有操纵管路。EQ1090E 汽车双回路气压制动系统如图 5-51 所示。

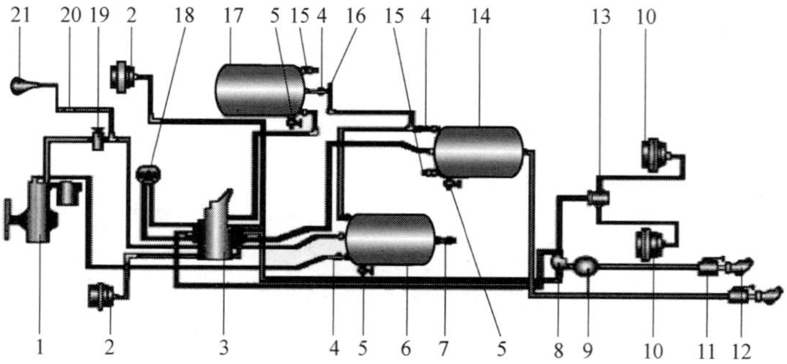

图 5-51　EQ1090E 汽车双回路气压制动系统

1—空气压缩机　2—前制动气室　3—双腔制动控制阀　4—储气筒单向阀　5—放水阀　6—湿储气筒　7—安全阀　8—梭阀　9—挂车制动阀　10—后制动气室　11—挂车分类开关　12—接头　13—快放阀　14—主储气筒(供前制动器)　15—低压报警器　16—取气阀　17—主储气筒(供后制动器)　18—双针气压表　19—调压表　20—气喇叭开关　21—气喇叭

(2）气压制动系统的供能装置　气压制动系统的供能装置包括：产生气压能的空压机和积储气压能的储气筒；将气压限制在安全范围内的调压阀及安全阀；改善传能介质(空气)状态的进气滤清器、排气滤清器、管道滤清器、油水分离器、空气干燥器、防冻器等；在一个回路失效时用以保护其余回路，使其中气压能不受损失的多回路压力保护阀等。

1）空压机和调压阀。空压机由发动机通过带传动直接驱动，有单缸式和双缸式，东风 EQ1090E 型汽车的空压机是单缸风冷式，如图 5-52 所示。当储气筒的压力达到一定值时，利用调压阀可以使空压机处于空转状态，而当储气筒的压力下降到一定值时，调压阀又能控制空压机向储气筒充气。调压阀结构如 5-53 所示。

空压机卸荷装置和调压阀控制空压机工作状态的工作原理是，当储气筒的压力达到一定值时，作用在调压阀膜片组件下方的气压大于其上弹簧的压力，膜片组件向上移动并带动芯管一同上移，芯管下的阀门关闭，储气筒气压作用在卸荷柱塞上方，使其下移，顶开进气阀门，空压机往复运动的过程中，进气阀门始终开启，空压机处于空转状态。当储气筒的气压下降到一定值时，膜片组件在弹簧作用下下移，芯管顶开阀门，卸荷柱塞上方的气压降低，柱塞上移，进气阀门正常开关，空压机向储气筒充气。如图 5-54 所示。

2）滤气调压阀。在储气筒压力超过规定值时，空压机出气口经调压阀直通大气，将压缩空气放出而中止对储气筒充气，调压阀又与油水分离器组合成一个部件，即滤气调压阀。

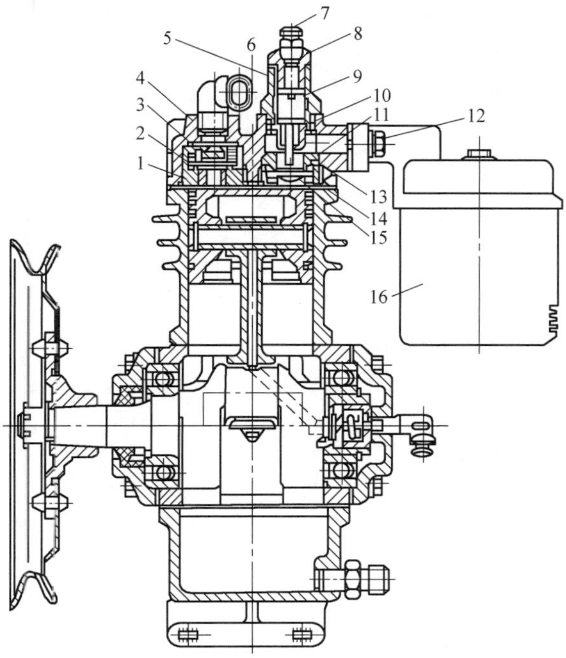

图5-52 EQ1090E型汽车的空压机

1—出气阀座 2—出气阀门导向座 3—出气阀 4—气缸盖 5—卸荷装置壳体 6—排气口 7—调压阀控制压力输入口 8—定位塞 9—卸荷柱塞 10—柱塞弹簧 11—进气阀门 12—进气口 13—进气阀座 14—进气阀弹簧 15—进气阀门导向座 16—进气滤清器

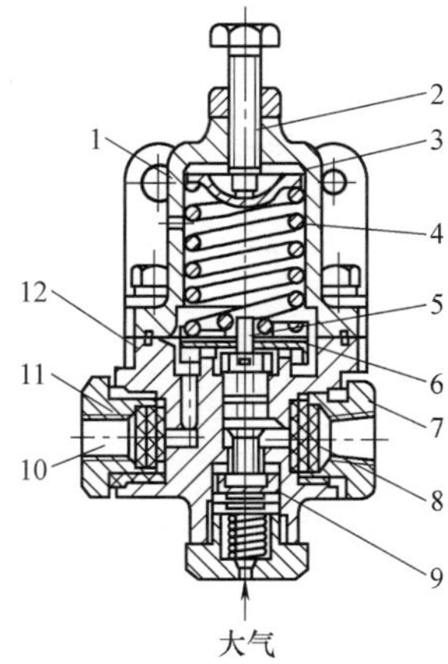

图5-53 EQ1090E型汽车的调压阀

1—阀盖 2—调整螺钉 3—弹簧座 4—调压弹簧 5—芯管 6—膜片组件 7—接空压机卸荷装置管接头 8—密封圈 9—排气阀门 10—通储气筒管接头 11—滤芯 12—阀体

3）防冻器。油水分离器或滤气调压阀输出的压缩空气仍可能含有少量残留水分。为了防止在寒冷季节中，积聚在管路和其他气压元件内的残留水分冻结，最好装设防冻器，以便在必要时向气路中加入防冻剂，以降低水的冰点。其基本工作原理是，当冬季温度低于5℃，防冻器中的乙醇蒸气会随压缩空气流进入回路，回路中的冷凝水溶入乙醇后，冰点降低。

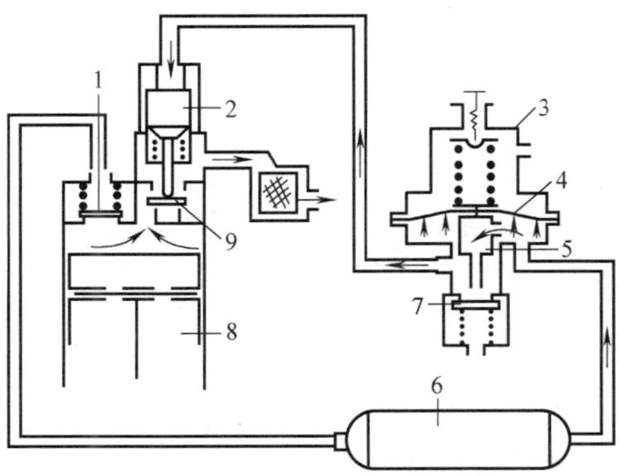

图5-54 压缩机卸荷装置与调压阀工作原理

1—排气阀 2—卸荷柱塞 3—调压阀 4—膜片组件 5—芯管 6—储气筒 7—排气阀门 8—空压机 9—进气阀

4）多回路压力保护阀。多回路压力保护阀的基本功用是：来自空压机的压缩空气可经多回路压力保护阀分别向各回路的储气筒充气。当某一回路损坏漏气时，压力保护阀能保证其余完好回路继续充气。

（3）控制装置

1）制动阀。制动阀是气压行车制动系统中的主要控制装置，用以起随动作用并保证有足够强的踏板感，即在输入压力一定的情况下，使其输出压力与输入的控制信号——踏板行程和踏板力成一定的递增函数关系。其输出压力的变化在一定范围内应该是渐进的。制动阀输出压力可以作为促动管路压力直接输入到作为传动装置的制动气室，但必要时也可作为控制信号输入另一控制装置(如继动阀)。

解放 CA1091 型汽车使用的是串列双腔活塞式制动阀，如图 5-55 所示。整个制动阀以其上盖用螺栓固定于车架上。下腔体 13 上有通储气筒的进气口 A_1，A_2 和分别通向前、后制动气室的出气口 B_1、B_2。

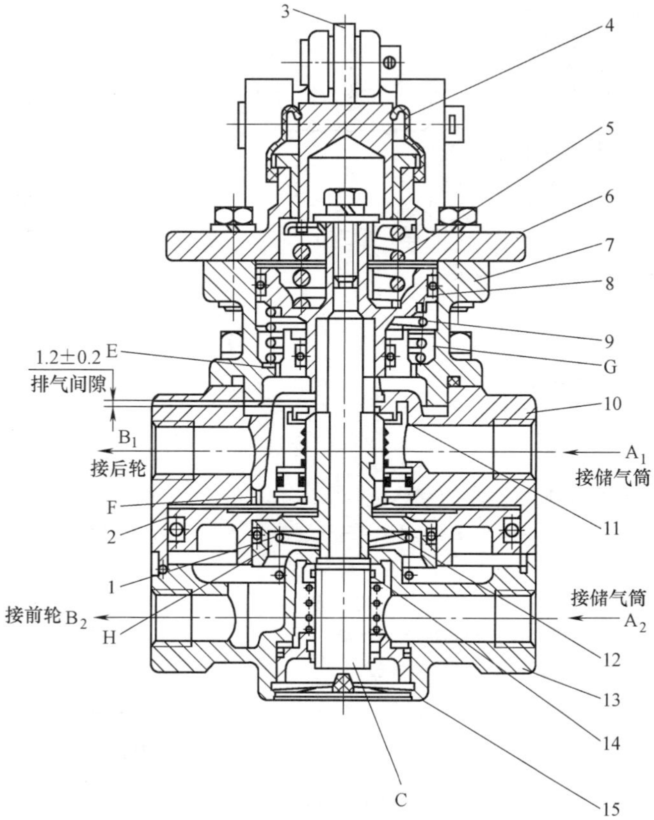

图 5-55　CA1091 型串列双腔活塞式制动阀结构

1—下腔小活塞复位弹簧　2—下腔大活塞　3—滚轮　4—推杆　5—平衡弹簧　6—上阀体
7—上阀体　8—上腔活塞　9—上腔活塞复位弹簧　10—中间体　11—上腔阀门
12—下腔小活塞　13—下腔体　14—下腔阀门　15—防尘片

参照图 5-56 分析其制动阀的工作情况。

驾驶人将制动踏板踩下一定距离，使摇臂绕轴转动，其上端通过滚轮 3、推杆 4 使平衡弹簧 5 及上腔活塞 8 向下移动，消除排气间隙而推开上腔阀门 11，此时，从储气筒前腔来的压缩空气经阀门 11 与中间体 10 上的进气阀座间的进气间隙进入 G 腔，并经出气口 B_1 进入后制动气室，使后轮制动。与此同时，进入 G 腔的压缩空气通过通气孔 F 进入大活塞 2 及下腔小活塞 12 的上方，使其下移推开下腔阀门 14，此时从储气筒后腔来的压缩空气经下腔阀门 14 与下腔体 13 的阀座之间形成的进气间隙进入 H 腔，并经出气口 B_2 充入前制动气室，使前轮制动。

当制动踏板保持在某一位置时，压缩空气在进入 G 腔的同时由通气孔 E 进入上腔活塞 8 的下方，并推动上腔活塞上移，使 G 腔中的气压作用力与回位弹簧 9 的力之和与平衡弹簧 5

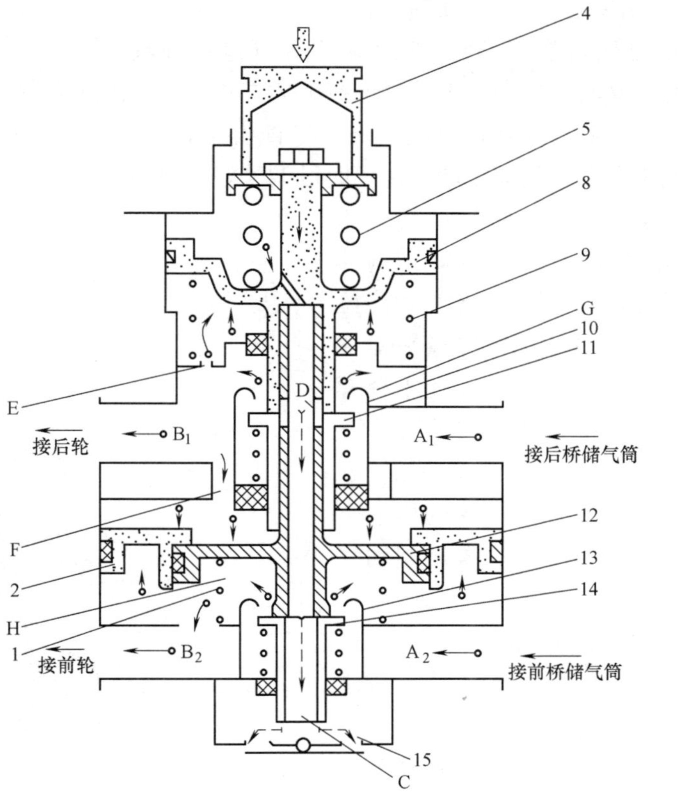

图 5-56　CA1091 型串列双腔活塞式制动阀工作情况

1—下腔小活塞复位弹簧　2—下腔大活塞　3—滚轮　4—推杆　5—平衡弹簧　6—上阀体　7—上阀体　8—上腔活塞　9—上腔活塞复位位弹簧　10—中间体　11—上腔阀门　12—下腔小活塞　13—下腔体　14—下腔阀门　15—防尘片　A_1、A_2—进气　B_1、B_2—出气口　C—排气口　D—上腔排气孔　E、F—通气孔

的压紧力相平衡。与此同时，H 腔中的气压作用力与回位弹簧 1 的力之和与大活塞上方的气压作用力相平衡，此时上腔阀门 11 和下腔阀门 14 均关闭，G、H 腔中的气压保持稳定状态，即为制动阀的平衡位置。

若驾驶人感到制动强度不足，可以将制动踏板再踩下一些，上述的上腔阀门 11 和下腔阀门 14 又重新开启，使中间体 10 的 G 腔和下腔体 13 的 H 腔以及制动气室进一步充气，直到 G 腔中气压又一次达到与平衡弹簧的压力平衡，而 H 腔中的压缩空气对大活塞向上的压力又重新与大活塞上方的压缩空气对大活塞向下作用的压力平衡时为止。在此新的平衡状态下，制动气室所保持的稳定压力比以前更高，同时平衡弹簧的压缩量和踏板力也比以前更大。

当放开制动踏板时，操纵推杆复位，平衡弹簧恢复到原来装配长度，上腔活塞 8 上移到使下端与上腔阀门 11 之间形成排气间隙。后制动气室的压缩空气经 G 腔和所形成的排气间隙以及通过下腔小活塞 12 上的排气孔 D 和下面的排气口 C 排入大气；与此同时，下腔大活塞 2 及下腔小活塞 12 受回位弹簧 1 伸张力的作用而上升，使下腔阀门 14 与下腔体 13 的阀座接触，从而关闭储气筒与之前制动气室的通路；另一方面，由于下腔大活塞 2 及下腔小活塞 12 的上移，使小活塞的下端与下腔阀门 14 之间也形成排气间隙，前制动气室的压缩空气经 H 腔及所形成的排气间隙以及下腔阀门 14 和排气口 C 排入大气中。

当前制动管路断裂时，制动阀上腔仍能按上述方式工作，因此后制动器仍能起作用。当后制动管路断裂时，上腔平衡弹簧及上活塞 8 将直接推动下腔小活塞 12，使前制动器起作用。调整螺钉是用来调整排气间隙的，出厂时已调整好，使用中不要任意拧动。

图 5-57 所示为东风 EQ1090E 型汽车的并列双腔膜片式制动阀。当驾驶人踩下制动踏板时，通过拉杆使拉臂 1 绕轴 28 转动。拉臂的一端压下平衡弹簧上座 2，并经平衡弹簧 3，弹簧下座 5、钢球 6、推杆 8 使平衡臂 9 下移。平衡臂的两端推动两腔内的膜片下凹，并经芯管 16 首先将排气阀座 F 关闭，继而打开进气阀座 G。此时储气筒中的压缩空气经进气阀座 G 充入制动气室，推动制动气室膜片使制动凸轮转动以实现车轮制动。

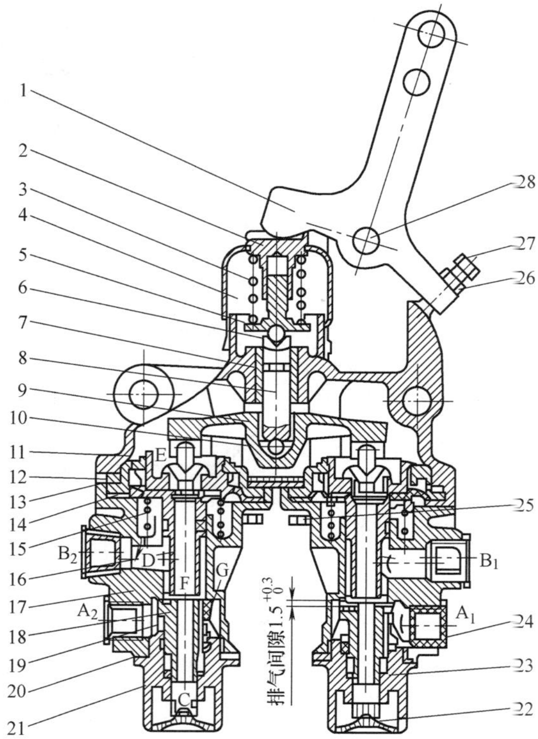

图 5-57 EQ1090E 型汽车的制动阀

1—拉臂 2—平衡弹簧上座 3—平衡弹簧 4—防尘罩 5—平衡弹簧下座 6—钢球 7—密封圈 8—推杆 9—平衡臂 10—钢球 11—上体 12—密封圈 13—钢垫 14—膜片 15—膜片回位弹簧 16—芯管 17—下体 18—阀门 19—阀门回位弹簧 20—密封垫 21—阀门导向座 22—防尘堵片 23—密封圈 24—密封圈 25—防尘堵塞（运输及储存时用） 26—锁紧螺母 27—调整螺钉 28—拉臂轴 A_1—进气口通前制动储气筒 A_2—进气口，通后制动储气筒 B_1—出气口，通前制动气室 B_2—出气口，通后制动气室

由前、后制动储气筒来的压缩空气经进气口 A_1、A_2 和出气口 B_1、B_2 充入前、后制动气室的同时，还经节流孔 D 进入膜片的下腔推动两腔的芯管 16 上移，促使平衡臂 9 等零件向上压缩平衡弹簧 3，此时阀门 18 将进气阀座 G 和排气阀座 F 同时关闭，制动阀仍处于平衡状态，压缩空气保留在制动气室中。当驾驶人感到制动强度不足时，可继续踩下制动踏板到某一位置，制动气室进气量增多，气压升高。当气压升高到一定值，进、排气阀座又同时关闭，此时制动阀又处于新的平衡状态。

当放松制动踏板时，拉臂 1 回行，平衡弹簧伸张，压力减小，则膜片 14 在回位弹簧 15 的作用下上凸（压差的关系），并带动芯管 16 等零件上移，排气阀座 F 被打开，制动气室及制动管路内的压缩空气经芯管 16 内孔道上部的排气口 E 及阀门 18 内孔道及下部排气口 C 排出。当踏板放松到某一位置不动时，在平衡弹簧 3 的作用下，阀门 18 又将进气门座 G 和排气阀座 F 同时关闭，制动阀又处于新的平衡状态。当制动踏板完全放松时，制动作用完全解除。

由此可知，制动阀之所以能起到随动作用，保证制动的渐进性，主要是因为推杆与芯管之间是依靠平衡弹簧来传力的，而平衡弹簧的工作长度和作用力则随来自制动阀到制动气室的促动管路压力而变化。故只要来自踏板传到推杆的力大于平衡弹簧预紧力，不论踏板停留在哪一个工作位置，制动阀都能自动达到并保持以进气阀和排气阀二者都关闭为特征的平衡状态。这也是现有的各种动力制动系统和伺服制动系统中的控制阀等随动装置的基本工作原理。

2）手控制动阀。手控制动阀可以控制汽车的驻车制动和挂车的驻车制动。因为对驻车制动没有渐进控制的要求，所以控制驻车制动的手控制动阀实际上只是一个气开关，如图 5-58 所示。

当操纵杆处于 Ⅰ 所示位置时，进气阀关闭，排气阀开启，制动气室通过芯管与大气相通。当操纵杆处于Ⅱ所示位置时，进气阀开启，排气阀关闭，制动气室通高压空气。

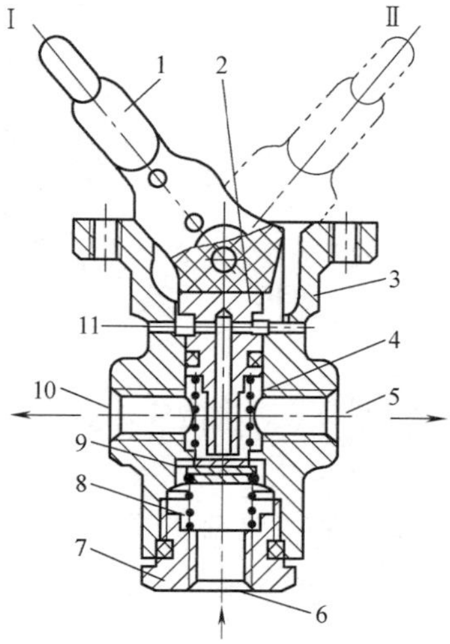

图 5-58　手控制动阀机构

1—操纵杆　2—芯管　3—阀体　4—芯管弹簧　5—出气口　6—进气口　7—螺塞　8—阀门弹簧　9—阀门　10—出气口　11—排气口

3）快放阀与继动阀。快放阀的作用是保证解除制动时制动气室快速放气。快放阀布置在制动阀与制动气室之间的管路上，靠近制动气室，由于离制动气室近，制动气室排气所经过的回路短，放气速度较快。图 5-59 所示的状态是进气口关闭，排气口开启。

继动阀的作用是使压缩空气不流经制动阀，而是通过继动阀直接充入制动气室，以缩短供气路线，减少制动滞后时间。图 5-60 所示的状态为阀门既靠在阀体的阀座上，又靠在芯管上，进气阀和排气阀都是关闭的。

4）梭阀(双向阀)。梭阀的特点是双腔制动阀的两腔都可以通过梭阀向挂车制动阀输入控制气压，保证在汽车两制动回路之一损坏时，挂车制动阀仍然可以接到制动控制信号。

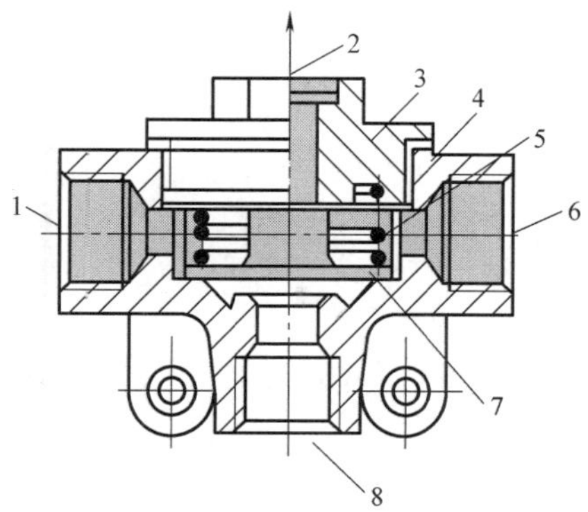

图 5-59　快放阀结构

1—出气口　2—排气口　3—阀盖　4—阀体　5—弹簧　6—出气口　7—阀门　8—进气口

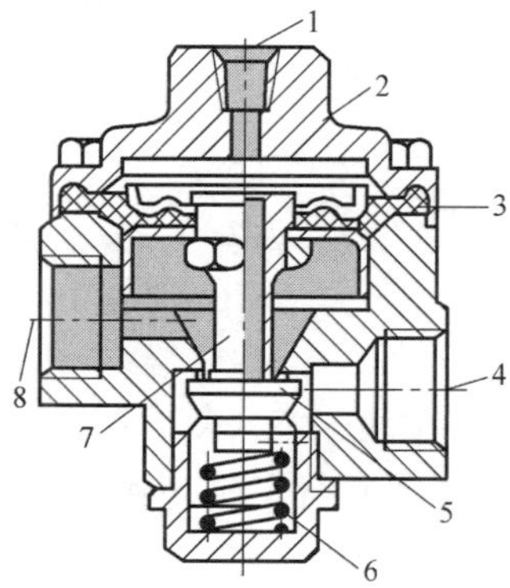

图 5-60　继动阀结构

1—控制气压输入口　2—阀体　3—膜片　4—进气口　5—阀门　6—弹簧　7—芯管　8—出气口

(4) 制动气室。制动气室的作用是将气压能转换成机械能输出，输出的机械能传给制动凸轮等促动装置，使制动器产生制动力矩。制动气室有膜片式、活塞式和复合式三种。

1）膜片式制动气室。膜片式制动气室的两腔通过膜片隔离，连接叉与制动调整臂相连，如图 5-61 示。

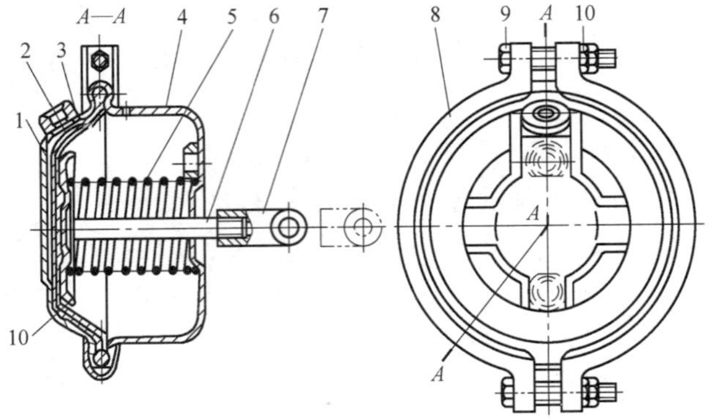

图 5-61　膜片式制动气室结构

1—橡胶膜片　2—通气孔　3—盖　4—壳体　5—弹簧　6—推杆　7—连接叉

8—卡箍　9—螺栓　10—螺母

2）活塞式制动气室。活塞式制动气室的推杆行程较大，其活塞工作寿命也比膜片长，但整个气室结构较复杂，成本较高，常用于重型货车，如图 5-62 所示。

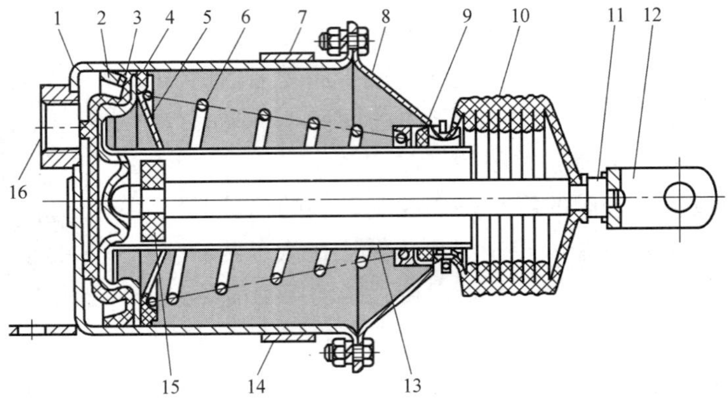

图 5-62　活塞式制动气室结构

1—壳体　2—橡胶皮碗　3—活塞体　4—密封圈　5—弹簧座　6—弹簧

7—气室固定卡箍　8—盖　9—毡垫　10—防尘套　11—推杆　12—连接叉

13—导向套筒　14—气室固定板　15—密封垫　16—通气口

3）复合制动气室。复合制动气室的特点是：制动气室由行车制动气室和驻车制动气室两部分组成，兼起行车制动和驻车制动的作用，如图 5-63 所示。

3. 气顶液制动系统

气顶液制动系统的供能装置和控制装置都是气压式，传动装置是气压-液压组合式。为了兼取气压系统和液压系统二者之长，有些重型汽车采用了如图 5-64 所示的气顶液式动力制动系统。在图示的双回路制动系中，供能装置和控制装置都是气压式的，传动装置则是气压-液压组合式的。气体能通过互相串联的制动气室和液压主缸转换为液压能，液压能传到各个轮缸，产生制动作用。这样，气压系统可以布置得尽量紧凑些，以缩短管路长度和滞后时间。用液压轮缸作为制动器执行装置，大大减少了非簧载质量。

气顶液制动系统的优点有：

① 气压系统布置紧凑，缩短了管路长度和滞后时间。

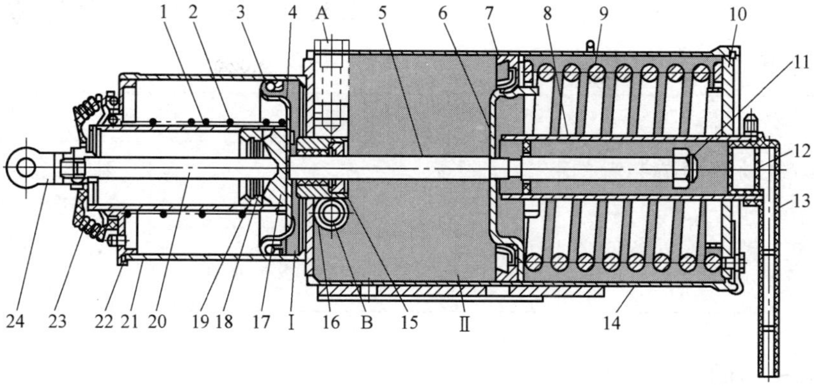

图 5-63　复合式制动气室结构

1—导向套筒　2—行车制动活塞复位弹簧　3—行车制动活塞皮圈　4—行车制动活塞体
5—驻车制动气室推杆　6—驻车制动活塞体　7—驻车制动活塞皮圈　8—套筒　9—储能弹簧
10—驻车制动制动气室盖板　11—螺母　12—毛毡滤气片　13—防尘罩　14—驻车制动气室壳体
15—密封圈座　16—尼龙活塞皮圈　17—承推活塞　18—尼龙导向环　19—尼龙挡圈
20—行车制动气室推杆　21—行车制动气室壳体　22—行车制动气室盖　23—防护套　24—连接叉
A—行车制动气室通气孔　B—驻车制动气室通气孔　Ⅰ—行车制动气室　Ⅱ—驻车制动气室

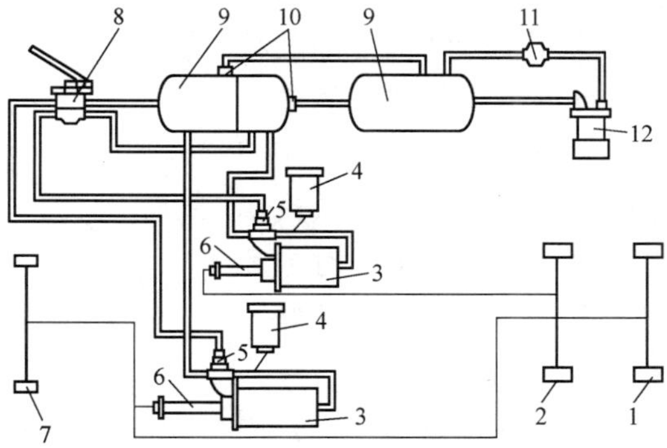

图 5-64　气顶液动力制动系统

1、2、7—制动轮缸　3—制动气室　4—储液罐　5—气压继动阀　6—液压主缸
8—串列双腔气制动阀　9—储气筒　10—单向阀　11—空气调压阀　12—空压机

② 用液压轮缸作为制动器促动装置减少了非簧载质量。
③ 用使用气顶液制动系统的汽车牵引挂车时，挂车可用气压制动，也可用液压制动。
④ 各个车桥的制动器可以分别采用液压操作和气压操作。

5.6　制动力调节装置

想一想：采用制动力调节装置的原因是什么？

提示：一旦车轮由于制动力矩的作用，车轮的制动力之比等于车轮对路面的垂直载荷之比，车轮停止转动，在路面上拖滑，车轮抱

死。后车轮比前车轮先抱死，更易使车轮失去了抵抗横向力作用的能力，易发生侧滑、汽车失控等。

学习目标	鉴定标准	教学建议
1. 了解采用制动力调节装置的原因 2. 了解制动力调节装置各阀体结构	应知： 1. 采用制动力调节装置的原因 2. 制动力调节装置各阀体结构	建议： 采用教师启发式讲解、学生讨论相结合的方式，最后由教师总结

1. 采用制动力调节装置的原因

同汽车在正常行驶中路面作用于车轮的牵引力一样，制动力 F_B 也不可能超过车轮与路面间的附着力 F_φ，即 $F_B \leqslant F_\varphi = G_\varphi$ 式中，G 为车轮对路面的垂直载荷；φ 为轮胎与路面间的附着系数。一旦车轮由于制动力矩的作用，车轮的制动力之比等于车轮对路面的垂直载荷之比，车轮停止转动，在路面上拖滑，车轮抱死。后车轮比前车轮先抱死，更易使车轮失去了抵抗横向力作用的能力，易发生侧滑、汽车失控等。

汽车在制动过程中，前后轮的垂直载荷是变化的，为满足前后轮同时抱死滑移(前后轮同步滑移)，要求制动器制动力(也即促动管路压力)也要随载荷而变化，这种变化关系做出的曲线称为理想的前后轮制动力分配特性曲线，如图 5-65 所示。当汽车载荷变化时，曲线位置也会发生相应的变化。从汽车制动理论可知汽车制动时通常有：前后轮同时抱死滑移(理想工况)、前轮先于后轮抱死滑移(较好工况)、后轮先于前轮抱死滑移(较为危险工况)。

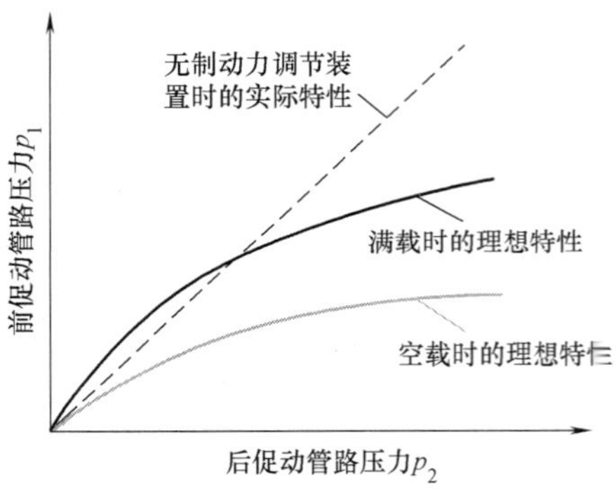

图 5-65　前后轮制动力分配特性曲线

大多数汽车前后制动管路的压力是相等的，因而其前后轮制动力之比为定值，这种设计显然不能满足理想的制动要求。从提高汽车制动时的安全性考虑，应尽量避免制动时后轮先抱死滑移，并尽可能充分地利用附着条件，产生尽可能大的制动力。这就促使现代汽车越来越多地采用各种制动力调节装置，使前后制动管路压力的实际分配特性曲线在不同程度上接近于相应的理想分配特性曲线，并位于理想分配特性曲线的下方(前轮先于后轮抱死滑移)。

制动力调节装置主要有限压阀、比例阀、感载阀和惯性阀等，这些阀一般都串联在后轮制动器的促动管路中。

2. 制动力调节装置各阀体结构

(1) 制动限压阀　制动限压阀是当前、后制动管路压力 p_1 与 p_2 由零同步增长到一定值后，即自动将后制动管路压力 p_2 限定在该值不变，防止后轮先抱死。限压阀一般由阀盖、阀门、活塞、弹簧、阀体等组成。其结构和特性曲线如图 5-66 所示，适用于重心高与轴距较大的轻型汽车。

(2) 制动比例阀　制动比例阀是当前后制动管路压力 p_1 与 p_2 同步增长到一定值 p_S 后，即自动对 p_2 的增长加以节制，亦即使 p_2 的增量小于 p_1 的增量。比例阀结构及工作原理是不

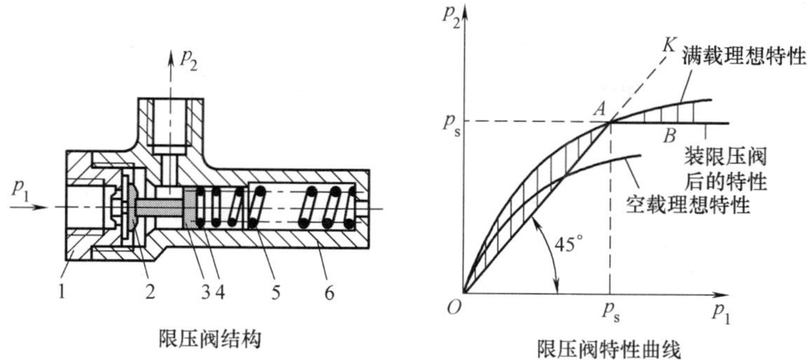

图 5-66　限压阀结构和特性曲线

1—阀盖　2—阀门　3—活塞　4—活塞密封圈　5—弹簧　6—阀体

工作时，弹簧将活塞推靠到上极限位置，使阀门处于开启状态；轻微制动时，输出压力 p_2 可随输入控制压力 p_1 从零同步增长，即 $p_2 = p_1$；压力 p_1 的作用面积为 $A_1 = (D^2 - d^2)\pi/4$，压力 p_2 的作用面积为 $A_2 = D^2\pi/4$，因为 $A_2 > A_1$，故活塞上方的油压作用力大于活塞下方的油压作用力，并且随着输入压力的增加，两者的差值将越来越大；当活塞上、下两端油压作用力之差超过弹簧的预紧力时，活塞便开始下移，当 p_1 和 p_2 同步增长到 p_S 时，阀门被活塞关闭，进油腔与出油腔隔绝。此为比例阀的平衡状态；当踏板力增大时，p_1 进一步提高，活塞将回升，阀门又重新开启，油液继续流入出油腔，使 p_2 也升高，但由于$A_2 > A_1$，p_2 尚未增长到 p_1 值时活塞又下落到平衡位置；在任一平衡状态下的平衡方程为：$p_2 A_2 = p_1 A_1 + F$，因此 $p_2 = p_1 A_1/A_2 + F/A_2$。其结构和特性曲线如图 5-67 所示，适用于重心高度与轴距比值较小的中型以上汽车。

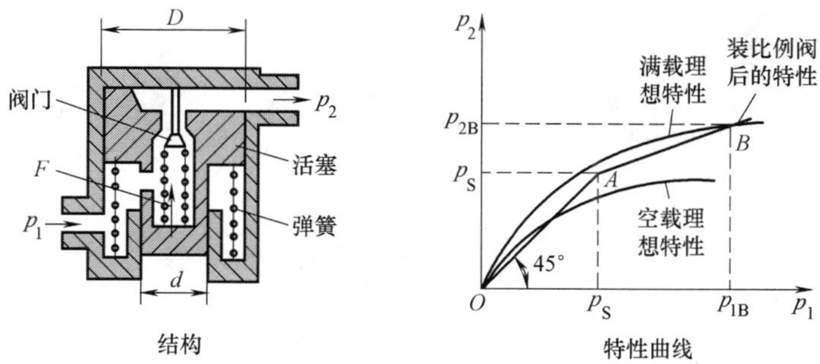

图 5-67　制动比例阀结构和特性曲线

（3）制动感载阀　有的汽车（特别是中、重型货车）在实际装载质量不同时，其总重力和重心位置变化较大，因而满载和空载下的理想制动管路压力分配特性曲线差距也较大。在此情况下，采用一般的特性线不变的制动力调节装置已不能保证汽车制动性能符合法规要求，故有必要采用其特性能随汽车实际装载质量而改变的感载阀。

液压系统用的感载阀有感载比例阀和感载限压阀两类。

1）液压感载比例阀的结构及特性曲线。阀体安装在车身上，活塞右端的空腔内有阀门。杠杆的一端由感载拉力弹簧与后悬架连接，另一端压在活塞上，如图 5-68 所示。

满载时，感载比例阀特性线为 OA_1B_2，而空载时，感载比例阀的调节作用起始点自动改为 A_2，使特性线变为 $O A_2 B_2$。但两条特性线的斜率是相等的。这种变化是渐近的。即在实际装载质量为任一值时，都有一条与之相应的特性线，调节作用起始点的控制压力 p_S 值取决于感载比例阀的活塞弹簧预紧力，如图 5-69 所示。因此，只要使弹簧预紧力随汽车实际载荷的变化而变化，便能实现感载调节。CA7220 轿车的感载比例阀如图 5-70 所示。

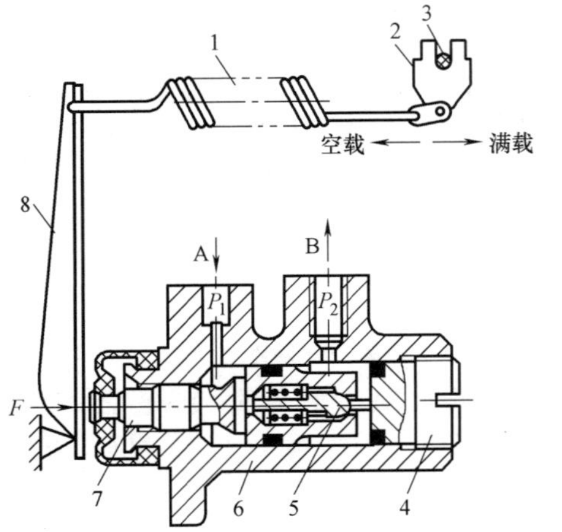

图 5-68　液压感载比例阀的结构

1—感载拉力弹簧　2—摇臂　3—后悬架横向稳定杆
4—螺塞　5—阀门　6—阀体　7—活塞　8—杠杆

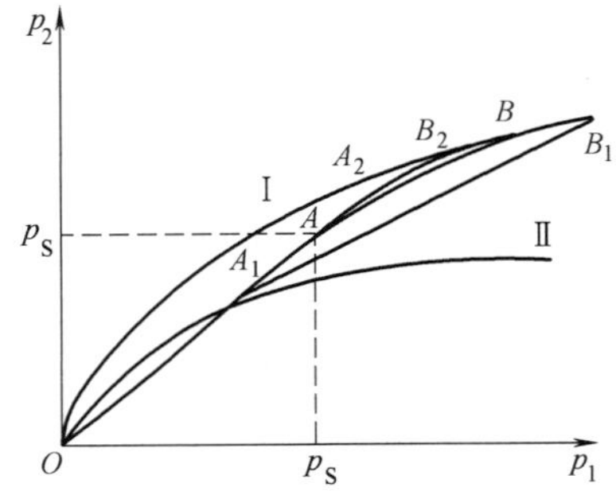

图 5-69　液压感载比例阀特性曲线

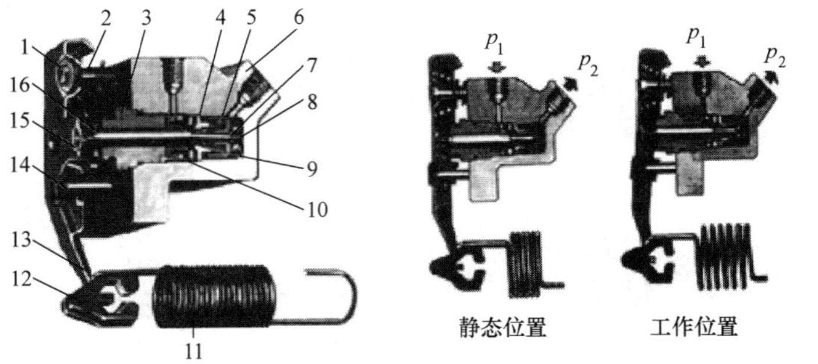

图 5-70　CA7220 轿车的感载比例阀结构

1—球头弹簧　2—锥形弹簧　3—螺塞　4—阀座　5—阀门　6—阀体　7—垫片
8—阀套　9—蝶形弹簧　10—密封圈　11—感载弹簧　12—护套　13—杠杆
14—导向销　15—防尘套　16—柱塞

2）感载限压阀。图 5-71 所示是一种液压感载限压阀，弹簧力 F 与弹簧压缩量有关，从而与推杆行程有关，并可由感载控制机构控制。

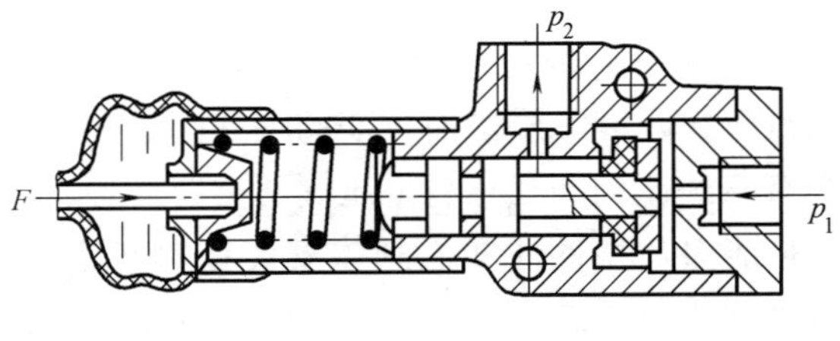

图 5-71　液压感载限压阀结构

(4) 制动惯性比例阀 惯性比例阀阀座位于惯性球的前方，如图5-72所示，惯性球即兼充阀门。阀体上部有两个同心但直径不等的油腔。与出油口 p_2 连通而具有较大直径的前腔中的第一活塞，同通过油道与 p_1 进油口连通且具有较小直径后腔中的第二活塞组成差径活塞。

汽车实际装载量不同，其总质量也不同。在总制动力相同的情况下，满载汽车的减速度比空车的小。而同一惯性阀的倾角 θ 是一定的，则开始起作用的减速度值也一定(指水平位置)。

汽车满载时，相应于调节作用起始点的控制压力值 p_S 比空载时的高。也就是说，调节作用起始点的控制压力随载荷而变化，载荷越大，调节作用起始点的控制压力越高，即调节作用起始点的控制压力与汽车总重成正比。

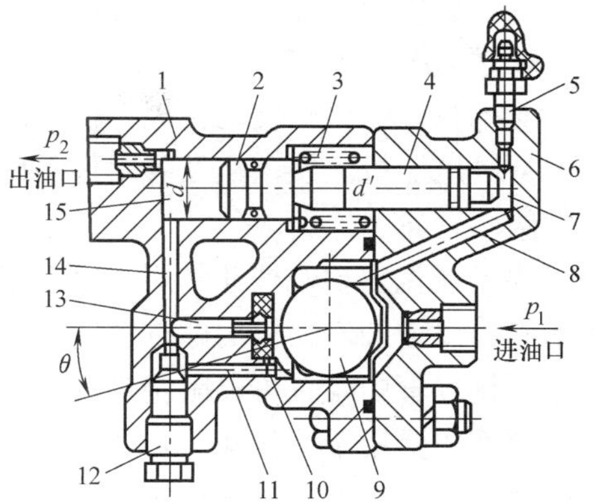

图5-72 惯性比例阀结构

1—前阀体 2—第一活塞 3—弹簧 4—第二弹簧 5—放气阀 6—阀体 7—油枪 8—油道 9—惯性球 10—阀座 11—油道 12—旁通锥阀 13—油道 14—油道 15—油腔

5.7 辅助制动系统

想一想：为什么汽车要装有辅助制动系统?

提示：辅助制动装置，是辅助汽车减速的装置。有些重型汽车和经常在山区行驶的汽车，如果只靠行车制动器连续工作，容易造成车轮制动器过热，制动能力衰退，磨损严重，甚至烧坏。因此，加装辅助制动装置，可以减轻行车制动器的负担，保证安全行驶和降低油耗。

学习目标	鉴定标准	教学建议
1. 了解发动机缓速和排气制动 2. 了解牵引电动机缓速、液力缓速、电磁缓速、空气动力缓速	应知： 1. 发动机缓速和排气制动的工作原理 2. 牵引电动机缓速、液力缓速、电磁缓速、空气动力缓速的工作原理	建议： 采用教师启发式讲解、学生讨论相结合的方式，最后由教师总结

辅助制动装置，是辅助汽车减速的装置。有些重型汽车和经常在山区行驶的汽车，如果只靠行车制动器连续工作，容易造成车轮制动器过热，制动能力衰退，磨损严重，甚至烧坏。因此，加装辅助制动装置，可以减轻行车制动器的负担，保证安全行驶和降低油耗。辅助制动系统的作用即是在不使用或少使用行车制动系统的条件下，使车辆速度降低或保持稳定，但不能将车辆紧急制停。这种作用称为缓速作用。辅助制动系统中用以产生制动力矩对

车辆起缓速作用的部件称为缓速器，缓速器也属于制动器范畴。

1. 发动机缓速和排气制动

对行驶中的汽车发动机停止供给燃料，汽车滑行。这样，发动机就变成对汽车起缓速作用的空气压缩机。发动机及各附件阻碍曲轴旋转的力矩即是制动力矩，将通过传动系统放大后传给驱动轮。

为了强化发动机缓速作用，可以采取阻塞进气或排气通道，或改变进、排气门启闭时刻等措施，以增加发动机内的进气、排气、压缩等方面的功率损失。其中应用最广的措施是在发动机排气管中设置可以阻塞排气通道的排气节流阀。这种发动机缓速法可称为排气制动。排气缓速主要用于柴油车，原因是柴油机压缩比较汽油机压缩比大，其缓速效果优于汽油机，而且很容易做到在施行排气缓速时先切断燃油供给。对汽油机，则需要通过较复杂的装置方能做到这一点。

图 5-73 所示为黄河 JN1181C13 型汽车的排气缓速式辅助制动系统，其排气节流阀操纵机构是气压式的，图示为不施行排气缓速时的状态。排气缓速操纵阀 3 的出气口与进气口隔绝而与大气相通。排气节流阀处于限位块 17 限定的全开位置。需要施行排气缓速时，可使操纵阀 3 转入工作位置。于是，来自前制动储气筒的压缩空气便经操纵阀充入排气缓速操纵气缸 14，推动排气节流阀操纵臂 15 将阀 16 旋到关闭位置。同时，压缩空气还充入断油操

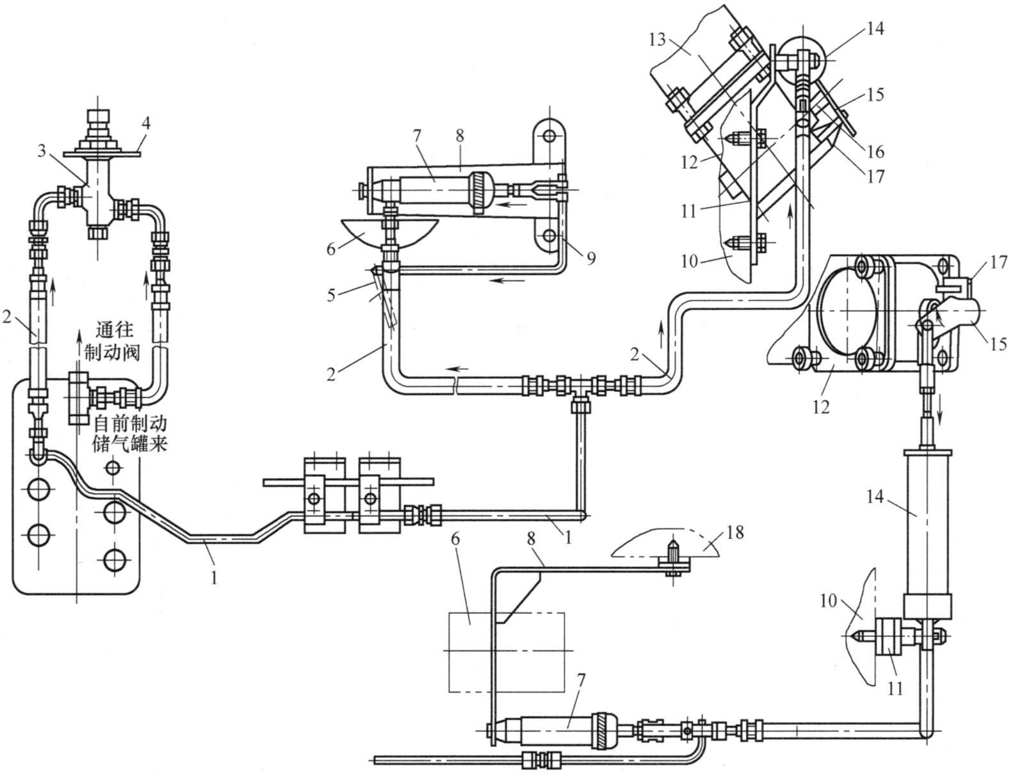

图 5-73　黄河 JN1181C13 型汽车排气缓速式辅助制动系统

1—钢管　2—软管　3—排气缓速操纵阀　4—驾驶室底板　5—摇臂　6—喷油泵壳体
7—断油操纵气缸　8、11—支架　9—推杆　10—发动机机体(后端)
12—排气节流阀壳体　13—发动机排气管　14—排气缓速操控气缸　15—排气节流阀操纵臂
16—排气节流阀　17—限位块　18—发动机机体(右侧)

纵气缸 7，推动推杆 9 和摇臂 5，将喷油泵供油量调节拉杆推到停止供油位置，使发动机熄火。

黄河 JN1181C13 型汽车的足踏开关式的排气缓速操纵阀如图 5-74 所示。阀体 4 用螺母 9 固定在驾驶室底板上。不工作时，推杆 5 被弹簧 7 拉到为圆锥销 8 所限定的上极限位置。此时，双球面橡胶阀门 3 被弹簧 2 压靠在阀体的进气阀座上，而推杆 5 下部芯管底端的排气阀座则离开阀门。

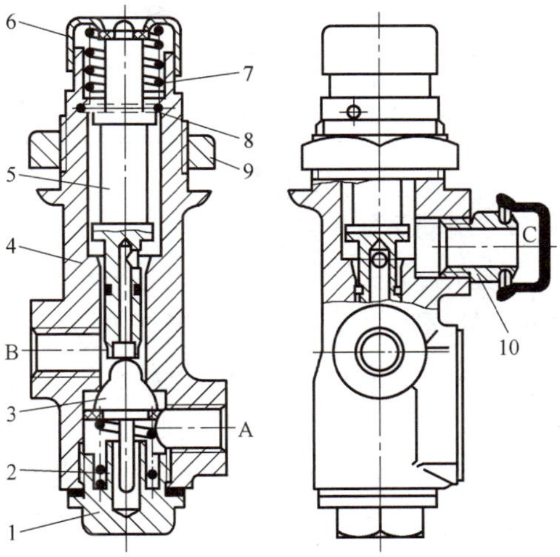

图 5-74　黄河 JN1181C13 型汽车排气缓速操纵阀

1—螺塞　2—阀门弹簧　3—阀门　4—阀体
5—推杆　6—推杆弹簧座　7—推杆弹簧
8—圆锥销　9—螺母　10—排气滤清器
A—进气口　B—出气口　C—排气口

踩下推杆到排气阀关闭而进气阀开启时，出气口 B 即与进气口 A 接通，而与排气口 C 隔绝，压缩空气便充入排气缓速操纵气缸。放开操纵阀推杆，排气缓速即解除。

2. 牵引电动机缓速

对于采用电传动系统的汽车，牵引电动机停止供电，使之成为发电机，将汽车的部分动能转变成电能，再使之通过电阻转变为热能而耗散。这时电动机对驱动轮的阻力矩即是制动力矩。

3. 液力缓速

液力缓速是利用专设的液力缓速器来产生缓速作用。液力缓速器中有固定叶轮和旋转叶轮，固定叶轮通过流动的液体加于旋转叶轮的阻力矩即为制动力矩，将通过变速器和驱动桥放大后传到驱动轮。由旋转叶轮输入的汽车动能即通过液力缓速器内的液力阻尼作用转变成热能。

4. 电磁缓速

电磁缓速是利用专设的电磁缓速器来产生缓速作用。电磁缓速器的主要元件是由驱动轮通过传动系统带动的盘状的金属转子和由若干个固定不动的电磁铁组成的定子。当有电流通过定子的励磁线圈时，便产生磁场，对在此磁场中旋转的转子造成阻力矩，即制动力矩。

5. 空气动力缓速

空气动力缓速是采用使车身的某些活动表面板件伸展，以加大作用于汽车的空气阻力的办法来起缓速作用。这种方法目前只用于竞赛汽车与某些特殊汽车。

5.8　液压制动系统的维护与常见故障诊断

想一想：液压制动系统维护内容有哪些？

提示：液压制动系统维护内容主要有：制动液的检查与更换、制动系统内的排气、制动真空助力性能的检查、检查与调整制动踏板、检查与调整驻车制动、制动器的检查等。

学习目标	鉴定标准	教学建议
1. 掌握制动系统的维护内容 2. 掌握汽车液压制动系统常见故障与诊断程序	应知： 1. 制动系统的维护内容 2. 汽车液压制动系统常见故障与诊断程序	建议： 采用教师启发式讲解、学生讨论相结合的方式，最后由教师总结

1. 制动系统的维护

制动系统良好的工作状况是汽车高速行驶的保障。汽车在使用中，制动系统也将随着行驶里程的增加，工况也会逐渐变差，影响汽车的安全行驶。为了长期保持制动系统良好的工况，加强日常检查、维护与调整就显得尤为重要。

（1）制动液的检查与更换

1）制动液液面高度的检查。正常情况下，汽车每行驶10000km时和制动系统维修后，应经常检查储液罐内制动液的液面高度。正确的液面高度，应在储液罐的上限和下限标线之间。若制动液面过低，应向储液罐内加入制动液至上限位置。若行驶中制动液面过低警告灯发亮时，应立即添加制动液。

2）制动液的更换。通常制动液的维护周期为2年或者48000km(汽车制造商则在其维修手册中一般都有详细的描述)，应更换制动液。更换新的制动液时，通常应清洗液压制动管路，其方法如下：

在放气螺钉上接好管子，引流制动液，并收集。

用吸管将储液罐里的油液吸走，将储液罐内的油污擦拭干净，并加入与原车同型号的制动液。

3）由两人配合，一人踏住制动踏板，另一人按由远而近的顺序拧松制动轮缸的放气螺钉，使旧制动液和污物从此排出。将旧制动液彻底排净，直到新制动液流出为止。

更换制动液应选用优质产品，厂家推荐使用921合成制动液或DOT-3制动液。制动液应清洁、包装密封。否则，制动液吸收空气中的潮气或进入杂质，会导致制动液系统中制动主缸、制动轮缸的磨损而影响制动效果。不同牌号的制动液不能混用，否则会使制动失灵。

（2）制动系统内的排气　制动系统维修，如更换制动管路，维护制动制动主缸、制动轮缸之后，必须将制动系统内的空气排净，以确保良好的制动效果。放气的一般程序是：

1）检查储液罐内的液面高度，通常应加至规定的上限值。放气过程中，应及时加添制动液，保持液面高度不低于下限值。

2）放气顺序：由远至近，即右后轮、左后轮、右前轮、左前轮。

3）为了清洁和回收制动液，应将放气螺钉擦干净，并接上透明塑料软管和容器。

4）一人踏制动踏板数次，当制动踏板较高时，用力踏住不放松。

5）另一人用扳手逆时针转动放气螺钉1/3～1/2圈，使制动液从管中流出，在液压消失之前顺时针拧紧放气螺钉。在拧紧放气螺钉之前，绝不可放松制动踏板。

6）若空气没排尽，可重复4)、5)的动作，直至流出的制动液没有气泡为止。排气过程结束后，检查制动管路，不应有渗漏现象。

（3）制动真空助力性能的检查　汽车行驶一定里程后或认为真空助力性能较差时，应对其性能进行检查。检查可分为简易和试验仪器两种方法。下面介绍简易方法：

1）真空助力作用的检查。在发动机熄火时，按正常制动力踏下制动踏板并保持不动。然后起动发动机，即刻间制动踏板应向下移动一个位置，说明真空助力作用正常。若制动踏板不向下移动或移动不明显，说明助力作用丧失或减弱。

2）真空助力器的密封检查。起动发动机并使其运转1～2min熄火。然后踏几下制动踏板，踏板高度应一次比一次高。否则，应检查助力缸的密封状况。

3）负荷气密性的检查。起动发动机，运转1～2min后，踏下制动踏板。然后使发动机熄火，在30s内踏板高度应无变化。若有变化应检查单向阀是否密封，真空管路是否有泄漏等。

若上述检查中，真空助力装置不符合检测的要求，需及时更换。

（4）检查与调整制动踏板

1）制动踏板自由行程的检查与调整。用直尺一端放置于制动踏板的前围板上，另一端接触制动踏板一侧(直尺应垂直于踏板平面)。用手轻压踏板，当感到有阻力时应停止，查看踏板移动的距离，即自由行程，应为3～7mm，过大、过小应调整。拧松固定螺母，转动真空助力器推杆，调整合适后将固定螺母拧紧。

调整后，应检查并确保制动踏板高度和制动灯开关正常。

2）制动踏板高度的检查与调整。测量踏板高度，即踏板在自由状态下其上表面至前围板的距离，应为176～181mm。不符合规定应进行调整。

① 拆下制动灯开关导线，拧松制动灯开关固定螺母。

② 旋转制动灯开关，同时检查踏板高度，直到符合规定时，再将制动灯开关固定螺母固定。

③ 装复制动灯开关导线。最后检查与调整制动踏板自由行程，使之符合规定。

（5）检查与调整驻车制动　有些驻车制动，是将操纵杆拉紧后，经过拉索和杆件等，使后轮制动器中的两制动蹄压紧在制动鼓上而产生制动作用。

1）驻车制动的检查。将操纵杆在完全放松时拉紧，其工作行程应在5～9个齿之间。不符合规定时，应进行调整。

2）驻车制动的调整。转动调整螺母，直到制动操纵杆的工作行程达到规定值为止。调整后，将车停在坡度大于20%的坡道上，轿车满载，用大于400N的力拉住操纵杆，轿车能够停住为符合要求。

（6）制动器的检查

1）前轮制动器的检查。通过制动钳体上检查孔，检查制动衬块和制动盘的厚度，超过磨损极限，制动衬块需更换，制动盘可换，有的可在机床上加工后还能使用。

2）后轮制动器的检查。制动蹄片可用游标卡尺测量其厚度，磨损超过极限值，需要更换。制动鼓使用中的磨损会使其内径变大，可以对制动鼓进行镗削，安装制动蹄片需要重新调整制动间隙。

制动器零件是关键部件，对其进行检修是二级维护的主要项目，当磨损接近或达到极限值时，应及时更换磨损件。

2. 汽车液压制动系统常见故障与诊断程序

汽车液压制动系统常见故障有：制动不灵、制动拖滞、制动间歇性发硬、制动失效、制动跑偏等。

（1）制动不灵故障的现象、原因及诊断程序(见表5-1和图5-75)

表 5-1 制动不灵故障的现象、原因及排除方法

制 动 不 灵		故 障 编 码	DYZJ029
故 障 现 象	故 障 原 因	故障排除方法	
汽车制动时，驾驶人感到减速不足；汽车紧急制动时，制动距离太长	制动主缸、制动轮缸、管路或管接头漏油	修正漏油或紧固接头螺栓	
	制动主缸储液室存油不足或无油	添加制动液	
	制动液变质或管路内壁积垢太厚	更换制动液或清洗制动管路	
	制动液中有空气	制动排气	
	制动主缸皮碗、活塞或缸筒磨损严重	更换皮碗活塞或更换制动主缸	
	制动轮缸皮碗、活塞或缸筒磨损过甚	更换制动轮缸	
	制动主缸进油孔、补偿孔或储液室通气孔堵塞	清理堵塞物	
	制动主缸出油阀、回油阀不密封或活塞回位弹簧预紧力太小	更换制动主缸	
	制动主缸活塞前端贯通小孔堵塞或制动主缸皮碗发粘、发胀	更换制动主缸	
	制动轮缸皮碗发粘、发胀	更换制动轮缸	
	助力器效能不佳或失效	更换助力器	
	油管凹瘪或软管内孔不畅通	疏通管道	
	制动踏板自由行程太大	调整自由行程	
	制动摩擦片与制动鼓(盘)接合面不佳或制动间隙调整不当	更换制动片与制动鼓(盘)或调整间隙	
	制动摩擦片质量欠佳或使用中表面硬化、烧焦、油污及铆钉露出	更换制动蹄摩擦片	
	制动鼓磨损过甚或制动时变形	更换制动片与制动鼓(盘)	

(2) 制动拖滞故障的现象、原因及诊断程序(见表 5-2 和图 5-76)

表 5-2 制动拖滞故障的现象、原因及排除方法

制 动 拖 滞		故 障 编 码	DYZJ030
故 障 现 象	故 障 原 因	故障排除方法	
抬起制动踏板后，全部或个别车轮的制动作用不能立即完全解除，以致影响了车辆重新起步、加速行驶或滑行	制动踏板无自由行程	调整制动踏板自由间隙	
	制动踏板与其轴的配合缺油、锈污或踏板回位弹簧脱落、拉断及拉力太小	修复制动踏板与其轴的配合缺油、锈污或踏板回位弹簧脱落、拉断及拉力太小等	
	制动主缸活塞回位弹簧折断或预紧力太小	更换制动主缸活塞回位弹簧	
	制动主缸活塞、皮碗的长度太大或皮碗发胀、发粘	更换制动主缸活塞、皮碗	
	制动主缸补偿孔被污物堵塞	清洗污物	
	制动轮缸皮碗发胀、发粘或活塞卡	更换制动轮缸皮碗	
	制动回位弹簧脱落、折断或拉力太小	更换制动蹄回位弹簧	
	制动蹄与支承销锈污	修复制动蹄与支承销	
	制动蹄与制动鼓(盘)的间隙调整不当，制动放松后仍局部摩擦	调整制动蹄与制动鼓(盘)的间隙	
	通往制动轮缸的油管凹瘪或堵塞	清洗制动轮缸的油管	
	轮毂轴承松旷	紧固轮毂轴承	

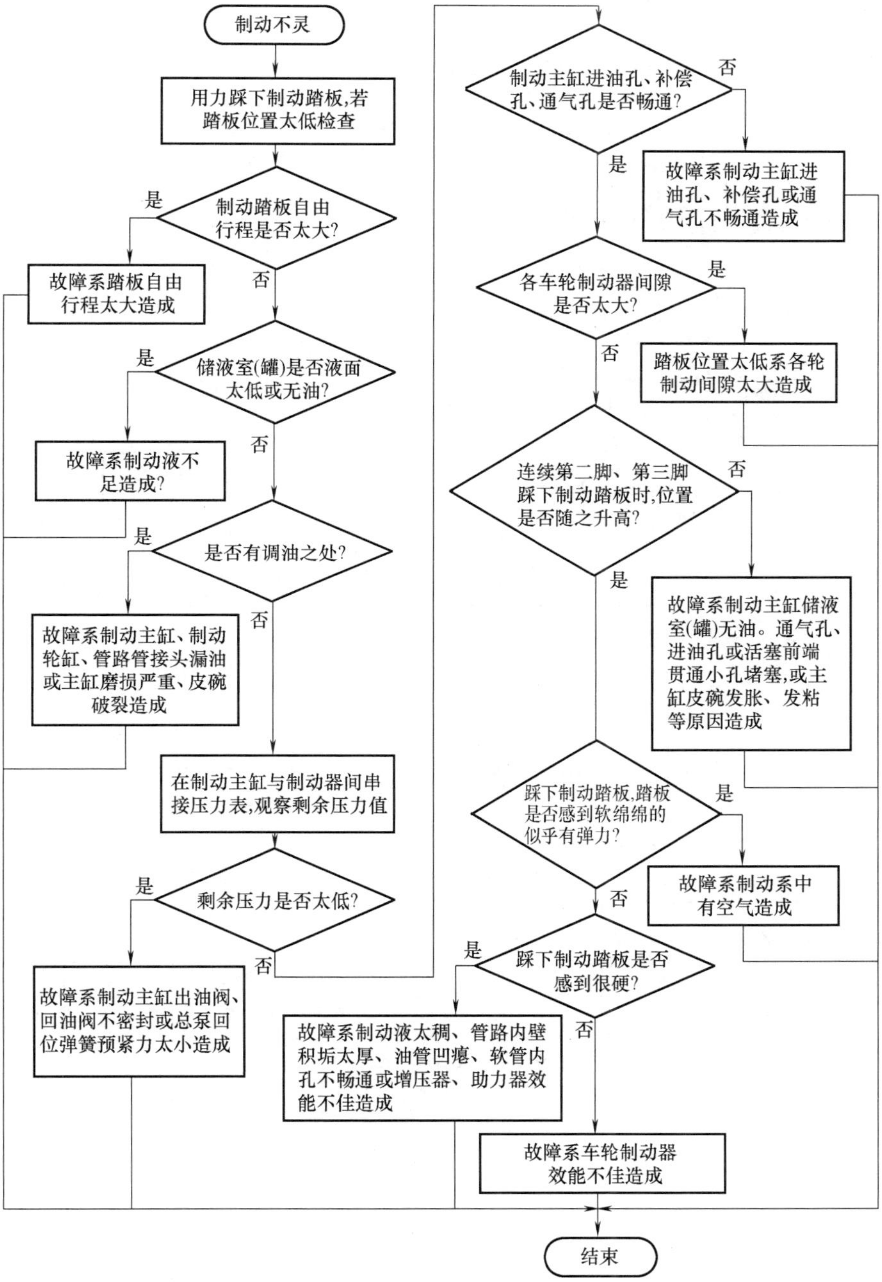

图 5-75　制动不灵故障的诊断程序

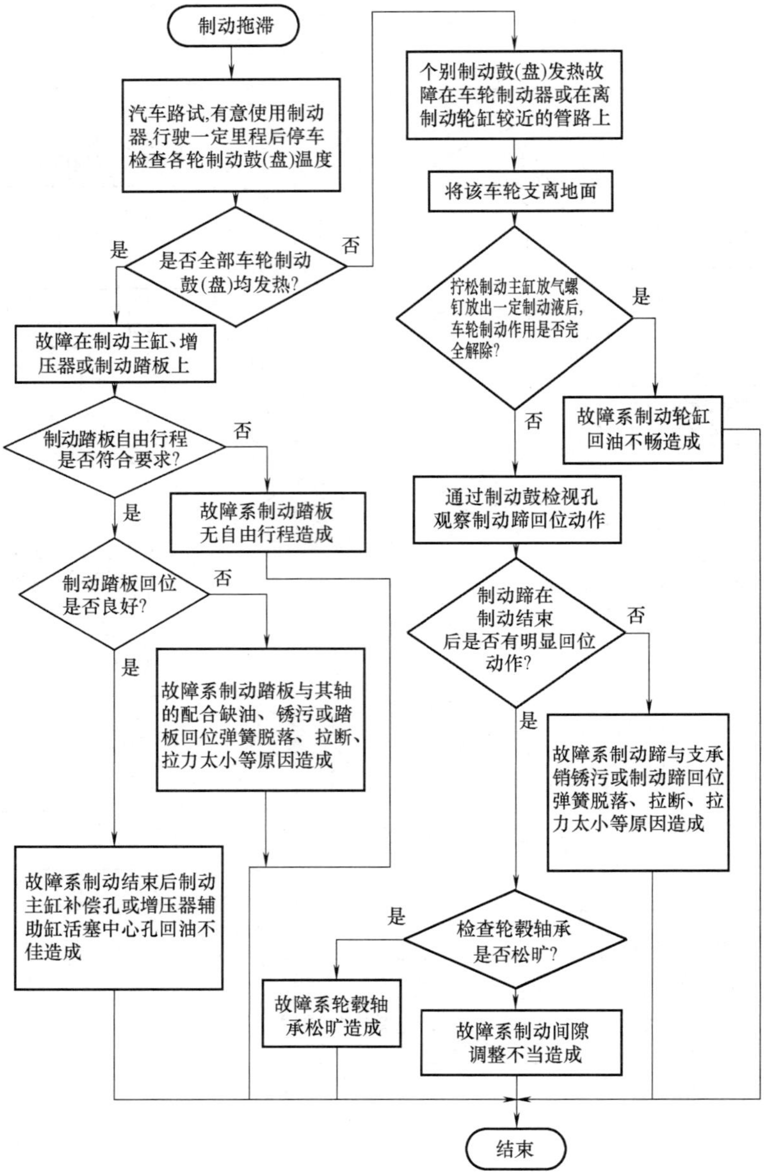

图 5-76　制动拖滞故障的诊断程序

（3）制动间歇性发硬故障的现象、原因及诊断程序（见表 5-3 和图 5-77）

表 5-3　制动间歇性发硬故障的现象、原因及排除方法

制动间歇性发硬		故 障 编 码	DYZJ031
故 障 现 象	故 障 原 因	故障排除方法	
踩制动踏板有时正常，有时发硬	真空助力器真空管裂纹漏气	检查真空助力器真空管是否裂纹漏气，如是应更换	
	助力器真空单向阀脏堵或发卡	脏堵或发卡，如是应清洗或更换	
	真空助力器损坏	检查真空助力器是否损坏，如有应更换	
	制动主缸机械部位发卡	检查制动主缸机械部位是否发卡，如有应修复检查	
	制动管路堵塞	检查制动管路是否堵塞，如有疏通管道	

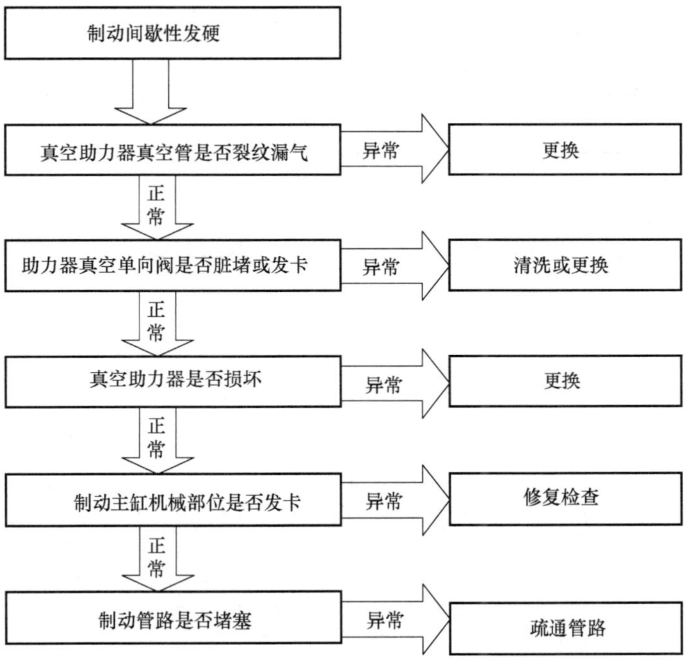

图 5-77　制动间歇性发硬故障的诊断程序

（4）制动失效故障的现象、原因及诊断程序（见表 5-4 和图 5-78）

表 5-4　制动失效故障的现象、原因及排除方法

制 动 失 效		故 障 编 码	DYZJ032
故 障 现 象	故 障 原 因	故障排除方法	
踩下制动踏板，车辆不减速，即使连续几次制动也无明显减速作用	制动主缸内无制动液	添加制动液	
	制动主缸皮碗严重破坏或制动系统有严重泄漏之处	更换制动主缸皮碗或修复软管	
	制动软管或金属管断裂	更换制动软管或金属管	
	制动踏板至制动主缸的连接脱开	修复制动踏板	

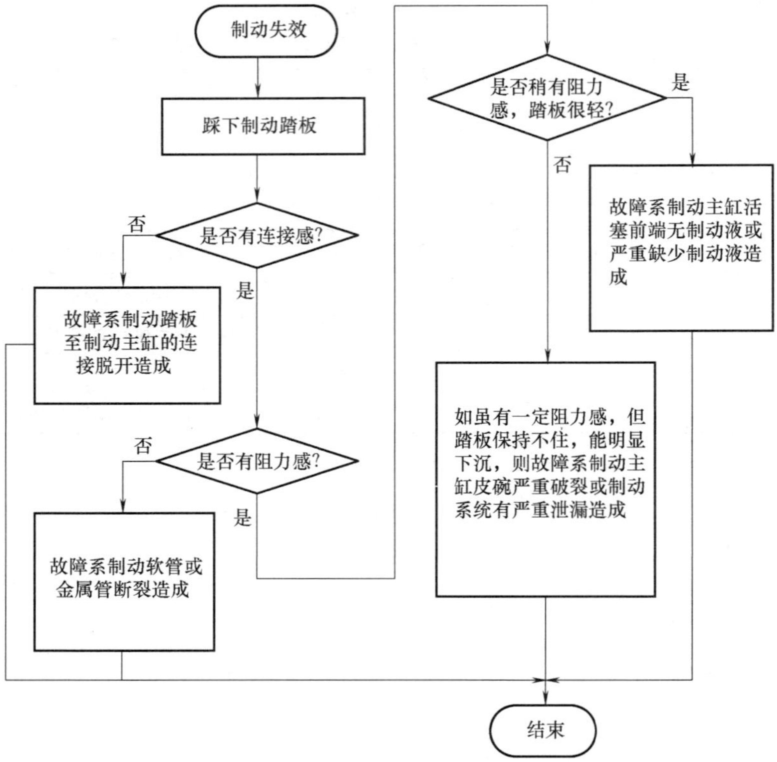

图 5-78　制动失效故障的诊断程序

(5) 制动跑偏故障的现象、原因及诊断程序见(表 5-5 和图 5-79)

表 5-5　制动跑偏故障的现象、原因及排除方法

制 动 跑 偏		故 障 编 码 DYZJ033
故 障 现 象	故 障 原 因	故障排除方法
汽车制动时，车辆行驶方向发生偏斜；紧急制动时，车辆出现扎头或甩尾现象	左、右车轮制动摩擦片材料不一或新旧程度不一	更换制动片与制动鼓(盘)
	左、右车轮制动摩擦片与制动鼓(盘)接合面积不一、接合位置不一或制动间隙不一	调整间隙
	左、右车轮制动轮缸的技术状况不一，造成起作用时间不一或张开力大小不一	更换左右制动轮缸
	左、右车轮制动蹄回位弹簧拉力不一	更换制动蹄回位弹簧
	左、右车轮轮胎气压不一、直径不一、花纹不一或花纹深度不一	调整轮胎、轮胎充气
	左、右车轮制动鼓(盘)的厚度、直径、工作中的变形程度和工作面的粗糙度不一	更换左、右制动鼓(盘)
	单边制动管路凹瘪、阻塞或漏油	清洗制动回路
	单边制动管路或制动轮缸内有气阻	更换制动液
	单边制动蹄与支承销配合紧或锈蚀	调整制动蹄间隙或除锈
	车架、车桥在水平平面内弯曲、车架两边的轴距不等或螺旋弹簧刚度不等	调整车架、轮距或更换弹簧

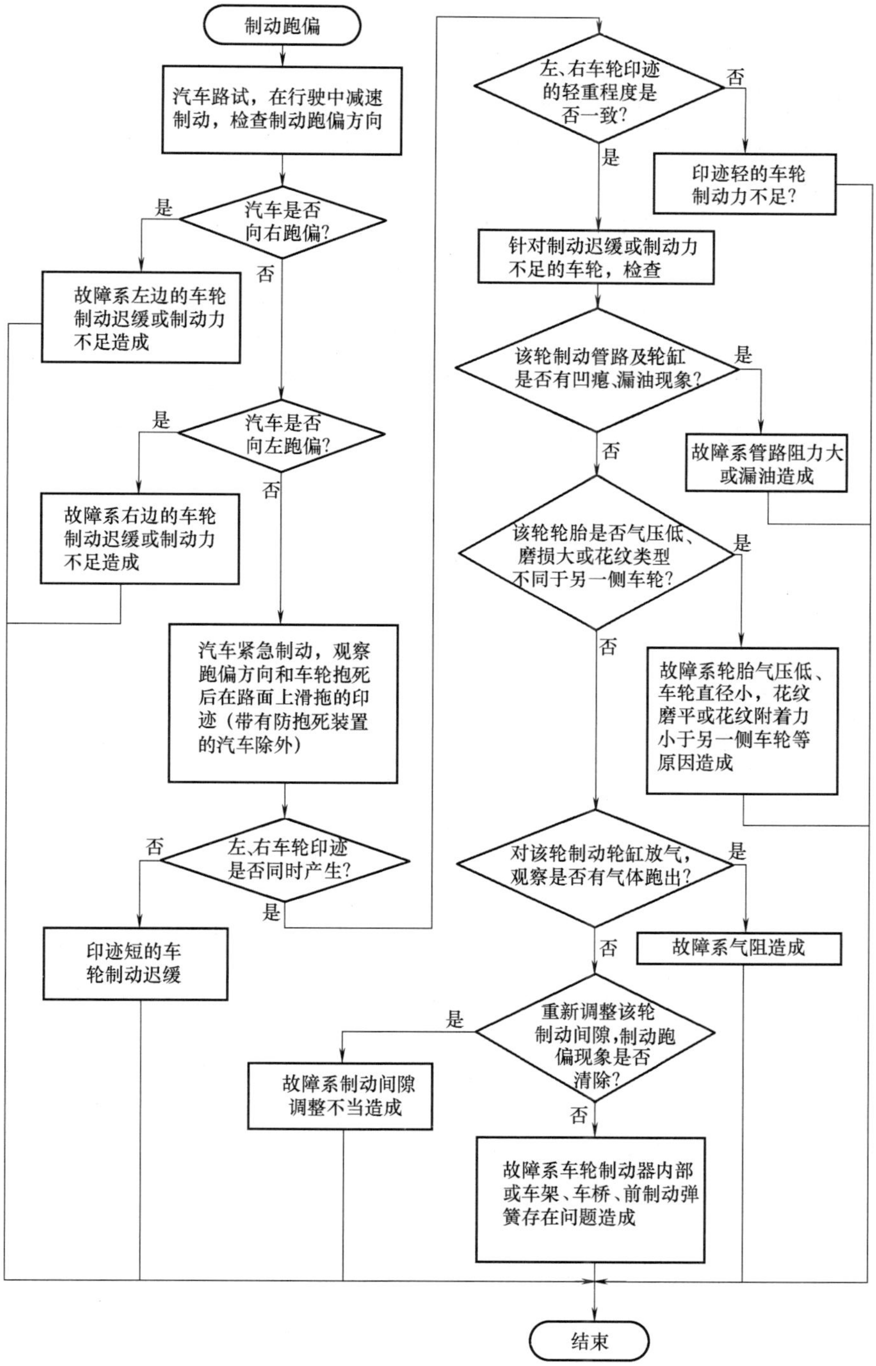

图 5-79 制动跑偏故障的诊断程序

实训8　鼓式车轮制动器拆装与调整

1. 实训目的

1）掌握鼓式制动器的结构及工作原理。

2）掌握鼓式制动器的拆装步骤及要求。

3）掌握鼓式制动器的检查、调整及修理工艺。

2. 实训内容

桑塔纳轿车后轮鼓式制动器鼓式车轮制动器拆装与调整。

3. 实训仪器设备

桑塔纳轿车鼓式制动车辆多辆；专用工具、常用工具、量具多套、工具车、零件车等。

4. 实训方法及注意事项

（1）实训方法　每班分成若干个小组，每次同时进行三个小组实训，其他小组在教室复习实训的内容，分几次完成。实训时以老师讲解、演示、学生操作、考核为主，学生完成实训报告及考核，完成实训内容。

（2）实训注意事项

1）听从安排，不要随意走动。

2）不要随意操作车上的各个系统。

3）操作所学的系统时必须在指导老师的指导下完成。

4）注意保持教学场地卫生。

5）操作所学系统时不能野蛮操作。

5. 实训步骤及要求

桑塔纳轿车后轮鼓式制动器结构如图5-80所示，当鼓式制动器制动蹄片和制动鼓磨损超过使用极限后，需要对其进行更换。

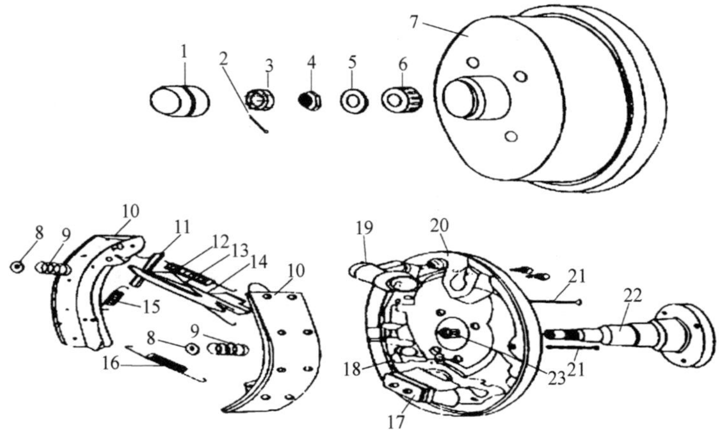

图5-80　后轮制动器分解图

1—轮毂盖　2—开口销　3—开槽垫圈　4—调整螺母　5—止推垫圈　6—轴承　7—制动鼓　8—弹簧座　9—弹簧　10—制动蹄　11—楔形件　12—回位弹簧　13—上回位弹簧　14—压力杆　15—用于楔形件回位弹簧　16—下回位弹簧　17—固定板　18—螺栓（拧紧力矩60N·m）　19—后制动轮缸　20—制动底板　21—定位销　22—后桥车轮支承短轴　23—观察孔橡胶塞

拆装检修调整工艺如下：

（1）桑塔纳轿车鼓式制动器的检查

1）检查制动摩擦片厚度。利用制动器底板上的观察孔检查制动摩擦片厚度和拖滞情况，如图5-81所示。摩擦片厚度为5.0mm，磨损极限值为2.5mm（不包括底板）。

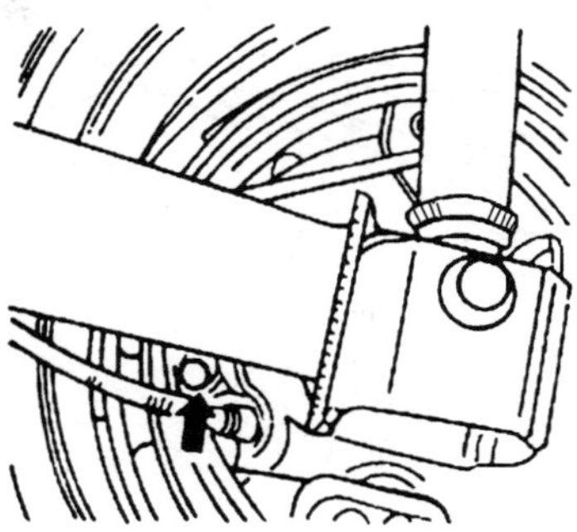

图5-81　检查后制动摩擦片厚度

2）后制动鼓的检查。更换新摩擦片时，应检查后制动鼓尺寸，制动鼓内径为200mm，磨损极限值为201mm。摩擦表面径向圆跳动量为0.05mm，车轮轴向圆跳动量为0.20mm。如果超过规定值时，应更换新件。

（2）桑塔纳轿车鼓式制动器的拆卸

1）拧松车轮螺栓螺母（拧紧力矩110N · m），取下车轮。

2）用专用工具VW637/2卸下轮毂盖，如图5-82所示。

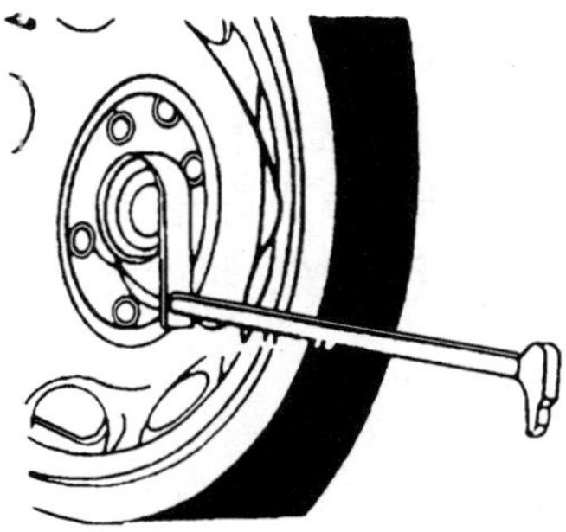

图5-82　卸下轮毂盖

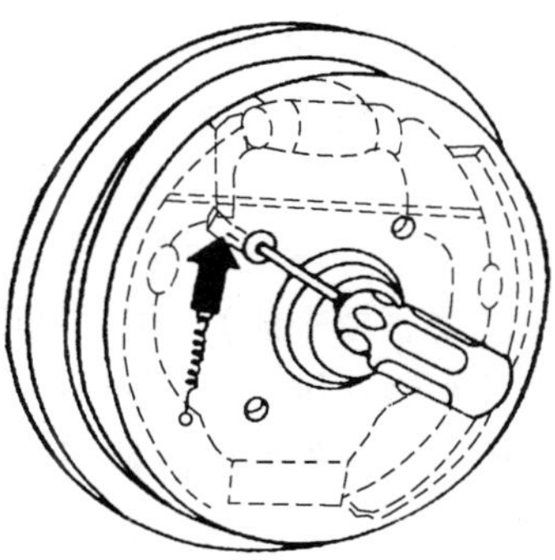

图5-83　拨动楔形块

3）取下开口销，开口销材质比较软，可破坏后拔出。旋下后车轮轴承上的六角轴头螺母，使用的工具是扭力杆、短接杆，套筒放置正确，按照正确的方法松动轴头螺母，切不可操作不规范、损坏工具导致操作人员受伤。取出止推垫圈。

4）用螺钉旋具通过制动鼓螺孔向上拨动楔形块（制动间隙自动调整装置），如图5-83所示。

5）使用专用拉具，螺栓上在车轮螺孔中，顶轴头，将制动鼓和轴承一起拉出。不可用手锤敲出制动鼓，防止部件变形。

6）检查制动鼓尺寸公差，制动鼓失圆，将制动鼓镗削后可以继续使用。

7）将用于楔形件回位弹簧用尖嘴钳取下。

8）取下定位销、弹簧和弹簧座。方式是：一手（戴手套）顶在定位销上（制动底板一侧），用手抓住弹簧座用力往下按，再旋转90°。

9）松开驻车制动拉索。

10）取下上下回位弹簧，可以用大力钳咬紧拉。由于轿车的弹簧弹力有限，加上操作空间比较小，大力钳操作有困难，有的时候用平口螺钉旋具撬下制动蹄片，将蹄片和弹簧一起取下。

11）把带压力杆的制动蹄卡紧在台虎钳上，拆下定位弹簧，取下制动蹄，如图5-84所示。

12）如有必要，拆下制动轮缸并解体，如图5-85所示。

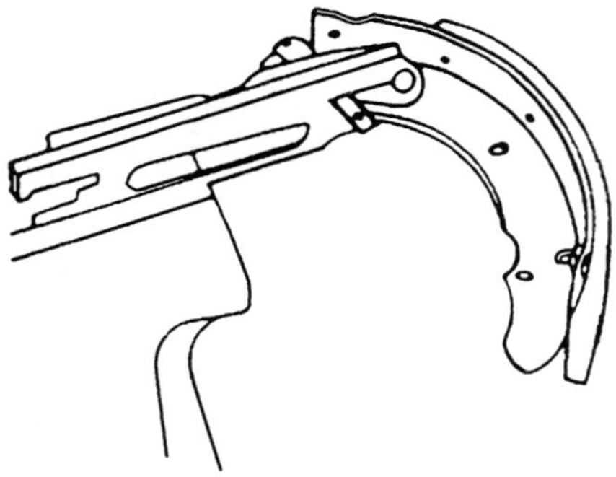

图5-84　拆卸制动蹄定位弹簧

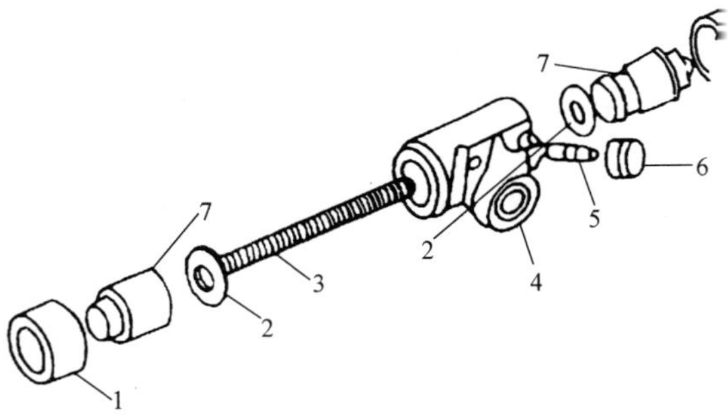

图5-85　制动轮缸的解体

1—防尘罩　2—皮圈(安装时涂上制动液)　3—弹簧
4—车轮制动器轮缸外壳　5—放气阀　6—防尘罩
7—活塞(安装时涂上制动液)

（3）桑塔纳轿车鼓式制动器的装配

1）先将桑塔纳轿车鼓式制动器(新)部件按照装配关系组装好，并套好上下回位弹簧。

2）将制动蹄片对在制动轮缸的活塞上，用螺钉旋具撬下端，拉开弹簧入位。

3）将定位销、弹簧和弹簧座装好，固定住制动蹄片。装配的方法是一手(戴手套)顶在定位销上(制动底板一侧)，用手抓住弹簧座，对准位置，用力往下按，再旋转90°。

4）将驻车制动拉索套在传动臂上。

5）将用于楔形件回位弹簧用尖嘴钳装上。

6）用力将制动器踏板踩到底数次，检查制动蹄片工作状况，拉驻车制动检查状况。

7）安装好制动鼓和轴承，按规定力矩装好六角轴头螺母，穿上开口销。

8）安装好轮毂盖。

9）安装车轮，完成实训操作。

6. “鼓式制动器拆装及蹄片更换”的评分标准和操作工单

“鼓式制动器拆装及蹄片更换”评分标准

序号	检测项目	检测内容	配分	扣分标准(每项累计扣分不能超过配分)
1	作业安全/5S	场地内考核设备、零件总成	5 分	少准备一件扣 1 分，扣完为止
		准备好所需工具量及耗材	5 分	未进行准备直接扣完
		工具量、场地清洁	5 分	每次扣 1 分，扣完为止
2	工具量使用	检测量具选用合理	5 分	为未合理选用酌情扣分
		检测量具使用规范	5 分	未合理使用酌情扣分
3	手册使用	检测前翻至相关页面	5 分	检测前未进行维修手册查询每次扣 2 分，扣完为止
4	制动鼓拆卸	拆卸制动鼓	6 分	维修手册翻到相应的页码
				制动鼓、后轮毂轴上做上装配标记
				根据情况使用维修螺钉或调整鼓方法进行拆卸
5	制动鼓清洁	清洁制动鼓	4 分	建议用制动清洁剂清洁、清洁到位
6	制动鼓检查	检查制动鼓内径	2 分	根据维修手册量具使用规范测量方法正确，测量数据正确
		维修判断	2 分	根据维修手册进行判断
7	制动蹄片拆卸	使用 SST 分离驻车制动蹄上张紧弹簧	9 分	转动平滑
		使用 SST 分离左侧定位支柱		
		拆下驻车制动拉索		
		拆卸 C 形垫片驻车制动蹄拉杆		

(续)

序号	检测项目	检 测 内 容	配分	扣分标准(每项累计扣分不能超过配分)
8	制动蹄片检查	检查制动蹄片厚度	2分	正确使用量具使用方法，正确测量数据准确
		维修判断	2分	根据维修手册进行判断：蹄片 min1.0mm，标准4.0mm
		检查制动蹄鼓与制动蹄衬片结合	2分	
		维修判断	2分	维修判断正确
9	安装	涂抹高温润滑脂	3分	涂抹位置正确
		安装驻车制动蹄拉杆附件	2分	
		安装驻车制动蹄拉杆附件	2分	
		用SST安装制动蹄、销、蹄片定位弹簧	2分	SST使用方法正确
		用SST安装蹄片定位弹簧帽	2分	SST使用方法正确
		安装制动自动调整拉杆	2分	调节到最短距离，清洁并涂抹润滑脂
		安装驻车制动蹄支柱	3分	小心，不要损坏制动轮缸防尘套
		检查制动蹄片安装情况	3分	
		测量蹄鼓之间的差值是否为正确的制动间隙	3分	正确使用量具测量，方法正确，测量数量准确，标准0.6mm
10	调整制动蹄片间隙	临时装两螺钉	2分	
		调整及安装孔塞	2分	
		安装制动鼓	2分	
11	工单填单	确认检测步骤完成情况及检修结果填写	2分	工单镇写情况酌情扣分

（续）

序号	检测项目	检 测 内 容	配分	扣分标准(每项累计扣分不能超过配分)
12	复查	检查制动拖滞	2 分	
		检查驻车制动杆行程	2 分	
		对制动鼓安装进行复查	2 分	
		整理	2 分	
13	工单填写	确认检测步骤完成情况及检修结果填写	1 分	
14	总分		100 分	

“鼓式制动器拆装及蹄片更换”操作工单

总分：__________

车型		发动机型号	

一、准备工作

(1) 工量具准备与检查	
(2) 维修手册准备	
(3) 固定发动机拆装台架	

二、操作过程

拆卸制动蹄	
检查	(　)检查制动蹄衬片厚度，测量值：______，规定值：______ (　)检查制动鼓内径测量值：______，规定值：______ (　)检查制动鼓与制动蹄衬面是否正常接触
安装制动蹄	步　骤： 蹄鼓间隙测量值：______，规定值：______
维修结论	

实训9　盘式车轮制动器拆装与调整

1. 实训目的

1）掌握盘式制动器的结构及工作原理。

2）掌握盘式制动器的拆装步骤及要求。

3）掌握盘式制动器的检查、调整及修理工艺。

2. 实训内容

桑塔纳轿车前轮盘式制动器的拆装与调整。

3. 实训仪器设备

桑塔纳轿车盘式制动车辆多辆；专用工具、常用工具、量具多套、工具车、零件车等。

4. 实训方法及注意事项

（1）实训方法　每班分成若干个小组，每次同时进行三个小组实训，其他小组在教室复习实训的内容，分几次完成。实训时以老师讲解、演示、学生操作、考核为主，学生完成实训报告及考核，完成实训内容。

（2）实训注意事项

1）听从安排，不要随意走动。

2）不要随意操作车上的各个系统。

3）操作所学的系统时必须在指导老师的指导下完成。

4）注意保持教学场地卫生。

5）操作所学系统时不能野蛮操作。

5. 实训步骤及要求

桑塔纳轿车前轮盘式制动器结构如图5-86所示，当盘式制动器制动块和制动盘磨损超过使用极限后，需要对其进行更换。

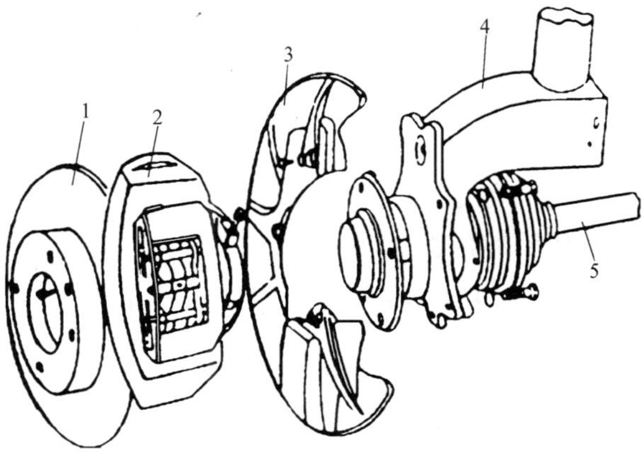

图5-86　前轮制动器分解图

1—制动盘　2—制动钳　3—制动底板　4—车轮支承壳总成　5—传动轴

拆装检修调整工艺如下：

（1）桑塔纳轿车盘式制动器的检查

1）检查制动摩擦片厚度。前制动器外侧摩擦片，可通过轮盘上的检视孔目测检查。内摩擦片，利用反光镜进行目测检查。摩擦片磨损极限值为7mm（包括底板），如果小于规定值，就应更换摩擦片。

2）检查制动盘厚度。制动盘厚度为a=20mm，如图5-87所示，磨损极限值为17.8mm。制动盘摩擦片表面上的圆跳动量为0.06mm，如果检查结果不符合规定，应更换新件。有的时候制动盘产生凸台，可以将制动盘在车床上车削加工后继续使用，降低维修费用。

（2）桑塔纳轿车盘式制动器的拆装

1）前轮制动器的拆卸

① 将车驶入维修工位。

② 松开车轮螺栓螺母(拧紧力矩 110N·m)。

③ 使用二柱式举升机将车举升。

④ 拆下车轮。

⑤ 松开制动钳壳体的紧固螺栓(拧紧力矩 70N·m)，前轮制动器即可与车轮支承壳总成分离。拆卸的时候注意 ABS 的轮速传感器所在位置，小心误操作损坏。

⑥ 拆下的制动器连接着油管，注意放置稳当。

2）制动摩擦片和制动盘的拆卸和安装

① 制动摩擦片的拆卸。

a. 用手卸下上、下定位弹簧。

b. 取下制动器底板上的制动摩擦片，如图 5-88 所示。

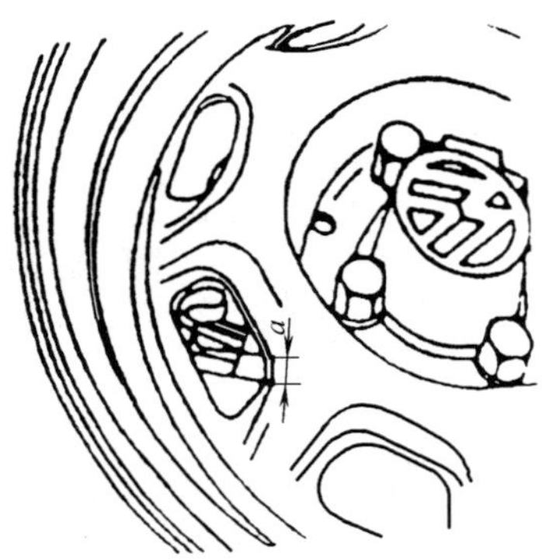

图 5-87 前轮制动盘厚度的检查

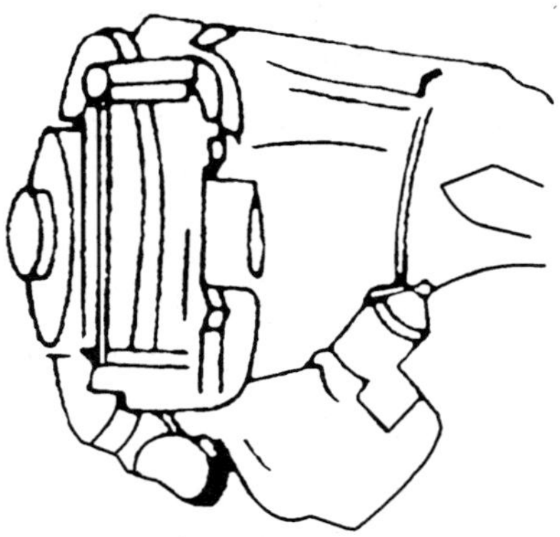

图 5-88 拆下制动钳壳体

c. 把制动钳活塞压回制动钳壳体内，如图 5-89 所示。活塞回位前，先注意制动储液罐中的制动液高度，防止引起制动液外溢、损坏表面油漆。制动液有毒，排放制动液时，只能使用专用容器存放。

d. 拆下制动钳支架。

e. 拆下制动盘。

② 制动摩擦片、制动盘的安装。

a. 将符合要求的制动盘安装到位，旋转好定位螺栓。安装好制动钳支架。装入新的摩擦片。安装制动钳壳体，用 70N·m 的力矩紧固定位螺栓。

b. 安装上、下定位弹簧，如图 5-90 所示。安装好制动钳。

c. 安装后，用力将制动器踏板踩到底数次，以便使制动摩擦片正确就位。安装车轮完成实训操作。

6. “盘式制动器检查”的评分标准和操作工单

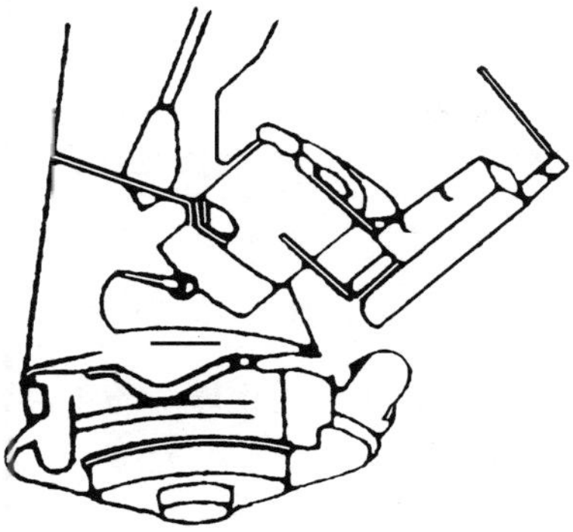

图 5-89　把活塞压回到制动钳壳体内

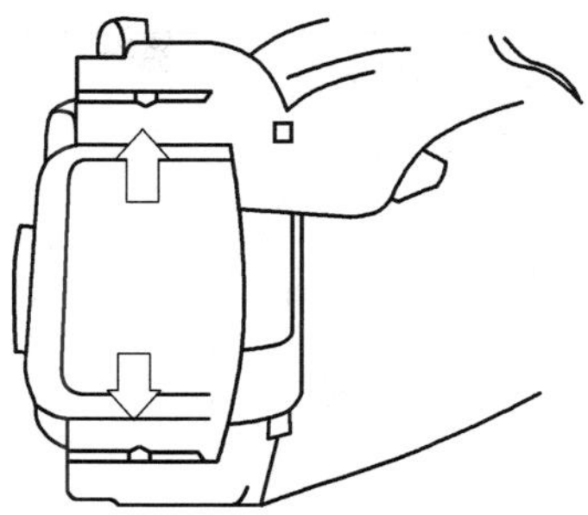

图 5-90　装上、下定位弹簧

“盘式制动器检查”评分标准

序号	考核项目	配分	扣分标准（每项累计扣分不能超过配分）
1	安全文明否决		造成人身、设备重大事故，或恶意顶撞考官严重扰乱考场秩序，立即终止考试，此项目记0分
2	安全文明生产	10分	（1）不穿工作服、工作鞋、工作帽各扣1分 （2）工零件乱放混放每次扣2分 （3）油、水落地或零部件表面未及时清理每次扣1分 （4）考试完后不清理工零件或场地各扣3分 （5）不服从考官、出言不逊，每次扣3分
3	工量具准备与检查	10分	（1）作业前不安装车漆表面防护布扣1分，不安装车内座椅防护套、转向盘套、变速杆套、地板衬垫每项扣1分 （2）车辆举起前不摇晃检测车辆支承稳定情况扣2分 （3）举起后，不锁止举升机构扣2分
4	拆卸轮胎	5分	（1）未按对角松开轮胎螺母扣1分 （2）气动扳手及套筒选用错误扣1分 （3）拆卸轮胎时手把持车轮辐条的扣2分 （4）未将拆下的轮胎放置在轮胎架上的扣2分
5	拆下制动钳	15分	（1）不断开液压制动器性软管，向上转动制动钳，并用粗钢丝或同等工具固定制动钳。方法不正确扣5分 （2）拆下制动摩擦块，并拆下制动摩擦块弹簧，未做扣5分 （3）清理制动钳支架上的制动摩擦块构件接合面合的碎屑和腐蚀。未做扣5分
6	检查制动盘表面和磨损	10分	（1）检查前清洁制动盘，未做扣1分 （2）目测检查制动盘表面状况是否有严重锈蚀、点蚀、开裂、灼斑、变蓝等现象，未做扣3分 （3）检测制动盘厚度时未选用千分尺扣2分 （4）清洁千分尺，未做扣2分 （5）在距制动盘边缘15mm处测量。测量位置不正确扣2分 （6）测量并记录制动盘圆周上均布的4个点的厚度值。读数误差大于0.2mm，未保留3位小数扣1分

（续）

序号	考核项目	配分	扣分标准(每项累计扣分不能超过配分)
7	检查制动盘跳动	10 分	(1) 用轮胎螺钉按规定力矩将制动盘紧固在车轮毂上，未做扣 3 分 (2) 将百分表安装好，在距制动盘边缘 15mm 处测量。百分表安装或测量位置不正确扣 4 分 (3) 百分表未给压量和对零扣 1 分 (4) 测量并记录轴向圆跳动量，读数误差大于 0.2mm 扣 1 分
8	检查摩擦块	10 分	(1) 目测检查摩擦块是否开裂、严重磨损或损坏，未做扣 5 分 (2) 检查摩擦块上的消音垫片是否损坏或严重腐蚀，未做扣 5 分 (3) 用钢直尺测量并记录摩擦块两个边缘的厚度，测量不正确或少测一个边缘扣 1 分
9	检查轮缸泄漏及防护罩	5 分	(1) 目测检查制动轮缸壳体是否开裂、破裂或损坏，未做扣 2 分 (2) 目测检查制动轮缸是否开裂、严重磨损或损坏，未做扣 2 分 (3) 目测检查制动轮缸防尘密封罩周围和盘式制动片上是否有制动液泄漏。未做扣 2 分
10	检查制动钳销及防护罩	5 分	每少一项扣 5 分
11	安装制动钳及摩擦块	5 分	方法不正确扣 5 分
12	安装车轮	5 分	方法不正确扣 5 分
13	复位	5 分	发动机关闭，踩下制动踏板至其行程约 2/3 处，然后缓慢松开制动踏板，等待 15s，然后重复 2～3 次，直到制动制动踏板坚实。未做该项不得分
14	维修结论	5 分	根据考生工单评分

“盘式制动器检查”操作工单

总分：________

车型		发动机型号	

一、准备工作

(1) 工量具准备与检查	
(2) 维修手册准备	
(3) 固定发动机拆装台架	

二、操作过程

拆卸轮胎	
拆下制动钳	
盘式制动器检查	检查制动盘表面和磨损，将目测检查结果填入表1中，将制动盘厚度测量值填入表2中 检查制动盘跳动，并将检查结果填入表2 检查摩擦块表面状况和磨损，将目测检查结果填入表1，将摩擦块厚度测量值填入表2 检查制动钳导向销移动情况及防护罩并将目测检查结果填入表1

表1

被检零件	被检零件表面状况
制动盘	
摩擦块	
制动轮缸及防护罩	
制动钳导向销及防护罩	

表2

被检零件	标准值	测量值
制动盘厚度		
制动盘跳动		
摩擦块厚度		内侧摩擦块：____外侧摩擦块：____

安装	
维修结论	

实训 10　制动主缸的拆装

1. 实训目的

1）熟悉双腔制动主缸的拆装过程。

2）掌握双腔制动主缸装配要求。

2. 实训内容

桑塔纳制动主缸的拆装。

3. 实训设备

桑塔纳轿车 1 辆，双腔制动主缸 1 个，卡簧钳 1 把，常用工具 1 套。

4. 实训方法及注意事项

（1）实训方法　每班分成若干个小组，每次同时进行三个小组实训，其他小组在教室复习实训的内容，分几次完成。实训时以老师讲解、演示、学生操作、考核为主，学生完成实训报告及考核，完成实训内容。

（2）实训注意事项

1）听从安排，不要随意走动。

2）不要随意操作车上的各个系统。

3）操作所学的系统时必须在指导老师的指导下完成。

4）注意保持教学场地卫生。

5）操作所学系统时不能野蛮操作。

5. 实训步骤及技术标准和要求

1）真空助力器的输出杆与主缸的第 1 活塞之间的间隙应在 0.6～0.65mm 之间。

2）真空助力器与主缸螺母拧紧力矩为 20N·m；连接叉调整长度为 $a=200$mm。

3）制动主缸的车上拆卸(串联双腔制动主缸)(如图 5-91 所示)。

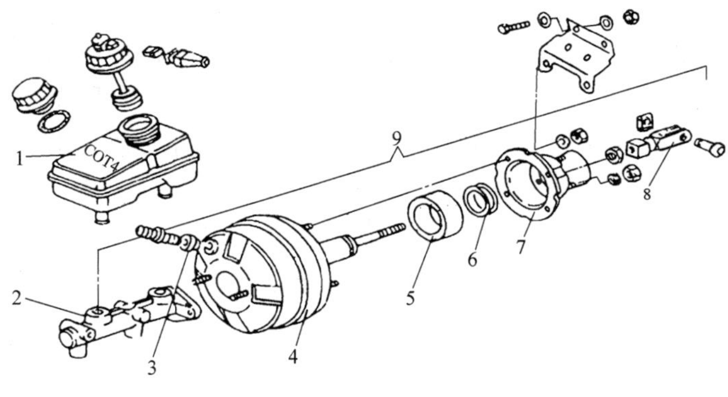

图 5-91　真空助力器与制动主缸分解图

1—制动储液罐　2—制动主缸　3—真空单向阀　4—真空助力器　5—密封圈　6—支架密封圈　7—制动助力器安装支架(连接套总成)　8—连接叉　9—制动主缸助力器总成

① 拆下 4 根连接硬管。

② 拆下制动液的储液罐。

③ 旋松制动主缸与真空助力器的连接螺母，取下主缸。

4）制动主缸的分解(如图 5-92 所示)

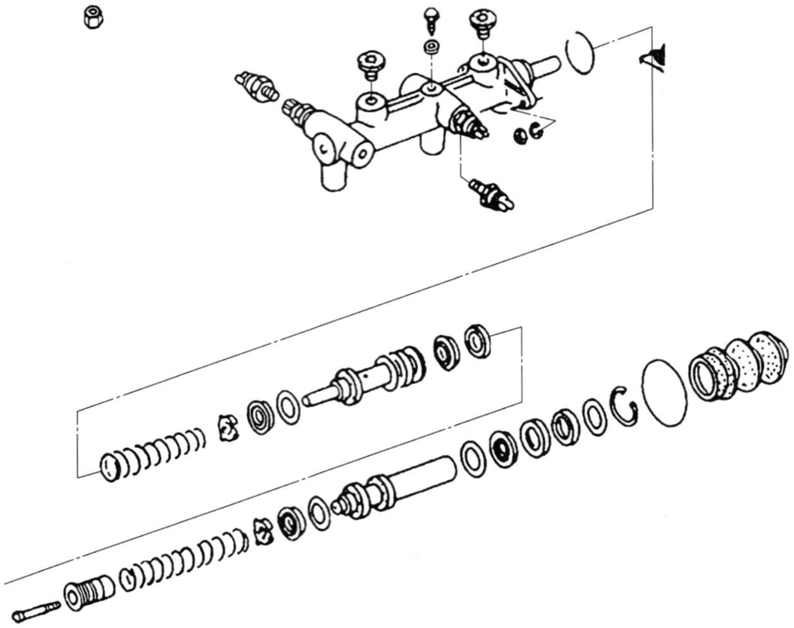

图 5-92　制动主缸分解图

① 摘下防尘罩，用螺钉旋具顶住第一活塞，再用尖嘴钳取下挡圈，取出垫圈、导向套、油封，取下第一活塞组件，再从第一活塞组件上取下前密封圈、垫圈，旋下螺栓，取下弹簧座、弹簧、止推垫圈、后密封圈、垫圈。

② 旋下限位螺栓，从制动主缸后端的出油口吹入压缩空气，顶出第二活塞和弹簧，再从第二活塞上取下后密封圈、垫圈、前密封圈及中密封圈。

5）制动主缸的装合。装合顺序按拆卸的逆顺序进行。

6）制动主缸与真空助力器的装配

① 真空助力器的输出杆与主缸的第一活塞之间的间隙应在 0.6 ~ 0.65mm 之间。为此需用工具测出制动主缸上第一活塞的深度(要带着垫圈)，再用同一工具的另一端调整真空助力器输出杆的长度。可旋转真空助力器输出杆上的调整螺钉来达到标准，最后旋紧调整螺钉上的螺母。

② 将真空助力器与制动主缸装在一起，旋紧螺母，其力矩为 20N · m。在真空助力器上装上密封套、密封圈，安装支架后旋紧螺母，其力矩为 15N · m。调整连接叉，使长度 $a = 200$mm，再旋紧螺母。

注意：

a. 正确操作，以防制动液溅到眼睛及身体。

b. 注意拆装顺序及各部件的相互关系。

c. 注意在拆装过程中不要损坏皮碗。

6. “制动主缸的拆装”的评分标准和操作工单

“制动主缸的拆装”评分标准

序号	考核内容	配分	评分标准
1	正确使用工具	10 分	工具使用错误扣 10 分
2	拆卸顺序符合要求	40 分	拆卸顺序错误一次扣 5 分
3	装配顺序符合要求	40 分	装配顺序错误一次扣 5 分
4	操作规范、有序，不超时	10 分	每项扣 2 分，扣完为止
	遵守安全规范，无人身、设备事故		有人身、设备事故的此项为 0 分
5	分数统计	100 分	

“制动主缸拆装”操作工单

总分：__________

车型		发动机型号	

一、准备工作

(1) 工量具准备与检查	
(2) 维修手册准备	
(3) 固定发动机拆装台架	

二、操作过程

制动主缸的拆装（串联双腔制动主缸）	(　　)拆下4根连接硬管 (　　)拆下制动液的储液罐 (　　)旋松制动主缸与真空助力器的连接螺母，取下制动主缸
制动主缸的分解	(　　)摘下防尘罩，用螺钉旋具顶住第一活塞，再用尖嘴钳取下挡圈，取出垫圈、导向套、油封，取下第一活塞组件，再从第一活塞组件上取下前密封圈、垫圈，旋下螺栓，取下弹簧座、弹簧、止推垫圈、后密封圈、垫圈 (　　)旋下限位螺栓，从制动主缸后端的出油口吹入压缩空气，顶出第二活塞和弹簧，再从第二活塞上取下后密封圈、垫圈、前密封圈及中密封圈
制动主缸的装合	(　　)装合顺序按拆卸的逆顺序进行
制动主缸与真空助力器的装配	(　　)真空助力器的输出杆与制动主缸的第一活塞之间的间隙应在0.6～0.65mm之间。为此需用工具测出制动主缸上第一活塞的深度（要带着垫圈），再用同一工具的另一端调整真空助力器输出杆的长度。可旋转真空助力器输出杆上的调整螺钉来达到标准，最后旋紧调整螺钉上的螺母 (　　)将真空助力器与制动主缸装在一起，旋紧螺母，其力矩为20N·m。在真空助力器上装上密封套、密封圈，安装支架后旋紧螺母，其力矩为15N·m。调整连接叉，使长度 $a=200$mm，再旋紧螺母

实训 11　驻车制动装置拆装与调整

1. 实训目的

1）了解驻车制动装置的工作原理。

2）掌握驻车制动装置的调整方法和步骤。

2. 实训内容

后盘式驻车制动装置拆装与调整。

3. 实训设备

后驻车制动盘式车辆一辆、常用工具、专用工具、工具车、零件车等。

4. 实训方法及注意事项

（1）实训方法　每班分成若干个小组，每次同时进行三个小组实训，其他小组在教室复习实训的内容，分几次完成。实训时以老师讲解、演示、学生操作、考核为主，学生完成实训报告及考核，完成实训内容。

（2）实训注意事项

1）听从安排，不要随意走动。

2）不要随意操作车上的各个系统。

3）操作所学的系统时必须在指导老师的指导下完成。

4）注意保持教学场地卫生。

5）操作所学系统时不能野蛮操作。

6）正确操作，注意机件及人身安全。

7）注意拆装顺序，各部件的相互关系。

5. 实训步骤及要求

（1）驻车制动蹄片的拆卸　如图 5-93 所示后盘式制动器驻车制动器结构。

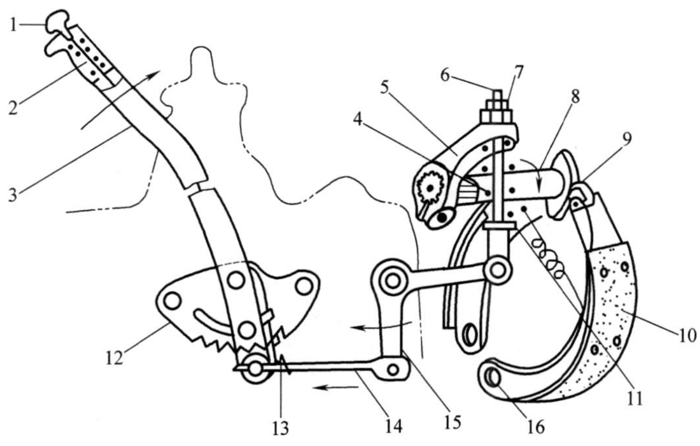

图 5-93　后盘式制动器驻车制动器结构

1—按钮　2—拉杆弹簧　3—驻车制动杆　4—压紧弹簧　5—摆臂　6—拉杆　7—调整螺母　8—凸轮轴　9—滚轮　10—制动蹄　11—复位弹簧　12—齿扇　13—锁止棘爪　14—传动杆　15—摆臂　16—偏心支承孔

1）拆卸后盘式制动盘时，先拆下后制动钳，卸下制动钳支承支架，然后在制动盘与轮毂之间的位置上做上标记，以便安装时参考。

2）拆下后盘式制动盘后，松开驻车制动拉索，并拆下驻车制动执行器。拆下防抱死制动系统线束和电气插头，在轮毂与后轮之间做上标记以便再装配。卸下后轮安装螺栓，拆下后轮毂，然后拆下驻车制动蹄片。清理驻车制动调节器并重新设置。

（2）驻车制动蹄片安装　安装驻车制动蹄片时，按照拆卸时的相反顺序进行。安装完毕后，应检查确认蹄片与压紧卡箍接合，并调整驻车制动器。

（3）自由行程的调整步骤　驻车制动器的传动机构为机械式钢丝传动，作用于后轮。松开驻车制动器，用力踩制动踏板一次，将驻车制动拉杆拉紧 2 齿，拧紧调整螺母，直到用手不能旋转两个被制动的后轮为止。松开驻车制动拉杆，两个后轮应能转动自如。

6. “驻车制动装置的调整”的评分标准和操作工单

“驻车制动装置的调整”评分标准

序号	考核内容	配分	评分标准
1	正确使用工具	10 分	工具使用错误扣 10 分
2	拆装过程符合要求	40 分	拆装过程错误一次扣 5 分
3	调整过程符合要求	40 分	调整过程不符合要求扣 40 分
4	操作规范、有序、不超时	10 分	每项扣 2 分，扣完为止
	遵守安全规范、无人身、设备事故		有人身、设备事故、此项为 0 分
5	分数统计	100 分	

“驻车制动器的拆装与调整”操作工单

总分：__________

车型		发动机型号	

一、准备工作

(1) 工量具准备与检查	
(2) 维修手册准备	
(3) 固定发动机拆装台架	

二、操作过程

驻车制动蹄片的拆卸与安装	
驻车制动器调整步骤	
最终检查	(　　)检查后轮拖滞 (　　)检查驻车制动拉杆行程 (　　)安装后轮 标准值：__________测量值：__________ 轮胎螺栓力矩：__________
车辆恢复	

习 题

1. 填空题

(1) 制动系统的基本组成包括________、________、________、________。

(2) 简单的鼓式车轮制动器由________、________、________和________组成。

(3) 鼓式车轮制动器按其制动蹄促动装置的形式分：________、________和________。

(4) 根据制动时两制动蹄对制动鼓作用的径向作用力之间的关系，鼓式制动器分为：________和________、________三类。

(5) 手动调整鼓式制动间隙的方法有________、________、________。

(6) 钳盘式制动器可分为________和________两种类型。

(7) 按传动装置的结构形式的不同，人力制动器可分为________、________。

(8) 驻车机械制动器类型有________和________。

(9) 伺服制动系统是在________的基础上加设一套动力伺服系统而形成的，兼用________和________作为制动能源的制动系统。

(10) 制动气室的作用是________，制动气室有________、________和________三种。

(11) 汽车液压制动系统常见有：________、________、________、________、________。

2. 选择题

(1) BJ2020N 型后车轮制动器是采用(　　)。

A. 领从蹄式　　B. 单向双领蹄式　　C. 自动增力式

(2) 领从蹄式制动器一定是(　　)。

A. 等促动力制动器　　B. 不等促动力制动器

C. 非平衡式制动器　　D. 以上三个都不对

(3) 双向双领蹄式制动器的固定元件的安装是(　　)。

A. 中心对称　　B. 轴对称

C. 既是 A 又是 B　　D. 既不是 A 也不是 B

(4) 气压制动系统制动器采用(　　)。

A. 凸轮促动的车轮制动器　　B. 活塞促动的车轮制动器

C. 楔块促动的车轮制动器

(5) 钳盘式制动器制动间隙是(　　)。

A. 自动调整　　B. 棘轮调整　　C. 调整臂调整

(6) 东风 EQ1090E 型汽车的空压机是(　　)式。

A. 单缸风冷　　B. 双缸风冷　　C. 双缸水冷

(7) 机械式制动装置一般作为(　　)系统。

A. 行车制动　　B. 驻车制动　　C. 滑行制动

(8) 重心高与轴距较大的轻型汽车制动力调节装置常选用(　　)。

A. 限压阀　　B. 比例阀　　C. 感载阀

(9) 重心高度与轴距比值较小的中型以上汽车制动力调节装置常选用(　　)。

A. 限压阀　　B. 比例阀　　C. 感载阀

(10) 中、重型货车汽车制动力调节装置常选用(　　)。

A. 限压阀　　B. 比例阀　　C. 感载阀

3. 问答题

(1) 汽车制动系统的作用是什么？主要有哪几部分组成？按制动能源分类制动系统有哪几种？

(2) 汽车制动系统的工作原理是什么？

(3) 汽车鼓式制动器的基本结构是什么?

(4) 车轮制动器按促动装置不同可分哪几种制动器?各有什么特点?

(5) 鼓式制动器中,如何判定领蹄和从蹄?

(6) 轮缸制动器间隙的调整的方法有哪些?凸轮式制动器的间隙又是如何调整的?

(7) 盘式制动器与鼓式制动器相比,有哪些优点?钳盘式制动器分哪两类?目前采用最多的是哪种形式?为什么?

(8) 液压式制动传动装置有哪些组成和工作原理是什么?

(9) 助力式(直接操纵式)伺服制动系统工作原理是什么 ?

(10) 气压制动系统有哪几部分组成?工作原理是什么?

(11) 制动力调节装置的作用是什么?有哪几种常用装置?

(12) 辅助制动系统作用什么?

(13) 制动系统内的排气步骤有哪些?

(14) 制动踏板检查与调整步骤有哪些?

第 6 章

车轮制动防抱死系统与驱动防滑系统

现代汽车中电子控制技术的应用越来越广泛，如在底盘中普遍采用了电子控制自动变速器(EAT 或 ECT)、电子控制防滑差速器(EDL)、电子控制制动防抱死系统(ABS)、电子制动力分配系统(EBD)、电子控制悬架系统(EMS)、电子控制转向系统(EPS)等。下面这一章节就介绍电子控制制动防抱死系统(ABS)。

6.1 车轮制动防抱死系统概述

想一想：我们学过制动系统，车轮容易抱死，那么怎么防止它抱死呢？

提示：防止车轮抱死，肯定和制动系统有很大的关系。

学习目标	鉴定标准	教学建议
1. 了解地面制动力、制动器制动力和轮胎与道路附着力的关系 2. 掌握 ABS 的功能、组成、分类及工作原理	应知： 1. 地面制动力、制动器制动力和轮胎与道路附着力的关系 2. ABS 的功能、组成、分类及工作原理	建议： 采用教师启发式讲解、学生讨论相结合的方式，最后由教师总结

1. 地面制动力、制动器制动力和轮胎与道路附着力的关系

(1) 地面制动力　当汽车使用制动器制动时，由于制动鼓(盘)与制动蹄摩擦片之间的摩擦作用，形成了摩擦力，此力矩与车轮转动方向相反。车轮在此力矩的作用下给在地面一个向前的作用力，与此同时地面给车轮一个与行驶方向相反的切向反作用力，这个力就是地面制动力，它是迫使汽车减速或停车的外力。

(2) 制动器制动力　由于地面制动力是由地面提供的外力，若将汽车架离地面，地面制动力就不存在了，这时阻止车轮转动的是制动器摩擦力矩。将制动器的摩擦力矩转化为车轮周缘的一个切向力，并将其称为制动器制动力。

（3）轮胎与道路附着力　附着力是地面阻止车轮滑动所能提供切向反作用力的极限值。在一般硬实路面上，轮胎与路面间的附着力可近似认为是轮胎与路面间的摩擦力。

在汽车制动时，有纵向附着力和横向附着力。纵向附着力决定汽车的纵向运动，影响汽车的制动距离。横向附着力决定汽车的横向侧滑。

（4）地面制动力、制动器制动力和轮胎与道路附着力的关系　在制动过程中，车轮的运动只有减速滚动和抱死滑移两种状态。当驾驶人踩制动踏板的力较小，制动摩擦力矩较小时，车轮只作减速滚动，并且随着摩擦力矩的增加，制动器制动力和地面制动力也随之增长，且在车轮未抱死前地面制动力始终等于制动器的制动力。此时，制动器的制动力可全部转化为地面制动力。但地面制动力不可能超过轮胎与道路的附着力。

当制动系统压力(制动踏板力)增大到某一值，地面制动力达到轮胎与道路的附着力值，即地面制动力达到最大值。此时，车轮即开始抱死不转而出现滑拖的现象。当再加大制动器压力时，制动器制动力随着制动器摩擦力矩的增长仍按直线关系继续上升，但是，地面制动力已达到轮胎与地面的附着力值，因此地面制动力不再随制动器制动力的增加而增加。

要想获得好的制动效果，必须同时具备两个条件，即汽车具有足够的制动器制动力，同时又要有附着系数较高的路面提供足够的地面制动力。

2. 滑移率

（1）滑移率的定义　汽车匀速行驶时，汽车的实际车速与车轮滚动的圆周速度(也称车轮速度)是相同的。在驾驶人踩制动踏板使车轮的轮速降低时，车轮滚动的圆周速度(轮胎胎面在路面上移动的速度)也随之降低了，但由于汽车自身的惯性，汽车的实际车速与车轮的速度不再相等，使车速与轮速之间产生一个速度差。此时，轮胎与路面之间产生相对滑移现象，其滑移程度用滑移率表示。

滑移率是指车轮在制动过程中滑移成分在车轮纵向运动中所占的比例，用“S”表示。其定义表达式为：

$$S=(v-\omega r)/v\times100\%$$

式中　S——车轮的滑移率；

r——车轮的滚动半径；

ω——车轮的转动角速度；

v——车轮中心的纵向速度。

由上式可知：当汽车的实际车速等于车轮滚动时的圆周速度时，滑移率为零，车轮为纯滚动；当汽车制动时，逐渐踩下制动踏板，车轮边滚动边滑动，滑移率在0%～100%之间；当制动踏板完全踩到底，车轮处于抱死状态，而车身又具有一定的速度时，车轮滚动圆周的速度为零，则滑移率为100%。

（2）附着系数与滑移率的关系　大量的实验证明，在汽车的制动过程中，附着系数的大小随着滑移率的变化而变化。图6-1所示为在干路面上时附着系数与滑移率的关系。对于纵向附着系数，随着滑移率的迅速增加，并在$S=20\%$左右时，纵向附着系数最大；然后随着滑移率的进一步增加，当$S=100\%$，即车轮抱死时，纵向附着系数有所下降，制动距离会增加，制动效能下降。对于横向附着系数，$S=0$时，横向附着系数最大；然后随着滑移率的增加，横向附着系数逐渐下降，并在 $S=100\%$，即车轮抱死时横向附着系数下降为零左右。此时车轮将完全丧失抵抗外界侧向力作用的能力。稍有侧向力干扰(如路面不平产生的侧向力、汽车重力的侧向分力、侧向风力等)，汽车就会产生侧滑而失去稳定性。而转向轮抱死后将失去转向能力。因此，车轮抱死将导致制动时汽车的方向稳定性变差。

从以上分析可知，制动时车轮抱死，制动效能和制动方向稳定性都将变坏。而如果制动时将车轮的滑移率 S 控制在 15%～30% 左右，即如图 6-1 所示的 Sopt 处，此时纵向附着系数最大，可得到最好的制动效能；同时横向附着系数也保持较大值，使汽车也具有较好的制动方向稳定性。

在汽车的制动过程中，若能将滑移率控制在最大附着系数所对应的滑移率范围，汽车将处于最佳制动状态。

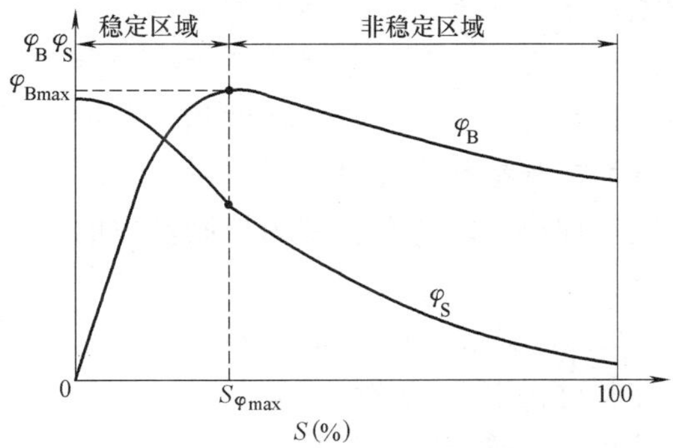

图 6-1　附着系数与滑移率的关系曲线

但如何才能控制滑移率呢?

要控制滑移率就要对作用于车轮上的力矩进行瞬时的自适应调节。防抱死制动系统就是通过电子控制单元、车轮转速传感器和制动压力调节器，对作用于制动轮缸内的制动液压力进行瞬时的自动控制(每秒约 10 次)，从而控制制动车轮上的制动器压力，使制动车轮尽可能保持在最佳的滑移率范围内运动，从而使汽车的实际制动过程接近于最佳制动状态成为可能。

3. ABS 的功能、组成及分类

(1) ABS 的功能　能根据路面状况，控制车轮的滑移率在某一范围内工作，在汽车制动过程中，自动调节车轮的制动力，防止车轮的制动抱死。即使在非常恶劣的路面条件下，也能够保证车辆：

1) 在制动时方向的稳定性。

2) 在制动时的转向操纵能力。

3) 获得较短的制动距离。

4) 无需点制动。

ABS 具有故障自诊断能力，在防抱死制动系统出现故障后，能自动停止工作，恢复普通制动装置的工作，并将故障以代码的形式显示出来。

(2) ABS 组成及分类

1) ABS 组成。ABS 系统除原有的制动系统外，有传感器、电控单元(ECU)和执行器组成，增加的设备有液压调节器(带 ABS 泵)、车轮转速传感器、电控单元(ECU)及电路、警告灯等装置。

液压调节器也称制动压力调节装置，主要由调压电磁阀总成、电动泵总成和储液室组成。典型的 ABS 的组成如图 6-2 所示。

2) ABS 分类。

① 按控制方式分类。ABS 按控制方式可分预测控制方式和模仿控制方式两种。

a. 预测控制方式。预测控制方式是预先规定控制参数和设定值等条件，然后根据检测的实际参数与设定值进行比较，对制动过程进行控制。

控制参数有车轮减速度、车轮加速度及车轮滑移率。根据控制参数不同，预测控制可分为以车轮减速度为控制参数的控制方式、以车轮滑移率为控制参数的控制方式、以车轮减速度和车轮加速度为控制参数的控制方式、以车轮减速度、加速度以及滑移率为控制参数的控制方式。

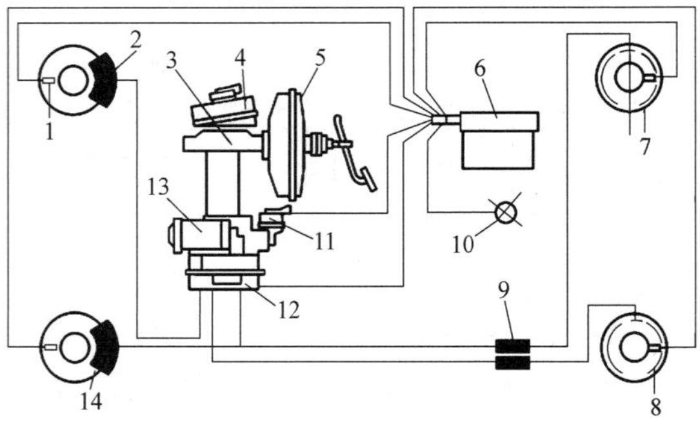

图 6-2　典型的 ABS 系统结构

1—车轮转速传感器　2—右前制动器　3—制动主缸　4—储液室　5—真空助力器　6—电子控制装置(ECU)　7—右后制动器　8—左后制动器　9—比例阀　10—ABS 警告灯　11—储液器　12—调压电磁阀总成　13—电动泵总成　14—左前制动器

b. 模仿控制方式。模仿控制方式是在控制过程中，记录前一控制周期的各种参数，再按照这些参数值规定出下一个控制周期的控制条件。此类控制方式在控制时需要准确和实时测定汽车瞬时速度，其成本较高，技术复杂，已较少使用。

② 按控制通道及传感器数目分类。根据控制通道数可分为四通道、三通道、二通道和一通道四种；根据传感器数主要可分为四传感器和三传感器两种。控制通道是指能够独立进行制动压力调节的制动管路。如果一个车轮的制动压力占用一个控制通道，可以进行单独调节，称为独立控制；如果两个车轮的制动压力是一同调节的，称为一同控制；两个车轮一同控制时有两种方式：如果以保证附着系数较小车轮不发生抱死为原则进行制动压力调节，则称这两个车轮按低选原则一同控制；如果以保证附着系数较大车轮不发生抱死为原则进行制动压力调节，则称这两个车轮按高选原则一同控制。按低选原则一同控制较常见。

目前汽车上应用较多的为三通道(前轮独立控制、后轮低选控制)四传感器式、三通道三传感器式和四通道四传感器式。

a. 三通道四传感器式。三通道四传感器 ABS 如图 6-3 所示，一般采用两个前轮独立控制，两个后轮按低选原则进行一同控制。对两个前轮进行独立控制，主要是考虑轿车，特别是前轮驱动的汽车，前轮制动力在汽车总制动力中所占的比例较大(可达 70% 左右)，可以充分利用两前轮的附着力。这种形式的 ABS 制动方向稳定性较好，但制动效能稍差。

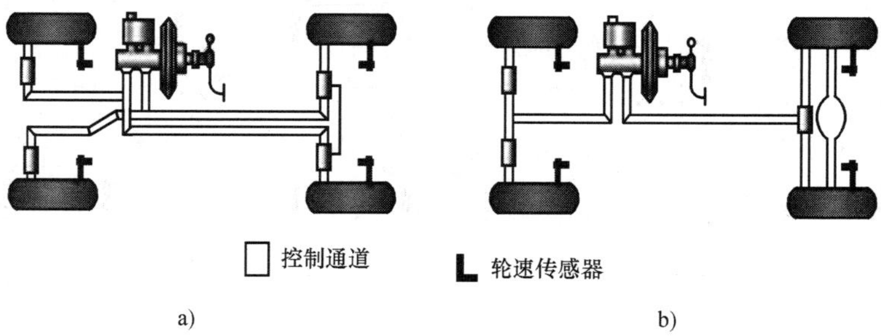

图 6-3　三通道四传感器 ABS

a）双管路交叉布置　b）双管路前后布置

b. 三通道三传感器式。三通道三传感器 ABS 如图 6-4 所示，也是采用两个前轮独立控制，两个后轮按低选原则进行一同控制。与三通道四传感器 ABS 的不同是后桥只有一个轮速传感器，装在差速器附近。这种形式的 ABS 制动方向稳定性较好，但制动效能稍差。

c. 四通道四传感器式。四通道四传感器 ABS 如图 6-5 所示，每个车轮都有一个轮速传感器，且每个车轮的制动压力都是独立控制。这种形式的 ABS 制动效能好，但在不对称路面上制动时的方向稳定性差。

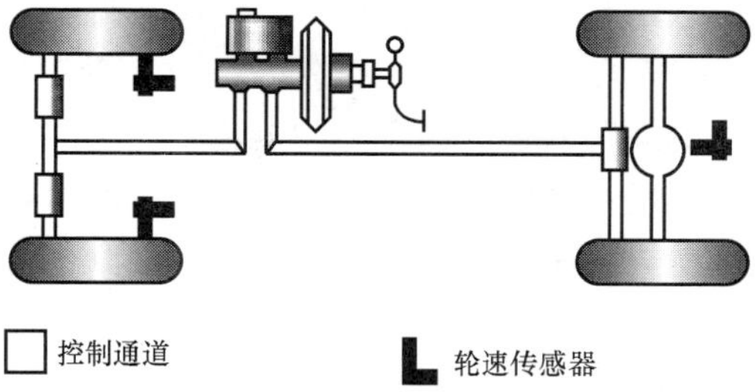

图 6-4　三通道三传感器 ABS

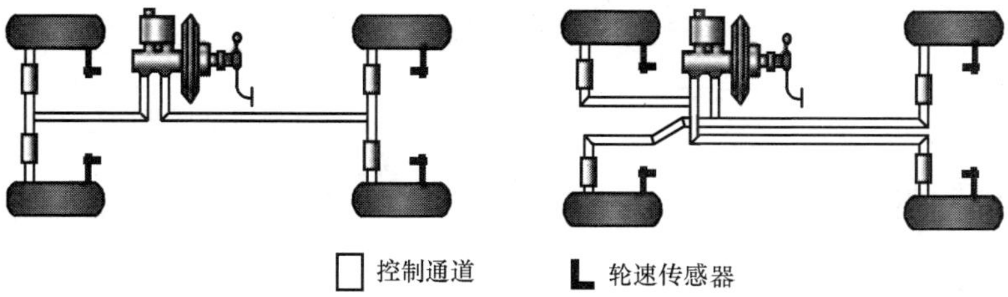

a)　　b)

图 6-5　四通道四传感器 ABS

a）双管路前后布置　b）双管路交叉布置

4. ABS 系统工作原理

汽车在制动过程中，车轮转速传感器不断把各个车轮的转速信号及时输送给 ABS 电子控制单元(ECU)，ECU 根据设定的控制逻辑对 4 个转速传感器输入的信号进行处理，计算汽车的参考车速、各车轮速度和减速度，确定各车轮的滑移率。如果某个车轮的滑移率超过设定值，ECU 就发出指令控制液压控制单元，使该车轮制动轮缸中的制动压力减小；如果某个车轮的滑移率还没达到设定值，ECU 就控制液压单元，使该车轮的制动压力增大；如果某个车轮的滑移率接近于设定值时，ECU 就控制液压控制单元，使该车轮制动压力保持一定。从而使各个车轮的滑移率保持在理想的范围之内，防止 4 个车轮完全抱死。此间可分成四个过程：

（1）常规制动阶段　在常规制动阶段，ABS 系统不起作用，调压电磁阀总成中的进液电磁阀、出液电磁阀均不通电，进液电磁阀处于开启状态，出液电磁阀则处于关闭状态；制动主缸至各制动轮缸的制动管路均处于沟通状态；电动泵也不通电运转，制动轮缸至储液室的制动管路均处于封闭状态，各制动轮缸的制动压力将随制动主缸的输出压力而变化，此时的制动过程与常规制动系统过程完全相同，如图 6-6 所示。

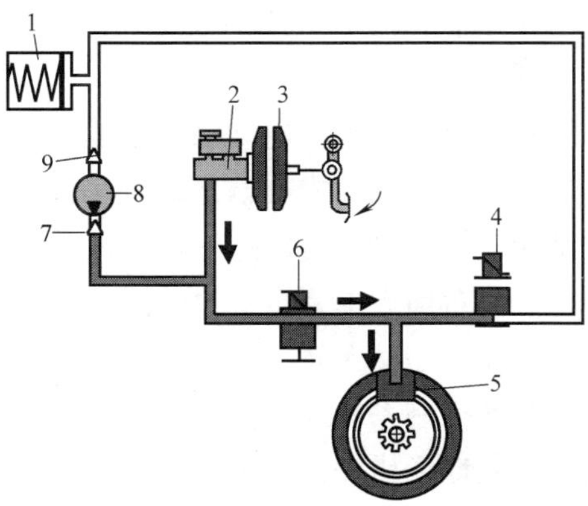

图 6-6　ABS 常规制动阶段

1—低压蓄能器　2—制动主缸　3—助力器　4—常闭阀　5—车辆制动器　6—常开阀　7—压力阀　8—液压阀　9—吸入阀

（2）制动压力保持阶段　在制动过程中，电子控制单元(ECU)根据车轮转速传感器输入车轮转速信号判定有车轮趋于抱死时，ABS 就进入防抱死制动压力调节过程。如电子控制单元(ECU)判定右前轮趋于抱死时，电子控制单元(ECU)就输出控制指令使右前轮的进液电磁阀通电而转入关闭状态，制动主缸中的制动油液不再进入右前轮的制动轮缸。而右前轮出液电磁阀仍不通电而处于关闭状态，则右前轮制动主缸中的制动液也不会流出。此时，右前轮制动轮缸的制动压力就保持一定，而其他未趋于抱死的车轮制动轮缸内油液压力仍随制动主缸输出压力的增大而增大，如图 6-7 所示。

(3) 制动压力减小阶段　当右前轮制动轮缸的制动压力保持一定时，若电子控制单元(ECU)判定右前轮仍然趋于抱死，则输出控制指令使右前出液电磁阀也通电而转入开启状态。右前轮制动轮缸中的部分制动液经开启的出液电磁阀流回储液室，制动轮缸内的制动压力减小，右前轮的抱死趋势开始消除，如图 6-8 所示。

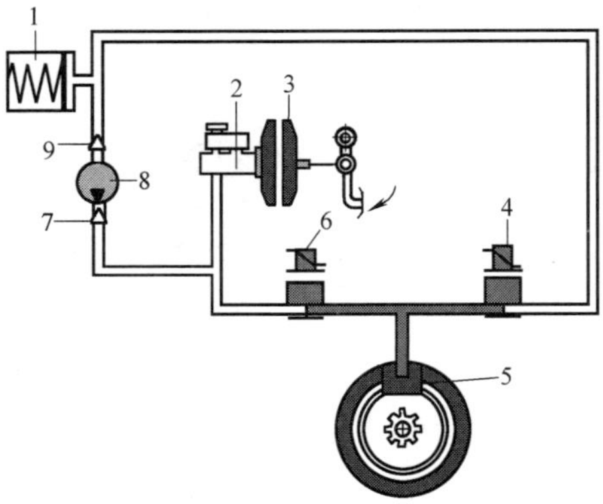

图 6-7　ABS 制动压力保持阶段

1—低压蓄能器　2—制动主缸　3—助力器　4—常闭阀　5—车辆制动器　6—常开阀　7—压力阀　8—液压阀　9—吸入阀

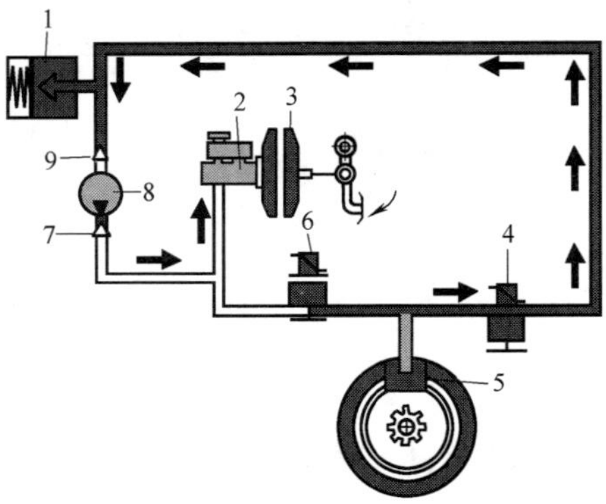

图 6-8　ABS 制动压力减小阶段

1—低压蓄能器　2—制动主缸　3—助力器　4—常闭阀　5—车辆制动器　6—常开阀　7—压力阀　8—液压阀　9—吸入阀

(4) 制动压力增大阶段　随着右前轮制动轮缸内制动压力的迅速减小，右前轮会在汽车惯性力的作用下逐渐加速。当电子控制单元(ECU)判定右前轮抱死趋势已完全消除时，就输入控制指令使进液电磁阀和出液电磁阀均断电，则进液电磁阀恢复开启状态，出液电磁阀恢复关闭状态。同时也使电动泵通电运转向制动轮缸泵送制动液。由制动主缸输出的制动液和电动泵泵送的制动液均经过开启的进液电磁阀进入右前轮制动轮缸，使右前轮制动轮缸内的制动压力迅速增大，右前轮又开始减速转动，如图 6-9 所示。

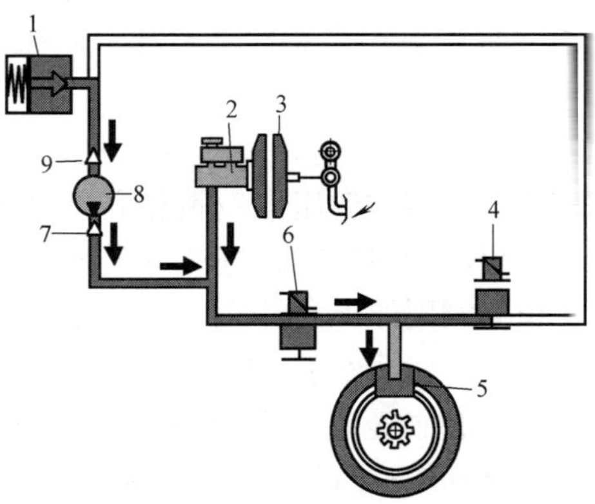

图 6-9　ABS 制动压力增大阶段

1—低压蓄能器　2—制动主缸　3—助力器　4—常闭阀　5—车辆制动器　6—常开阀　7—压力阀　8—液压阀　9—吸入阀

ABS 控制系统通过使趋于抱死车轮的制动压力循环往复地经历保持—减小—增大过程，而将趋于抱死车轮的滑移率控制在最大附着系数的范围内，直至汽车速度减小到很低或者制动主缸的压力不再使车轮趋于抱死时为止。

在制动过程中，如果车轮没有抱死趋势，ABS

系统将不参与制动压力控制，此时制动过程与常规制动系统相同。如果 ABS 出现故障，电子控制单元将不再对液压单元进行控制，并将仪表板上的 ABS 故障警告灯点亮，向驾驶人发出警告信号，此时 ABS 不起作用，制动过程将与没有 ABS 的常规制动系统的工作相同。

5. ABS 的优点

（1）缩短制动距离　ABS 可以将滑移率控制在最大附着系数范围内，从而可获得最大的纵向制动力。

（2）改善了轮胎的磨损状况　ABS 可以防止车轮抱死，从而避免了因制动车轮抱死造成的轮胎局部异常磨损，延长了轮胎的使用寿命。

（3）提高了汽车制动时稳定性　ABS 可防止车轮在制动时完全抱死，能将车轮侧向附着系数控制在较大的范围内，使车轮具有较强的承受侧向力的能力，以保证汽车制动时的稳定性。

（4）使用方便、工作可靠　ABS 的运用与常规制动系统的运用几乎没有区别，制动时驾驶人踩下制动踏板，ABS 就根据车轮的实际转速自动进入工作状态，使车轮保持在最佳工作状态。

6.2　ABS 系统的控制组件、原理及故障诊断

想一想：ABS 系统的控制组件有哪些?

提示：ABS 系统的控制组件有车轮转速传感器、制动压力调节器、电控单元等。

学习目标	鉴定标准	教学建议
1. 了解 ABS 电控系统组件结构与工作原理 2. 掌握 ABS 系统故障诊断与检修方法	应知： 1. ABS 电控系统组件结构与工作原理 2. ABS 系统故障诊断与检修方法	建议： 采用教师启发式讲解、学生讨论相结合的方式，最后由教师总结

1. ABS 电控系统组件结构与工作原理

（1）车轮转速传感器　车轮转速传感器的作用是检测车轮的速度，并将速度信号输入 ECU。目前常用的车轮转速传感器有电磁感应式和霍尔式两种。

1）电磁感应式车轮转速传感器。电磁感应式车轮转速传感器是通过线圈的磁通变化，感应出脉冲电压信号的装置，由磁感应传感头和齿圈两部分组成。当齿圈随车轮旋转时，由于磁极及齿圈间的间隙发生变化（齿顶、齿根），使得通过线圈的磁通发生变化，从而在线圈上感应出一交流电动势，其频率与车轮转速成正比，电动势的大小（振幅）也与转速成正比，如图 6-10 所示。

MK20—Ⅰ型 ABS 系统共有 4 个车轮转速传感器，前轮的齿圈（43 齿）安装在传动轴上，转速传感器安装在转向节上。后轮的齿圈（43 齿）安装在后轮毂上，转速传感器则安装在固

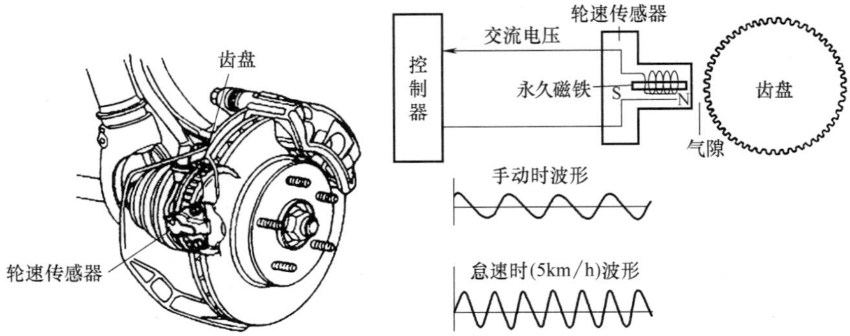

图 6-10　电磁感应式车轮转速传感器工作原理

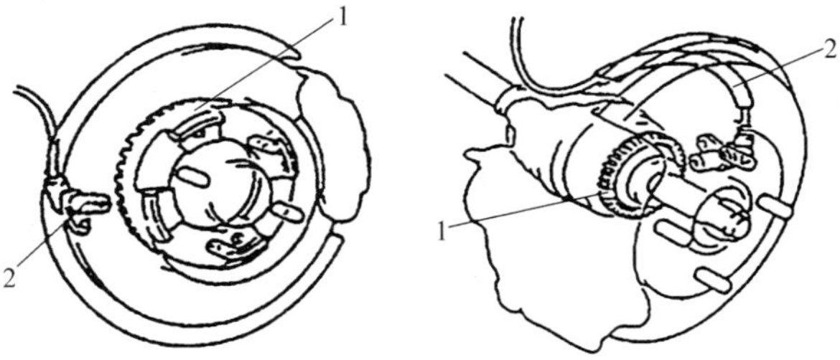

图 6-11　前车轮转速传感器(G45/G47)和
后车轮转速传感器(G44/G46)安装位置
1—齿圈　2—前轮转速传感器

定支架上，如图 6-11 所示。

2）霍尔式车轮转速传感器。霍尔式车轮转速传感器由传感头和齿圈两部分构成。传感头由永磁体、霍尔元件和电子电路等组成。

霍尔式车轮转速传感器的工作过程如图 6-12 所示，永磁体的磁力线穿过霍尔元件通向齿圈，齿圈相当于一个集磁器。当齿圈位于图 6-12a 所示位置时，穿过霍尔元件的磁力线分散，磁场相对较弱；而当齿圈位于图 6-12b 所示位置时，穿过霍尔元件的磁力线集中，磁场相对较强。齿圈转动时，使得穿过霍尔元件的磁力线密度发生变化，因而引起霍尔元件电压的变化，霍尔元件将输出一毫伏级的准正弦波电压。此信号由电子电路转化或标准的脉冲电压。

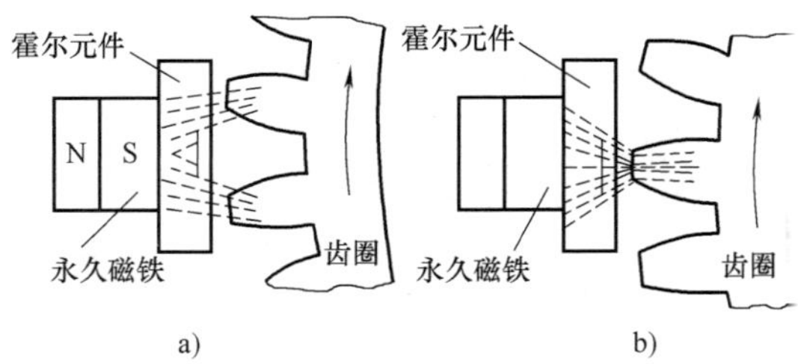

图 6-12　霍尔式车轮转速传感器磁路

AD22157 是 AD 公司生产的一种基于霍尔效应的传感器，可作为轮速传感器应用于汽车的 ABS 系统中。它具有较大的测速范围和较宽的使用温度范围，并且采用二线制电流操作，使用方便；还具有气隙诊断和反向电压保护功能。

（2）制动压力调节器

1）制动压力调节器的作用。在制动时根据 ABS 电子控制单元(ECU)的控制指令，自动调节制动轮缸的制动压力的大小，使车轮不被抱死，并处于理想滑移率的状态。

2）制动压力调节器的类型。制动压力调节器的按其不同的分类方法有以下几种：

① 根据压力调节器的动力源不同分为液压式和气压式两种。液压式主要用于轿车和一些轻型载货汽车上；气压式主要用在大型客车和载货车汽车上。

② 根据压力调节器与制动主缸的结构关系可分为整体式和分离式两种。整体式制动压力调节器与制动主缸制成一体；分离式制动压力调节器自成一体，通过制动管路与制动主缸相连。

③ 根据压力调节器的调压方式可分为流通式和变容式两种。流通式也叫循环流通式，通过电磁阀直接控制轮缸的制动压力；变容式也叫容积变化式，电磁阀间接改变轮缸的制动压力。

3）典型制动压力调节器结构和工作过程

① 桑塔纳 2000 轿车 ABS 制动压力调节器采用整体式结构、循环式调压。

桑塔纳 2000 轿车 ABS 制动压力调节器与 ABS 的电子控制单元（ECU）组合为一体后安装于制动主缸与制动轮缸之间，其外形如图 6-13 所示。

压力调节器的基本组成包括电磁阀、ABS 泵及低压储液器。低压储液器与电动 ABS 泵合为一体装于液控单元上，液控单元 N55 内包括 8 个电磁阀，每个回路一对，其中一个是常开进油阀，一个是常闭出油阀。

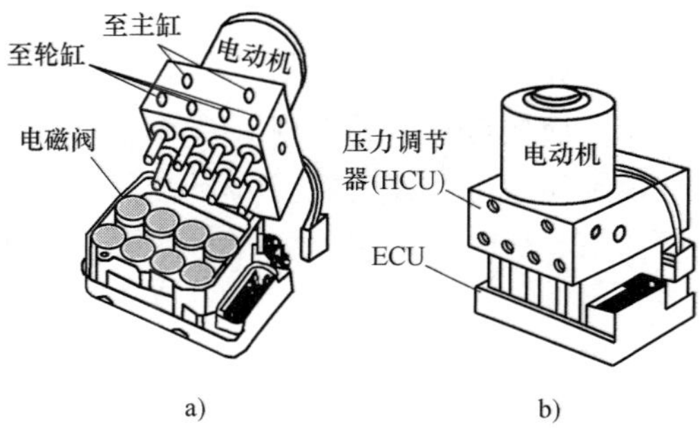

图 6-13　桑塔纳 2000 轿车 ABS 制动压力调节器

② 广州本田雅阁轿车 ABS 制动压力调节器采用循环式。制动压力调节器主要由进油电磁阀、排油电磁阀、回油泵、回油泵电动机、储液罐及储能器等组成，如图 6-14 所示。车辆每一车轮均设有一进油电磁阀和一排油电磁阀。循环式制动压力调节器将由 ABS 控制装置根据滑移率信号，通过指令进、排油电磁阀的开闭而直接控制各轮缸的制动压力。液压管路由 4 个独立的油路组成，每一个车轮有一个油路。油压控制有升压、保压和减压等 3 种模式。

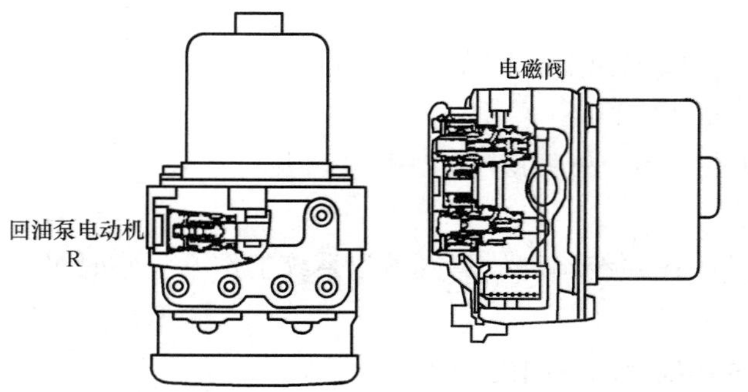

图 6-14　广州本田雅阁轿车 ABS 制动压力调节器

（3）电控单元　电控单元 ECU 由硬件和软件两部分组成。

硬件是安装在印制电路板上的各元器件及线路，软件则是固存在只读存储器中的一系列控制程序。

桑塔纳2000轿车ABS的ECU连续监测接受4个车轮转速传感器送来的脉冲信号，并进行测量比较、分析放大和判别处理，计算出车轮转速、车轮减速度以及制动滑移率，再进行逻辑比较分析4个车轮的制动情况，一旦判断出车轮将要抱死，它立刻进入防抱死控制状态，通过电子控制单元向液压单元发出指令，以控制制动轮缸油路上电磁阀的通断和ABS泵的工作来调节制动压力，防止车轮抱死。

ABS ECU还不断地对自身工作进行监控。由于ABS ECU中有两个完全相同的微处理器，它们按照同样的程序对输入信号进行处理，并将其产生的中间结果与最终结果进行比较，一旦发现结果不一致，即判定自身存在故障，它会自动关闭ABS系统。此外ABS ECU还不断监视ABS系统中其他部件的工作情况，一旦ABS系统出现故障，如车轮速度信号消失，液压压力降低等，ABS ECU会发出指令而关闭ABS系统，并使常规制动系统工作，同时将故障信息存储记忆，并将仪表板上的ABS故障灯点亮，向驾驶人发出警示信号，此时应及时检查修理。

当点火开关接通时，ABS ECU就开始进行自检程序，对系统进行自检，此时ABS故障灯点亮。如果自检以后发现ABS系统存在影响其正常工作的故障，它将关闭ABS系统，恢复常规制动系统，仪表板上ABS故障灯一直点亮，警告驾驶人ABS系统存在故障。自检结束后，ABS故障灯就熄灭，表明系统工作正常。由于自检过程大约需要2s，因此在正常情况下，当点火开关接通时，ABS故障灯点亮2s，然后再自动熄灭，是正常的。反之如果点火开关接通时，ABS故障灯不亮，说明ABS故障灯或其线路存在故障，应对其进行检修。

2. ABS系统故障诊断与检修

(1) 检修前的注意事项

1) ABS与常规制动系统是不可分割的。如果制动系统出现故障，通常应首先判断出是ABS的故障还是常规制动系统的故障。

2) 制动液每年要求更换一次。

3) 在对高压储能器这类制动系统的液压系统进行维修之前，应首先泄压。

4) 制动液压系统进行维修以后，对制动系统进行空气排除。

5) 尽量选用生产厂家推荐的轮胎。

6) 高温环境容易损坏ECU。

一般ECU只能承受90℃温度，或在一定时间内承受85℃温度，在对汽车进行烤漆作业时，应视情况将ECU从车上拆下。

(2) 故障诊断基本步骤　故障诊断的一般步骤见图6-15。

1) 听取用户反映。

2) 直观检查。在ABS系统出现故障或感觉系统工作不正常时可先进行初步目视的直观检查。

① 制动液面是否在规定的范围内。

② 熔丝、继电器、插头和插接器是否良好。

③ 检查ABS ECU插接器(插头和插座)连接是否良好。

④ 检查ABS ECU、压力调节器等的接地线是否接触可靠。

3) 路试。进行路试时，应首先检查制动踏板感觉是否适宜(振动感)，同时应分清ABS工作和不工作时的区别。

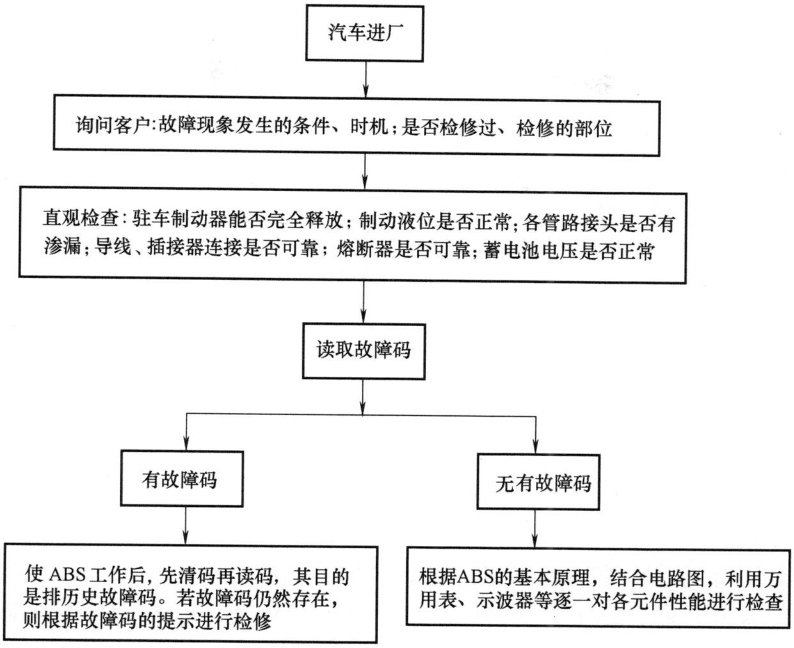

图 6-15　ABS 故障诊断的一般程序

4）读取故障码。如果电子控制器发现系统中存在故障，一方面使 ABS 警告灯点亮，中断 ABS 工作，恢复常规制动系统，另一方面将故障码存入存储器中。MK20—Ⅰ型 ABS 系统的故障码及排除故障提示见表 6-1。采用专用解码仪读取故障码，根据故障码提示的基础上，查找故障点，排除故障，故障排除后要清除故障码。

表 6-1　MK20—Ⅰ型 ABS 系统的故障码表

故障码	故 障 原 因	故 障 排 除
无故障	如果在维修完毕后，用 V. A. G1552 查询故障后未发现故障，自诊断结束 如果屏幕中显示出“未发现故障”，但 ABS 不能正常工作，则按以下步骤操作： 1. 以大于 20km/h 的车速，进行紧急制动试车 2. 重新用 V. A. G1552 查询故障，仍无故障显示 3. 在无自诊断的情况下着手寻找故障，全面进行电气检查	
65535	电子控制单元故障	更换电子控制单元
01276	ABS 泵 V64 与 ABS 连接线路对正极、对地短路及开路或 ABS 泵电动机故障	检查线路 03 功能最终控制诊断
00283	左前轮转速传感器(G47)端子开路或松动 左前轮转速传感器电路短路 转速传感器和齿圈的间隙超差(信号不正常)	检查转速传感器与控制单元的线路和连接插头 检查转速传感器和齿圈的安装间隙 08 功能“读取测量数据块”
00285	右前轮转速传感器(G45)端子开路或松动 右前轮转速传感器电路短路 转速传感器和齿圈的间隙超差(信号不正常)	检查转速传感器与控制单元的线路和连接插头 检查转速传感器和齿圈的安装间隙 08 功能“读取测量数据块”
00290	左后轮转速传感器端子开路或松动 左前轮转速传感器电路短路 转速传感器和齿圈的间隙超差(信号不正常)	检查转速传感器与控制单元的线路和连接插头 检查转速传感器和齿圈的安装间隙 08 功能“读取测量数据块”

(续)

故障码	故 障 原 因	故 障 排 除
00287	右后轮转速传感器端子开路或松动 右前轮转速传感器电路短路 转速传感器和齿圈的间隙超差(信号不正常)	检查转速传感器与控制单元的线路和连接插头 检查转速传感器和齿圈的安装间隙 08 功能“读取测量数据块”
01044	ABS 编码错误(ABS 25 针插头端子 6 和 22)	检查插头线束的线路
00668	供电端子 30 号线路、连接插头、熔丝故障	检查控制单元供电线路、熔丝和连接插头
01130	ABS 工作信号超差，可能有外界干涉信号源的电气干涉(高频发射,例如:非绝缘的点火电缆线)	步骤：检查所有线路连接对正极或对地的短路 清除故障码 车速大于 20km/h 的紧急制动试车 再次查询故障码

5）快速检查。快速检查一般是在自诊断基础上进行的，它是利用 ABS 诊断测试仪、接线端子盒或万用表等，对系统可能有故障的部位的电路和元器件进行连续测试，以查找故障的方法。特别要注意的是轮速传感器采用电磁式时，轮速传感器易受外界干扰，ECU 错认为其发生故障，有的时候只要将轮速传感器小心拆下，清除上面的杂物(影响磁场)后，ABS 系统将恢复正常。

6.3 驱动防滑系统

想一想：驱动防滑系统的功用？

提示：驱动防滑系统的功用是防止汽车在加速过程中打滑，特别是防止汽车在非对称路面或在转向时驱动轮滑转，以保持汽车行驶方向的稳定性、操纵性和维持汽车的最佳驱动力。

学 习 目 标	鉴 定 标 准	教 学 建 议
1. 了解驱动防滑系统的功用及控制方式 2. 掌握 ASR 系统的结构与工作原理	应知： 1. 驱动防滑系统的功用及控制方式 2. ASR 系统的结构与工作原理	建议： 采用教师启发式讲解、学生讨论相结合的方式，最后由教师总结

1. 驱动防滑系统概述

(1) 驱动防滑系统的功用　驱动防滑系统英文简称 ASR，是 Acceleration Slip Regulation 的缩写，有的车辆称为牵引力控制系统，英文简称 TCS 或 TRC，是 Traction Control System 的缩写。

驱动防滑系统的功用是防止汽车在加速过程中打滑，特别是防止汽车在非对称路面或在转向时驱动轮滑转，以保持汽车行驶方向的稳定性、操纵性和维持汽车的最佳驱动力。

(2) 滑转率及其与附着系数的关系　汽车在驱动过程中，驱动车轮可能相对于路面发生滑转。滑转成分在车轮纵向运动中所占的比例称为驱动车轮的滑转率，通常用“S_A”表示。

$$S_A=(\omega r-v)/\omega r\times100\%$$

式中　r——车轮的滚动半径；

ω——车轮的转动角速度；

v——车轮中心的纵向速度。

当车轮在路面上纯滚动时，车轮中心的纵向速度完全是由于车轮滚动产生的。此时 $v=\omega r$，其滑转率 $S_A=0$；当车轮在路面上完全滑转（即汽车原地不动，而驱动轮的圆周速度不为0）时，车轮中心的纵向速度 $v=0$，其滑动率 $S_A=100\%$；当车轮在路面上边滚动边滑转时，$0<S_A<100\%$。

与汽车在制动过程中的滑移率相同，在汽车的驱动过程中，车轮与路面间的附着系数的大小随着滑转率的变化而变化。在干路面或湿路面上，当滑转率在15%～30%范围内时，车轮具有最大的纵向附着系数，此时可产生的地面驱动力最大。在雪路或冰路面上时，最佳滑移率在20%～50%的范围内；当滑转率为零，即车轮处于纯滚动状态时，其侧向附着系数也最大，此时汽车保持转向和防止侧滑的能力最强。随着滑转率的增加，侧向附着系数下降，当滑转率为100%，侧向附着系数变得极小，轮胎与路面之间的侧向附着力接近于零，车轮将完全丧失抵抗外界侧向力作用的能力。

（3）驱动防滑系统的控制方式

1）发动机输出功率/转矩控制。一旦ASR电子控制单元检测到一个或两个驱动车轮发生滑转的情况，立即发出控制指令，控制发动机的输出功率/转矩，以抑制驱动轮的滑转。

发动机输出功率/转矩控制通常有以下几种方法：

① 调整供油量：减少或中断供油。

② 调整点火时间：减小点火提前角或停止点火。

③ 调整进气量：减小节气门的开度。

2）驱动轮制动控制。当汽车在附着系数不均匀的路面上行驶时，处于低附着系数路面的驱动车轮可能会滑转，此时ASR电子控制单元将使滑转车轮的制动压力上升，对该轮作用一定的制动力，使两驱动车轮向前运动速度趋于一致。

3）防滑差速锁控制。防滑差速锁能对差速器锁止装置进行控制，使锁止范围从0%到100%，并通过ASR有效控制驱动车轮的驱动力，从而提高汽车在滑溜路面起步和加速能力及行驶方向稳定性。

2. ASR系统的结构与工作原理

（1）ASR的基本组成与工作原理

1）ASR的基本组成

① ECU：ASR电控单元。

② 执行器：制动压力调节器、节气门驱动装置。

③ 传感器：车轮轮速传感器、节气门开度传感器。

2）ASR的工作原理。车速传感器将行驶汽车驱动车轮转速及非驱动车轮转速转变为电信号，输送给电控单元ECU。ECU根据车速传感器的信号计算驱动车轮的滑转率，若滑转率超限，控制器再综合考虑节气门开度信号、发动机转速信号、转向信号等因素确定控制方式，输出控制信号，使相应的执行器动作，使驱动车轮的滑转率控制在目标范围之内。

(2) ASR 的传感器

1) 车轮轮速传感器：与 ABS 系统共享。

2) 节气门开度传感器：与发动机电控系统共享。

3) ASR 选择开关：ASR 专用的信号输入装置。ASR 选择开关关闭时 ASR 不起作用。

(3) ASR 的电子控制单元(ECU)　ASR 的 ECU 也是以微处理器为核心，配以输入输出电路及电源等组成。

ASR 与 ABS 的一些信号输入和处理是相同的，为减少电子器件的应用数量，ASR 控制器与 ABS 电控单元常组合在一起。ASR 的电子控制单元组成如图 6-16 所示。

(4) ASR 系统的执行机构

1) 制动压力调节器

① 单独方式的 ASR 制动压力调节器——与 ABS 制动压力调节器在结构上各自分开。ASR ECU 通过电磁阀的控制实现对驱动轮制动力的控制。

② 组合方式的 ASR 制动压力调节器——ABS/ASR 组合压力调节器。ASR 不起作用时，电磁阀Ⅰ不通电，ABS 起制动作用并通过电磁阀Ⅱ和电磁阀Ⅲ来调节制动压力。

驱动轮滑转时，ASR 控制器使电磁阀Ⅰ通电，阀移至右位，电磁阀Ⅱ和电磁阀Ⅲ不通电，阀仍在左位，于是蓄压器的液压油通入驱动轮制动轮缸，制动压力增大。

需要保持驱动轮制动压力时，ASR 控制器使电磁阀Ⅰ半通电，阀至中位，隔断蓄压器及制动主缸的通路，驱动轮制动轮缸压力保持不变。

需要减小驱动轮制动压力时，ASR 控制器使电磁阀Ⅱ和电磁阀Ⅲ通电，阀移至右位，接通驱动车轮制动轮缸与储液室的通道，制动压力下降，如图 6-17 所示。

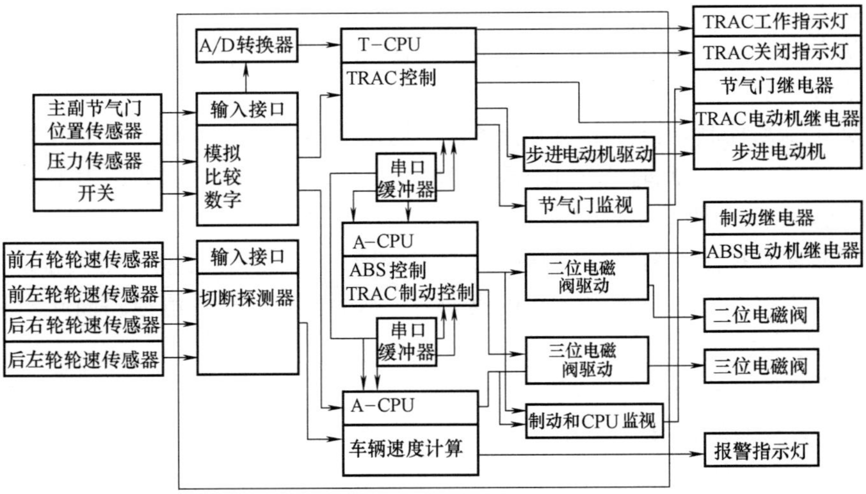

图 6-16　ASR 的电子控制单元组成

2) 节气门驱动装置。ASR 控制系统通过改变发动机辅助节气门的开度来控制发动机的输出功率。

节气门驱动装置由步进电动机和传动机构组成。步进电动机根据 ASR 控制器输出的控制脉冲转动规定的转角，通过传动机构带动辅助节气门转动。控制过程如下：ASR 不起作

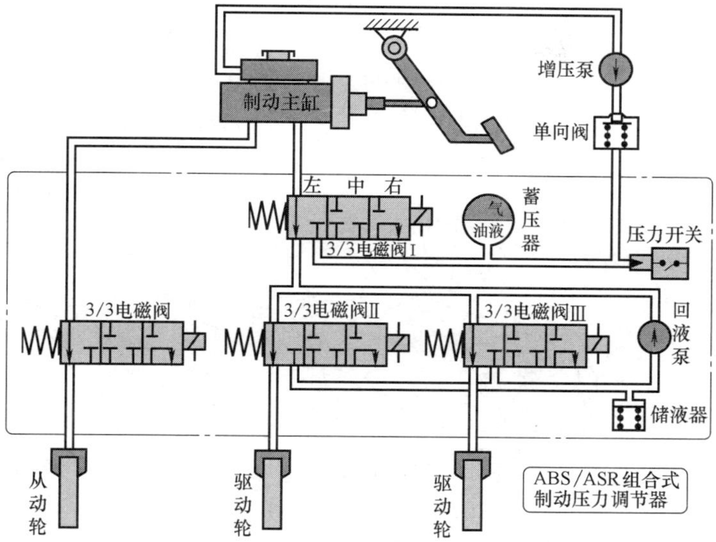

图 6-17　组合方式的 ASR 制动压力调节器

用时，辅助节气门处于全开位置，当需要减少发动机驱动力来控制车轮滑转时，ASR 控制器输出信号使辅助节气门驱动机构工作，改变辅助节气门开度，如图 6-18 所示。

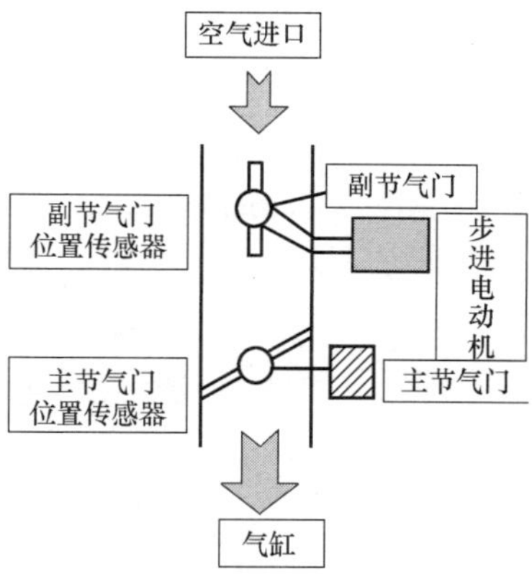

图 6-18　节气门驱动装置

3. 典型的 ASR 系统

（1）LS400 的 ASR，丰田公司成其为 TRAC 系统（traction control system）　该系统采用发动机控制 + 制动控制。为了简单和降低成本，ASR 与 ASB 集成在一起，系统元件布置如图 6-19 所示。

1）制动控制。制动控制的实现实在 ABS 中增加了两个二位二通的隔离阀。ABS 对一个车轮的制动压力控制是有一个三位三通阀来实现的。不进行驱动防滑控制，蓄能器隔离电磁阀和蓄液器隔离电磁阀关闭，制动主缸隔离电磁阀处于开通（可以进行常规制动和 ABS 的增压工作模式），进行驱动防滑控制制动主缸隔离电磁阀处于关闭，而蓄能器隔离电磁阀处于开通，如图 6-20 所示。

2）发动机控制中的节气门控制。主节气门由加速踏板来控制；辅节气门由步进电动机控制，步进电动机每步是 0.3°，辅助节气门从全开到全闭的响应时间小于 200ms，如图 6-21 所示。

（2）奥迪 A6 轿车具有电子差速锁止系统的制动防抱死系统（ABS + EDS）　其配套使用的驱动防滑调节系统 ASR 作为选装件开始配备在前驱动汽车上（Bosch5.3）。

ABS 在汽车进行制动时防止车轮抱死，EDS 是借助电子控制对空转驱动轮进行抑制，使发动机功率被传到“未抱死”的车轮上的一种起动辅助装置，在车速 40km/h 以下时，EDS 调节起作用。驱动防滑调节系统（ASR）是在加速时通过降低发动机功率防止驱动轮打滑并在各种车速范围内均起作用。通过轻击中央控制台上的 ASR 键可以关闭和起动 ASR 系

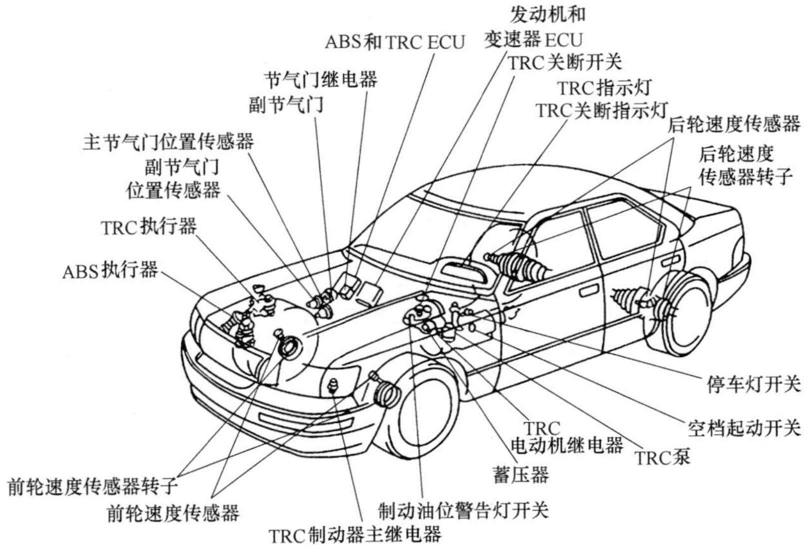

图 6-19 LS400 TRAC 系统各原件布置

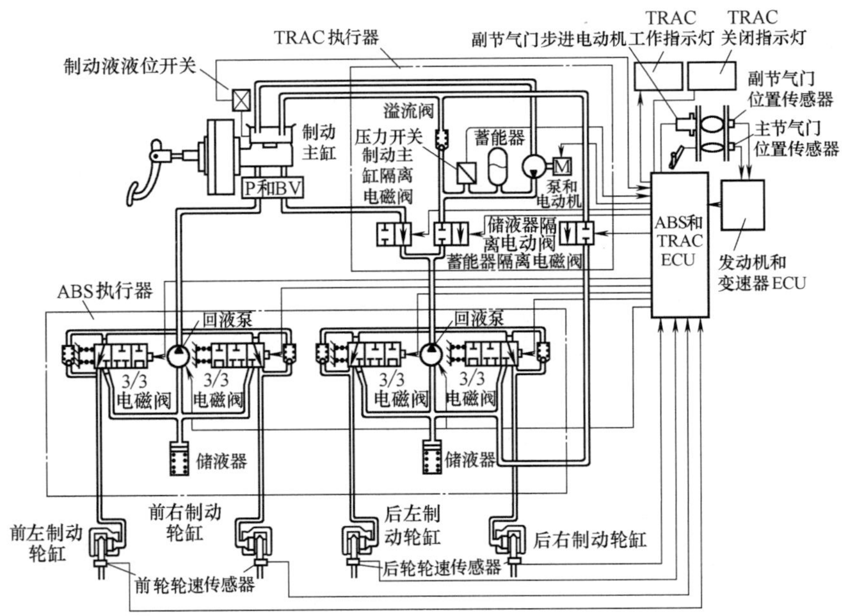

图 6-20 LS400 TRAC 系统制动控制原理

统。如果 ASR 被关闭，则仪表板上的指示灯亮起。在调节操作过程中指示灯每秒闪烁三次，系统组成如图 6-22 所示。

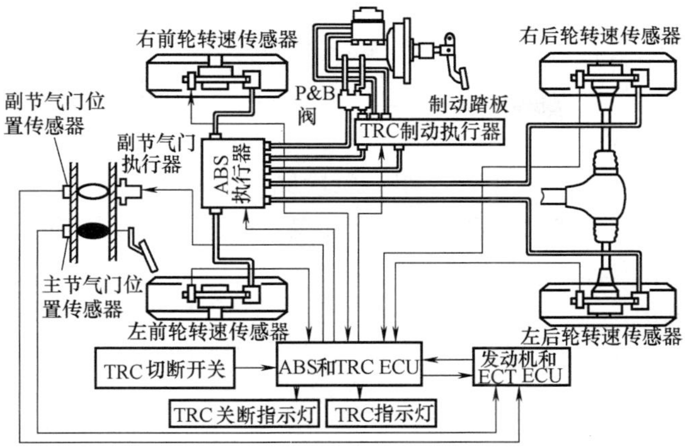

图 6-21　LS400 TRAC 系统发动机控制中的节气门控制原理

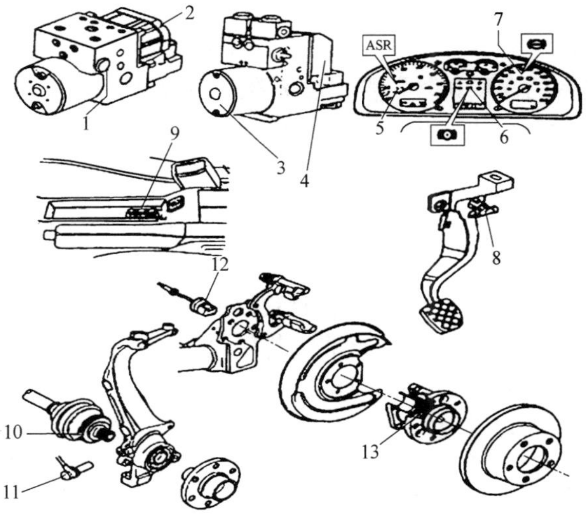

图 6-22　Bosch5. 3 系统组成

1—ABS 的液压单元(N55)　2—ABS 控制单元(J104)　3—ABS/EDS 或具有 ASR 的 ABS/EDS 液压单元(N55)　4—ABS/EDS 或具有 ASR 的 ABS/EDS 控制单元(J104)　5—ASR 的信号灯(K86)　6—制动装置的信号灯(K118)　7—ABS 的信号灯(K47)　8—制动灯开关(F)　9—诊断接口　10—前左、前右传感器齿圈　11—前右/左转速传感器(G45/G47)　12—后右/左转速传感器(G44/G46)　13—后右和左转速传感器齿圈

实训 12　汽车制动防抱死系统的检测

1. 实训目的

1）掌握 ABS 系统结构及工作原理。

2）掌握 ABS 系统传感器的检测方法。

3）掌握 ABS 系统故障码的读取与清除。

2. 实训内容

ABS 实验台的 MK20—Ⅰ型 ABS 汽车防抱死系统实训。

3. 实训设备

MK20—Ⅰ型 ABS 系统制动装置一套；解码器一套；汽车专用示波器一台；数字万用表一只；常用工具；工具车；零件车等。

4. 实训方法及注意事项

（1）实训方法　每班分成若干个小组，每次同时进行三个小组实训，其他小组在教室复习实训的内容，分几次完成。实训时以老师讲解、演示、学生操作、考核为主，学生完成实训报告及考核，完成实训内容。

（2）实训注意事项

1）听从安排，不要随意走动。

2）不要随意操作车上的各个系统。

3）操作所学的系统时必须在指导老师的指导下完成。

4）注意保持教学场地卫生。

5）操作所学系统时不能野蛮操作。

5. 实训步骤及要求

1）熟悉 ABS 实验台的 MK20—Ⅰ型 ABS 系统制动装置，制动器、压力调节器、控制单元、轮速传感器、制动主缸、真空助力器及电气控制的结构和布置位置。

2）前轮齿圈的检查，前轮轴承损坏或轴承轴向间隙过大时，会影响前轮传感器的间隙。用双手转动前轮感觉前轮摆动是否异常。若轴承轴向间隙过大，则要检查齿圈轴向摆差，轴向摆差应不大于 0.3mm，如图 6-23 所示。

3）后轮齿圈的检查，后轮轴承损坏或轴承径向圆跳动过大时，会影响后轮传感器的间隙。用双手转动后轮感觉后轮摆动是否异常。若后轮摆动过大，则要检查后轮轴承的径向圆跳动，径向圆跳动标准值为≤0.05mm，如图 6-24 所示。

图 6-23　检查齿圈轴向摆差

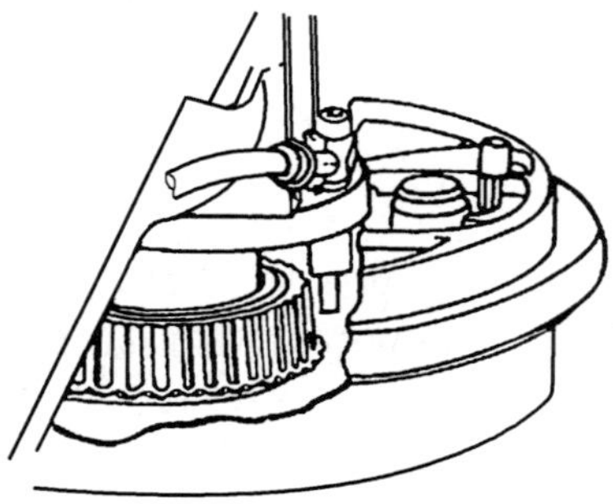

图 6-24　检查后轮齿圈轴向摆差

4）检查前轮转速传感器输出电压的检查

① 检查前轮转速传感器与齿圈之间的间隙是否符合规定，标准值为 1.10～1.97mm。

② 以 30r/min 的转速转动前轮，用万用表或示波器测量输出电压。用万用表测量时，前轮转速传感器输出电压应为 70～310mV；用示波器测量时，输出电压应为 3.4～14.8mV。

③ 若输出电压不符合规定时，检查传感器是否有故障；检查传感器电阻值（1.0～1.3kΩ）；在齿圈上取 4 点检查齿圈与车轮转速传感器之间的间隙是否过大；检查电线束安装是否有误差。

5）后轮转速传感器输出电压的检查

① 检查后轮转速传感器与齿圈之间的间隙是否符合规定，标准值为 0.42 ~0.80mm。

② 以 30r/min 的转速转动后轮，用万用表或示波器测量输出电压。后轮转速传感器输出电压应大于 260mV；用示波器测量时，输出电压应大于 12.2mV。若输出电压不符合规定时，检查传感器是否有故障；检查传感器电阻值(1.0 ~1.3kΩ)；在齿圈上取 4 点检查齿圈与车轮转速传感器之间的间隙是否过大；检查电线束安装是否有误差。

6）ABS 系统故障码的读取与清除。MK20—Ⅰ型 ABS 系统实验台设有专用的故障码阅读接口。专用的解码器用专用接续器与阅读接口连接，通过操作解码仪，故障码便显示在专用仪器的显屏上，同样在故障排除后也可以使用解码仪清除故障码。

6.“汽车防抱死系统的检测”的评分标准与操作工单

“汽车防抱死系统的检测”评分标准

序号	考核项目	配分	扣分标准(每项累计扣分不能超过配分)
1	安全文明否决		造成人身、设备重大事故，或恶意顶撞考官严重扰乱考场秩序，立即终止考试，此项目记0分
2	安全文明生产	20分	(1) 不穿工作服、工作鞋、工作帽各扣1分 (2) 工零件乱放、混放每次扣2分 (3) 油、水落地或零部件表面未及时清理每次扣1分 (4) 考试完后不清理工零件或场地各扣3分 (5) 不服从考官、出言不逊，每次扣3分
3	前轮齿圈的检查	10分	用双手转动后轮感觉后轮摆动是否异常。若后轮摆动过大，则要检查后轮轴承的径向圆跳动，径向圆跳动标准值为≤0.05mm
4	后轮齿圈的检查	30分	用双手转动后轮感觉后轮摆动是否异常。若后轮摆动过大，则要检查后轮轴承的径向圆跳动，径向圆跳动标准值为≤0.05mm
5	检查前轮转速传感器输出电压的检查	10分	(1) 检查前轮转速传感器与齿圈之间的间隙是否符合规定，标准值为1.10~1.97mm。未检查扣3分 (2) 以30r/min的转速转动前轮，用万用表或示波器测量输出电压。用万用表测量时，前轮转速传感器输出电压应为70~310mV；用示波器测量时，输出电压应为3.4~14.8mV。未查扣3分。 (3) 若输出电压不符合规定时，检查传感器是否有故障；检查传感器电阻值(1.0~1.3kΩ)；在齿圈上取4点检查齿圈与车轮转速传感器之间的间隙是否过大；检查电线束安装是否有误差。未查扣3分
6	后轮转速传感器输出电压的检查	15分	(1) 检查后轮转速传感器与齿圈之间的间隙是否符合规定，标准值为0.42~0.80mm。未查扣8分 (2) 以30r/min的转速转动后轮，用万用表或示波器测量输出电压。后轮转速传感器输出电压应大于260mV；用示波器测量时，输出电压应大于12.2mV。若输出电压不符合规定时，检查传感器是否有故障；检查传感器电阻值(1.0~1.3kΩ)；在齿圈上取4点检查齿圈与车轮转速传感器之间的间隙是否过大；检查电线束安装是否有误差。未查扣7分

（续）

序号	考核项目	配分	扣分标准(每项累计扣分不能超过配分)
7	ABS 系统故障码的读取与清除	15 分	MK20—Ⅰ型 ABS 系统实验台设有专用的故障码阅读接口。专用的解码器用专用接续器与阅读接口连接，通过操作解码仪，故障码便显示在专用仪器的显屏上，同样在故障排除后也可以使用解码仪清除故障码。未做扣 15 分

“汽车防抱死系统的检测”操作工单

总分：__________

车型		发动机型号	

一、准备工作

(1) 工量具准备与检查	
(2) 维修手册准备	
(3) 固定发动机拆装台架	

二、操作过程

前轮齿圈的检查	(　　)用双手转动前轮感觉前轮摆动是否异常 正常值：____________测量值：__________
后轮齿圈的检查	(　　)用双手转动后轮感觉前轮摆动是否异常 正常值：____________测量值：__________
检查前轮转速传感器输出电压的检查	(1) 检查前轮转速传感器与齿圈之间的间隙是否符合规定 标准值为：______________测量值：__________ (2) 以30r/min的转速转动前轮，用万用表或示波器测量输出电压。 用万用表测量时：__________用示波器测量时：__________ (3) 若输出电压不符合规定时，检查传感器是否有故障 检查传感器阻值：____________
后轮转速传感器输出电压的检查	检查后轮转速传感器与齿圈之间的间隙是否符合规定 标准值：____________测量值：______________
ABS系统故障码的读取与清除	故障码：______________

习　题

1. 填空题

(1) ABS 的功能是能根据路面状况，控制车轮的滑移率在某一范围内工作，在汽车制动过程中，自动调节车轮的________，防止________。

(2) 在干路面或湿路面上，当滑移率在________范围内时，车轮具有最大的纵向附着系数，此时可产生的地面制动力________[大或小]，制动距离________[长或短]，制动效果________[好或坏]。在雪路或冰路面上时，最佳滑移率在________的范围内；当滑移率为零，即车轮处于________时，其侧向附着系数最大，此时汽车保持转向和防止侧滑的能力最强。

(3) ABS 系统除原有的制动系统(真空助力装置有些没有)外，另增加了______、______、______，______。

(4) ABS 分类按组成结构的不同，ABS 可分为________和________。

(5) 装有 ABS 的汽车在制动过程分________、________、________、________四个阶段。

(6) 目前常用的车轮转速传感器有________和________两种。

(7) ABS 系统故障诊断基本步骤是________、________、________、________、________。

(8) ASR 系统就是利用控制器控制车轮与路面的________，防止汽车在加速过程中________，特别是防止汽车在非对称路面或转弯时驱动轮的________，以保持汽车行驶方向的________，________和维持汽车的最佳________以及提高汽车的________。

(9) 汽车防滑转电子控制系统常用控制方式有________、________、________、________、________。

(10) ASR 系统的执行机构有________、________。

2. 选择题

(1) 车轮的滚动圆周速度为零，则滑移率为(　　)。

A. 20%　　B. 50%　　C. 100%

(2) 美国 ITT 公司 MK20—Ⅰ型 ABS 系统前轮单独调节，后轮则以两轮中地面附着系数低的一侧为依据统一调节，属于(　　)系统。

A. 双通道　　B. 三通道　　C. 四通道

(3) 如果 ABS 出现故障，电子控制单元将不再对液压单元进行控制，并将仪表板上的 ABS 故障警告灯点亮，向驾驶人发出警告信号，此时(　　)。

A. 此时 ABS 不起作用，制动过程将与没有 ABS 的常规制动系统的工作相同

B. 此时 ABS 部分工作

C. 制动系统失效

(4) ABS 是在制动时，车轮出现抱死情况下起控制作用，在车速(　　)时不起作用。

A. 20km/h　　B. 50km/h　　C. 8km/h

(5) ASR 系统则是在整个行驶过程中都工作，在车轮出现滑转时起作用，当车速(　　)时不起作用。

A. 120km/h　　B. 150km/h　　C. 180km/h

3. 简答题

(1) 简述地面制动力、制动器制动力和轮胎与道路附着力的关系。

(2) 简述在汽车的制动过程中滑移率与附着系数的关系。

(3) 简述 ABS 的组成和工作原理。

(4) 简述 ABS 轮速传感器的工作原理。

(5) 简述 ABS 压力调节器的工作原理。

(6) 简述 ABS 电控单元的工作原理。

(7) 简述 ABS 检修前的注意事项有哪些。

(8) 简述 ASR 系统的功能和工作原理。

参 考 文 献

[1] 张宝生. 汽车底盘构造与维修[M]. 北京：冶金工业出版社，2009.
[2] 张红伟. 汽车底盘构造及维修[M]. 北京：高等教育出版社，2007.
[3] 周林福. 汽车底盘构造与维修[M]. 北京：人民交通出版社，2008.
[4] 陈家瑞. 汽车构造：下册[M]. 北京：机械工业出版社，2002.
[5] 郭新华. 汽车构造[M]. 北京：高等教育出版社，2004.
[6] 鲁民巧. 汽车构造[M]. 北京：机械工业出版社，2004.
[7] 李春明，刘艳丽，张军. 汽车故障诊断方法与维修技术[M]，北京：北京理工大学出版社，2004.
[8] 金加龙. 汽车底盘构造与维修[M]. 北京：电子工业出版社，2005.
[9] 关文达. 轿车维修手册[M]. 北京：机械工业出版社，2000.
[10] 周维夫. 桑塔纳2000轿车使用与维修[M]. 杭州：浙江科学技术出版社. 2000.
[11] 赵玉庆. 凌志400轿车维修手册[M]. 沈阳：辽宁科学技术出版社，2000.
[12] 邓楚南. 轿车构造[M]. 北京：人民交通出版社，2001.
[13] 郭新华. 汽车构造[M]. 北京：高等教育出版社，2004.